HISTÓRIA DO CATOLICISMO NO BRASIL
(1889 -1945) - Volume II

DILERMANDO RAMOS VIEIRA

HISTÓRIA DO CATOLICISMO NO BRASIL

(1889-1945) – VOLUME II

EDITORA
SANTUÁRIO

DIREÇÃO EDITORIAL:
Pe. Fábio Evaristo Resende Silva, C.Ss.R.

CONSELHO EDITORIAL:
Avelino Grassi
Ferdinando Mancilio
Marlos Aurélio
Mauro Vilela
Victor Hugo Lapenta

COORDENAÇÃO EDITORIAL:
Ana Lúcia de Castro Leite

REVISÃO:
Ana Lúcia de Castro Leite
Manuela Ruybal Alves

DIAGRAMAÇÃO E CAPA:
Bruno Olivoto

Dados Internacionais de Catalogação na Publicação (CIP)
(Câmara Brasileira do Livro, SP, Brasil)

Vieira, Dilermando Ramos
    História do catolicismo no Brasil, (1889-1945): volume II / Dilermando Ramos Vieira. – Aparecida, SP: Editora Santuário, 2016.

    Bibliografia
    ISBN 978-85-369-0434-4
    ISBN 978-65-5527-089-1 (e-book)

    1. Igreja Católica – Brasil – História 2. Jesuítas – Brasil I. Título.

16-02456   CDD-282.0981

Índices para catálogo sistemático:
1. Brasil: Igreja Católica: História 282.0981

3ª impressão

Todos os direitos reservados à **EDITORA SANTUÁRIO** – 2025

Rua Pe. Claro Monteiro, 342 – 12570-045 – Aparecida-SP
Tel.: 12 3104-2000 – Televendas: 0800 - 0 16 00 04
www.editorasantuario.com.br
vendas@editorasantuario.com.br

SIGLAS E ABREVIATURAS

AAEESS	Affari Ecclesiastici Straordinari
ACB	Ação Católica Brasileira
AI	Autor Ignorado
AIB	Ação Integralista Brasileira
ANL	Aliança Nacional Libertadora
Art.	Artigo
ASNA	Archivio di Stato di Napoli
ASV	Archivio Segreto Vaticano
ATT	Arquivo da Torre do Tombo
AUC	Ação Universitária Católica
BA	Bahia
BN	Biblioteca Nacional
CCB	Coligação Católica Brasileira
CC.MM	Congregações Marianas
CE	Ceará
CM	Congregação da Missão
Col.	Coluna
Coord.	Coordenador
Doc.	Documento
Dr.	Doutor
ES	Espírito Santo
EUA	Estados Unidos da América do Norte
Fasc.	Fascículo
FEB	Força Expedicionária Brasileira
Fl.	Folha
Fr.	Frei
GNPR	Governo Popular Nacional Revolucionário
GO	Goiás
I.C.	Internacional Comunista
ICAB	Igreja Católica Apostólica Brasileira
JAC	Juventude Agrária Católica
JEC	Juventude Estudantil Católica
JIC	Juventude Independente Católica
JOC	Juventude Operária Católica
JUC	Juventude Universitária Católica
LEC	Liga Eleitoral Católica
MA	Maranhão
MG	Minas Gerais
Mons.	Monsenhor

MT	Mato Grosso
OFM	Ordem dos Frades Menores
OP	Ordem dos Pregadores
OSU	Ordem de Santa Úrsula
p.	Página
PB	Paraíba
PCB	Partido Comunista Brasileiro
PD	Partido Democrático
PDC	Partido Democrata Cristão
Pe.	Padre
PE	Pernambuco
PI	Piauí
Pos.	Posição
PR	Paraná
P.R.	Partido Republicano
REB	Revista Eclesiástica Brasileira
RI	Regimento de Infantaria
RIHGB	Revista do Instituto Histórico Geográfico Brasileiro
RJ	Rio de Janeiro
RN	Rio Grande do Norte
RS	Rio Grande do Sul
SC	Santa Catarina
SD	Sem data
SDB	Salesianos de Dom Bosco
SE	Sergipe
SI	Societas Iesu
SNT	Sem Notas Tipográficas
SP	São Paulo
STF	Supremo Tribunal Federal
SVD	Societas Verbi Divini
V. Ex.ª	Vossa Excelência
Vol.	Volume
V. Revma.	Vossa Reverendíssima
V.S.	Vossa Senhoria

NOTA INTRODUTÓRIA

Em 1889, mais por suas próprias contradições internas, que pela ação dos pequenos grupos republicanos, o regime monárquico do Brasil agonizava. Assim, no dia 15 de novembro daquele ano, um incruento golpe militar proclamou a República. A mudança de regime, num primeiro momento, pouco colaborou para aproximar o Brasil dos países vizinhos, não por motivos políticos mas sim pela persistente distância cultural. Esta, pelo menos, era a opinião de Eduardo Prado (1860-1901), membro fundador da Academia Brasileira de Letras, que declarou convicto:

> A fraternidade é uma mentira. Tomemos as nações ibéricas da América. Há mais ódios, mais inimizades entre elas que entre as nações da Europa. O México deprime, oprime e tem por vezes invadido a Guatemala. [...] Colômbia e Venezuela se odeiam de morte. [...] Separados deles pela diversidade da origem e da língua, nem o Brasil físico, nem o Brasil moral forma um sistema com aquelas nações. Estudem-se, um a um, todos os países ibéricos americanos. O traço característico de todos eles, além da tragicomédia das ditaduras, das constituições e das sedições, que é a vida desses países, é a ruínas das finanças. [...] Não existe a fraternidade americana.[1]

A aludida pouca afinidade cultural entre o Brasil e hispanidade, ou mais exatamente a falta de uma consciência latino-americana da parte da maioria dos brasileiros de então, seria destacada de novo em 1924 por Carlos Magalhães de Azeredo. Embaixador do Brasil junto à Santa Sé, ao propor a nomeação de um segundo Cardeal para o país, ele disse:

> Seja-me permitido combater um conceito inexato que nos causou muita dificuldade. [...] É o conceito "América Latina".
> Naquele tempo, há quase 26 anos se começou a falar de um Cardeal para a América Latina, quase que a "América Latina" designasse um "ente" político. Se assim fosse, qual seria, no caso, o termo de comparação? Evidentemente seria "Europa Latina". [...] Mas, "América Latina" não é sequer uma expressão geográfica. [...] Historicamente – e este é o interesse especial do argumento – o continente americano é constituído por três grandes núcleos de população: a América anglo-saxônica (Estados Unidos e Canadá), a América portuguesa (Brasil) e a América espanhola (todos os outros países).[2]

Fica a certeza, no entanto, que a penúria econômica aproximava o Brasil daquela mesma hispanidade que certos brasileiros insistiam em ver como diversa. Árdua tarefa, aliás, aguardava os republicanos: o país que assumiram era imenso, pobre, despovoado, agrário, patriarcal, com pendências fronteiriças, e dotado de uma economia cujo principal produto de exportação era o

---

[1] EDUARDO PRADO, *A ilusão americana*, Livraria e Oficina Magalhães, São Paulo 1917, p. 2-3, 5-6.
[2] AA.EE.SS., "Negociações para a criação de um segundo Cardeal brasileiro", em: *Brasil*, pos. 491-495, Fasc. 6, fl. 21-22.

café. Como se não bastasse, eles tampouco trouxeram de imediato a inovação progressista que pretendiam representar; mas, em compensação, não lhes foi difícil montar um sistema oligárquico de poder, dado que as elites de outrora, sem hesitação, logo aderiram à nova ordem.[3]

Entretanto, se a política conserva suas discutíveis práticas tradicionais, a população do país crescia e mudava.[4] Complexo contexto em que a Igreja viveu um novo e instigante período da sua história.

---

[3] Uma adolescente, Alice Dayrell Caldeira Brant (1880-1970), que adotou o pseudônimo Helena Morley, foi quem deixou um dos mais sinceros depoimentos de época a respeito do oportunismo que moveu as adesões de antigos monarquistas à república. Morando em Diamantina, Minas Gerais, ela anotou no seu diário (que nos anos quarenta foi transformado em livro, sob o título *Minha vida de menina*) que, no aniversário da proclamação, vinte meninas foram chamadas a representarem os estados numa festa comemorativa do evento. As escolhidas trajaram-se a rigor: vestido branco, barrete frígio vermelho na cabeça e atravessada no peito uma fita larga com o nome do Estado em letras douradas. Helena diz que ficou triste por não haver sido também contemplada e foi chorar no gramado atrás da igreja. Nisto chegou sua avó, Dona Teodora, e lhe disse palavras que eram muito mais que mero consolo: "*Levanta tolinha! Veio chorar de inveja das feiosas, não é? Não sei como uma menina inteligente como você, não compreende estas coisas. Você não vê que isso é festa destes tontos? Festejar república é bobagem. República é coisa para essa gentinha. Gente direita não entra nisso. Eles sabem que seu pai é monarquista, que não é desses vira-casacas, e não deixaria a filha dele sair para a rua fazendo papel de tola numa festa de malucos. Isso é para as outras*" (HELENA MORLEY, *Minha vida de menina*, 12ª ed., José Olympio, Rio de Janeiro 1973, p. 231-232).
[4] Cf. GABRIEL MANZANO FILHO ET ALII, *100 anos de república*, vol. I, Nova Cultural, São Paulo 1989, p. 49, Idem, ibidem, vol. III, p. 8.

1
A IGREJA NO ALVORECER DO REGIME REPUBLICANO LAICO

A hierarquia eclesiástica não teve nenhuma participação direta na mudança de regime político verificada no país, mas não faltaram militantes republicanos que tentassem até o fim granjear o seu apoio, como bem o demonstra o manifesto lançado aos 25 de maio de 1889, homenageando frei Caneca:

> 25 de maio – nesta data é preso frei Joaquim do Amor Divino Caneca, um dos mártires da revolução pernambucana, que se transformou na Confederação do Equador, proclamada em 1824. Foi um dos vultos mais salientes daquela patriótica tentativa de libertar-se o país do jugo nefando de um estrangeiro sem fé e moralidade. Na história da liberdade, frei Caneca ocupa um lugar salientíssimo, pelos seus sacrifícios e afrontosa morte, em bem de sua pátria. O clero brasileiro de hoje que siga o seu nobre exemplo, sendo antes de tudo patriota e digno desta livre América, seguindo os divinos preceitos do maior dos republicanos – O CRISTO.[1]

Antes que se deixar influenciar, a maioria absoluta do clero preferiu manter um cauteloso silêncio. Entretanto, o pronunciamento do filho do visconde de Ouro Preto (último presidente do conselho de ministros do Império), Afonso Celso de Figueiredo Júnior, proferido aos 6 de junho de 1888, tinha fundamento: "A mocidade que surge das academias, *dos seminários* (o grifo é nosso), do exército, da armada, é francamente republicana".[2]

O certo é que nos ambientes católicos a queda da Monarquia provocou mais surpresa que pesar. Além disso, os maiorais da República foram solícitos na arte de granjear simpatias. Neste particular, Quintino Bocaiúva, então ministro recém-nomeado das relações exteriores, na sua *circular* anunciando o novo regime, fez questão de tranquilizar o internúncio com uma declaração transbordante de boas intenções: "Cabe-me a honra de dirigir-me a Sua Excelência, assegurando-lhe em conclusão que o governo provisório deseja vivamente manter as relações de amizade que tem existido entre a Santa Sé e o Brasil".[3]

Entrementes, alguns militantes da causa republicana, dando-se conta da sutil postura antimonarquista de determinadas autoridades eclesiásticas, procuraram dar ao novo regime certa conotação religiosa. Anfrísio Fialho, superando seus pares, chegou a ver na instauração dele "um caráter divino". Sem chegar a

---

[1] José Cândido Teixeira, *A República brasileira*, Imprensa Nacional, Rio de Janeiro 1890, p. 12.
[2] Vamireh Chacon, *História das ideias socialistas no Brasil*, p. 51.
[3] ASR, "Circular", em: *Nunciatura Apostólica no Brasil*, fasc. 329, caixa 68, doc. 66, fl. 147b.

tanto, quando o Império caiu, tampouco faltaram demonstrações de regozijo em setores do clero. Dom Luís Antônio dos Santos, Arcebispo de Salvador e Primaz do Brasil, seis dias após a proclamação da República, enviou um telegrama ao chefe do governo provisório republicano, que não poderia ser mais simpático à mudança acontecida: "O Arcebispo da Bahia, com seu clero, saúdam na pessoa do General Deodoro o novo regime estabelecido e imploram a bênção do céu sobre os esforços dos filhos de Santa Cruz pela prosperidade e felicidade da mesma".[4] O Arcebispo Primaz estava tão convencido das vantagens que representava para a Igreja o fim do Império, que, nem mesmo após a secularização do Estado, mudaria de opinião. O motivo ele relataria aos 21 de janeiro de 1890 numa carta reservada ao internúncio:

> O padroado era um carga pesada que estava atada à nossa religião, que fê-la definhar entre nós não somente à míngua de proteção do Estado, como à força de perseguição, e perseguição terrível, que se acobertava com o manto da proteção, e que tendo em suas mãos todos os meios de domínio, deles se servia somente para entorpecer a marcha da religião.
> Sem apontar as tristes cenas do parlamento brasileiro nos primeiros dias do império e a supressão das ordens religiosas, sem tocar nas lúgubres ocorrências da chamada questão religiosa, na diminuição das cadeiras do seminário; sem lembrar a repugnância que se notava à divisão das dioceses, ao aumento dos vencimentos dos eclesiásticos, crescendo ao contrário os impostos sobre os escassos ordenados dos padres; a negação a tudo o que se propunha a bem do serviço da Igreja; se me fosse dado historiar só o concurso das paróquias vagas a que procedi ultimamente, faria velar o rosto.[5]

Dom Antônio de Macedo Costa, bispo do Pará e vindouro Primaz nomeado, numa comunicação sua a Rui Barbosa, no dia 22 de novembro de 1889, fora ainda mais categórico: "A Igreja do Brasil ganhou imenso, ganhou imenso, ganhou a liberdade que não tinha".[6]

Ao grupo de bispos que manifestou satisfação, deve-se por força acrescentar o nome de Dom José Pereira da Silva Barros (1835-1898), prelado de Olinda, PE. Em janeiro de 1890, ele explicaria sua atitude com uma razão de peso: o governo decaído programava introduzir as mesmas medidas secularizadoras propostas pelos republicanos, só que, em piores condições. Ou seja, o Império projetava estabelecer o casamento civil, a liberdade absoluta dos cultos e a secularização dos cemitérios, mas salientava Dom José, "não a abolição do padroado e dos seus consectários, de sorte que teríamos de sofrer em lugar de um mal, dois: a separação por um lado e a escravidão por outro".[7]

O internúncio apostólico adotou postura parecida, e, em ofício ao Cardeal Rampolla, datado de 3 de dezembro de 1889, manifestou prazer ante o final de "uma Monarquia demasiado corrompida pelo favoritismo, pelo arbítrio e pela

---

[4] LEÔNCIO BASBAUM, *História sincera da república*, vol. I, 2ª ed., Edições LB, São Paulo 1962, p. 400-401.
[5] ASV, Carta do Arcebispo Primaz ao internúncio, em: *Nunciatura Apostólica no Brasil*, fasc. 330, caixa 68, doc. 12, fl. 27b-28.
[6] AMÉRICO JACOBINA LACOMBE ET ALII, *Brasil, 1900-1910*, Gráfica Olímpica Editora, Rio de Janeiro 1980, p. 49.
[7] ASV, Carta de Dom José Pereira da Silva Barros ao internúncio, em: *Nunciatura Apostólica no Brasil*, fasc. 330, caixa 68, doc. 15, fl. 34b.

adulação cortesã".[8] Nem mesmo a Santa Sé se abalou ante a queda do Império católico sul-americano, demonstrando-o quando o príncipe Dom Pedro Augusto, neto do imperador deposto, chegou em exílio à Europa. Recebido em audiência privada por Leão XIII, após um diálogo que durou cerca de quarenta minutos, desiludido, o príncipe declararia que o Pontífice estava resolvido a defender abertamente a República, isto porque, segundo ele, o mesmo se inspirava na eloquência suspeita de Dom Antônio Macedo Costa, que tinha queixas da Monarquia. Acrescentava que "a satisfação vem da ideia de que hoje não há mais padroado, e o Vaticano pode fabricar bispos à vontade".[9]

1.1 – A Igreja no período do governo republicano provisório

Os golpistas vitoriosos não formavam um bloco monolítico, e a diversidade interna se manifestava também em relação à Igreja. O segmento maçônico logo tratou de cooptar os líderes republicanos, suscitando preocupações em Dom Antônio de Macedo Costa. No dia 27 de dezembro de 1889, ele escreveu ao internúncio para lhe dar uma notícia ameaçadora: "Monsenhor caríssimo, [...] muito grande é a pressão da maçonaria. O Deodoro acaba de ser nomeado grão-mestre!"[10]

O tempo provaria que o temor era infundado, até porque, a maioria dos republicanos evitava tanto quanto possível as iniciativas que de qualquer modo desestabilizassem o regime recém-implantado. Esta mesma lógica determinaria a elaboração do Decreto 119A, baixado no dia 7 de janeiro de 1890, instaurando o Estado laico no Brasil. A primeira proposta havia partido de um positivista, o ministro da agricultura Demétrio Nunes Ribeiro (1853-1933), que apresentara dois projetos a respeito, ambos defendendo a adoção de sérias restrições à Igreja. Os dois foram impugnados pelos demais membros do ministério, que preferiram por unanimidade um substitutivo apresentado pelo então ministro da fazenda, que não era outro senão Rui Barbosa. O novo texto não foi fruto do improviso, mas resultado de longas reflexões. Rui, além de intelectual, era um hábil político, e procurou fórmulas que satisfizessem suas convicções, sem criar confrontações que comprometessem a popularidade do regime republicano. O próprio Deodoro lho pedira, e ele assumiu o encargo com empenho. Ao dar início à elaboração do referido projeto, providencialmente o bispo do Pará se encontrava no Rio de Janeiro para tratamento, e, como ele mantinha com Rui, apesar de todas as suas diferenças, uma relação de respeito que vinha desde os tempos em que aquele fora seu aluno no Colégio Baiano, o diálogo seria dos mais amigáveis. Os dois se encontraram no Hotel Santa Teresa e reataram as antigas relações, a ponto de o prelado vir a se tornar assíduo frequentador da residência do ministro. Dom Antônio era contrário à laicização do Estado e argumentou o quanto pode contra ela. Sabendo que Rui tomava como modelo os Estados Unidos, recordou-lhe que por lá,

---
[8] AA.EE.SS., Ofício do internúncio Francesco Spolverini ao Cardeal Mariano Rampolla (3-12-1889), em: *Brasil*, fasc. 24, pos. 298, fl. 8.
[9] HEITOR LYRA, *História da queda do império*, nota 226, Companhia Editora Nacional, São Paulo 1964, p. 237.
[10] ASV, Carta de Dom Antônio de Macedo Costa ao internúncio (27-12-1889), em: *Nunciatura Apostólica no Brasil*, fasc. 430, caixa 87, doc. 9, fl. 22.

ao englobarem as colônias da Federação, os estadunidenses haviam deixado como religião oficial aquela que até então predominara.[11] Também acreditava que um assunto tão importante deveria ser decidido numa assembleia constituinte e não por decreto. Quando, porém, considerou que a separação era inevitável, procurou uma saída honrosa, apresentando-a por carta a Rui Barbosa no dia 22 de dezembro de 1889:

> Se o governo provisório está resolvido a promulgar o decreto, se este é inevitável e intransferível, ao menos atenda-se o mais possível aos direitos da Igreja, mantenha-se e respeite-se o mais possível a situação adquirida pela Igreja Católica entre nós há mais de dois séculos. Uma coisa são direitos, outra coisa são privilégios. O direito de propriedade, por exemplo, nos deve ser garantido, como o será aos dissidentes. É evidente que sob calor e pretexto de liberdade religiosa não devemos ser esbulhados. Não fiquem livres e protegidos no exercício de seus cultos só os acatólicos, como até aqui tem sucedido; dê-se lealmente a mesma liberdade e proteção aos católicos. Quebrem-se nos pulsos da nossa Igreja as algemas do regalismo; acabe-se com os tais *padroados*, "*exaquatur*", *beneplácitos imperiais*, *apelos como de abuso* e outras chamadas regalias da Coroa que tanto oprimem e aviltam.
> Liberdade para nós como nos Estados Unidos! Não seja a França [de Gambetta e Clemenceau] o modelo do Brasil, mas a grande União Americana.[12]

As palavras de Dom Antônio surtiram efeito, e Ruy afirmou que o modelo a ser imitado no Brasil não era a França, mas os Estados Unidos. Também Quintino Bocaiúva sustentaria que o novo regime haveria de dar à Igreja Católica a mesma liberdade que ela gozava no grande país do norte. Por fim, o próprio Deodoro se manifestou: "Sou católico, não assinarei uma constituição que ofenda a liberdade da Igreja. Dos bens das ordens religiosas não permitirei que o governo tome nem uma pedra".[13]

Assim, a redação chegou ao seu termo e o decreto foi sancionado. Sucinto e claro, tinha como grande destaque o Artigo 4°, que declarava "abolido o padroado com todas as suas instituições, recursos e prerrogativas". Os demais artigos abordavam outros detalhes relacionados, dispondo o seguinte:

- Artigo 1°: É proibido à autoridade federal, assim como à dos estados federados, expedir leis, regulamentos ou atos administrativos estabelecendo alguma religião, ou vedando-a.
- Artigo 2°: A todas as confissões religiosas pertence por igual a faculdade de exercerem seu culto, segundo a sua fé e não serem contrariadas nos atos particulares ou públicos.
- Artigo 3°: A liberdade religiosa abrange não só os indivíduos nos atos individuais, senão também as igrejas, associações e institutos em que se acharem agremiados, cabendo a todos pleno direito de se constituírem e viverem coletivamente, segundo o seu credo e a sua disciplina, sem intervenção do poder público.

---

[11] Eugênio Schmidt, "Rui Barbosa e o decreto da separação", em: *REB*, vol. 14, fasc. 12, Vozes, Petrópolis 1954, p. 368.
[12] ASV, Carta de Dom Antônio de Macedo Costa a Rui Barbosa (22-12-1889), em: *Nunciatura Apostólica no Brasil*, fasc. 330, caixa 68, doc. 23, fl. 59.
[13] Manuel Barbosa, *A Igreja no Brasil*, Editora e obras gráficas A Noite, Rio de Janeiro 1949, p. 287-290.

– Artigo 5°: A todas as igrejas e confissões religiosas se reconhece a personalidade jurídica, para adquirirem bens e administrarem, sob os limites postos pelas leis concernentes à propriedade de mão-morta, mantendo-se cada uma no domínio de seus haveres atuais, bem como dos seus edifícios de culto.[14]

Deve-se ter em conta um fato importante ocorrido na fase preparatória desse decreto: Dom Antônio de Macedo Costa dá a entender que Rui, nas comunicações confidenciais, tinha se mostrado disposto não só a dar a liberdade à Igreja, como a lhe reconhecer certos direitos. Alega-se que seu ex-aluno lhe afiançara que o documento constaria das seguintes determinações: 1) O governo federal reconhece e mantém a religião Católica Apostólica Romana como a religião da grande maioria do povo brasileiro; 2) A todas as religiões a liberdade de culto, privado e público, individual e coletivo; 3) A todas as confissões pleno direito de reger-se sem interferência do governo temporal; 4) Abolição do padroado com todas as suas instituições, recursos e prerrogativas do cesaropapismo; 5) À Igreja e a todas as confissões personalidade jurídica: posse e livre administração dos seus bens; 6) O governo federal proverá à côngrua sustentação dos atuais serventuários do culto católico, deixando livre aos estados a sustentação dos futuros; 7) O governo manterá a representação do Brasil junto ao Sumo Pontífice.[15]

Ainda assim, Dom Antônio ficou insatisfeito, pois não lhe agradava o fato do Brasil deixar de ser uma nação oficialmente católica. Seu desgosto aumentaria ainda mais em seguida, pois, ao ser publicado o decreto, constatou-se que mesmo aquelas pequenas determinações favoráveis haviam sido abolidas, dando ao seu conteúdo uma feição quase agnóstica. O certo é que o desejo de Rui se impôs, e do original que redigiu apenas o artigo quarto foi alterado, com consequências ainda mais negativas para a Igreja. A primeira versão estipulava que a subvenção dos seminários devia permanecer por seis anos, enquanto que, em virtude de uma emenda de Campos Sales, foi reduzida para apenas um.[16]

1.1.1 – A reação da Internunciatura e do episcopado ante a secularização do Estado

As particularíssimas circunstâncias históricas do Brasil explicam a tranquilidade com que o cônego Duarte Leopoldo Silva (futuro Arcebispo de São Paulo) opinou sobre a laicização do Estado:

> Prescindindo do grande mal que é em si, me parece que apesar disso, possa trazer alguma vantagem para a Igreja do Brasil, tendo sido abolido uma vez para sempre aquele maldito padroado. [...] Como num momento Deodoro botou por terra o *jus in sacra*! A impressão feita pelo decreto não foi má no clero, o qual somente deplora não poder contar com um bispo que se ponha a estimular os fiéis e fazer

---

[14] *Decretos do governo provisório da República dos Estados Unidos do Brasil*, 1° fascículo, Imprensa Nacional, Rio de Janeiro 1890, p. 10.
[15] EUGÊNIO SCHIMIDT, "Rui Barbosa e o decreto da separação", em: *REB*, p. 368-369.
[16] RAIMUNDO MAGALHÃES JÚNIOR, *Rui, o homem e o mito*, 3ª ed., Civilização Brasileira, Rio de Janeiro 1979, p. 23.

ressurgir a Igreja até hoje abatida pelo poder secular. [...] Que bela oportunidade para a Santa Sé vir o quanto antes em auxílio do Brasil, já que as folhas começam a dizer que deram demasiada liberdade e que o Governo fez mal em prescindir do direito de nomear. São capazes de voltar atrás e reformar o decreto.[17]

Da sua parte, antes de se pronunciar, o internúncio preferiu enviar uma circular aos bispos no dia 12 de janeiro de 1890, pedindo resposta para seis questões pontuais:

1. Qual é a impressão geral de V. Ex.ª sobre este decreto em relação ao estado passado e futuro da Igreja no Brasil e aquilo que podia temer mais?
2. Se e quanto a liberdade e igualdade de cultos prejudicará os fiéis em suas crenças e na prática de seus deveres religiosos?
3. Que danos e que vantagens derivam do Artigo 3° do decreto não só às ordens religiosas, como também às confrarias maçonizadas?
4. Que vantagens e que consequências advirão à Igreja pela abolição do padroado e suas prerrogativas a respeito das nomeações aos Bispados e aos benefícios e honras eclesiásticas?
5. Qual o valor e as consequências das disposições do Artigo 5°?
6. Se a diocese de V. Ex.ª terá meios para suprir as dotações abolidas, e se tal supressão é compensada com a liberdade concedida à Igreja pela abolição do padroado e das suas prerrogativas.[18]

Estando à frente de realidades socioeclesiais extremamente diversas, as respostas enviadas pelos bispos foram muito variadas; mas, apesar das numerosas restrições que apresentaram, demonstraram serenidade ante a nova conjuntura nacional. A opinião mais negativa ficou por conta do bispo do Maranhão (e futuro bispo de São Paulo), Dom Antônio Cândido de Alvarenga, para quem se a situação da Igreja era má no regime decaído, com a mudança ficara pior, uma vez que daí por diante faltariam certas garantias e os meios indispensáveis para a sustentação do culto e dos serviços diocesanos.[19] O bispo de Porto Alegre, por sua vez, respondeu por meio de evasivas: "A impressão produzida por semelhante decreto é que ele não satisfaz completamente o estado passado nem o futuro quanto à dignidade da única verdadeira religião..."[20]

A observância aos dispositivos emanados pela Santa Sé também condicionou algumas das respostas enviadas, a exemplo daquela dada por Dom Lino Deodato Rodrigues de Carvalho, bispo de São Paulo, que bateu na tecla de que a instituição do Estado laico era contrária à doutrina da Igreja. Isso não o impediu de afirmar que a inovação teria um resultado benéfico, por restituir a liberdade à instituição eclesiástica no país.[21] Outros, adotaram atitude parecida, isto é, defenderam a doutrina do Estado cristão, sem deixar de manifestar evidente alegria ante a liberdade recém-conquistada. Entre estes estava Dom Antônio Maria Corrêa de Sá e Benevi-

---

[17] ASV, "Missiva do Cônego E. Duarte Silva ao internúncio Spolverini", em: *Nunciatura Apostólica no Brasil*, fasc. 329, caixa 68, doc. 11, fl. 8.
[18] ASV, "Circular reservada", em: *Nunciatura Apostólica no Brasil*, fasc. 330, caixa 68, doc. 17, fl. 43.
[19] ASV, Resposta de Dom Antônio Cândido de Alvarenga ao internúncio (4-2-1890), em: *o. c.*, doc. 22, fl. 55.
[20] ASV, Carta do bispo de Porto Alegre ao internúncio (14-2-1890), em: *o. c.*, doc. 14, fl. 32.
[21] ASV, Carta de Dom Lino ao internúncio (21-1-1890), em: *o. c.*, doc. 6, fl. 15.

des, Ordinário de Mariana, que com grande sutileza afirmou que, salva a dolorosa impressão que deve causar a todo católico e principalmente a um bispo ver sua religião equiparada a todas as seitas e invenções humanas, acreditava que se dito decreto fosse entendido no seu sentido óbvio e não sofresse deturpações tornava a condição da Igreja bem melhor que nos tempos passados.[22] O mesmo artifício verbal foi usado por Dom Cláudio Luís d'Amour, prelado de Cuiabá, que depois de ter o cuidado de afirmar que tivera a mais desagradável das impressões diante do decreto do governo, candidamente admitiu que, absolutamente falando, lhe parecia que a Igreja tinha toda a razão de regozijar-se, porque tinha Deus consigo, e Deus não tem necessidade de ninguém para executar seus desígnios. Feita a leitura "espiritual" do fenômeno, com bastante pragmatismo deixou bem claro qual era o verdadeiro temor que sentia: aquele que, além de não receber mais auxílios do governo, a Igreja continuasse a ser ferida nos seus direitos sob o novo regime.[23] O bispo de Olinda, Dom José Pereira da Silva Barros, lastimou igualmente a separação do Estado brasileiro da Igreja Católica, mas não hesitou em dizer que no conjunto a sua impressão tinha sido boa, porque aquilo que existira no passado não era de fato união.[24]

Também houve, esteja claro, bispos que deram um apoio irrestrito à inovação. O Primaz da Bahia, Dom Luís Antônio dos Santos, foi um deles, não hesitando em dizer que se contasse com a fiel observância do decreto de 7 do corrente, ergueria as mãos para o céu. O seu receio era que o decreto fosse revisto, dando lugar a novas medidas persecutórias. Alertou que a tempestade estava por vir, propondo ao clero e ao laicato de estarem alerta.[25] O bispo de Goiás, Dom Cláudio José Gonçalves Ponce de Leão, sequer manifestou qualquer cautela, declarando sem meios termos que a sua impressão geral sobre os diversos artigos do decreto fora excelente; isto porque "o mais precioso de todos os bens que possa, e precisa possuir a Santa Igreja de Deus, é a liberdade plena de ação".[26]

Em relação aos demais quesitos, as respostas não foram menos interessantes, para não dizer surpreendentes. Ao contrário do que sucedia na Europa, o assunto da liberdade de culto foi tratado pelos prelados do Brasil com uma naturalidade deveras singular. Claro que houve exceções, pois também nesse particular o bispo do Maranhão recordou que com a medida aumentaria o número de hereges, indiferentes e apóstatas;[27] e o diocesano do Ceará, Dom Joaquim José Vieira, afirmou que a liberdade de cultos em si mesma era "injuriosa".[28] Um grupo consistente, no entanto, entre os quais os bispos de São Paulo, Bahia, Goiás, Olinda e Mariana, manifestaram-se completamente a favor. Um dos argumentos que os moveram a tanto não foi nada mais nada menos que o realismo. Como afirmou Dom José, bispo de Olinda, "no Brasil já existia de fato, antes da queda do Império, a liberdade de culto com os seus abusos".[29]

---

[22] ASV, Carta de Dom Antônio ao internúncio (18-1-1887), em: *o. c.*, doc. 16, fl. 40.
[23] ASV, Carta de Dom Carlos ao internúncio (23-1-1890), em: *Nunciatura Apostólica no Brasil*, fasc. 330, caixa 68, doc. 19, fl. 49.
[24] ASV, Carta de Dom José ao internúncio (25-1-1890), em: *o. c.*, doc. 15, fl. 34.
[25] ASV, Carta do Primaz da Bahia ao internúncio (21-1-1890), em: *o. c.*, doc. 12, fl. 26.
[26] ASV, Carta de Dom Cláudio ao internúncio (29-1-1890), em: *o. c.*, doc. 24, fl. 65.
[27] ASV, Carta de Dom Antônio ao internúncio, em: *o. c.*, doc. 22, fl. 56.
[28] ASV, Carta de Dom Joaquim ao internúncio (7-2-1890), em: *o. c.*, doc. 25, fl. 68.
[29] ASV, Carta de Dom José ao internúncio, em: *o. c.*, doc. 15, fl. 35.

Em dois aspectos houve claro consenso entre os bispos consultados: o bem que resultava a mudança para as ordens religiosas e irmandades leigas, e as vantagens advindas da abolição do padroado. Apesar de que a maioria temesse, com razão, o dispositivo relativo aos bens de *mão-morta* que permanecia, e nem todos acreditassem na possibilidade de restauração das ordens antigas, a aprovação foi praticamente unânime. Para Dom Lino, o mais positivo era que, finalmente, os regulares ficariam sujeitos ao regímen canônico e, portanto, sob a dependência de seus superiores legítimos, sendo possível também às ordens tradicionais o renascimento através da admissão de noviços.[30] No tocante ao padroado, até mesmo o bispo do Maranhão não titubeou em afirmar que seriam grandes as vantagens oriundas da sua abolição, uma vez que consentiria à Santa Sé prover as dioceses em plena liberdade.[31]

Quanto à parte econômica, quase todos lamentaram que a separação abandonasse as suas jurisdições em estado de penúria, e poucos deles, como prelado de São Paulo, puderam dizer: "Esta diocese tem elementos para manter os párocos e o seminário".[32] Apesar desta e de outras tantas ressalvas, a condescendência que manifestavam ante uma mudança tão profunda torna-se compreensível quando se leva em conta o parecer do prelado de Mariana:

> A condição da Igreja melhorou muito do que era nos tempos passados, e poderá florescer no futuro pela ampla liberdade de que vai gozar. [...] Esse decreto foi relativamente moderado e conciliador, porque temíamos maior opressão, vistas as ideias infelizmente dominantes em muitos homens políticos e manifestadas em vários órgãos de publicidade.[33]

Como era de se esperar, também a Santa Sé, através do Cardeal secretário de Estado, numa nota datada de 24 de fevereiro, enviada ao representante brasileiro em Roma, destacaria a dolorosa impressão que sobre o ânimo do Papa havia produzido as referidas disposições secularizadoras, e quanto essas eram contrárias aos princípios da Igreja Católica sobre tal matéria. Ainda assim, manifestava a esperança que o mesmo governo tomaria aquelas providências necessárias para tutelar os direitos da Igreja e garantir a paz religiosa no país. Antes que resignada, a hierarquia estava era convencida de que entrara numa era de melhores perspectivas, como enfatizaria mais tarde o internúncio, monsenhor Girolamo Gotti: "Semelhante liberdade fazia esperar que a Igreja brasileira teria, em breve, podido melhorar o seu destino, eliminar os lamentáveis abusos, reformar o clero, em suma, ressurgir numa nova vida mais alegre e fecunda".[34]

Daí a razão da quase total ausência de protestos à nova ordem que se impôs. Nem tudo, entretanto, ainda estava resolvido. Como temiam alguns diocesanos, a disposição do Artigo 5º, especificando que a personalidade jurídica para adquirirem bens e os administrarem ficava sob "os limites concernentes à

---

[30] ASV, Carta de Dom Lino ao internúncio, em: *Nunciatura Apostólica no Brasil*, fasc. 330, caixa 68, doc. 6, fl. 15b.
[31] ASV, Carta de Dom Antônio ao internúncio, em: *o. c.*, doc. 22, fl. 57.
[32] ASV, Carta de Dom Lino ao internúncio, em: *o. c.*, doc. 6, fl. 16b-17.
[33] ASV, Carta de Antônio ao internúncio, em: *o. c.*, doc. 16, fl. 39.
[34] ASV, "Sobre as providências a serem tomadas para a Igreja Católica no Brasil", em: *Nunciatura Apostólica no Brasil*, fasc. 377, caixa 77, fl. 5.

propriedade de mão-morta",³⁵ viria à baila, convertendo-se numa ameaça permanente de futuras expropriações de bens pertencentes às ordens religiosas. Apesar das críticas, o projeto da constituição o manteve, só caindo aos 14 de novembro de 1890, ao ser promulgado o Decreto 1.030 que organizou a justiça no Distrito Federal, cujo Artigo 50, §4º, letra b, definiu: "cessa (doravante) toda a intervenção oficial na administração econômica e tomada de contas das associações e corporações religiosas, sem provocação dos interessados ou do ministério público". O Artigo 72, §3º da primeira carta republicana, pretendeu encerrar de vez a questão,³⁶ mas ele seria retomado pelo barão de Lucena, poucos meses depois.

1.1.2 – A primeira Pastoral Coletiva do episcopado brasileiro

Tanto a sondagem do internúncio quanto as respostas dadas pelos bispos foram realizadas sob o máximo sigilo, e este silêncio se arrastou por meses, tendo inclusive provocado comentários na imprensa³⁷ e no clero. Em Mariana, alguns padres de destaque, como o cônego conselheiro Santana, os monsenhores José Augusto e José Maria Ferreira Velho, e o Pe. Silvino de Castro, escreveram uma carta a Dom Antônio Benevides, manifestando sua estranheza pela atitude do episcopado, calado diante do que entendiam ser a marcha vertiginosa que em direção ao abismo ia tendo a sociedade brasileira. A resposta de Dom Benevides foi dura: "O silêncio dos bispos não é de estranhar-se: para estranhar-se é a impertinência dos que não o são".³⁸

Apesar das aparências, o episcopado não estava indiferente. Concluídas as análises preliminares, o internúncio, monsenhor Francesco Spolverini, escreveu a cada bispo propondo uma reunião pastoral coletiva a fim de analisar e propor diretivas para a nova realidade eclesial. Todos responderiam positivamente ao apelo, e apenas o prelado do Maranhão declinou o convite, não por ser contrário, mas por alegar que estando tão distante da capital federal não podia avaliar as questões que seriam examinadas. Autorizou, contudo, a inclusão do seu nome no documento final, por meio de uma afirmação explícita: "não tenho motivos para desconfiar dos sentimentos e doutrina dos meus irmãos no episcopado".³⁹

A projetada reunião acabou acontecendo no seminário episcopal de São Paulo aos 19 de março de 1890, e dela resultou um documento intitulado *O Episcopado Brasileiro ao clero e aos fiéis da Igreja do Brasil*. Abrangente, a referida pastoral coletiva, com firmeza e cautela, abordou cada um dos temas que havia levantado a opinião pública. A tônica geral era de denúncia, com críticas aos ataques da impiedade moderna, à liberdade de cultos que igualava o Catolicismo a qualquer seita, e à secularização do Estado (argumentavam os

---

³⁵ *Decretos do governo provisório da República dos Estados Unidos do Brasil*, 1º fascículo, p. 10.
³⁶ BARTOLOMEU BEUWER, "As ordens religiosas e as leis de mão-morta na República brasileira", em: *REB*, vol. 9, fasc. 1, Vozes, Petrópolis 1949, p. 68-69.
³⁷ MANUEL BARBOSA, *A Igreja no Brasil*, p. 291.
³⁸ RAIMUNDO TRINDADE, *Arquidiocese de Mariana, subsídios para a sua história*, vol. I, Escolas Profissionais Salesianas do Liceu Coração de Jesus, São Paulo 1928, p. 510.
³⁹ ASV, Carta do bispo do Maranhão ao internúncio (6-2-1890), em: *Nunciatura Apostólica no Brasil*, fasc. 330, caixa 68, doc. 7, fl. 18.

bispos que "independência não queria dizer separação"). Em nenhum momento, contudo, cedia-se ao pessimismo, e o fim da Monarquia foi associado às suas próprias contradições, ao contrário da Igreja, cuja perenidade era descrita de forma triunfante:

> Acabamos de assistir a um espetáculo, que assombrou o universo; a um desses acontecimentos, pelos quais dá o Altíssimo, quando lhe apraz, lições tremendas aos povos e aos reis: um trono afundado de repente no abismo, que princípios dissolventes, medrados à sua sombra, em poucos anos lhe cavaram!
> "Desapareceu o trono... E o altar? O altar está em pé, todo embalsamado com o odor do Sacrifício, sustentando a Cruz, sustentando o Tabernáculo, onde está o Tesouro dos tesouros, o que há de mais puro no Cristianismo, centro radioso, donde brotam incessantemente as enchentes da vida, da misericórdia, da salvação; os confortos, as luzes, as graças que santificam as almas, as influências divinas e misteriosas que fundam a família, que dão esposos, pais, filhos –, ornamento, força e glória da própria sociedade civil.[40]

Ao discorrer sobre o decreto de separação, as palavras da dita pastoral procuraram demonstrar a mais absoluta isenção, recordando que, se no Decreto 119A havia cláusulas que podiam facilmente abrir a porta a restrições odiosas, era preciso reconhecer que o mesmo assegurava à Igreja Católica no Brasil certa soma de liberdades que ela jamais lograra no tempo da Monarquia. Ou seja, visto e considerado tudo, o novo regime era tido como preferível ao precedente, como o demonstram as palavras usadas para se referir ao padroado:

> Uma proteção que nos abafava. Não eram só intrusões contínuas nos domínios da Igreja; era a frieza sistemática, para não dizer desprezo, respondendo quase sempre a urgentíssimas reclamações dela; era a prática de deixar as dioceses por largos anos viúvas de seus pastores, sem se atender ao clamor dos povos e à ruína das almas; era o apoio oficial dado a abusos que estabeleciam a abominação da desolação no lugar santo; era a opressão férrea a pesar sobre os institutos religiosos – florescência necessária da vida cristã – vedando-se o noviciado, obstando-se a reforma e espiando-se baixamente o momento em que expirasse o último frade para se pôr mão viva sobre este sagrado patrimônio chamado de mão-morta.[41]

O conjunto da *Pastoral Coletiva* de 1890 não deixava, porém, de manifestar as incertezas do momento, pois, a certa altura, tendo o cuidado de não entrar em detalhes, repropunha a união entre a Igreja e o Estado, sob a alegação de que "Deus o quer!" A afirmação de princípio não alterou o conteúdo geral, centralizado que era na defesa da liberdade da Igreja, antes que numa crítica à secularização. As reservas contra a ingerência monárquica ainda eram muito sentidas, e isso explica a tranquilidade com que os bispos reunidos estenderam a mão ao regime leigo:

---

[40] Luiz Antônio dos Santos et alii, *O Episcopado brasileiro ao clero e aos fiéis da Igreja do Brasil*, Tipografia Salesiana do Liceu do Sagrado Coração, São Paulo 1890, p. 3-4.
[41] Luiz Antônio dos Santos et alii, *O Episcopado brasileiro ao clero e aos fiéis da Igreja do Brasil*, p. 45.

Basta que o Estado fique na sua esfera. Nada tente contra a Religião. Não só é impossível, nesta hipótese, que haja conflitos; mas pelo contrário, a ação da Igreja será para o Estado a mais salutar; e os filhos dela, os melhores cidadãos, os mais dedicados à causa pública, os que derramarão mais de boa mente o seu sangue em prol da liberdade da pátria.[42]

Todos os prelados assinaram o documento, mas quando ele veio a público, alguns o viram com certa reserva, porque Dom Antônio de Macedo Costa, que presidira a assembleia episcopal, tendo se alegrado com a queda do Império, com grande liberdade corrigira e alterara o texto definitivo. Dom Pedro Maria de Lacerda se queixou, por haver conhecido a totalidade do conteúdo apenas depois da publicação.[43] Apesar das ressalvas, a pastoral não passou por revisões, porque, como explicava Dom José Pereira da Silva Barros, "o procedimento do episcopado foi prudente, e mereceu benévolo acolhimento junto ao Supremo Governo da Igreja de Jesus Cristo".[44]

1.1.3 – As manobras anticlericais durante o governo provisório e as reações dos prelados diocesanos

A boa vontade da Igreja para com a República nem sempre era retribuída à altura, e não por culpa de Deodoro. Primeiro houve a influência contrária dos positivistas; contornada esta, pemaneceu a de anticlericais de outras orientações no ministério provisório, motivo constante de preocupação.[45] As inquietações cresceram quando propostas restritivas começaram a se tornar públicas, como aquela da imposição unilateral do casamento civil, visto na época pelo clero como puro e simples concubinato legal.[46] E, um novo decreto deveras o instituiu sem consulta, motivo pelo qual os padres encetaram campanha contrária nos púlpitos e nos jornais, tanto contra a inovação, quanto contra a forma acintosa com que se ignorara o matrimônio religioso. Deodoro havia desaprovado a maneira como a mudança fora imposta, mas o autor da iniciativa, Campos Sales, notório maçom, limitou-se a dizer:

> Em matéria de religião as reformas devem ser radicais ou então não fazer-se. Não convém contemporizar com o clericalismo, a quem o governo parece temer, não se pode deixar de punhar pelas ideias pelas quais se debateu nas orações públicas, na imprensa e no parlamento. No Brasil o clero não representa uma força como na França e na Alemanha. Esse temor deve desaparecer e o governo agir com toda a energia, introduzindo reformas completas e compatíveis com o programa republicano.[47]

---

[42] Luiz Antônio dos Santos et alii, *O Episcopado brasileiro ao clero e aos fiéis da Igreja do Brasil*, p. 82.
[43] Jerônimo Lemos, *Dom Pedro Maria de Lacerda, último bispo do Rio de Janeiro no império (1868-1890)*, Edições Lumen Christi, Rio de Janeiro 1985, p. 474-475.
[44] José Pereira da Silva Barros, *Carta Pastoral do Bispo de São Sebastião do Rio de Janeiro saudando aos seus diocesanos*, Tipografia da Companhia Industrial de São Paulo, São Paulo 1891, p. 40.
[45] Cf. Manuel Barbosa, *A Igreja no Brasil*, p. 285.
[46] O *Syllabus Errorum* dedicou todo o subtítulo oitavo aos "erros relativos ao matrimônio cristão". Eram 10 artigos ao todo (do 65 ao 74), e entre outras coisas, o número 73 acusava como falta grave afirmar que "em força do contrato civil pode-se subsistir entre os cristãos um verdadeiro matrimônio" (Heinrich Denzinger, *Enchiridion Symbolorum*, Edizioni Dehoniane, Bologna 1995, p. 1038-1040).
[47] Dunsheede Abranches, *Atas e atos do governo provisório*, Imprensa Nacional, Rio de Janeiro 1907, p. 62.

Ao constatar que a hierarquia se opunha às suas decisões, o ministro Sales "resolveu" a questão com outra medida de força: aos 26 de julho de 1890, criticando os sacerdotes que resistiam à inovação, celebrando o casamento religioso e aconselhando a não observância da prescrição civil, impôs mais um dos seus decretos, tornando a celebração do ato civil obrigatória antes da cerimônia religiosa (no primeiro decreto dependia da vontade dos cônjuges), sob pena de prisão para o padre que não obedecesse.[48]

A dureza da medida trouxe, apesar de tudo, um elemento novo: ao contrário do que ocorria nos tempos da Monarquia, em que tantas iniciativas eram tomadas sem que o clero fosse ao menos ouvido, dessa vez, Campos Sales, após ponderar sobre as recomendações feitas por sua mãe, Dona Ana Cândida Ferraz de Sales, ao menos procurou justificar seu gesto junto ao episcopado. Antônio Joaquim Ribas, ao redigir apoteótico perfil biográfico do político paulista seis anos depois, descreveu o encontro que ele teve com os bispos, interpretando-o como uma medida necessária para garantir a estabilidade da jovem República:

> A propósito desse decreto, teve Campos Sales uma conferência com Dom Antônio de Macedo Costa, ilustrado bispo do Pará e Dom José da Silva Barros, bispo do Rio de Janeiro, seu amigo e conterrâneo. Propuseram-lhe a revogação do decreto; mas, na larga discussão que se travou na intimidade dessa conferência, guardadas todas as formas da delicadeza e do mais apurado respeito, refere Campos Sales ter feito sentir que os reacionários da Igreja tinham tornado indispensável essa medida de rigor, para pôr termo a abusos que podiam afetar os próprios créditos das novas instituições políticas.[49]

Faz sentido: o governo provisório temia uma restauração monárquica, e os sucessivos decretos que emanava podem ser vistos como parte integrante dessa estratégia defensiva. Na mesma linha de raciocínio, até certo ponto, também se inclui a problemática da laicização do Estado: o mérito da questão simplesmente não foi discutido, mas o grupo de ministros o referendou tranquilamente.[50] Mesmo assim, o problema de fundo não deve ser esquecido: os resquícios de uma longa história de regalismo ainda estavam vivos, e só lentamente desapareceriam. Afinal, foi o próprio Campos Sales quem, pouco mais tarde, deixaria bem claro que entendia a religião como assunto privado, e que lugar de padre era na sacristia: "Fique o Estado o regular único dos deveres condicionais, isto é, na esfera temporal; fique a Igreja exclusivamente na esfera espiritual, nos domínios da consciência".[51]

---

[48] MANUEL FERRAZ DE CAMPOS SALES, *Atos do governo provisório*, Imprensa Nacional, Rio de Janeiro 1890, p. 106-107.
[49] ANTÔNIO JOAQUIM RIBAS, *Perfil biográfico do Dr. Manoel Ferraz de Campos Sales, ministro da justiça do governo provisório, senador federal pelo Estado de São Paulo*, Tipografia Leuzinger, Rio de Janeiro 1896, p. 161.
[50] EDGARD CARONE, *A República velha*, 2ª ed., Difusão Europeia do Livro, São Paulo 1974, p. 12.
[51] MANUEL FERRAZ DE CAMPOS SALES, *Casamento Civil – Discursos pronunciados no Senado Federal*, Imprensa Nacional, Rio de Janeiro 1891, p. 83.

1.1.4 – A influência católica nos debates da constituição de 1891

Sem uma carta magna que definisse a situação política do país, a Igreja continuava sob apreensão. Afinal, o anúncio da convocação da assembleia constituinte foi publicado no dia 26 de junho de 1890, seguido de outro estabelecendo novo pleito em todos os estados para o dia 15 de setembro do mesmo ano, com o objetivo de escolher os constituintes federais. Concluídas as apurações (e depurações, como a de Carlos de Laet, que apesar de eleito foi descartado por ser monarquista), no dia 15 de novembro de 1890, o senador mineiro Joaquim Felício dos Santos, à frente de 205 deputados e 63 senadores, presidiu a sessão solene de instauração da assembleia constituinte. Os trabalhos se prolongaram até 21 de fevereiro de 1891, data em que a redação final foi apresentada. Não se pode dizer que o resultado obtido fosse um primor: o conteúdo reproduzia com excessiva frequência as ideias contidas no elaborado preparatório de Rui Barbosa, o qual, por ser demasiadamente inspirado na constituição dos Estados Unidos, teria deixado de dar o justo peso às especificidades brasileiras.[52]

A luta que a Igreja empreendeu para evitar que a elaboração da carta magna republicana se transformasse numa armadilha anticlerical foi ferrenha, pois desde o início teve de enfrentar ameaças reais. Tanto assim que, ao ser publicado pelo governo provisório o Decreto n. 510, datado de 22 de julho de 1890, contendo o projeto da nova constituição a ser sancionado pelo congresso nacional, verificou-se com espanto que ele continha várias sugestões duríssimas contra a instituição eclesiástica. Entre outras coisas, mantinha as leis de *mão-morta*; reconhecia somente o casamento civil, o qual precederia sempre ao casamento religioso; estabelecia que o ensino ministrado nos estabelecimentos públicos seria exclusivamente leigo; os cemitérios teriam caráter secular; nenhum culto ou Igreja gozaria de subvenção oficial; seria excluída do país a Companhia de Jesus, proibida a profissão religiosa e a fundação de novos conventos ou ordens monásticas; e além disso, também ficariam inelegíveis para o congresso nacional os clérigos e religiosos de qualquer confissão. "Não são as cadeias do padroado, mas é o exílio da religião dos Estados Unidos do Brasil", bradou o internúncio Francesco Spolverini, que acusava tal projeto de negar liberdades reconhecidas em todas as constituições da América.[53]

Os bispos decidiram reagir, e, aos 6 de agosto do mesmo ano de 1890, apresentaram uma *Reclamação*, que uma comissão formada por Dom Antônio Macedo Costa, primaz do Brasil, Dom Jerônimo Tomé de Souza, do Pará, e Dom João Esberard, coadjutor de Olinda, fez questão de entregar pessoalmente a Deodoro.[54] O documento criticava todos os dispositivos do projeto que julgavam ofensivos aos direitos da Igreja:

---

[52] LEÔNCIO BASBAUM, *História sincera da república*, vol. II, p. 268.
[53] AA.EE.SS., Carta do internúncio Spolverini ao Cardeal Rampolla (24-6-1890), em: *Brasil*, pos. 304, fasc. 27, fl. 2-3.
[54] FÉLIX GUISARD FILHO, *Dom José Pereira da Silva Barros*, Empresa Editora Universal, São Paulo 1945, p. 53.

"Temos a honra de vir à respeitável presença de V. Ex.ª para exprimir-lhe o imenso assombro e a profunda tristeza que se apossou de nossa alma, ao lermos nos papéis públicos o projeto de constituição nacional, promulgado por decreto do governo provisório, para ser submetido à sanção do congresso federal que tem de reunir-se em 15 de novembro próximo. Sob a funesta influência de doutrinas radicalmente opostas às nossas crenças religiosas, não só ali foram deixados à margem, no mais absoluto desprezo, os direitos e as tradições de três séculos desta nação católica, mas positivamente atacados e alvos da mais injusta guerra pontos essenciais da fé e da disciplina da religião". Após as considerações iniciais e de uma declaração de princípios, o documento assumiu uma postura desafiadora: "Usaremos energicamente de todos os meios legais para sustentar, sem desfalecimento, os interesses sagrados da fé e da liberdade das almas. [...] Não trepidaremos na luta: o futuro não poderá de deixar de ser da verdade, da justiça de Deus. Quando, no prazo marcado pela Divina Providência, se esboroarem com estrondo as instituições humanas, que, em hora de orgulho e de vertigem, ousarem insurgir-se contra a obra de Deus, verá então, com assombro o mundo, que só a Igreja recebeu do céu promessas de vida e de imortalidade!"[55]

O Marechal mostrou-se receptivo às queixas dos bispos; mas, quando as coisas pareciam encaminhadas, o mais hábil interlocutor do episcopado, Dom Antônio de Macedo Costa, viajou no mês de setembro seguinte para Roma, a fim de tratar o igualmente inadiável projeto de reestruturação eclesiástica do Brasil. Ele, no entanto, permaneceria por lá apenas o tempo estritamente necessário para as tratativas e, na sua ausência, os demais prelados não ficaram inativos. Dom José Pereira da Silva Barros, mesmo sem os dotes intelectuais de Dom Antônio, tinha a vantagem de possuir ótimas relações com numerosos políticos; e o internúncio, sabendo-o, chamou-o, e juntos traçaram uma estratégia comum, conforme ele próprio descreveria:

> Em sua ausência (de Dom Antônio de Macedo Costa) e enquanto por ele esperávamos, fomos chamados ao Rio de Janeiro pelo incansável e digníssimo Representante da Santa Sé, Monsenhor Francisco Spolverini, para cooperarmos no trabalhoso intento de alcançar legisladores constituintes modificações no projeto de constituição, que melhor se ajustassem à prometida liberdade religiosa. [...] É certo que o Venerando Arcebispo, voltando de Roma, não só aprovou inteiramente os nossos labores, como também trabalhou com denodado zelo, do que damos testemunho, porque dignou-se levar-nos consigo às diversas conferências que teve com os próceres da república, reforçando destarte que havíamos feito em sua ausência.[56]

Dom Antônio retornaria no início de novembro, e o episcopado brasileiro, que a esta altura já havia passado de doze a dezesseis membros, reuniu-se novamente em São Paulo, lançando aos 6 de novembro de 1890 um *Manifesto* coletivo aos constituintes:

> A Igreja Católica, a que pertence o povo brasileiro, foi injustamente esbulhada de seus sacrossantos direitos e com o maior desprezo eliminada das suas tradicionais relações com o Estado. Ferida em seus divinos princípios, ela pede justiça e reparação.

---

[55] Antônio de Macedo Costa et alii, *Reclamação do episcopado brasileiro dirigida ao chefe do governo provisório*, Tipografia Salesiana do Liceu Sagrado Coração, São Paulo 1890, p. 1.
[56] José Pereira da Silva Barros, *Carta de despedida do bispo D. José Pereira da Silva Barros ao clero e ao povo do antigo bispado de São Sebastião do Rio de Janeiro*, Oficinas Salesianas, São Paulo 1894, p. 8.

Defensores natos desta augusta Religião, a cuja sombra se formou, medrou e cresceu a nossa nacionalidade, sentem-se os Bispos brasileiros na indeclinável necessidade de trazer aqui uma palavra sua em defesa daqueles direitos conculcados. Obedecer nisto a um grave ditame de sua consciência. Ao primeiro Congresso Nacional queremos pedir que, nesse trabalho de reconstrução política e social em que se vai empenhar toda a sua solicitude, não fiquem ignominiosamente espinhasadas as nossas crenças religiosas, nem os direitos dos católicos do Brasil. Sem o respeito à Religião de um povo, nenhuma reconstrução durável se poderá operar, como bem no-lo demonstra, com a voz eloquente dos fatos, o testemunho irrecusável da história universal em todos os tempos.
No projeto de constituição federal apresentado pelo governo provisório à discussão do respeitável congresso –, não o ignoram os ilustres membros de uma e outra câmara de que ele se compõe – algumas cláusulas foram, em má hora, inseridas com o mais grave detrimento da Religião Católica, que é a única professada pelo povo brasileiro.
Em desempenho de nosso múnus apostólico, tivemos, em tempo oportuno, a honra de levar à presença do Exmo. Chefe do governo provisório, por meio de uma comissão Episcopal, [...] uma sucinta Representação em que, com expressões do maior respeito, unânimes protestávamos contra a inserção das aludidas cláusulas. [...] De um lado, a justiça da causa que tínhamos a missão de defender, e a solidez de razões que assentamos as nossas respeitosas reclamações; e do outro, o critério do ilustre Chefe do governo provisório e as fagueiras esperanças que S. Ex.ª nos fez pressentir, eram para o Episcopado nacional garantias mais que seguras de que a voz aflita dos Chefes espirituais do povo brasileiro não ficaria reduzida a um vão clamor perdido na amplidão do deserto.
Infelizmente, porém, assim não sucedeu! Apesar dos recentes retoques – retoques realmente ilusórios! – ao projeto primitivo, as cláusulas anticatólicas de que nos queixamos ali permanecem ameaçadoras da santa liberdade das almas! [...] Medite, pois, atentamente o Congresso, como a importância da causa o requer, medite sobre as gravíssimas consequências ali expendidas, e faça-nos justiça. Oxalá, Exmos. Srs. Representantes da Nação, alivieis sem demora a consciência nacional do grave peso que a oprime e das funestas apreensões que a conturbam diante da medonha perspectiva de uma luta religiosa.[57]

Ao menos parcialmente, os bispos foram ouvidos, conseguindo sensibilizar até mesmo políticos de ideias positivistas. Dentre estes estava Júlio de Castilhos, que se manifestou contrário a medidas como a expulsão da Companhia de Jesus do Brasil, porque, segundo ele, o Rio Grande do Sul não concordava em perder seus melhores educadores, que eram os jesuítas de São Leopoldo.[58] Também neste particular teve notável importância a atividade de Dom José. Ao saber das maquinações contra os jesuítas, ele procurou o ministro da justiça para que reconsiderasse, e, ao perceber que aquele se mostrava irredutível, serviu-se de um artifício contundente: "Sr. Ministro, tendo V. Ex.ª de referendar o decreto de expulsão da Companhia de Jesus, terá também de expulsar um dos professores de um filho seu, estudante no Colégio São Luís". "Não", caiu em si o representante do governo, "os jesuítas não serão expulsos". E a questão encerrou-se aí.[59]

Numa *Carta Pastoral* que lançou aos 19 de julho de 1891, o bispo do Rio explicaria que o próprio Papa apoiava a prudência adotada pelo episcopado brasileiro naquele período de transição:

---

[57] Francisco de Macedo Costa, *Lutas e vitórias*, Estabelecimento dos Dois Mundos, Bahia 1916, p. 224-226.
[58] Benícia Flesch, *Seguindo passo a passo uma caminhada*, vol. I, 2ª ed., Editora Gráfica Metrópole, Porto Alegre [s.d.], p. 34-35.
[59] Félix Guisard Filho, *Dom José Pereira da Silva Barros*, p. 58.

Separou-se primeiro o Estado da Igreja, embora isto não fosse, nem pudesse ser, a vontade da maioria da nação; mas se separou. Diante desse golpe o episcopado não se calou, porém, pronunciou-se abertamente contra esta ofensa feita ao princípio de concórdia ensinado pela Igreja. [...] O procedimento do episcopado foi prudente e mereceu benévolo acolhimento junto ao Supremo Governo da Igreja de Jesus Cristo.[60]

A eliminação dos excessos anticlericais também foi mérito da pequena, porém denodada, bancada de dezoito deputados declaradamente católicos (formada principalmente de baianos e mineiros), que, com apoio de outros deputados amigos e simpatizantes, soube fazer as melhores possíveis no projeto do governo.[61] Influiu igualmente o fato dos parlamentares da República nascente desejarem a estabilidade institucional do país, evitando querelas inúteis. Isso explica por que políticos de tendências variadas, como Amphilóphio Freire de Carvalho, Alcindo Guanabara, Santos Pereira, Gil Goulart, João Pinheiro e Júlio de Castilhos, unidos, tenham impedido que os pontos mais polêmicos contra a Igreja fossem aprovados.[62]

Uma das alterações mais positivas foi aquela relativa aos religiosos. O Artigo 72 §3º do projeto original concedia a eles a liberdade de adquirir bens, mas observando os famigerados limites das leis de *mão-morta*, enquanto que o §8 do mesmo artigo mantinha a proibição da fundação de novos conventos e ordens monásticas. Graças a uma emenda do deputado baiano César Zama (1837-1906), o congresso constituinte substituiu as expressões finais do §3 – "observados os limites postos pelas leis de mão-morta", pela expressão "observadas as disposições do direito comum". Por sua vez, o §8 seria completamente suprimido, sendo acrescentado ao Art. 72 o §24, garantindo "o livre exercício de qualquer profissão moral, intelectual e individual".[63] Algumas limitações ultrajosas, no entanto, foram mantidas, como aquela que proibia aos regulares o direito de voto.[64]

1.2 – As tentativas posteriores de uma interpretação anticlerical da carta magna e da legislação republicana

Após a promulgação da carta nacional, duas questões seriam retomadas com estardalhaço: a precedência do casamento do civil em relação ao religioso, e a legislação dos bens de *mão-morta*. A discussão iniciada em torno do primeiro item foi uma surpresa, considerando que não tinha sido fácil aprovar o Artigo 72 §2 estabelecendo que a República reconheceria apenas o casamento civil. A vitória fora possível justamente porque a comissão de constituição sagazmente havia descartado a controvertida precedência obrigatória

---

[60] José Pereira da Silva Barros, *Carta Pastoral do Bispo de São Sebastião do Rio de Janeiro saudando aos seus diocesanos*, p. 39-40.
[61] Luigi Lasagna, *Epistolario*, vol. III, Libreria Ateneo Salesiano, Roma 1995, p. 16.
[62] Cf. Francisco José de Lacerda Almeida, *A Igreja e o Estado – Suas relações no direito brasileiro*, Tipografia da Revista dos Tribunais, Rio de Janeiro 1924, p. 199.
[63] Prudente de Morais et alii, *Antigos conventos e seus bens em face da constituição de 24 de fevereiro de 1891 e da lei de 10 de setembro de 1893*, Tipografia Brasil de Carlos Gerke e Cia, São Paulo 1902, p. 5.
[64] João Capistrano de Abreu et alii, *Livro de ouro comemorativo do centenário da Independência do Brasil e da Exposição Internacional do Rio de Janeiro*, Edições do Anuário do Brasil, Rio de Janeiro 1923, p. 80.

que constava no projeto original; e, mesmo assim, o resultado foi pífio: apenas quatro votos de vantagem (77 contra 73). Além do mais, o aviso do governo de 15 de janeiro de 1891 havia dado a questão por encerrada:

> Suscitando-se dúvidas quanto à precedência de cerimônias religiosas matrimoniais à celebração do casamento civil, declaro-vos, para os devidos efeitos, que, nos termos dos §4 e 7 do Artigo 72 da constituição, não se pode proibir que tais cerimônias religiosas sejam celebradas antes de efetuado o casamento civil, como determina o Decreto n. 521 de 26 de junho do ano passado, visto que seria inexequível a imposição da pena nela estatuída e mediante o processo que estabelece para um fato que deixou de ser delituoso.[65]

Inconformado, Campos Sales, maçom e legítimo herdeiro da velha escola regalista, no dia 13 de junho, apresentou um projeto de lei que reintroduzia as restrições abolidas. Além do seu nome, outros três maçons o endossavam: Ubaldino do Amaral, Eduardo Wandenkolk, e o anticlerical de todas as horas, Joaquim Saldanha Marinho. Propunha o seguinte:

> O Congresso Nacional resolve:
> Art. 1. Continuam em vigor as disposições do Decreto n. 521 de 26 de junho de 1890.
> Art. 2. Revogam-se as disposições em contrário.[66]

Dessa vez, como já era mais possível impor a própria vontade sem ouvir a parte contrária, Campos Sales teve de suportar questionamentos de todo gênero. Mais que um problema religioso, a oposição argumentou que semelhante proposta ignorava completamente a realidade brasileira. Como instituir a obrigatoriedade de semelhante precedência no interior do país, em zonas pouco habitadas e isoladas, com a dificuldade existente de se manter e organizar o serviço de casamento civil? Um deputado da Paraíba recordou que os juízes de paz eram entidades políticas, imensamente partidárias, cheias de despeito e ódio para com seus adversários, suas famílias e agregados, espreitando sempre o ensejo de vingança. Se por acaso um desses juízes se recusasse a efetuar o casamento, que faria o sacerdote obrigado por lei a não celebrar a cerimônia religiosa sem a prévia formalidade civil? Deixaria de celebrar? Mas, se assim fosse, haveria uma contradição de princípio, pois a constituição assegurava a cada um o livre exercício de seu culto. Por estas e outras razões, a crítica ao projeto de Campos Sales se avolumou: a uns parecia inconstitucional, a outros inconvenientes, e aos católicos, um acinte à sua consciência religiosa. A brusca interrupção da primeira legislatura republicana, aos 3 de novembro de 1891, interrompeu o debate, antes que houvesse votação, o que na prática invalidou a proposta.[67]

Quanto à legislação de *mão-morta*, o Artigo 72§3 da constituição, que concedeu a todos os indivíduos e confissões a livre disposição de seus bens, parecia ser a solução melhor para a Igreja da jovem República; mas Dom Antônio de Macedo Costa, que não se fiava dos velhos religiosos, logo compreendeu que a novidade criaria

---

[65] MANUEL FERRAZ DE CAMPOS SALES, *Casamento civil – Discursos pronunciados no Senado Federal*, p. 15.
[66] MANUEL FERRAZ DE CAMPOS SALES, *Casamento civil – Discursos pronunciados no Senado Federal*, p. 29.
[67] LAURITA PESSOA RAJA GABAGLIA, *Epitácio Pessoa*, vol. I, Livraria José Olympio Editora, Rio de Janeiro 1951, p. 62-63.

problemas. Ele se encontrava então recolhido em Barbacena, MG, nos seus últimos momentos de vida, mas não se esqueceu de escrever a monsenhor João Esberard, pedindo-lhe que redigisse uma *circular* aos superiores das antigas ordens brasileiras para recordar-lhes que estavam em pleno vigor as disposições do direito canônico e as penas *contra alienantes*, e que, dadas as particulares condições em que se encontravam, ficariam sob a jurisdição dos bispos. Monsenhor Esberard, percebendo que uma medida do gênero traria graves consequências, não o fez, e o próprio Dom Antônio acabou lhe telegrafando para que suspendesse a publicação da circular.[68]

A intuição que tivera, no entanto, era correta, pois rapidamente, alguns dos velhos religiosos, longe de se preocuparem com uma eventual restauração das suas respectivas ordens, aproveitaram da recém-conquistada liberdade para dilapidar o patrimônio de tais instituições em proveito próprio. A 10 de março, ou seja, apenas onze dias após a abolição oficial das leis de *mão-morta*, os bispos de São Paulo e Olinda alertaram o internúncio Francesco Spolverini de que os beneditinos do Rio estavam negociando com uma companhia a venda em bloco de uma quantidade de casas que sua ordem possuía na capital federal, pela irrisória quantia de 30 milhões de francos. O abade do mosteiro carioca, Dom Manuel de Santa Catarina Furtado, inclusive, já havia vendido três fazendas, ignorando ostensivamente o parecer contrário da internunciatura. E não era o único a agir assim, pois a superiora das ursulinas do convento da Soledade da Bahia tentou igualmente vender duas propriedades do seu mosteiro. Alarmado com o que acontecia, o internúncio acreditou poder contar com o barão, de Lucena, então ministro da justiça, e pediu-lhe que tomasse providências.[69] Não poderia ter feito escolha pior: a providência tomada pelo barão, por meio de um aviso baixado aos 31 de março de 1891, foi a de reintroduzir a odiosa lei de 9 de dezembro de 1830, que impedia às ordens religiosas dispor dos seus bens, sem expressa licença do governo, sendo nulas as alienações que fizessem. Além disso, aos 9 de abril do mesmo ano, Lucena procurou informações sobre o estado do patrimônio dos religiosos, e, com outro aviso, emitido aos 12 de maio seguinte, nomeou uma comissão encarregada de formular medidas para levar a efeito as alienações feitas e impedir as que os religiosos tentassem fazer no futuro.[70]

Foi uma traição, pois ele havia tranquilizado o internúncio com uma afirmação categórica: "Diga ao Santo Padre que o princípio do governo é que os bens dos frades são bens da Igreja e à Igreja devem retornar". E, a isso, acrescentara que o governo agiria de modo que a lei futura fosse inspirada em tais princípios.[71] Ao se tornar conhecido o engodo, as medidas do barão foram atacadas de forma violenta, tanto pelos católicos quanto pela imprensa de oposição ao governo. Afinal, o novo ministro da justiça José Higino Duarte Pereira (1847-1901), por meio de um aviso publicado no *Diário Oficial* de 11 de dezembro de 1891, anulou as medidas do barão:

---

[68] ASV, "Relatório de monsenhor Spolverini, internúncio apostólico, ao Em.mo Card. secretário de Estado" (8-4-1891), em: *Nunciatura Apostólica no Brasil*, fasc. 377, caixa 77, doc. 3, fl. 73.
[69] ASV, "Providências acerca dos bens das Ordens Religiosas", em: *Nunciatura Apostólica no Brasil*, fasc. 377, caixa 77, doc. 2, fl. 67-68; Idem, "Relatório de monsenhor Spolverini dando explicações sobre os bens das Ordens Religiosas (6-8-1891), em: *ibidem*, doc. 4, fl. 9.
[70] FRANCISCO JOSÉ DE LACERDA ALMEIDA, *A Igreja e o Estado – suas relações no direito brasileiro*, p. 200.
[71] ASV, "Relatório de monsenhor Spolverini sobre os bens da ordens Religiosas", em: *Nunciatura Apostólica no Brasil*, fasc. 377, caixa 77, doc. 4., fl. 101.

Havendo a constituição no art. 83 mandado vigorar somente as leis do antigo regímen no que explícita ou implicitamente não for contrário ao sistema do governo por ele firmado e aos princípios que consagra; decorrendo do art. 72 da mesma constituição a plena capacidade civil das Associações Religiosas equiparadas a quaisquer outras de ordem privada para se regerem pelo direito comum; abolidas pois pelo preceito constitucional as leis de amortização, e entre estas a de 7 de dezembro de 1830; [...] Declaro revogadas por contrários à constituição os avisos de 13 de março do corrente ano, expedidos por um dos meus antecessores aos Governadores do Pernambuco e Minas Gerais, e o Aviso Circular de 31 do mesmo mês.[72]

De maior relevância foi a *Nota Oficial* de igual data, dirigida pelo mesmo ministro aos bispos do Rio de Janeiro e de Olinda, encerrando o clamoroso caso do sequestro do convento dos carmelitas no Maranhão. O problema viera à tona no dia 8 de maio precedente, quando, tendo falecido o último carmelita ali residente, de nome frei Caetano de Santa Rita, o Estado sequestrou o convento, sob a alegação de que os bens vagos eram devolutos à nação. No dia 15 de outubro, alguns deputados maranhenses informaram ao bispo diocesano, Dom Antônio Cândido de Alvarenga, que o governo lhe entregaria alfaias, vasos sagrados e objetos e edifícios de culto, mas que, em relação ao edifício do convento, deveria ele pedir a cessão, caso desejasse usá-lo para algum fim útil.[73] Os bispos do Rio de Janeiro e do Pernambuco reagiram, enviando uma *representação*, junto ao ministério do interior, contra a decisão, mas não teriam sucesso. O aviso daquele ministério datado de 11 de dezembro seguinte a derrubaria, não com pretextos regalistas, mas sob a alegação de que a província carmelita extinta carecia de existência legal na ordem civil:

> Para que tais associações possam existir na ordem temporal como personalidade jurídica, é preciso que se organizem em conformidade com a lei civil. Tem pois, de constituir-se como entidades jurídicas com existência e economia independente, regendo-se e administrando-se por seus estatutos e compromissos, formando, em suma, pessoas *sui iuris sob a ação das leis de ordem temporal que lhes forem atinentes*.[74]

Surpreso com tal deliberação, o prelado do Maranhão, para impedir que o convento dos mercedários tivesse o mesmo fim, tomou uma decisão drástica: "vou tratar de fazer que o último religioso que aqui existe desta ordem, frei Manuel Rufino de Sant'Ana Freitas, já velho, e que não reside no convento, assine uma escritura de doação do convento à diocese".[75] Os demais bispos tampouco perderam tempo e expediram circulares determinando que as ordens monásticas, ordens terceiras, irmandades e confrarias daquele momento em diante lhes ficariam subordinadas, não só quanto ao espiritual, bem como ao regime dos bens de direito econômico. Puderam fazê-lo também porque, como se verá no próximo capítulo, aos 26 de novembro de 1891, a Cúria Romana outorgara-lhes

---

[72] ASV, Memorandum sobre a Província [carmelita] Fluminense e em geral sobre a condição jurídica das corporações religiosas do Brasil, em: *Nunciatura Apostólica no Brasil*, fasc. 433, caixa 88, doc. 1, fl. 6b-7.
[73] ASV, Carta ao internúncio, em: *Nunciatura Apostólica no Brasil*, fasc. 353, caixa 72, doc. 19, fl. 101.
[74] ASV, "Requerimento – Dr. Juiz Seccional", em: *Nunciatura Apostólica no Brasil*, fasc. 353, caixa 72, doc. 23, fl. 50-51.
[75] ASV, Carta do Bispo do Maranhão a monsenhor Gualtieri, em: *Nunciatura Apostólica no Brasil*, fasc. 353, caixa 72, doc. 23, fl. 106.

autoridade de infligir penas espirituais a quem não se submetesse.⁷⁶ Foi então que, menos de um mês depois, a *Nota Oficial* citada acima, esclareceu a questão:

> Resulta que as leis de amortização foram revogadas em sua totalidade, permitindo livremente o ingresso em profissão religiosa; facultando às associações de qualquer natureza constituírem-se sem dependência do poder público, observadas tão somente as regras do direito civil; extinto o direito de padroado e seus consectários, cessou a tutela que o Estado exercia sobre tais pessoas jurídicas. Nem mesmo quanto às Ordens Regulares é cabível a intervenção do governo, pois que "a sucessão iminente, que ao Estado competia sobre o patrimônio daquelas ordens, teria ficado adiada indefinidamente pela permissão do noviciado, além de haver-lhes assegurado a constituição a plena liberdade sobre seus bens.⁷⁷

Os opositores dos religiosos não desistiriam tão facilmente e retomariam o assunto quando o congresso nacional resolveu regularizar a situação dos entes morais e religiosos. Na terceira discussão, levada a cabo no senado, entre os dias 30 e 1º de junho de 1892, foi observado que projeto de lei apresentado para sanar de vez a questão era insuficiente, por não haver contemplado com clareza as antigas fundações. Por isso, o senador católico Amaro Cavalcanti (1849-1922) ofereceu a seguinte emenda aditiva: "As sociedades religiosas, ora existentes, poderão se reorganizar conforme as disposições desta lei, continuando a usufruir os bens do seu atual patrimônio para fins de religião, beneficência e caridade". Esta emenda, entretanto, não foi aprovada, e a ambiguidade ensejaria novas contendas num futuro próximo. Por outro lado, o anticlerical histórico e também maçom, Tavares Bastos, apresentaria no dia seguinte outra emenda, obviamente restritiva: "Subsiste, nos termos da lei em vigor, o direito do Estado sobre os bens de que se acham em posse as confissões religiosas". Ele teve a satisfação de vê-la aprovada na comissão preparatória, vindo a constituir-se o Artigo 17 do projeto; mas foi uma alegria fugaz: a câmara dos deputados suprimiu o artigo controvertido e o senado concordou com a supressão. O projeto que afinal se converteu na Lei n. 173, aprovada aos 10 de setembro de 1893, aboliu as antigas leis de amortização do Império, reconhecendo a personalidade jurídica de todas as igrejas, confissões religiosas, institutos e agremiações eclesiásticas.⁷⁸ Por fim, dois arrestos do supremo tribunal federal, baixados em 19 de outubro de 1896 e 7 de agosto de 1897, declararam taxativamente abolidas as leis de *mão-morta*.⁷⁹

Os religiosos, devidamente instruídos pela Nunciatura Apostólica, preferiram não correr riscos e praticamente todos registravam-se com estatutos semelhantes, cujo Artigo 7º deixava bem claro que, no caso de dissolução, o seu patrimônio seria transferido para outros estabelecimentos católicos de culto, de instrução religiosa ou de caridade, "segundo as instruções emanadas

---

⁷⁶ ASV, Requerimento do juiz secional, em: *Nunciatura Apostólica no Brasil*, fasc. 353, caixa 72, doc. 23, fl. 52-53.
⁷⁷ ASV, Memorandum sobre a Província [carmelita] Fluminense e em geral sobre a condição jurídica das corporações religiosas do Brasil, em: *Nunciatura Apostólica no Brasil*, fasc. 433, caixa 88, doc. 1, fl. 7-8.
⁷⁸ PRUDENTE DE MORAIS ET ALII, *Os antigos conventos e seus bens em face da constituição de 24 de janeiro de 1891 e da lei de 10 de setembro de 1893*, p. 7-9.
⁷⁹ ASV, "Memorandum sobre a Província [carmelita] Fluminense e em geral sobre a condição jurídica das corporações religiosas no Brasil", em: *Nunciatura Apostólica no Brasil*, fasc. 433, caixa 88, doc. 1, fl. 8b.

pela Santa Sé".⁸⁰ Tratava-se de uma precaução mais que justificada, pois os que se lhes opunham, cientes que as ordens renasciam graças aos frades europeus que se naturalizavam brasileiros, a partir de 1900, tentariam um novo golpe. O autor da proeza foi o ocupante da pasta da justiça, ministro Epitácio da Silva Pessoa, sobrinho por parte de mãe do barão de Lucena, que, ante o pedido de naturalização apresentado por dois beneditinos e dois carmelitas durante o segundo semestre daquele ano, no dia 13 de abril do ano seguinte, escreveu-lhes informando que o governo não julgara conveniente, ao menos naquele momento, atender ao pedido feito. O Arcebispo do Rio, Dom Joaquim Arcoverde procurou-o para pedir explicações, mas o ministro se limitou a lhe pedir para ter mais dois ou três meses de paciência, porque havia confiado a um jurista o estudo da situação. Era, de fato, uma nova ameaça, pois na mesma ocasião ressaltou que tal estudo visava averiguar se os bens administrados por um único religioso pertenciam a ele por direito. Além disso, acrescentou que, caso o referido estudo não elucidasse bem a problemática, não hesitaria em propor uma solução por meio de uma nova lei. Nada disso aconteceria, porque Epitácio Pessoa terminou afastado do ministério, no dia 6 de agosto de 1901, e seu substituto, Sabino Alves Barroso Júnior (1859-1919), abandonou a hostilidade contra os religiosos.⁸¹ Como se verá adiante, a pendência ainda daria margem para novos atritos, reaparecendo nos anos dez, num caso rumoroso envolvendo os franciscanos da província da Imaculada Conceição.

---

[80] ASV, "Estatutos da Província Carmelita da Bahia", em: *Nunciatura Apostólica no Brasil*, caixa 88, fasc. 433, doc. 2, fl. 28.
[81] ASV, Correspondências diversas, em: *Nunciatura Apostólica no Brasil*, fasc. 430, caixa 87, fl. 160, 165-168, 178.

2

A ACOMODAÇÃO DO ESTADO E DA IGREJA À NOVA ORDEM VIGENTE

A constituição de 1891 não só assumiu a maioria das disposições dos decretos anteriormente publicados como institucionalizou o Estado secular, e isto se refletiu já no seu preâmbulo, que, excluindo o nome de Deus, afirmava secamente: "Nós, os representantes do Povo Brasileiro, reunidos em Congresso Constituinte, para organizar um regímen livre e democrático, estabelecemos, decretamos e promulgamos a seguinte Constituição da República dos Estados Unidos do Brasil".[1]

Esse desfecho era previsível, pois, os debates constituintes tiveram como protagonistas intelectuais, fazendeiros e membros outros das oligarquias. Ali, com frequência excessiva, o pensamento de Rui Barbosa, da minoria positivista e de certos maçons não raro deu o tom dos discursos, convergindo depois em projetos e emendas, e por fim em determinadas leis. Nesse pressuposto, não há motivo para se admirar que a carta federalista de 91, inspirada como foi na lei maior dos Estados Unidos, impregnada de certa ideologia francesa e

---

[1] Outras definições de cunho religioso de grande importância foram: 1) Artigo 11° – É vedado aos Estados como à União: [...] 2. Estabelecer, subvencionar ou embaraçar o exercício de cultos religiosos. Este artigo, na prática, é um resumo do Decreto 119 A, consagrando o princípio liberal da separação entre a Igreja e o Estado, e da plena liberdade cultos. 2) Artigo 70° – *São eleitores os cidadãos maiores de 21 anos, que se alistarem na forma da lei. § 1° Não podem alistar-se eleitores para as eleições federais, ou para os Estados [...] 4. Os religiosos de ordens monásticas, companhias, congregações ou comunidades de qualquer denominação, sujeitas a votos de obediência, regra ou estatuto, que importe a renúncia da liberdade individual. § 2° São inelegíveis os cidadãos não alistáveis*. Esta é uma resolução do período monárquico, que o novo texto constitucional conservou. Exasperando o sentido negativo da obediência, aboliu um direito fundamental, que a reclamação dos bispos criticara duramente. 3) Artigo 72° – *A constituição assegura a brasileiros e estrangeiros residentes no país a inviolabilidade dos direitos concernentes à liberdade, à segurança individual e à propriedade nos termos seguintes: [...] § 3° Todos os indivíduos e confissões religiosas podem exercer pública e livremente o seu culto, associando-se para esse fim e adquirindo bens, observadas as disposições do direito comum. § 4° A República só reconhece o casamento civil, cuja celebração será gratuita. § 5° Os cemitérios terão caráter secular e serão administrados pela autoridade municipal, ficando livre a todos os cultos religiosos a prática dos respectivos ritos em relação aos seus crentes, desde que não ofendam a moral pública e as leis. § 6° Será leigo o ensino ministrado nos estabelecimentos públicos. § 7° Nenhum culto ou igreja gozará de subvenção oficial ou terá relações de dependência, ou aliança, com o governo da União, ou dos Estados. [...] § 28° Por motivo de crença ou de função religiosa, nenhum cidadão brasileiro poderá ser privado de seus direitos civis e políticos, nem eximir-se do cumprimento de qualquer dever cívico. § 29° Os que alegarem motivos de crença religiosa com o fim de se isentarem de qualquer ônus que as leis da República imponham aos cidadãos perderão todos os direitos políticos*. Chama atenção o parágrafo 5° desse artigo, dado que, por meio dele, foram automaticamente secularizados "todos" os cemitérios, mesmo aqueles – muitos – que não haviam sido edificados pelo governo. Assim, foi levada a cabo uma verdadeira espoliação de bens eclesiásticos. (*Constituição de 24 de fevereiro de 1891 e constituições dos estados*, F. Brugiet e Cia Editores, Rio de Janeiro 1911, p. 3, 10-11, 56-59, 66).

costurada por cavalheiros de casaca, tenha menosprezado a alma da nação – a sua religião.[2] Em 1899, Ângelo Amaral resumiria o sucedido com um parecer amargo: "Dos Estados Unidos copiamos tudo o que as nossas instituições consagram, mas, por fatalidade ou capricho, eliminamos quanto lá existe em sinal de reverência e amor para com Deus. [...] Proscreveu-se da escola a educação religiosa".[3]

Na época, entretanto, as vozes mais críticas foram as dos católicos monarquistas; os demais, isto é, a imensa maioria, mesmo com reservas, manifestavam clara preferência pela nova situação política do país. A opressão regalista não deixara saudades, e isso explica porque um dos líderes do laicato católico de então, José Soriano de Souza, sem arredar um milímetro da sua fé, tenha aderido plenamente ao novo regime. Na obra intitulada *Go ahead! Help yourself*, ele legitimou o modelo estadunidense, inclusive tolerando a liberdade de culto, o ensino laico nas escolas, o casamento civil e a secularização dos cemitérios.[4] Também Pe. Júlio Maria faria um balanço positivo:

> Em primeiro lugar, quaisquer que sejam, e são grandes, os erros dos legisladores republicanos, é certo que nós estamos no regime da liberdade. Em segundo lugar, não é lícito negar que na situação republicana a Igreja tem prosperado no Brasil; que o Santo Padre pode, sem as peias e os obstáculos do antigo regime, reorganizar a hierarquia, aumentar o número das dioceses, pôr-se mais facilmente em contato com os bispos, os quais para irem a Roma e promoverem nossos interesses religiosos já não precisam de licença do poder executivo; que o sentimento católico tem se desenvolvido no país.[5]

2.1 – O início da "renascença católica"

Compreensível, portanto que, não obstante o caráter leigo do governo provisório e o vago ranço positivista da constituição de 1891, a Igreja em nenhum momento tenha feito uma oposição à República enquanto tal. Por outro lado, tampouco houve da parte dos republicanos tentativas sérias de se criar o Estado indiferente em matéria religiosa idealizado pelos anticlericais. Deodoro e seus sucessores se afirmariam publicamente católicos, e isso, aliás, era tão natural que, aos 15 de novembro de 1890, na mensagem de abertura do congresso constituinte, o marechal fez um agradecimento à Providência, por lhe haver consentido de ser elevado à magistratura suprema da nação.[6]

A propósito, nada exprime melhor o estado de espírito da República recém-nascida do que as desventuras do primeiro presidente. Eleito de forma indireta no dia em que se promulgou a carta magna republicana (24 de fevereiro de 1891), da citada votação participaram 234 parlamentares, que deram ao velho

---

[2] ODILÃO MOURA, *As ideias católicas no Brasil*, Editora Convívio, São Paulo 1978, p. 32.
[3] ÂNGELO AMARAL ET ALII, *A década republicana*, vol. II, Companhia Tipográfica do Brasil, Rio de Janeiro 1899, p. 34, 186.
[4] VAMIREH CHACON, *História dos partidos brasileiros*, Editora Universidade de Brasília, Brasília 1981, p. 87-88.
[5] JÚLIO CÉSAR DE MORAIS CARNEIRO, *O Catolicismo no Brasil (Memória histórica)*, Livraria Agir Editora, Rio de Janeiro 1950, p. 237-238.
[6] *Documentos Parlamentares – Mensagens Presidenciais (1891-1910)*, Tipografia do Progresso, Rio de Janeiro 1912, p. 9.

homem de armas uma modesta vantagem sobre o civil Prudente de Morais (129 votos contra 97). Ele assumiu num momento em que as intrigas palacianas fervilhavam e, o que era pior, faltava-lhe a necessária habilidade para superar esse tipo de situação. Como diria o General Aurélio de Lyra Tavares, "Deodoro nascera para o comando e ignorava os manejos e acomodações políticas".[7]

O mal-estar reinante atingiu seu clímax quando o congresso tentou limitar os poderes presidenciais, induzindo Deodoro a decretar a sua dissolução no dia 3 de novembro de 1891, ainda que prometesse governar o país obedecendo à constituição. Não deixa de ser significativo que, no longo *Manifesto aos brasileiros* comunicando a medida, ele tenha afirmado a fé católica que professava e os esforços que moveu em prol das relações cordiais com a Santa Sé, para desqualificar o anticlericalismo de certos congressistas e jogá-los contra a opinião pública:

> Assisti impassível à longa gestação dessa obra inçada de perigos, que se amontoavam à proporção que as ideias reacionárias, o desrespeito às tradições nacionais, o espírito filosóficos de seitas abstrusas, as inovações e utopias iam penetrando neste organismo. [...] Notarei que, no Senado, altos esforços foram feitos por espíritos verdadeiramente conciliadores, no sentido de restabelecer-se ao menos a Legação junto à Santa Sé. Somos um país católico, e bem que tenhamos decretado a separação da Igreja do Estado, contudo, não desapareceram certas dependências que formam a unidade da Igreja e afervoram cada vez mais a consciência da fé.[8]

A resposta veio no dia seguinte (4 de novembro de 1891), por meio de um protesto público de senadores e deputados, que constava das firmas dos presidentes das duas casas legislativas dissolvidas: Prudente de Morais (senado) e Bernardino de Campos (câmara federal), além de uma centena de representantes dos mais prestigiados. Depois de definirem o marechal como "ditador vulgar", entre outros desmentidos, os signatários negaram categóricos o anticlericalismo que Deodoro lhes atribuía: "O congresso não se inspirou, como caluniosamente diz o manifesto, na perseguição da Igreja. O argumento evidentemente visa indispor os atuais legisladores como sentimento religioso da nação: não o conseguirá".[9]

Um disparo de canhão sobre a cúpula da igreja da Candelária convenceu o marechal da impossibilidade de continuar no governo. Para evitar a eclosão de uma guerra civil, renunciou aos 23 seguinte, com um manifesto emocionado:

> Circunstâncias extraordinárias, para as quais não concorri, perante Deus o declaro, encaminharam os fatos a uma situação excepcional e não prevista. [...] As condições em que nestes últimos dias, porém, acha-se ao país, a ingratidão daqueles por quem mais me sacrifiquei e o desejo de não deixar atear-se a guerra civil em minha cara pátria, aconselham-me a renunciar o poder nas mãos do funcionário a quem incumbe substituir. E fazendo-o, despeço-me dos meus bons companheiros e amigos que sempre se me conservaram fiéis e dedicados, e dirijo meus votos ao Todo-Poderoso pela perpétua prosperidade, e sempre crescente, do meu amado Brasil.[10]

---

[7] Fábio Koifman et alii, *Presidentes do Brasil*, Editora Rio, Rio de Janeiro 2002, p. 30.
[8] *Documentos Parlamentares – Mensagens Presidenciais (1891-1910)*, p. 30, 35.
[9] *Documentos Parlamentares – Mensagens Presidenciais (1891-1910)*, p. 49.
[10] *Documentos Parlamentares – Mensagens Presidenciais (1891-1910)*, p. 40.

Deixada a política, o agora ex-presidente pediu reforma, abandonou o uso da divisa militar e também mudou de atitude quanto à maçonaria. Ele, que fora eleito grão-mestre do Grande Oriente do Brasil e empossado como tal em 24 de março de 1890, vinte e cinco dias após ter renunciado à presidência da República, renunciou igualmente ao grão-mestrado maçônico.[11] Aproximou-se então da Igreja, mas sua saúde deteriorou-se continuamente. No dia 22 de agosto de 1892, agonizante, recobrou a voz e pediu à esposa, Dona Mariana Cecília de Souza Meireles, que lhe chamasse o Pe. Belarmino, pois desejava confessar-se. Também recomendou à família que, no dia 24, na data do 33º aniversário da morte do seu genitor, o tenente-coronel Manuel Mendes da Fonseca, não deixassem de fazer celebrar, como sempre acontecia, missa pelo descanso eterno dele. Às 12h20 do dia seguinte expirou. Antes do enterro, às 8h da manhã, o féretro foi levado à capela do Visconde da Silva, em Botafogo, onde o mesmo Pe. Belarmino celebrou a missa de corpo presente. Sua morte, de certa forma, simbolizou a harmonia em construção entre a Igreja o Estado laico. E desculpou seus limites pessoais. O discurso proferido por Campos Sales, no senado, sobre o falecido, tinha, portanto, sua razão de ser: "Fundou a nova pátria brasileira, destruindo a Monarquia e levantando a República. Este serviço resgata bem as suas culpas".[12]

A ausência de um antagonismo de base tornou possível arranjos outros, decerto improváveis na Europa. O primeiro passo aconteceu quando entrou em cena a questão dos dias santos de guarda. Os golpistas, tendo ouvido somente os do seu restrito grupo, elaboraram uma lista das datas nacionais em que foram excluídas todas as referências religiosas cristãs. Oficializada, aos 14 de janeiro de 1890, por um decreto de Deodoro, a medida teve de ser revista ante o sentimento da nação, que prevaleceu sobre a letra fria. Aconteceu durante a reunião dos membros da junta no dia 29 de março de 1890: a sessão foi convocada para tratar de assuntos como corpo de bombeiros, ferrovias e saneamento da capital federal. A data, porém, coincidiu com o fim da quaresma, e os participantes se viram forçados a incluir na pauta uma questão não prevista, mas crucial para a consciência do país: a Semana Santa. Houve quem repetisse as conhecidas ressalvas em prol da laicidade do Estado, mas, por uma simples questão de realismo, acabou prevalecendo a tendência conciliatória. Assim, quase todos concordaram em respeitar as tradições religiosas do povo e permitiram que os funcionários públicos ficassem dispensados de comparecer ao trabalho nos dias religiosos de guarda que estavam por chegar.[13]

Constatando que a laicização radical da vida pública era impraticável, sem grande esforço os políticos se acomodaram às circunstâncias, deixando cair no esquecimento propostas polêmicas como aquela da proibição dos crucifixos nos edifícios públicos. Chama atenção sobretudo o fato de que, justamente na capital federal, tenham sido os mais altos membros do governo, a barrar tal medida. Aconteceu em 1891, quando um jurado pediu que o crucifixo do fórum do Rio de Janeiro fosse retirado. O presidente do júri, Dr.

---

[11] José Castellani, *Os maçons que fizeram a história do Brasil*, Editora Gazeta Maçônica, São Paulo 1991, p. 43.
[12] Raimundo Magalhães Júnior, *Deodoro, a espada contra o império*, vol. II, Companhia Editora Nacional, São Paulo 1957, p. 376-392.
[13] Dunshee de Abranches, *Atas e Atos do governo provisório*, p. 165.

Miguel Vieira Ferreira, enviou requerimento ao ministro da justiça pedindo autorização para efetivar a petição. Ao invés de ceder, o ministro, barão de Lucena, não apenas se mostrou contrário, indeferindo o pedido, como condenou frontalmente qualquer medida do gênero. A questão seria retomada com seu sucessor, José Higino, mas o resultado foi idêntico: pelas mesmas razões, por meio de um despacho, ele taxativamente proibiu a iniciativa. A quase total ausência de protestos contra as decisões dos ministros comprova que elas gozavam de consenso. Os positivistas foram as vozes isoladas em contrário, até apelaram, sem sucesso, para o congresso nacional.[14] Debalde bradou Raimundo Teixeira Mendes contra a manutenção dos "símbolos teológicos" nos edifícios civis, que constituiriam, segundo ele, em "sintomas característicos dessa política de ilusão e medo sugerida pelo espectro clerical"; mas suas palavras caíram no vazio.[15]

Passaram-se os anos, e lentamente os crucifixos foram sendo reintroduzidos nas escolas e nos tribunais de todos os estados. São Paulo foi um dos últimos a aderir; mas uma comissão liderada pelo coronel Marcelino de Carvalho promoveu uma campanha com subscrições e petições[16] que afinal triunfou: em 1912, o primeiro promotor público do Estado, Alcibíades Delamare Nogueira da Gama, oficializou a presença da efígie do Crucificado em todos os tribunais, encerrando a questão.[17]

A crise que havia não era do Catolicismo, mas dos seus opositores, de modo particular, dos positivistas. No governo do sucessor de Deodoro, Floriano Peixoto, os seguidores de Comte foram impiedosamente descartados, ao tempo em que a inconstante intelectualidade nacional procurava guarida em outros apriscos. E, se no campo filosófico o positivismo acabou sendo apenas um modismo, na parte religiosa o fracasso não seria menos retumbante. Os "sacerdotes da humanidade" mostraram-se incapazes de se adaptar nos trópicos, ou de apresentar a doutrina que professavam de forma palatável a potenciais neófitos. Um bom exemplo disso pode ser encontrado no depoimento de Gilberto Amado: "Quando cheguei ao Rio, de Pernambuco, fui algumas vezes à igreja da Rua Benjamim Constant ouvir Teixeira Mendes. Não pude me interessar pelo que ouvia. Augusto Comte era ensinado como um ministro protestante ensina a Bíblia, e tudo que dissera tinha valor de dogma. Fugi correndo".[18]

Em 1897, o grupo do Apostolado era quase tudo que restava do positivismo no Brasil e ainda tinham de se ver com os liberais, que os qualificavam de seita abstrusa, e com os católicos, que os acusavam de terem corrompido o espírito cristão dos soldados. As *Circulares do Apostolado* reconheceriam, em 1903, a "fatal atenuação" da sua doutrina no Brasil e, a partir de 1910, membros importantes começaram a se desligar da denominação, que inexora-

---

[14] Miguel Lemos, *Artigos episódicos publicados durante o ano de 1891*, Apostolado Positivista do Brasil, Rio de Janeiro 1892, p. 30-33, 87-88.
[15] Raimundo Teixeira Mendes, *A comemoração cívica de Benjamim Constant e a liberdade religiosa*, Tipografia do Apostolado Positivista do Brasil, Rio de Janeiro 1892, p. 30-31.
[16] ASV, Carta do Núncio Giuseppe Aversa ao Cardeal secretário de Estado (23-9-1912), em: *Nunciatura Apostólica no Brasil*, caixa 140, fasc. 701, doc. 9, fl. 26.
[17] João Francisco Velho Sobrinho, *Dicionário biobibliográfico brasileiro*, vol. I, Gráfica Irmãos Pongetti, Rio de Janeiro 1937, p. 161.
[18] Gilberto Amado, *Minha formação no Recife*, José Olympio, Rio de Janeiro 1955, p. 64.

velmente caiu na indiferença.[19] A maçonaria da sua parte, apesar de continuar poderosa e influente, tampouco conseguiu transformar o novo regime no seu triunfo definitivo. Que o diga o lamento do velho anticlerical Saldanha Marinho, afinal vencido pelo sistema que lutara para instituir: "Esta não é a República dos meus sonhos..."[20]

2.2 – A gradual aproximação com o governo republicano

Ainda que raras e isoladas, a Igreja viveu, contudo, algumas situações iniciais embaraçosas. Um desses episódios ocorreu na capital federal. Era dia da procissão de *Corpus Christi*, e o cortejo saía da catedral metropolitana com grande pompa. À frente, levando sob o pálio o Santíssimo Sacramento, caminhava lentamente Dom José, seguido por enorme multidão. Nesse momento, adiantou-se o coronel Dr. Mendes de Almeida, para a bênção episcopal à bandeira republicana, com o desenho e o lema "ordem e progresso" de inspiração positivista. O prelado refletiu um pouco e, com voz firme e clara, replicou: "Sr. Coronel, de boa vontade lançarei as bênçãos sobre a bandeira nacional, depois de isenta de sua mancha sectária". Deodoro o faria responder na justiça pela ofensa a um símbolo pátrio, mas ele não se retratou.[21]

Outros três episódios posteriores também criariam alguma apreensão. O primeiro dizia respeito às relações com a Santa Sé. No início do governo de Floriano Peixoto (1892), devido ao arrocho do orçamento, a lei que fixou a despesa da União extinguiu legações na Rússia, Áustria-Hungria, e junto à Santa Sé, reunindo as de Caracas e México, Lima e La Paz, Lisboa e Madrid. Floriano, porém, compreendeu que esta medida era inconveniente e, aos 12 de maio de 1892, na mensagem de abertura do congresso assumiu a responsabilidade da sua anulação:

> É certo que a extinção de umas [legações] e fusão de outras traria alguma economia, mas esta não compensaria os inconvenientes que, desde logo, se fariam sentir, diminuindo ou quase suprimindo a nossa representação diplomática nos países mencionados. Em o regime passado manteve-se essa representação com proveito, e a República, interessada em conservar e desenvolver as relações que encontrou estabelecidas, não deve privar-se dos meios para isso necessários.[22]

Antes, porém, que o governo de Floriano terminasse, Nilo Procópio Peçanha, aos 31 de maio de 1893, reabriu a questão, apresentando um projeto de lei que mandava extinguir a legação do Brasil junto à Santa Sé. Rui Barbosa, que se aproximava sempre mais do Catolicismo, foi contra,[23] e tanto a Internunciatura Apostólica como a representação diplomática brasileira junto ao Romano Pontífice foram conservadas.[24] Ou melhor, em 1900, o ministro

---

[19] João da Cruz Costa, *O Positivismo na república*, Companhia Editora Nacional, São Paulo 1956, p. 13, 22, 139.
[20] Vamireh Chacon, *História dos partidos brasileiros*, p. 34.
[21] Félix Guidard Filho, *Dom José Pereira da Silva Barros*, p. 58-59.
[22] *Documentos Parlamentares – Mensagens Presidenciais (1891-1910)*, p. 68.
[23] Raimundo Magalhães Júnior, *Deodoro, a espada contra o Império*, vol. II, p. 27.
[24] Manuel Barbosa, *A Igreja no Brasil*, p. 218.

brasileiro em Roma, Dr. Ferreira da Costa, aproveitando o ensejo do quarto centenário do descobrimento do Brasil, em nome do governo federal, solicitou do Papa, como prova da sua benevolência, a elevação da Internunciatura em Nunciatura. O Sumo Pontífice foi deveras benevolente e, em janeiro de 1901, por meio de cartas ao internúncio, monsenhor Giuseppe Macchi conferiu-lhe a função de Núncio Apostólico junto ao governo do Brasil, restaurando a primitiva categoria do representante da Santa Sé, suprimida desde o período da regência.[25] O governo brasileiro, satisfeito, no dia 28 de março daquele ano, promoveu pomposa recepção para que o Núncio entregasse o Breve papal. A cerimônia foi levada a efeito no salão nobre do Palácio do Catete, onde compareceram, além do presidente da República, diplomatas, ministros de Estado e da casa civil e militar.[26]

Como aquele não era o resultado esperado pelos anticlericais, durante dez anos o deputado cearense Tomás Cavalcanti apresentaria a mesma emenda pedindo que a legação fosse suprimida.[27] A última tentativa aconteceu em 1910, quando ele, com outro colega positivista, Barbosa Lima, voltou a insistir. Perdeu de novo: a proposta foi rejeitada com 40 votos a favor e 61 contrários. Rufiro Tavares descreveria a previsível derrota daqueles com uma explicação simples: "Com pequenas exceções em nossa terra, os depositários do poder civil mantêm com a Igreja Católica relações da mais absoluta harmonia".[28]

Outra pendência que precisou ser superada foi a proposta de instauração do divórcio no Brasil. O decreto que instituiu o casamento civil, aos 24 de janeiro de 1890, não previu a dissolução do vínculo matrimonial, ainda que o Artigo 108 tenha citado a palavra divórcio num senso impróprio, melhor definida posteriormente como desquite. Dito artigo estatuía: "O divórcio não dissolve o vínculo conjugal, mas autoriza a separação definitiva dos corpos e faz cessar o regime dos bens, como se o casamento fosse dissolvido".[29] A questão central, portanto, permanecia: os separados estavam impedidos de contraírem novas núpcias. Para alterar esta situação, em fins de 1894, a câmara votou um projeto de autoria de Érico Coelho, abrindo a possibilidade de dissolução total do casamento anterior. O escritor e teatrólogo Artur de Azevedo (1855-1908) nos jornais *Palestra* e *O País*, falando como parte interessada, passou a defender a medida. Afirmava que o "casamento deve durar enquanto durar o amor, porque o casamento sem amor é maior imoralidade que o amor sem casamento". Um dos jornais em que publicava artigos – *O País* – endossava suas ideias, por razões próprias, ou seja, via o divórcio como componente "do progresso", como acontecera na França e na maioria das nações civilizadas... O argumento não convenceu: submetido a votação, o projeto foi derrubado por 35 votos a favor e 78 contrários. A bancada católica em peso votou contra

---

[25] Manuel Alvarenga, *O Episcopado brasileiro*, A. Campos Propagandista Católico, São Paulo 1915, p. 184.
[26] ASV, "*L'Osservatore Romano* – O Núncio Apostólico para o Brasil", em: *Nunciatura Apostólica no Brasil*, caixa 95, fasc. 469, doc. 32, fl. 116.
[27] ASV, "A legação junto ao Vaticano", em: *Nunciatura Apostólica no Brasil*, fasc. 653, caixa 132, fl. 71.
[28] Rufiro Tavares, "A legação brasileira junto à Santa Sé", em: *Santa Cruz*, Escolas Profissionais Salesianas, São Paulo 1910, p. 155.
[29] Raimundo Magalhães Júnior, *Deodoro, a espada contra o Império*, vol. II, p. 140.

e conseguiu aliados. Entre os nomes que lutaram contra a instituição do divórcio, destacaram-se Alberto Torres, Coelho Cintra, Tavares de Lira, Alcindo Guanabara, Carvalho Mourão, Cincinato Braga, Lauro Müller, Herculano de Freitas, Sebastião de Lacerda, entre outros.[30]

A questão do divórcio seria recolocada aos 19 de julho de 1900, pelo deputado e jurista sergipano Martinho Garcez, cujo projeto foi acolhido e aprovado para discussão pelo senado. A oposição não se fez esperar, com destaque para Rui Barbosa, que cada vez mais incorporava motivações cristãs à sua retórica. Foi a primeira aliança tática do célebre baiano com o clero, pois ele secundaria o senador Pe. Alberto José Gonçalves (1859-1945), futuro bispo de Ribeirão Preto, que ali usaria de todos os meios para boicotar a iniciativa. Além da tribuna do parlamento, Rui atacou os divorcistas também na imprensa, com sua conhecida impetuosidade verbal:

> Aprovou o senado, há quatro dias, em primeira discussão, o projeto do divórcio. Noticiando esse fato lamentável, dissemos que ele não correspondia à opinião daquela câmara. Sentimo-nos felizes em ter, graças a esta circunstância, ensejo de contribuir com alguns elementos persuasivos, para fortalecer no espírito dos nossos conterrâneos a repugnância a uma instituição, que entre nós conta com um estreitíssimo grupo de interessados na inovação, e alguns homens de letras, cuja cultura abstrata, confunde o Brasil com a França, a Alemanha e os Estados Unidos.
> Mas, a propaganda da mercadoria refugada pela cristandade brasileira, não perderão a oportunidade, que lhes ministrou o efêmero triunfo, de registrar no fato um sintoma animador para as suas aspirações, às acometidas à "mais universal de todas as instituições sociais", na frase de Gladstone, a grande instituição do casamento. [...] Dos membros em que divide a Federação brasileira, qual é aquele, a quem o divórcio seria bem aceito? [...] Em todo o Norte não conhecemos nenhum. Estará porventura no Sul? Mas então, quiséramos que no-lo indicassem. Acaso o Rio de Janeiro? Minas, com o entranhado fervor do seu Catolicismo? São Paulo, com a constância dos seus hábitos religiosos? Ou o Rio Grande do Sul, com o horror ao divórcio estampado no positivismo do seu governo?[31]

A fácil derrubada da proposta divorcista, ocorrida quase em seguida, foi um dos últimos episódios preocupantes, ao passo que uma série de outros fatores auxiliaria no estreitamento dos laços: os parlamentares educados nos colégios católicos geralmente mantinham uma boa convivência com o clero; alguns deles também se sentiam próximos devido à existência de graus de parentesco, e além disso, na alta cúpula, a influência das primeiras damas, geralmente mais devotas que os maridos, tampouco deixou de ter alguma relevância. Dona Mariana, esposa de Deodoro, foi um bom exemplo: não só era uma católica convicta, como gostava de assistir às festas organizadas no colégio dos salesianos em Niterói.[32]

E foi assim que o inimaginável aconteceu: a separação provocou uma verdadeira aproximação entre Estado e Igreja, pois a independência de cada parte levou a um conhecimento e aceitação recíprocos. Ressalva feita ao exagerado otimismo, que no fundo tentava justificar suas próprias iniciativas, foi

---

[30] Raimundo Magalhães Júnior, *Artur Azevedo e sua época*, 2ª ed., Livraria Martins Editora, São Paulo 1955, p. 255-256.
[31] Rui Barbosa, *O Divórcio*, Gráfica Clélio da Câmara, Rio de Janeiro 1957, p. 9-12.
[32] Cf. Luiz Marcigaglia, *Os salesianos no Brasil*, Escolas Profissionais Salesianas, São Paulo 1955, p. 31.

Rui Barbosa quem, mais uma vez, captou com grande perspicácia o processo em marcha. Em 1893, ele faria a seguinte observação:

> A república brasileira nasceu, felizmente, sob o signo dessa transformação [do pontificado de Leão XIII], cuja fórmula veio a se enunciar, pouco mais tarde, na encíclica aos católicos franceses. A Igreja Católica, seu clero, seu episcopado, seu patrimônio temporal atravessaram essa crise incólumes, respeitados, benquistos, sem que a política tivesse um momento a menor antipatia, ou despeito contra a religião, cujas crenças se confundem com o berço de nossas instituições e o desenvolvimento de nossa liberdade. A própria abolição do seu monopólio, presente funesto que o império bragantino voltara contra ela, não foi, no ânimo dos autores dessa conquista sagrada, senão a homenagem suprema às altas necessidades da alma, às suas relações imateriais com a verdade. E a prova da excelência desse triunfo espiritual da confiança no bem está em que ele estreitou visivelmente os laços entre o nosso meio mundano e a vida religiosa.[33]

Rui tinha razão. Mesmo laicistas intransigentes acabariam por reconhecer que a Igreja não só não ameaçava a instituições civis, como supria carências do Estado na área social. Por isso, Barbosa Lima, que no início do seu governo havia abolido a capelania do Ginásio Pernambucano e entregado a direção do mesmo estabelecimento, até então exercida somente por sacerdotes, a um professor leigo, expulsando também os capuchinhos da Colônia Orfanológica Izabel, por eles fundada, acabaria por assumir outro comportamento. Demonstrou-o, no dia 10 de fevereiro de 1895, ao visitar o colégio dos salesianos no Recife, que também atendia a infância desvalida, prometendo – e cumprindo! – que a assembleia legislativa do seu Estado incluiria no orçamento uma subvenção de doze contos de réis para a obra.[34]

O ambiente também se tornou propício para que fosse dado um importante novo passo: as concessões verdadeiras e próprias. No Rio de Janeiro, Floriano Peixoto, amigo de Dom José de Barros, cedeu-lhe gratuitamente dois prédios públicos, cuja renda anual, estimada em cem contos de réis, destinou-se à manutenção do culto da catedral. Dita situação durou sem ser contestada até 1893 e só terminou porque naquela ocasião Dom José foi afastado.[35] Quando isso aconteceu, Pereira Lopes propôs, e foi atendido pelo congresso nacional, que fosse aprovado um voto de sentimento pela sua retirada. O conselho municipal do Rio de Janeiro, em atitude semelhante, também inseriu na ata da sessão um voto de pesar pela saída do prelado, que gozava de grande estima.[36]

Da sua parte, deve-se também reconhecer que boa parcela do clero fez o possível para adaptar-se às novas circunstâncias. Granjeou a simpatia do sistema, porque se opunha igualmente aos movimentos reivindicatórios e rebeliões que eclodiam. Isso ficou claro durante o governo de Floriano Peixoto, quando muitos clérigos ele-

---

[33] RUI BARBOSA, "A ditadura de 1893", em: *Obras completas*, vol. XX, tomo II, Ministério da Educação e Saúde, Rio de Janeiro 1949, p. 99.
[34] CELESTINO DE BARROS PEREIRA, *Traços biográficos de monsenhor Lourenço Maria Giordano*, Escolas Profissionais Salesianas, São Paulo 1979, p. 19.
[35] FÉLIX GUISARD FILHO, *Dom José Pereira da Silva Barros*, p. 58.
[36] ALFREDO BARCELOS, *Pela república – refutação do manifesto político do Sr. D. João Esberard, Arcebispo do Rio de Janeiro*, H. Lombaerts e Cia, Rio de Janeiro 1894, p. 5.

varam preces contra as revoluções em curso,[37] entre as quais a Revolta da Armada, ocorrida em 1893. Diante do levante da marinha, os salesianos de Niterói evacuaram o colégio Santa Rosa no dia 9 de outubro, enviando parte dos alunos para o colégio dos jesuítas de Nova Friburgo e outros tantos para os educandários que tinham no Rio de Janeiro, São Paulo e Lorena, deixando na casa vazia apenas o Pe. Rota, o Pe. Barale, três seminaristas e algum coadjutor. No mês seguinte, como o Hospital Militar de São João Batista se encontrava na linha do fogo, os religiosos atenderam à solicitação que lhes fizera o general Roberto Ferreira e o governador do Estado, colocando o prédio à disposição. Cento e setenta e cinco enfermos e feridos seriam ali acolhidos, e logo, aos "Filhos de Dom Bosco" seria confiada outra missão: distribuir víveres – charque, farinha e feijão – à população civil vitimada.[38]

As hostilidades terminaram em março de 1894, e o trabalho de assistência dos salesianos tinha sido tão eficiente, que o comandante da brigada de Niterói, coronel Filomeno José da Cunha, de seu próprio punho, enviou-lhes uma carta de agradecimento pelo serviço que haviam prestado. Não foi o único a tomar uma iniciativa do gênero: naquele mesmo ano, já sob a presidência de Prudente de Morais, o general Bibiano Sérgio Macedo de Fontoura Costalá, em nome de todo o governo, agradeceu ao Pe. Luigi Lasagna pelos trabalhos prestados por sua congregação.[39] Antes que o colégio reabrisse as portas, coisa que ocorreu aos 10 de janeiro de 1895, o Estado do Rio também demonstrou sua gratidão, tendo o presidente da câmara, José Tomás de Porciúncula, elaborado uma mensagem elogiosa ante as câmaras, ao tempo em que, pelo Decreto n. 145, foram doados cinquenta contos de réis para a limpeza e consertos do educandário anteriormente ocupado.[40]

O tempo se encarregou de ajustar soluções até mesmo para problemáticas espinhosas, como o casamento civil. Um primeiro e grande passo foi dado com a *Pastoral Coletiva* aprovada aos 12 de novembro de 1901, quando praticamente se passou a tolerar o matrimônio civil e até a recomendá-lo, para razões de conveniência social:

> Aos cuidados, solicitudes e diligências que se dirigem especialmente ao verdadeiro Matrimônio, dependente única e exclusivamente de Deus e da Igreja, deverão os Reverendos Párocos juntar também a precaução de ensinar e aconselhar aos fiéis que se submetam às novas prescrições da lei civil, para prevenir perigos e danos a que se exporiam, por si ou por sua prole, se seu casamento legitimamente celebrado, segundo o rito da Santa Igreja, não tivesse também os efeitos civis pela extrema sanção da lei.[41]

A Igreja não desistiria de exigir o reconhecimento do casamento religioso, mas, confirmando a postura que adotara desde o início, procurava fazê-lo sem contrapor-se por princípio à instituição civil. Sobre isso, outra *Pastoral*, desta vez emitida por Dom Duarte Leopoldo e Silva, futuro Ar-

---

[37] ALFREDO BARCELOS, *Pela república – refutação do manifesto político do Sr. D. João Esberard, Arcebispo do Rio de Janeiro*, p. 6.
[38] JUAN E. BELZA, *Luis Lasagna, El obispo misionero*, Instituto Salesiano de Artes Gráficas, Buenos Aires 1969, p. 424-426.
[39] PAOLO ALBERA, *Monsignore Luigi Lasagna*, Scuola Tipografica Libreria Salesiana, Torino 1900, p. 284-285, 361.
[40] JUAN E. BELZA, *Luis Lasagna, el obispo misionero*, p. 427.
[41] JOÃO ANTÔNIO PIMENTA, *Carta Pastoral de D. João Antônio Pimenta, bispo de Montes Claros, saudando a seus diocesanos*, Livraria do Globo, Porto Alegre 1911, p. 38.

cebispo de São Paulo, nos tempos em que ainda trabalhava em Curitiba, é esclarecedora:

> Tem-se dito e escrito que o clero, ou parte do clero, opõe-se sistematicamente ao cumprimento das *formalidades civis* (os grifos são do autor) do casamento, obstando ao reconhecimento legal da família brasileira. Não é verdade. Defender os inauferíveis direitos da Igreja; pugnar pela santificação da família *constituída* ou por *constituir-se* consoante a lei divina e *reconhecida*, ou melhor, *garantida* pela lei civil; profligar como pecaminosa e *torpe concubinato* toda e qualquer união, entre batizados, fora do *sacramento do matrimônio*; recordar aos nubentes a obrigação grave, também imposta pela consciência, de satisfazer as exigências da lei, *servatis servandis* –, não é atacar a legislação civil em si mesma, mas é, ao contrário, oferecer-lhe uma sanção, uma garantia que absolutamente lhe falta. Em uma palavra, proclamar altamente, de acordo com o Evangelho, que o *contrato civil* não é casamento, mas obrigá-lo, sob pena de pecado, por motivos secundários e acidentais – é ser padre e é ser cidadão, é pugnar indiretamente pela observância da lei civil com muito mais eficácia e maior energia do que podem fazer as legislações humanas.
> Isto tem feito, isto há de fazer o clero diocesano, porque assim mandamos e o exigem as leis canônicas. Apresente-se, afoitamente à autoridade diocesana um sacerdote que, em termos claros e positivos, se tenha oposto à observância da lei civil; documente-se a acusação, e esse sacerdote será severamente punido.[42]

Estabelecido o espírito de respeito recíproco entre a sociedade civil e a instituição eclesiástica, o que veio a seguir foi mera consequência. Para a igreja, o primeiro sinal realmente alvissareiro se verificou aos 15 de novembro de 1906, com a posse do insuspeito católico mineiro Afonso Augusto Moreira Pena como presidente da República. Ex-estudante do Caraça, Afonso Pena era um homem dotado de rígidos princípios morais, devotado à família e à religião, tendo o costume de comungar impreterivelmente todas as sextas-feiras com Pe. Chavelin, seu mestre dos tempos de colégio, com quem conservou relações amistosas duradouras.[43] Devido a esta ligação, ele também matriculou seus quatro filhos (Afonso, Álvaro, Salvador e Alexandre) na mesma instituição em que se formara. E não só: em 1893, ao tempo em que era "presidente" de Minas Gerais, visitou com a família o velho colégio, demonstrando viva emoção.[44]

Afonso Pena não alterou a legislação semiagnóstica vigente no país, mas deixou-a em segundo plano. Homem de fé, no seu primeiro discurso de condutor dos destinos da nação, proclamou que esperava em Deus de poder desempenhar seus árduos deveres. Por estas e outras, o articulista Bruno de Aguiar saudou o quatriênio presidencial que se iniciava, com palavras das mais otimistas: "Felizes as nações como esta, que colocam à frente de sua administração homens encanecidos no serviço à pátria, cidadãos cuja vida têm sido exclusivamente devotada ao bem público, estadistas cuja história é um compêndio de honradez e civismo".[45]

---

[42] Duarte Leopoldo Silva, "Pastoral aos diocesanos de Curitiba sobre o casamento civil", em: *Pastorais*, Escolas Profissionais do Liceu Sagrado Coração de Jesus, São Paulo 1921, p. 102-104.

[43] Fábio Koifman et alii, *Presidentes do Brasil*, p. 126.

[44] José Tobias Zico, *Caraça: ex-alunos e visitantes*, Editora São Vicente, Belo Horizonte 1979, p. 221.

[45] Bruno Aguiar, "Doutor Afonso Pena", em: *Santa Cruz*, n. 2, Escolas Profissionais Salesianas, São Paulo 1906, p. 51-52.

Também o presidente, Francisco de Paula Rodrigues Alves, manteria grande deferência em relação à Igreja e demonstrou-o de novo seis anos após concluir seu mandato, na visita que fez a Roma em 1908. Chegando à capital italiana no dia 15 de janeiro, acompanhado de suas filhas Marieta e Celina, além do corpo diplomático, foi recebido festivamente pelo clero brasileiro residente em Roma, e também pelos alunos e pelo reitor do Colégio Pio Latino Americano. A viagem acabou se transformando numa quase peregrinação, tantos foram os eventos religiosos agendados. De Roma, Rodrigues Alves seguiu para Assis e Loreto, onde foi acolhido pelos bispos, devidamente prevenidos por telegramas do ministro Bruno Chaves, ministro do Brasil junto ao Vaticano. Regressando, teve uma audiência com Papa Pio X, no dia 4 de fevereiro. O Sumo Pontífice aproveitou a ocasião para agradecer a lealdade com que o governo tinha tratado a Igreja e afirmou que sentia grande afeto pelo Brasil, pelas verdadeiras consolações que dele estava recebendo nas tristezas do seu pontificado. No dia 7, aconteceria a visita ao Colégio Pio Latino-americano, que o recebeu com toda a pompa. O homenageado agradeceu às saudações recebidas com um discurso de uma camaradagem eloquente:

> E juntamente com as intenções pacíficas do governo brasileiro, apraz-me poder afirmar as suas intenções francamente católicas. E nisto grande mérito tem a Santa Sé, pela sua sabedoria e prudência na eleição de dignos representantes, que facilitam a concórdia das autoridades. E neste estado de coisas talvez não pouca influência exerça o colégio Pio Latino-americano, cujos alunos demonstram na vida civil o patriotismo de uma escola de fé e ciência. Faço, portanto, votos para que este colégio continue a preparar cooperadores ao engrandecimento do Brasil.[46]

Anos depois, analisando o que ocorrera, Lacerda de Almeida diria que, "deixada livre, [...] a Igreja esquecida dos poderes públicos cresceu e prosperou, fez-se lembrada, apesar de ignorada".[47] Uma realidade compreensível, se se considera os importantes fatores que concorreram para tanto.

2.2.1 – As estratégias pastorais do clero e a influência diplomática da Santa Sé

A nova configuração do clero deu-lhe um relevante peso social, do qual os políticos estavam perfeitamente cientes, e assim, as rudes manifestações anticlericais ocorridas nos tempos do Império foram caindo no esquecimento. De novo, teve notável influência a atuação da Santa Sé: O reconhecimento do regime republicano em 1890, a elevação em 1901 de sua representação diplomática no Rio de Janeiro à categoria de nunciatura e, sobretudo, a criação do primeiro cardinalato brasileiro e da América latina, na pessoa do Arcebispo do Rio de Janeiro, foram particularmente bem-vistos pelas autoridades constituídas. O caso do Purpurado merece destaque porque não foi apenas fruto das iniciativas do clero, mas também resultado de verdadeira luta diplomática empenhada pelo governo brasileiro. Altas autoridades jogaram toda a sua

---
[46] Revista *Santa Cruz*, n. 8 (1908), p. 343.
[47] FRANCISCO JOSÉ LACERDA DE ALMEIDA, *A Igreja o Estado. Suas relações no direito brasileiro*, p. XI.

influência no caso, a exemplo de Olinto de Magalhães que procurou pessoalmente o Núncio do Rio, monsenhor Macchi, e deu instruções ao representante brasileiro em Roma, J. A. de Ferreira Costa, para tratar o caso diretamente com o Cardeal Rampolla. A questão não era simples, porque duas Repúblicas hispânicas também desejavam a honraria, chegando a oferecer vantagens a uma representação daquela categoria. O Brasil acabou sendo o favorito, mas Leão XIII preferia que o agraciado fosse Dom Jerônimo Tomé da Silva, Arcebispo da Bahia e primaz do Brasil. O presidente Campos Sales não era de acordo, por entender que o Cardeal deveria residir na capital federal. Isso fez a questão arrastar-se até o pontificado de Pio X, que cedeu ao desejo do governo brasileiro, elevando Dom Joaquim de Arcoverde de Albuquerque Cavalcanti à púrpura em 1905.[48]

O governo bem que desejou que uma sede metropolitana do país fosse elevada à categoria de patriarcal; mas o Cardeal Rafael Merry del Val fez saber que isso não seria possível, pois, ainda que se mostrasse deferente, a República Brasileira havia eliminado a Igreja da sua carta fundamental. O presidente Rodrigues Alves, ainda assim, ficou tão satisfeito com a honraria concedida ao Brasil, que encarregou o Núncio Giulio Tonti de agradecer em seu nome ao secretário de Estado da Santa Sé e de lhe dizer que em carta manifestaria pessoalmente ao Santo Padre os sentimentos de que estava possuído.[49] Estava realmente, pois, na vista geral da administração que ofereceu ao final do seu mandato, o presidente não se esqueceu de citar a nomeação do Cardeal como sendo uma das vitórias do quatriênio político que exerceu:

> Coube a um brasileiro a púrpura cardinalícia. Datava do império esta aspiração, mais de uma vez propugnada junto a Sua Santidade, o Sumo Pontífice, pelo governo imperial. Sem embargo da mudança radical do regímen, dadas as relações de caráter político existentes entre a Santa Sé e a República, que mantêm ali uma Legação, não era vedado ao governo do Brasil pronunciar-se pela concessão de honra tão eminente a um patrício nosso, egrégia dignidade que daria realce ao episcopado brasileiro, como seria também, justo motivo de júbilo para a grande maioria da população nacional.
> O governo do Brasil entendia que a América Latina, representando para a Igreja Romana os sentimentos de sessenta milhões de fiéis, assistia o direito de pretender representação no Sacro Colégio. Era motivo para fundamentar vantajosamente aquela aspiração à disparidade de tratamento em que se viam os católicos latinos desse continente, ao considerarem que os Estados Unidos, o Canadá e a Austrália já haviam merecido o prêmio do cardinalato para sacerdotes católicos de origem saxônica. Entendia mais o governo do Brasil que ao nosso país cabia, por mais de um título, qual a cifra da sua população católica, a precedência no recebimento daquela insigne investidura. Tivemos assim a satisfação e a honra de ver um prelado brasileiro como primeiro Cardeal da América Latina.[50]

---

[48] CARLOS DELGADO DE CARVALHO, *História diplomática do Brasil*, Companhia Editora Nacional, São Paulo 1959, p. 247-248.
[49] ASV, "Projeto de uma sede cardinalícia no Brasil", em: *Nunciatura Apostólica no Brasil*, fasc. 521, caixa 106, docs. 8-12, fl. 74-75, 87.
[50] *Documentos Parlamentares – Mensagens Presidenciais (1891-1910)*, p. 498-499.

As boas relações se consolidariam de vez quando se fez necessário resolver as questões de fronteira com as nações vizinhas. Os limites nacionais herdados do Império eram imprecisos, e exceção feita ao Paraguai, a República teve de resolver caso a caso. Um desses episódios envolveu os limites do Brasil com o Peru na altura do Alto Juruá e do Alto Purus a partir de 1902. Os dois governos não conseguiam chegar a um acordo e por isso, mediante a convenção de 12 de junho de 1904, aprovada pelas respectivas câmaras legislativas, constituíram um tribunal arbitral, instalado no Palácio do Itamarati, RJ, que começou oficialmente suas atividades aos 15 de janeiro de 1906. O Núncio Giulio Tonti foi convidado para presidi-lo e aceitou, mas, sendo transferido para Lisboa no ano seguinte, caberia ao seu sucessor, monsenhor Alessandro Bavona, dar continuidade ao trabalho. As negociações se fizeram a partir de dados científicos, pois, em 1904, a realidade geográfica de cada vale havia sido analisada conjuntamente por duas comissões técnicas de exploração: no Alto Purus, a comissão brasileira teve como chefe Euclides da Cunha, e a peruana, o capitão de corveta Pedro Buenaño; ao passo que no Alto Juruá, os brasileiros foram liderados pelo general Belarmino de Mendonça, e os peruanos pelo capitão de mar e guerra Felipe Espinar, substituído pouco depois pelo primeiro tenente Numa León. O levantamento dos trabalhos executados em comum pelas comissões do Purus foi assinado aos 11 de dezembro de 1905; e o das comissões do Juruá aos 22 de maio de 1906; havendo ainda um relatório especial de Euclides da Cunha, apresentado ao ministério das relações exteriores em 1906, e o outro do general Belarmino Mendonça, levado ao mesmo ministério em 1907.[51]

No dia 11 de novembro daquele mesmo ano de 1907, o tribunal arbitral reiniciou suas atividades, tendo a questão se arrastado até 30 de junho de 1910, quando a arbitragem foi concluída: o Brasil ficou com a maioria dos territórios contestados, mas devendo pagar ao Peru $52.240,00 de libras esterlinas e mais 180 contos de réis. O barão do Rio Branco, contente com tal resultado, depois de verificar os trabalhos realizados pelo Núncio, agradeceu-lhe o esforço, manifestando gratidão pela Santa Sé.[52]

Por tudo isso, contrariando uma tendência predominante na América Latina, as relações entre o Brasil e a Santa Sé sempre se mantiveram cordiais. Carlos Magalhães de Azeredo, que foi um dos embaixadores do Brasil junto à Santa Sé no período e conheceu pessoalmente quatro papas (Leão XIII, Pio X, Bento XV e Pio XI), na obra *O Vaticano e o Brasil*, de sua autoria, publicada em 1922, afirma que a boa convivência entre o Vaticano e a República Brasileira se deu desde os primeiros dias em que esta foi implantada. Azeredo inclusive esclarece que o próprio Leão XIII teria aconselhado o lealismo ao episcopado brasileiro. O Papa observaria pessoalmente este critério em 1893, quando ocorreu um pequeno mal-entendido com o governo da República. O motivo foi que o Rio de Janeiro tinha sido elevado à condição de arquidiocese no ano precedente, e Roma decidiu substituir Dom José Pereira da Silva

---

[51] *Tratado de 8 de setembro de 1909 entre os Estados Unidos do Brasil e a República do Peru completando a determinação das fronteiras entre os dois países e estabelecendo princípios gerais sobre o seu comércio e navegação da bacia do Amazonas*, Imprensa Nacional, Rio de Janeiro 1910, p. 31-32.
[52] ASV, Carta do Núncio Alessandro Bavona ao Cardeal secretário de Estado (10-7-1910), em: *Nunciatura Apostólica no Brasil*, fasc. 656, caixa 133, doc. 54, fl. 163-165.

Barros (1835-1898) pelo espanhol de Barcelona, Dom João (Juan) Fernando Tiago Esberard (1843-1897). Roma achava que a Dom José faltava ciência, tinha restrições quanto às suas maneiras pessoais e quanto à forma como estava conduzindo o Rio; e daí tomou a drástica decisão de "não considerá-lo idôneo para governar uma diocese tão importante e difícil".[53]

A mudança, porém, desagradou à classe política, pelo fato de Dom João Esberard ser um monarquista. Além disso, Dom José tinha ficado amigo do presidente Floriano Peixoto, era respeitado por Rui Barbosa, e ambos se sentiram magoados. Floriano pediu de volta os prédios que cedera à Igreja e Rui, já sem a agressividade de outrora, aos 31 de maio de 1893, escreveu um artigo no *Jornal do Brasil* em que manifestava um inusual respeito pela instituição eclesiástica, mas deixando claro seu desapontamento, ao tempo em que pedia que o representante do Brasil junto à Santa Sé tomasse providências:

> A primeira demissão de um prelado, que a cristandade brasileira presencia no seu regaço, tem por objeto, pois, um varão apostolar, assinalado por títulos preciosos ao culto do seu rebanho e ao reconhecimento geral. Na paz religiosa, que a república tem desfrutado providencialmente, o rastro, que ele deixa, é o das ações celestes, que disciplinam os assomos de revolta e curam as chagas do desalento, que voltam para o templo os cidadãos irritados e ensinam aos cristãos os deveres da cidade. Ao revés, o sucessor já designado a esse medianeiro de concórdia goza, na diocese a que vem presidir, a reputação de homem de luta, batalhador político, adepto ardente do regime imperial, amigo confidencial da dinastia decaída, cujas reivindicações a sua simples presença na capital da União inevitavelmente encarnaria. [...] Sabemos que a praça não tem que ver com a vida do templo; que, neste regímen, a jerarquia eclesiástica é independente das autoridades da terra; que a república não pode violar o princípio da separação das duas sociedades. Nada mais certo. Nem concitaríamos o imperdoável desvio de concitar o poder civil a imprudências, que nos pudessem arrastar a um conflito religioso, ou coisa que com isso se pareça.
> Há, todavia, no caso, particularidades tão singulares, tão graves, tão perigosas, talvez em época tão anormal, que, ao nosso ver, o governo deveria aproveitar as boas relações entretidas com a Santa Sé, para esclarecer a cúria romana sobre a realidade, amparando assim os interesses temporais e espirituais do país contra a astúcia e de tramas que poderiam trazer-nos contrariedades que é possível atalhar.
> Não nos poderíamos servir para esse fim o nosso representante diplomático perante a Santa Sé, levando à presença do Sumo Pontífice a expressão dos votos da família brasileira?[54]

Isso foi feito. Leão XIII não reviu sua decisão, mas levou a sério as restrições recebidas. Por isso, em 1894, conforme afirmaria o representante brasileiro, antes da sagração de Dom João Esberard, ele fez questão de chamá-lo a Roma para adverti-lo sobre os deveres de um prelado que trabalharia na capital federal, lado a lado com o governo.[55] Dom Esberard seguiu a recomendação, ainda que, em 1894, tenha cometido o deslize de escrever e fazer publicar, no *Jornal do Comércio*, uma pastoral manifestando nostalgia do regime

---

[53] ASV, Carta do internúncio ao Cardeal Rampolla, em: *Nunciatura Apostólica no Brasil*, fasc. 345, caixa 71, doc. 2, fl. 41b.
[54] RUI BARBOSA, *Obras completas*, vol. XX, tomo II, p. 101-102.
[55] CARLOS MAGALHÃES DE AZEREDO, *O Vaticano e o Brasil*, Edição "O Dia", Rio de Janeiro 1922, p. 102.

antigo. Não era esta a intenção do documento, que visava apenas questionar – como, aliás, fazia todo o episcopado – o excessivo laicismo da constituição. O problema é que, a certa altura, deixou escapar uma frase imprópria: "Que saudades temos hoje dos tempos de outrora!" Foi o que bastou para o deputado Dr. Alfredo Lopes, mesmo salientando sua admiração por Leão XIII e pela Igreja, fosse à tribuna do congresso nacional e proferisse um discurso – depois publicado na imprensa – manifestando a sua decepção.[56] O Arcebispo evitou a polêmica, e a questão foi dada por encerrada.

Enquanto, no plano externo, a Santa Sé usava da sua habilidade diplomática para estreitar relações; internamente, o poder da arregimentação das massas que possuía o clero e as celebrações portentosas que realizava, caracterizadas pelo assim chamado triunfalismo litúrgico, convenceram a classe política da conveniência de prestigiar a Igreja. Uma dessas celebrações impressionantes aconteceu em Mariana, aos 6 de agosto de 1907, por ocasião da festa da transfiguração do Senhor. O solene pontifical foi oficiado pelo Cardeal Arcoverde, com a assistência dos bispos que tomaram parte nas conferências episcopais. As autoridades não se furtaram de comparecer em massa, e até o presidente do Estado de Minas Gerais, João Pinheiro da Silva, lá esteve, fazendo questão de trazer em pessoa a Dom Silvério "as homenagens do governo".[57]

O ambiente era já de perfeita camaradagem quando, no ano de 1914, eclodiu a Primeira Guerra Mundial. No início, o conflito parecia estar circunscrito ao Velho Mundo, e, como o Brasil se declarara neutro, alguns clérigos alemães não escondiam suas simpatias pelos sucessos da mãe pátria. Dom Amando Bahlmann, que se encontrava em Düsseldorf, no dia 15 de setembro de 1915, escreveria lamentando não poder voltar para Santarém, porque a guerra lhe tirara a possibilidade de viajar com alguma garantia e segurança. Isto posto, externava sem meias palavras seus sentimentos germanistas: "Felizmente, as grandes vitórias que a Alemanha já ganhou e continua a ganhar hão de abrir brevemente, como esperamos, os caminhos".[58]

A loquacidade filo-germânica desapareceria a partir de 1917, no momento em que o governo brasileiro adotaria outra postura. Naquela ocasião, a Alemanha notificou as autoridades nacionais de que havia estabelecido um bloqueio naval não só em torno dos navios aliados (Inglaterra, França e Itália), como também na parte oriental do Mediterrâneo. Em abril daquele mesmo ano, o navio mercante *O Paraná*, de bandeira brasileira, foi posto a pique por vasos de guerra germânicos quando singrava águas internacionais do canal da Mancha, provocando a reação irada do Brasil, que oito dias depois rompeu relações diplomáticas com o Império Alemão. Sem retrair na sua iniciativa intimidatória, os alemães afundariam ainda os navios *O Tijuca*, no litoral da França, e o cargueiro *Macau*, que se encontrava em águas espanholas. Manifestações antigermânicas se fizeram sentir em diversas partes do país, e, no dia 27 de outubro de 1917, o presidente Venceslau

---

[56] ALFREDO BARCELOS, *Pela república – refutação ao manifesto político do Sr. D. João Esberard*, p. 6-7.
[57] ALÍPIO ORDIER OLIVEIRA, *Traços biográficos de Dom Silvério Gomes Pimenta*, Escolas Profissionais Salesianas, São Paulo 1940, p. 92.
[58] ASV, Carta de D. Amando Bahlmann ao Núncio Giuseppe Aversa (15-9-1915), em: *Nunciatura Apostólica no Brasil*, fasc. 737, caixa 147, doc. 5, fl. 102.

Brás declarou guerra à Alemanha, aliando-se com a Inglaterra, Rússia, Japão, França e Itália.[59]

De São Paulo, Dom Duarte Leopoldo e Silva apressou-se em declarar convicto que o padre brasileiro não recusaria nenhum posto que o governo da República lhe designasse na hora decisiva. Não estava sozinho: a *Circular Coletiva*, lançada aos 30 de abril de 1917, além do seu nome, incluía também os dos Arcebispos do Rio de Janeiro, Mariana, Cuiabá e Porto Alegre. O documento estava marcado por fortes apelos cívicos: "Na contenção violenta e sanguinária de interesses, sejamos Brasileiros e, como Brasileiros, prestigiemos os Diretores da Nação, que tão altivos e quão prudentes se têm mostrado, dispensando-lhes o afeto e obediência a que somos obrigados por direito e justiça". Ali também se pedia compreensão para com os católicos germânicos e as congregações religiosas alemãs que vinham sofrendo em surdina injustas discriminações. Em compensação, ainda que ressaltando a necessidade dos padres se manterem dignos e circunspetos, deixava-os livres de se alistarem na Liga de Defesa Nacional, "prestando-lhe serviços compatíveis com o seu estado, aconselhando a mocidade no cumprimento dos seus deveres, inculcando e facilitando, principalmente, a sujeição à lei do sorteio militar".[60]

Quando a participação do Brasil nos combates pareceu iminente, o Cardeal Arcoverde, no dia 10 de novembro de 1917, lançou uma *circular* na qual, mesmo esclarecendo que não possuía comissão para falar em nome do episcopado, sentia-se no dever de fazer algumas ponderações, por acreditar no apoio moral dos demais bispos à sua decisão, considerando as relações de íntima solidariedade e comunhão de vistas que existiam entre eles. Nesse pressuposto, afirmou que o clero confiava sem reserva na prudência, correção e espírito de justiça dos governantes do país, assim como estes podiam confiar no patriotismo do clero. Prestigiar a autoridade constituída, dar-lhe apoio e simpatias no desempenho da sua missão, era, segundo ele, um "preceito sagrado", uma "lição do Evangelho". Daí o mandamento aos padres da arquidiocese carioca para que, pela palavra e pelo exemplo, auxiliassem as autoridades civis na defesa dos supremos interesses da nação. Para além da severidade do discurso, tudo indica que o Cardeal houvesse entrado em prévios entendimentos com os religiosos germânicos, pois esta era a prática mais comum adotada na época pelos prelados diocesanos. Provavelmente também pesou a circular enviada pelo Núncio Ângelo Giacinto Scapardini a cada um dos bispos do Brasil, recomendando-lhes prudência e medidas que não suscitassem polêmica junto à opinião pública e autoridades constituídas.

Seguindo a orientação ao pé da letra, em Recife, Dom Leme chamou os franciscanos e lhes aconselhou a não saírem de casa, e, caso fosse preciso, recolhessem-se nos hospitais da Santa Casa, onde trabalhariam como capelães. Precaução análoga tomou em relação aos beneditinos de Olinda e aos vigários alemães, ao tempo em que também aconselhou dois diretores de colégios a abandonarem a função. Num primeiro momento, estes últimos relutaram, mas mudariam de ideia depois que, na noite do mesmo dia em que o prelado

---

[59] GABRIEL MANZANO FILHO ET ALII, *100 anos de república*, vol. II, p. 54.
[60] JOAQUIM ARCOVERDE DE ALBUQUERQUE CAVALCANTI ET ALII, *Circular Coletiva dos Exmos. e Revmos. Srs. Arcebispos das províncias eclesiásticas meridionais do Brasil*, Tipografia Leuzinger, Rio de Janeiro 1917, p. 5, 7-8, 14.

os advertira, o povo em fúria, ao receber a notícia do torpedeamento de um navio brasileiro, incendiou cinco casas alemãs.[61] Na Bahia, o próprio abade de Salvador, Dom Ruperto Rudolph, aos 17 de novembro de 1917, tomou a iniciativa de escrever à Nunciatura Apostólica para consultá-la a respeito da conveniência de passar o governo da abadia a um brasileiro, Dom Bento de Souza Leão Faro. A resposta do Núncio Scapardini, datada do dia 25 seguinte, não poderia ser mais breve e objetiva: "Nada tenho em contrário".[62] Houve também, esteja claro, prelados que preferiram correr o risco de conservar os clérigos alemães nos seus cargos, pela absoluta impossibilidade de poder dispensá-los. O bispo de Santa Maria, RS, Dom Miguel de Lima Valverde (1872-1951), foi um deles e explicaria seu gesto, aos 22 de março de 1918, por razões acima de qualquer suspeita: "Tenho dez padres palotinos de nacionalidade alemã empregados na cura d'almas. Não tenho nenhum sacerdote secular disponível, devendo-se notar que, de todas as paróquias encarregadas aos padres seculares, nenhuma delas tem coadjutor. Como substituirei os ditos padres alemães, sem prejuízo para a cura d'almas?"[63]

Nas capitais e arquidioceses, entretanto, o episcopado assumiu atitude mais alinhada aos esforços de guerra. Por isso, com o aval de seus respectivos Arcebispos, os padres de São Paulo e Rio prepararam psicologicamente o povo para aceitação da ideia do conflito armado, mostrando aos fiéis a necessidade e a nobreza dos sacrifícios que a pátria lhe viesse exigir; a cooperar com as autoridades para a formação das linhas de tiro e para que a mocidade correspondesse generosamente a este apelo; e a pregar a obediência à lei do alistamento e do sorteio militar. O papel jogado pela hierarquia eclesiástica acabou sendo tão decisivo, que o ministro das relações exteriores, Nilo Peçanha, mesmo sendo um grão-mestre maçom, reconheceu que o clero se tornara um elemento precioso para a causa nacional.[64]

Enquanto isso, o governo brasileiro organizou a Divisão Naval em Operações de Guerra (DNOG), que sob o comando do contra-almirante Pedro de Frontin partiu de Fernando de Noronha rumo à costa africana. Aos 10 de novembro de 1918, a esquadra atingiu Gibraltar, mas, no dia seguinte, recebeu o aviso de que havia sido assinado o armistício.[65] Mesmo assim, o Brasil fez parte do grupo de 27 países que negociaram a paz de Versalhes no ano seguinte, por meio de uma comitiva de 10 representantes oficiais. A dureza do documento final que ali se elaborou, impondo condições humilhantes à Alemanha, geralmente é apontada como uma das causas do segundo conflito mundial que eclodiria em 1939; mas, no Brasil, o assunto saiu da pauta, e o clima entre a Igreja e o Estado melhorou ainda mais. No período do governo do presidente Epitácio Pessoa (1918-1922), o ambiente sociopolítico encontrava-se tão alterado, que um a um os resquícios do laicismo radical iam sendo eliminados. Por isso, os

---

[61] ASV, Carta de Sebastião Leme ao Núncio Ângelo Giacinto Scapardini (12-11-1917), em: *Nunciatura Apostólica no Brasil*, fasc. 827, caixa 165, doc. 80, fl. 15.

[62] ASV, Carta de Dom Rupert ao Núncio Scapardini e resposta anexa (17 e 25-11-1917), em: *Nunciatura Apostólica no Brasil*, fasc. 827, caixa 165, doc. 81, fl. 16-17.

[63] ASV, Carta de Dom Miguel ao Núncio Scapardini (22-3-1918), em: *o. c.*, doc. 89, fl. 32.

[64] SOARES DE AZEVEDO, *Brado de alarme*, Tipografia Desembargador Lima Drumond, Rio de Janeiro 1922, p. 268-270.

[65] GABRIEL MANZANO FILHO ET ALII, *100 anos de república*, vol. II, p. 59.

dias santos de guarda, respeitados na prática, começaram a ser oficializados, sendo o próprio Epitácio quem tornou o Natal feriado nacional. Quando chegou a hora da sucessão presidencial, a Igreja estava preparada para atuar com força nos destinos do país. A campanha eleitoral começou aos 18 de junho de 1921, dia em que a convenção nacional oficializou as candidaturas de Artur Bernardes e Urbano dos Santos para a presidência e vice-presidência da nação. Em reação a isso, no dia 24 seguinte, os adversários, depois de se agruparem na chamada "Reação Republicana", apoiados pelo Rio Grande do Sul, Bahia, Pernambuco e Rio de Janeiro, lançaram Nilo Peçanha e José Joaquim Seabra noutra chapa opositora para o pleito. A pesquisa a respeito é incipiente, mas, é lícito intuir que o clero olhasse com favor o nome de Artur Bernardes, católico convicto, ao contrário de Nilo, conhecido maçom. Bernardes fazia questão de afirmar em público suas convicções religiosas, e por isso, dois dias após ter seu nome homologado na citada convenção, declarou:

> Fui educado na religião católica, que é a da maioria dos brasileiros, e, como homem do governo, não desconheço a influência benéfica da Igreja em todos os tempos. [...] Noto o aumento progressivo do espírito religioso do nosso povo, cujos guias, no episcopado, no clero secular e nas congregações, dão exemplo de virtudes e são vultos brilhantes na cultura intelectual.[66]

Os jornais oposicionistas, em represália, cobriram os nomes de alguns sacerdotes de acusações, enquanto Epitácio Pessoa, que apoiava Artur Bernardes, ficou sob ameaça de sofrer atentados. Em fevereiro do ano seguinte, Epitácio passava o verão em Petrópolis, quando seu caso envolveu as freiras contemplativas da cidade: uma pessoa foi até elas, pedindo para que intercedessem junto à esposa do presidente, Mary Pessoa, a fim de demovê-lo do risco de descer para a capital federal. As religiosas aceitaram e executaram a incumbência, mas o presidente preferiu partir. Ao chegar, foi bem acolhido pela multidão, mas – o que é extremamente significativo – a comissão organizadora pediu à última hora a Dom Sebastião Leme para acompanhá-lo até o palácio. O representante do cabido metropolitano também participou do cortejo, e pela tarde, já no interior do salão nobre da residência presidencial, Dom Leme entregaria ao chefe de Estado o título de "cidadão benemérito da Pátria".[67]

2.3 – Os tácitos acordos missionários

Bem cedo o governo republicano brasileiro admitiu o que nos tempos do Império já se sabia: as missões católicas eram indispensáveis para a manutenção da integridade territorial do país e "civilizar" os índios. Não era para menos: as autoridades imperiais levaram um susto quando foram informadas de que pregadores protestantes, provenientes da Guiana Inglesa, estavam penetrando entre as tribos indígenas dos confins, notadamente na região dos rios Branco e Negro e que, se o seu proselitismo não fosse contido, representariam um risco para a unidade nacional. Caindo a Coroa, o governo republicano provisório não pôde ocupar-se

---
[66] Saores de Azevedo, *Brado de alarme*, p. 275.
[67] Laurita Pessoa Raja Gabaglia, *Epitácio Pessoa*, vol. II, p. 506-515.

no início do problema. Depois que Deodoro foi eleito, o barão de Lucena, que durante a fase provisória havia estudado com atenção o assunto, chegou à conclusão de que o melhor a fazer era apoiar a abertura de uma missão indígena ao norte do Amazonas. O presidente apoiou sua ideia, e o barão pediu, em 1891, o auxílio dos capuchinhos, assegurando pleno apoio e os meios necessários para a realização do projeto. Era o primeiro pedido explícito de colaboração do novo regime à Igreja e revestiu-se de caráter oficial, quando a Internunciatura foi diretamente contatada. O internúncio Spolverini não minimizou a importância do fato e escreveu à Santa Sé recomendando que se fizesse qualquer sacrifício para apoiar as boas disposições do governo. Assim foi feito, e o procurador dos capuchinhos, Pe. Bruno de Vinay, logo apelou à província de Milão, que se mostrou disponível. Quando a situação parecia definida, Deodoro renunciou, e com ele também caiu a prometida ajuda governativa para a obra. Foi um golpe para os frades, mas eles não desistiram. Aos 25 de fevereiro de 1892, o Geral da ordem, com palavras candentes, animaria o superior a não desencorajar: "Se a ajuda dos governos devesse ser uma condição *sine qua non* para a evangelização dos infiéis, a Igreja Católica não viria nunca a ser fundada, nem a fé poderia propagar-se no mundo".[68]

Como os problemas de integração do índio na sociedade se repetiam em diversos outros lugares, muitos políticos e eclesiásticos, os primeiros por estratégia, os segundos por desejo de conquistar neófitos, iniciaram um informal e verdadeiro conúbio de interesses, que não se limitou à Amazônia. Em São Paulo, a questão se colocou depois que o governo local autorizou a Companhia de Terras do Paranapanema a abrir uma área de colonização no município de Santa Cruz do Rio Pardo, região habitada pelos índios xavante. As relações entre os nativos e os empregados da companhia até que foram razoavelmente pacíficas, mas ao entrar em cena interesses espúrios, como a velha cobiça de terras, a situação se inflamou. A imprensa paulista passou a lançar manchetes alarmistas, pedindo a intervenção da polícia em favor dos civis, apesar de que tais informações fossem sistematicamente desmentidas nos relatórios que a Companhia do Paranapanema enviava. Quando a colonização teve início, aconteceram alguns furtos de gado por parte dos índios, que foram seguidos de sangrenta repressão movida pelos proprietários. O governo de São Paulo cogitou então de adotar uma solução que se repetiria noutros lugares: chamar os salesianos para pacificar os nativos. O projeto só não foi levado a cabo porque a congregação não possuía pessoal disponível, conforme consta de uma carta enviada pelo Pe. Luigi Lasagna ao Pe. Michele Rua em 1887:

> Do Brasil suplicam e choram para terem ajuda, mas até agora pela quarentena não pude enviar ninguém. S. Paulo toma proporções colossais: é o Sagrado Coração de Jesus que obtém triunfos incríveis. O governo oferece ajuda para amansar os selvagens que fazem contínuas irrupções na Província e me esperam lá para que aceite aquelas Missões... Oh! Se tivesse pessoal! Assim como outras ofertas... mas não se deve sequer falar![69]

A diocese de São Paulo acabou suprindo a carência no Pontal do Paranapanema; mas o bispo do Rio de Janeiro despertou na mente do Padre

---
[68] METÓDIO DA NEMBRO, *I cappuccini nel Brasile*, Centro Studi Cappuccini Lombardi, Milano 1957, p. 19-26.
[69] LUIGI LASAGANA, *Epistolario*, vol. I, p. 21-22; *Idem*, vol. II, p. 328-329.

Luigi Lasagna a ideia de levar a fé e a "civilização" às tribos indígenas das regiões menos exploradas do país, onde não havia clero.[70] Os tempos já estavam maduros para tanto: em sua gradual, porém contínua expansão, em 1894, os salesianos haviam aberto uma nova casa no Recife, mas o desejo de evangelizar os índios continuava vivo. Tanto assim que, dois anos antes, Dom Cagliero e Pe. Lasagna haviam sido recebidos em audiência pelo Cardeal Rampolla, a quem levaram um plano elaborado em Turim, tendo em vista a realização de tal trabalho. Sem indicarem um lugar preciso, pediam à Santa Sé que nomeasse um bispo salesiano com o encargo de estudar qual fosse o lugar mais adequado e quais os meios melhores para viabilizar dito projeto. O secretário de Estado aprovou a proposta, e a escolha para bispo das missões recaiu sobre o Pe. Luigi Lasagna, feito titular de Oea (Trípoli), cuja sagração episcopal foi celebrada aos 17 de março de 1893. Não contavam certamente com o constrangimento que veio causar a escolha de um bispo para os índios do Brasil sem passar pela habitual consulta aos prelados locais ou pelo parecer da Internunciatura. Em São Paulo, Dom Lino Deodato protestou junto ao internúncio, e, somente aos 9 de dezembro de 1893, ao se encontrar com Dom Lasagna no santuário de Aparecida, a relação entre ambos se normalizou. O bispo salesiano, por sua vez, também decidiu fazer do Mato Grosso o verdadeiro centro missionário da congregação no Brasil. Durou pouco, no entanto, seu ministério episcopal: aos 6 de novembro de 1895, morreu bruscamente quando o trem em que viajava chocou-se com outra locomotiva em Mariano Procópio, perto de Juiz de Fora, MG.[71]

As sementes que plantara, entretanto, floresceriam, principalmente no campo dos entendimentos com a classe governativa. Afinal, antes de falecer, Dom Lasagna havia sido recebido pelo presidente da República no Rio de Janeiro, que o felicitara pelo trabalho que a sua congregação desenvolvia. Era um sinal promissor, que repercutiu até na Itália, conforme testemunham as elogiosas palavras de Paolo Albera: "Na capital do Brasil [Dom Luigi] teve a mais benévola acolhida do Doutor [Prudente de] Morais, presidente da República federal, o qual lhe dirigiu palavras de sentido elogio por quanto havia começado a fazer pela civilização dos índios coroados, prometendo-lhe o seu apoio".[72]

A grande novidade na expansão religiosa que se verificava foi o papel assumido pela congregação de *Propaganda Fide*. Gozando de total liberdade, a ela coube a responsabilidade de coordenar as missões no Brasil. O critério que adotou foi o seguinte: primeiro os religiosos deviam edificar a Igreja local e, num segundo momento, implantar paulatinamente a própria ordem ou congregação com seus respectivos carismas.[73] Neste trabalho de edificação eclesial, a tônica seria a sanidade de doutrina e a prática dos sacramentos, mas os missionários não subestimavam os problemas a serem superados. Frei Evangelista de Cefalonia, OFM Cap., ao lamentar a dureza de coração dos seus missionados, apontaria as vicissitudes históricas precedentes como causa principal, sugerindo como solução um trabalho paciente e dedicado:

---

[70] Manoel Isaú Souza Ponciano Santos, *Luz e sombras*, p. 60-61.
[71] Luigi Lasagna, *Epistolario*, vol. I, Salesianas, São Paulo 2000, p. 26-27, 49.
[72] Paolo Albera, *Monsignore Luigi Lasagna*, p. 361.
[73] Carlos Albino Zagonel et alii, *Capuchinhos no Brasil*, Edições Est, Porto Alegre 2001, p. 19.

A principal causa disso são os preconceitos religiosos e a mais crassa ignorância dos elementos necessários ao Cristianismo. Para vencer estes obstáculos serão necessários tempo e docilidade. O Catecismo e a instrução escolar servem para preparar os ânimos a receberem e compreenderem a pregação e a ensinar com o exemplo a prática dos sacramentos e da vida cristã.[74]

Assim sendo, o sucesso de um missionário se media pelo número de batismos e casamentos que celebrava e das confissões que ouvia. Isto explica a felicidade que frei Giulio da Nova, OFM Cap., dizia sentir aos 25 de março de 1910. Naquela ocasião, ele comunicou que conseguira aproximar o povo do Alto Solimões, abandonado por todos, e, apesar de encontrar-se exausto, tinha o prazer de poder declarar: "O fruto espiritual que recolhi foi abundante, isto é, 106 batismos e 39 matrimônios. Com a graça do Senhor, tenho a consolação de ter feito um pouco de bem".[75]

2.3.1 – A confluência de interesses entre os salesianos e os governos do Mato Grosso

Naquele exato momento, um dos maiores sucessos missionários dos "Filhos de Dom Bosco" estava sendo levado a cabo no Mato Grosso, com o apoio declarado do governo estadual. As razões eram conhecidas: a classe política local tinha todo interesse em integrar os indígenas à cultura dominante, mas não atinavam com o modo para viabilizar tal propósito. Como se não bastasse, as tribos da nação bororo coroado, além de oporem tenaz resistência à penetração dos brancos, assaltavam moradores mesmo nas proximidades da capital do Estado e promoviam ataques às propriedades agrícolas, que, não raro, redundavam em inúmeros assassinatos. Até mesmo os construtores da linha telegráfica entre Goiás e Mato Grosso sofreriam agressões, e o Dr. Ramalho, chefe do serviço telegráfico, sem saber o que fazer para contornar a situação, pediu ao Dr. Alfredo Maia, ministro da viação, que indicasse algum alvitre em grau de permitir o prosseguimento da construção da linha. O ministro não hesitou, sugerindo que o melhor a fazer era convidar a missão salesiana para atuar junto aos nativos da região. O presidente do Estado, Dr. Manuel José Martinho (1847-1917) e o bispo de Cuiabá, Dom Cláudio Luís d'Amour, também eram entusiastas da ideia, e por isso ambos endossaram a proposta. Em junho de 1891, Dom Cláudio foi pessoalmente a Roma, insistindo no pedido junto ao novo padre-geral da congregação, Pe. Michele Rua, o qual se mostrou disponível. Ainda por solicitação do bispo diocesano, o presidente do Estado do Mato Grosso aprovou a verba de $8.000 contos de réis para as despesas de viagem e os primeiros estabelecimentos dos salesianos na região.[76] Para definir os detalhes, Pe. Lasagna tomou a iniciativa de ir até a capital mato-grossense,

---

[74] ASPF, Relatório sobre a Prefeitura do Alto Solimões (1-11-1915), em: *Rubrica – Nova Série - 1917*, vol. 596, fl. 130.
[75] A. I., *Missioni di Alto-Solimões affidata ai minori cappuccini umbri*, Cooperativa Tipografica Manuzio, Roma 1914, p. 26.
[76] Maria Augusta Castilho, *Os índios bororo e os salesianos na missão de Tachos*, Editora UCDB, Campo Grande 2000, p. 29.

tendo conseguido confirmar a oferta de dois importantes subsídios: aquele das passagens para os religiosos que viriam para Cuiabá e também $1.000.000,00 para os gastos de instalação do Colégio São Gonçalo naquela mesma capital.[77]

Isto posto, no dia 6 de junho, a expedição composta pelo Pe. Giovanni Bálzola e Dom Lasagna, dos padres Antônio Malan, Giuseppe Solari e Arturo Castells, além do clérigo Agostino Coli e do coadjutor Giovanni Battista Ruffier, embarcou no vapor *Diamantino* rumo à nova frente, chegando no dia 18 seguinte à capital do Mato Grosso.[78] Tiveram uma recepção calorosa que, além do bispo diocesano, contou também com a presença do presidente estadual, generais, magistrados e grande multidão, merecendo do próprio Lasagna um comentário entusiasta:

> Nunca me esquecerei da recepção sumamente honrosa e cordial que me fizeram o Exmo. e Revmo. Sr. Bispo de Cuiabá, D. Cláudio Luiz de Amour, e o Exmo. Sr. Presidente do Estado, Dr. José Manoel Murtinho, os quais se dignaram a esperar-me no porto, rodeados de grande multidão de povo, e abraçar com afeto a este pobre missionário. Conserve Deus por longos anos, para bem da Pátria, aquelas duas almas grandes e generosas.[79]

Os recém-chegados já trouxeram pronto um plano de ação, descrito com detalhes por Dom Luiz Lasagna ao enviar uma circular pedindo ajuda para a obra que se iniciava:

> Na capital do Mato Grosso deixei cinco salesianos no Colégio de Artes e Ofícios, que lá fundei para meninos pobres; e esse colégio deverá servir como quartel general e ponto de partida para as futuras expedições entre os selvagens. [...] Não escapará à inteligência de V. Ex.ª a imensa vantagem que resulta de terem os missionários Salesianos nessa difícil empresa o apoio e a incomparável dedicação das Irmãs de Maria Auxiliadora. [...] Elas tomarão conta das mulheres e crianças para ensinar-lhes os elementos da Religião e das letras, os princípios rudimentares do asseio, dos trabalhos próprios do seu sexo, e de tudo o que se refere à vida de família. Dessa maneira poderão os sacerdotes, coadjuvados por bons salesianos leigos, concentrar todo o seu zelo para ensinar aos homens, juntamente com os princípios de nossa santa Religião, a agricultura prática, e os ofícios mais comuns e mais indispensáveis para o consórcio humano. [...] O ilustrado e patriótico governo do Brasil já me prometeu as passagens gratuitas para o numeroso pessoal da expedição até a capital do Mato Grosso.[80]

A primeira missão seria estabelecida a 50 km da sede administrativa estadual, bem no meio da região mais frequentada pelos indígenas, tornando-se o centro principal das atividades da congregação. Os contatos e o trabalho de conversão seriam intensos e se estenderiam aos habitantes das cabeceiras dos rios, originando sucessivamente as seguintes comunidades: Sagrado Coração de Jesus, à margem direita do rio Barreiros (1901); Imaculada Conceição, à margem

---

[77] JUAN E. BELZA, *Luis Lasagna, el obispo misionero*, p. 405-406.
[78] MARIA AUGUSTA CASTILHO, *Os índios bororo e os salesianos na missão de Tachos*, p. 31.
[79] LUIGI LASAGNA, *Carta circular do Exmo. e Revmo. Sr. D. Luiz Lasagna*, Oficinas Salesianas, São Paulo 1895, p. 5-6.
[80] LUIGI LASAGNA, *Carta circular do Exmo. e Revmo. Sr. D. Luiz Lasagna*, p. 8, 10.

direita do rio das Garças (1905); São José, à margem esquerda do rio Sangradouro (1906); e a casa Nossa Senhora do Monte Carmelo, na colônia agrícola industrial de Palmeiras (1908).[81] Os salesianos atingiriam também a margem direita do Araguaia, e, graças a instâncias do governo, de 1895 a 1899, Pe. Malan assumiu ainda a colônia Teresa Cristina do rio São Lourenço. As mudanças não tardaram: após serem travadas relações com os nativos, uma pequena colônia começou a ser organizada, e a catequese paulatinamente mudou as condições psicológicas e sociais dos missionados. Introduziu-se conjuntamente a agricultura sistemática, abriram-se escolas (ensinando em português) e construíram-se oficinas para satisfazerem as primeiras necessidades. Em suma, os índios foram, como então se dizia, "atraídos lentamente ao grêmio da civilização".[82]

Claro que esta lenta atração foi pontuada de desconfianças. Entre outras coisas, os índios sequer suspeitavam da existência do celibato e, quando viram as irmãs tomando cuidado das meninas e das mulheres, perguntaram para os padres se elas eram suas esposas, e somente anos depois se convenceram de que realmente se podia viver assim. Conquistada a confiança, a ascendência dos religiosos sobre eles cresceu continuamente. Da sua parte, ainda que viessem a combater práticas como a bigamia e o infanticídio, os salesianos se surpreenderam com a elevada moral natural dos nativos. Agradou-os sobretudo o costume que tinham os bororos de dizer sempre a verdade, fugir do furto e das brigas, respeitar as mulheres e de serem generosos com os irmãos de tribo, partilhando seus bens. O aspecto intelectual também chamou atenção, quando se constatou a memória prodigiosa dos nativos no recordar a própria mitologia, e mais ainda, ao se verificar que os meninos, depois de estimulados, aprendiam facilmente. Este processo foi explicado pelo Pe. Antônio Colbacchini do seguinte modo:

> Evidentemente que não se desperdiçou tempo a ensinar os adultos. O método usado foi dos mais simples. Primeiro o missionário convivia sempre com os jovens, assistindo-lhes continuamente, no que teve ocasião de fazê-los aprender muitos vocábulos da língua portuguesa e os colocou na possibilidade de exprimirem-se naquela língua. Foi então que se começou a ensiná-los a escrever, foram-lhes ensinadas as primeiras noções de aritmética, de história pátria, de geografia, e as noções mais úteis de física e ciências naturais. O resultado foi maravilhoso. Em breve tempo aqueles espertos e graciosos meninos aprenderam a falar, ler e escrever corretamente o português. Aqueles que demonstram maiores atitudes, depois de terem cumprido na missão seus estudos elementares, são enviados ao renomado ginásio-liceo de Cuiabá. [...] Os dotes intelectuais desta raça apareceram também naqueles jovens que foram encaminhados ao aprendizado de uma ocupação. Os trabalhadores das escolas profissionais de Cuiabá receberam um número considerável de índios que resultaram hábeis operários. [...] A mesma coisa se deve dizer das meninas que, pelos afetuosos cuidados das Filhas de Maria Auxiliadora, aprenderam facilmente a cozinhar, fiar, tecer, costurar e até a bordar e a passar.[83]

---

[81] ASV, Relatório do Pe. Pietro Massa sobre as missões em Mato Grosso (19-4-1914), em: *Nunciatura Apostólica no Brasil*, fasc. 744, caixa 148, doc. 25, fl. 95.
[82] A. I., "Missões salesianas de Mato Grosso", em: *Santa Cruz*, fasc. V, Escolas Profissionais Salesianas, São Paulo 1918, p. 259.
[83] ANTONIO COLBACCHINI, *I bororo orientali del Mato Grosso*, Società Editrice Internazionale, Torino [s.d.], p. 28-29, 117-121.

As etapas sucessivas, contudo, não seriam de um progresso linear. Um caso bastante desagradável ocorreu em 1898, quando o superior da Teresa Cristina, Pe. Bálzola, viajou para a Itália, deixando como substituto o Pe. Ângelo Cavatorta. Pe. Ângelo foi tão rígido para com os bororos que em poucos dias a colônia se despovoou, e o presidente do Mato Grosso, Antônio Correia da Costa, decidiu dispensar os serviços da congregação, forçando o retorno dos padres e das Filhas de Maria Auxiliadora para Cuiabá. Refeitos do golpe, os religiosos decidiram iniciar uma nova frente junto aos bororos do Araguaia. Nesse ínterim, recomeçaram os conflitos e, no início de 1900, o governo estadual reviu a sua decisão, tendo aprovado uma verba de 20.000$000 para a catequese. Os padres, depois de explorarem a região, aceitaram, reiniciando a atividade missionária junto aos índios na região de Tachos, a 460 km da capital. Em 18 de janeiro de 1902, padres e irmãs chegaram ao local escolhido, e como Pe. Bálzola falava a língua dos bororos, conseguiu atraí-los um após outro para a missão. Vencida a inicial suspeita, a chegada de nativos foi ganhando consistência e, somente no dia 17 de junho de 1903, 143 deles optaram por viver na colônia, sendo seu exemplo seguido por outros 164 no ano seguinte. Nem todos permaneciam, e a instabilidade numérica dos primeiros tempos foi um dos maiores desafios da missão; mas com o tempo os bororos fixariam residência. A vida sedentária substituiu a necessidade de grandes espaços de perambulação, e aquelas terras começaram a ser ocupadas pelos brancos. Com base no que se viu anteriormente, deve-se sublinhar que os índios foram "civilizados" dentro de uma concepção ocidental e capitalista do Cristianismo, e por isso a ideia de propriedade individual, até então inexistente, foi sendo lentamente assimilada. Além do mais, os catequizandos eram formados para se sentirem cidadãos brasileiros, aspecto este que se manifestava principalmente durante o hasteamento da bandeira, no entoar os hinos pátrios e na exaltação dos vultos nacionais. O inteiro modo de viver dos aldeados se modificou, pois as choupanas deixaram de ser construídas em círculo, passando a ser edificadas simetricamente, com novas concepções de higiene.[84]

Outro caso bastante delicado para a congregação foram as desavenças surgidas com o bispo de Cuiabá, Dom Carlos Luiz d'Amour, a partir de 1903. Naquele ano, o prelado se sentiu ofendido na sua autoridade pelos salesianos, a quem acusava de não observarem as disposições episcopais. Dom Carlos chegou inclusive a baixar duras portarias limitando as suas atividades, e somente depois de melindrosas tratativas a questão se resolveu. Anos depois, Carlos de Laet declararia aliviado ao *Jornal do Brasil*: "Foi apenas um deplorável e já terminado conflito de jurisdição".[85]

Entrementes, depois da morte de Dom Lasagna, as obras salesianas do Brasil se desmembraram do Uruguai, sendo agrupadas em duas novas inspetorias: a do sul, com sede em Lorena, SP, tendo como inspetor Pe. Carlo Peretto, e a do Mato Grosso, com sede em Cuiabá, na chefia da qual foi colocado Pe. Antônio Malan, com o título de vice-inspetor. O colégio São Gonçalo, fundado em 1894 por Dom Luigi Lasagna, era o ponto de apoio dos salesianos

---

[84] MARIA AUGUSTA CASTILHO, *Os índios bororo e os salesianos na missão dos Tachos*, p. 48-49, 59-60, 63, 71, 76-77.

[85] ASV, Jornal do Brasil (6-7-1913), em: *Nunciatura Apostólica no Brasil*, fasc. 774, caixa 154, fl. 8.

na capital e também continuava a contar com a colaboração das autoridades governamentais. Ao final de dezembro daquele ano, a situação se definiu, pois o presidente da República, Prudente de Morais (1841-1902), prometeu apoiar a congregação e em modo particular a missão do Mato Grosso. Passou-se assim das incertezas da política local ao terreno mais seguro e estável da política nacional.[86] A obra dos "Filhos de Dom Bosco" no Brasil era admirada pelo restante da congregação, e o próprio superior-geral, Pe. Paolo Albera (segundo sucessor de Dom Bosco), veio da Itália para conhecê-la em 1901. E, como as casas que possuíam no país eram já dezoito, no ano seguinte, ele autorizou nova reorganização das inspetorias, que se tornaram três: a do sul, que continuou sob a chefia do Pe. Carlo Peretto; a do Mato Grosso, onde também permaneceu Pe. Antônio Malan; e uma nova no norte (São Luiz Gonzaga), sob a direção do Pe. Lorenzo Giordano.[87]

A ligação com a classe política já se tornara tão estreita, que, além de prestar contas ao seu superior da congregação, Pe. Antônio Malan o mesmo fazia em relação ao governo federal brasileiro, até porque dele continuava a receber verbas. No caso, o órgão governativo competente era o ministério da indústria, viação e obras públicas, cujo titular pôde dar-se por satisfeito, pois a carta que, aos 23 de junho de 1906, enviou-lhe o Pe. Antônio expressava um otimismo verdadeiro:

> Parece não padecer a menor dúvida que, no insignificante espaço de quatro anos, uma grande região brasileira passou literalmente do estado de barbárie e obscurantismo para a fase do progresso real, seguro e indelével, cujos benéficos influxos desde já vão se fazendo sentir agradavelmente. [...] Hoje podem o negociante e o militar livremente cruzar aquele sertão sem o menor receio dos outrora temíveis e indomáveis bororos, que resistiram a bem 14 tentativas oficiais de catequese, no regímen passado e princípios do atual, sendo que ora eles se tornaram tão mansos e civilizados, a ponto de serem os camaradas preferidos para as viagens mais arriscadas em que maior confiança e dedicação são precisas.[88]

De acordo com a consciência possível na época, a metodologia missionária dos salesianos recebia uma aprovação quase geral, e, em junho de 1906, a revista *Santa Cruz*, pertencente à congregação, publicou jubilosa uma fotografia do Pe. Malan sentado ao lado de um menino indígena bororo, de nome Miguel, devidamente "civilizado": ar sisudo, sapato aos pés, cabelos curtíssimos, usando terno e com um lenço de seda atado ao pescoço.[89]

Aos 24 de agosto de 1907, Pe. Antônio Colbacchini se tornou o novo diretor da missão de Tachos e seria o responsável pela posterior destruição da casa central (o "baito"), uma das principais organizações dos bororos, que funcionava como local de reunião do conselho de homens e de realização dos principais ritos da tribo. Seu confrade, Pe. Antônio Malan, recém-nomeado bispo da prelazia do Registro do Araguaia, no dia 31 de maio de 1914, interpretaria o fato como um sinal da vitória cristã:

---
[86] Luigi Lasagna, *Epistolario*, vol. I, p. 38.
[87] Marco Bongioanni, *Don Bosco nel mondo*, vol. II, Industrie Grafiche Mariogros, Torino 1968, p. 248.
[88] Maria Augusta Castilho, *Os índios bororo e os salesianos na missão de Tachos*, p. 81.
[89] A. I., "A missão salesiana em Mato Grosso", em: *Santa Cruz*, n. 10, Escolas Profissionais Salesianas, São Paulo 1906, p. 470.

Com edificante disposição os neófitos destruíram espontaneamente o templo pagão que existia na Colônia "Sagrado Coração", elevando uma cruz majestosa no centro de uma nova população distante, toda cristã. Com o entusiasmo que reina, nutrimos confiança que passem a fé a outras colônias indígenas. Entre os vivas ao Santo Padre e às autoridades eclesiásticas e civis da grande nação brasileira, terminaram as festas, implorando todos a bênção pela nova prelazia.[90]

Obviamente que resquícios da mentalidade antiga sobreviveriam; mas o modelo de educação de internato, limitando o contato entre pais e filhos, foi essencial para o abandono da vida nômade e a assimilação de novos valores, ainda que certos índios acabassem saindo da missão e indo viver em aldeias distantes, sem falar dos muitos conflitos de gerações que se verificavam. Alguns religiosos, como Pe. Giuseppe Pessina, que estudou a língua bororo e esforçou-se por codificá-la, tentaram salvar algo da cultura dos nativos, mas o que se viu foi uma inexorável desintegração de um inteiro modo de vida. A própria estrutura familiar, cujas relações eram fundamentadas no parentesco e nas formas de cooperação, acabou adotando um novo modelo, nuclear e isolado. Para a presidência da República, no entanto, o que importava eram os resultados, e por isso, em 1908, por intermédio do interventor de São Paulo, condecorou o Pe. Antônio Colbacchini com uma das mais altas honrarias do país, a Cruz da Ordem do Cruzeiro do Sul.[91]

Vinte e quatro anos depois da instalação dos salesianos no Mato Grosso, o objetivo foi atingido, pois o original reduto se convertera numa grande colônia formada por centenas de famílias indígenas "civilizadas", habitando em casas de alvenaria, com escolas em que os próprios nativos eram os professores. Até um observatório meteorológico fora montado em 1906, tendo à frente um bororo diplomado, encarregado como secretário, pelo governo, das observações. Coroando o sucesso obtido, a cerimônia de posse de D. Aquino Corrêa como governador mato-grossense, em janeiro de 1918, contou com a presença de várias famílias bororos.[92]

2.3.2 – A colaboração recíproca no norte do país

Depois da expulsão da maioria dos religiosos no século XVIII, a Amazônia presenciara a dizimação de populações indígenas inteiras, ao tempo que as antigas aldeias dos missionários eram transformadas em povoações com nomes de cidades portuguesas. Longe de "normalizar" a problemática, na segunda metade do século XIX, a questão dos índios ainda era tão essencial, que o próprio governo do Império pedira ajuda aos missionários franciscanos europeus para aldear e "civilizar" os nativos da região. Teve de fazê-lo, pois se tratava de uma medida preventiva contra o perigo de invasão ou anexação de parte do território nacional pelos países vizinhos.[93]

---

[90] ASV, Carta do Núncio Giuseppe Aversa ao Cardeal secretário de Estado (4-6-1914), em: *Nunciatura Apostólica no Brasil*, fasc. 737, caixa 147, doc. 17, fl. 53.
[91] MARIA AUGUSTA CASTILHO, *Os índios bororo e os salesianos na missão de Tachos*, p. 82, 96, 104-105.
[92] A. I., "Missões salesianas de Mato Grosso", em: *Santa Cruz*, n. 10, p. 260.
[93] VENÂNCIO WILLEKE, *Missões franciscanas no Brasil (1500-1975)*, Vozes, Petrópolis 1974, p. 158.

O governo inclusive se prontificou a assumir todas as despesas, mas o geral franciscano, sem recusar formalmente, em meio à crise em que a sua ordem religiosa vivia na Itália, consentiu apenas numa fundação provisória, dependente da missão boliviana, cabendo ao frei Jesualdo Machetti a iniciativa de recrutar voluntários para a nova frente. Aos 5 de setembro de 1870, os primeiros cinco franciscanos foram recebidos em audiência por Dom Pedro II e seguiram para Manaus. Depois de algum tempo estudando o idioma português, eles, estando na capela São Sebastião, partiram para o trabalho de cura d'almas e fundaram a ordem terceira. No dia 27 de dezembro seguinte, frei Jesualdo e frei Teodoro Portaraso, com o superior frei Samuele Mancini, partiram de barco pelo rio Madeira, em cujas margens fundariam, no ano seguinte, sua primeira missão, dedicada a São Francisco. Em 1877, tendo substituído frei Samuele na função de superior regional, frei Jesualdo Macchetti concentrou os frades na região do Alto Rio Negro, próximo à fronteira da Colômbia,[94] conseguindo ainda naquele ano que cinco novos missionários viessem colaborar nos trabalhos. Instalou-se assim, oficialmente, a Prefeitura Missionária, que durou de 1877 a 1894, e que padeceu provações sem conta, devido às distâncias imensas, enfermidades tropicais, o falecimento dos freis Zaccagni e Paolozzi e algumas transferências. Em 1884, a *Propaganda Fide*, considerando a impossibilidade de comunicação, determinou que as missões de Manaus passariam a depender do comissariado da Argentina, porém, o comissário de Buenos Aires foi contrário por não poder dedicar-se a esse novo trabalho e sugeriu que elas ficassem diretamente sujeitas ao prior-geral franciscano.[95]

Isso foi feito, mas havia outros problemas de ordem interna e que não seriam resolvidos. Os religiosos ali provinham de várias províncias da Itália, nem sempre a convivência entre eles era serena. Além disso, eram numericamente insuficientes para o trabalho que se lhes propunha, e ao final acabaram ficando reduzidos a apenas três. Fez-se então necessário que retornassem a Manaus, onde passaram a prestar serviço nas paróquias. Como não era esse o objetivo da sua presença no Brasil, todos pediram que retornassem à Itália ou que fossem enviados a outras frentes missionárias.[96] Entrementes, Manaus foi elevada a diocese, e o novo bispo, Dom José da Costa Aguiar, pediu ao geral que conservasse os religiosos nos seus lugares, considerando que a nova jurisdição diocesana contava com apenas nove sacerdotes. Frei Aloísio indeferiu o pedido, alegando que os remanescentes, já reduzidos a dois, encontravam-se enfermos e que a ordem não possuía outros disponíveis. Por isso, aos 2 de dezembro de 1894, frei Jesualdo Machetti e frei Pietro Pietrelli partiram para Salvador, encerrando com 24 anos de trabalho missionário.[97]

Outros religiosos os substituiriam, mas num contesto bem diverso, pois o ciclo da borracha estava alterando completamente a realidade amazônica. O toque para a mudança partiu dos Estados Unidos depois que, em 1840, Char-

---

[94] Gesualdo Macchetti, *Relazione della missione francescana di Manaus*, Tipografia Editrice Romana, Roma 1886, p. 4-5.
[95] Venâncio Willeke, *Missões franciscanas no Brasil*, p. 163-164.
[96] ASPF, Carta de frei Luigi de Parma ao Cardeal Pio Simeoni, prefeito da Propaganda Fide (12-7-1890), em: *SC América Meridional*, cód. 15, fl. 1055.
[97] Venâncio Willeke, *Missões franciscanas no Brasil*, p. 164-167.

les Goodyear (1800-1860), um inventor de Connecticut, descobriu o processo de vulcanização e o revestimento das rodas de veículos. A industrialização do produto faria o "ouro verde" brasileiro produzir fortunas, e, na virada do século, Manaus já se transformara num suntuoso centro monopolizador, ainda que os custos sociais e humanos da riqueza produzida fossem terríveis. Até certo ponto, isso acontecia em decorrência da seca de 1877-1878, que, ao ceifar mais de 119.000 vidas no Ceará, obrigou milhares de nordestinos a emigrarem para o norte, tornando-os presa fácil de patrões sem escrúpulos. Uma alta percentual dessa massa retirante era composta de homens solteiros, que, encontrando-se numa região onde imperava a lei da força, abusavam das mulheres indígenas, enquanto que eles próprios, reduzidos a uma condição de semiescravidão, perdiam quase todas as perspectivas de vida. Nem todos os emigrados eram deserdados da sorte, pois havia alguns, como o Coronel Antônio Rodrigues Pereira Labre, fundador da cidade de Lábrea em 1873, que se enriqueciam; mas era apenas isso: exceções.[98]

Naquela sociedade em ebulição, a Igreja se tornou um indispensável elemento de equilíbrio social, e o governo federal e dos estados amazônicos, cientes do fato, não perdiam a oportunidade de prestigiar a sua ação. Isso não quer dizer que se tratasse de uma implantação amena: afora a permanente escassez de recursos e dificuldades outras impostas pela inclemência do ambiente natural, dois problemas ideológicos tiveram igualmente de ser superados. O primeiro deles teve a ver com o clero nativo. Para alguns padres, confiar tantas funções a congregações religiosas estrangeiras era um atentado ao clero nacional, por desconsiderar que no meio deste houvesse sacerdotes dignos de serem investidos da condição de prelado. Mais irritados ainda se sentiam quando as novas frentes eram denominadas prefeituras apostólicas. Neste caso, diziam que tal terminologia era humilhante, por reduzir o Brasil a uma terra de selvagens. Estes mesmos padres nacionalistas, entre os quais se destacava o administrador interino da diocese de Manaus, tentariam inclusive envolver os leigos e a imprensa na sua querela particular, mas não tiveram êxito, pois tanto a Igreja quanto o governo tinham metas a que não podiam renunciar. Um relatório preparado pela internunciatura, aos 18 de novembro de 1905, a respeito dos desmembramentos na diocese de Manaus foi taxativo: a divisão era imperiosa, e para tanto os regulares europeus eram indispensáveis.[99]

Mesmo assim, considerando que não o Brasil enquanto tal, mas apenas algumas de suas partes eram terras de missão, e para evitar desnecessários atritos, a denominação de vicariato apostólico, então usada nas missões da *Propaganda Fide* na África e na Ásia, foi abandonada. Em seu lugar seriam constituídas *prelaturas nullius*, confiadas a distintas ordens e congregações religiosas.[100]

O segundo problema foram as oligarquias locais. O governo, mesmo apoiando os missionários, não podia ignorar os seus redutos eleitorais na região, e assim os diversos regulares se viram na contingência de adotar um

---

[98] Cf. MIGUEL ANGEL PERALTA, "Misión de Labrea (Brasil)", em: *Recollectio*, vol. XV, Institutum Historicum, Augustianorum Recollectorum, vol. XV. Roma 1992, p. 183.
[99] AA.EE.SS., "A respeito do desmembramento da diocese de Manaus", em: *Brasil*, fasc. 134, pos. 676, fl. 25.
[100] PEDRO MARTINELLO, *Os Servos de Maria na Missão do Acre e Purus (1920-1975)*, Secretaria Provincial OSM, São Paulo 1986, p. 75.

delicado jogo de equilíbrio com os grupos dominantes. O próprio Dom Francisco de Paula e Silva (1866-1918), bispo do Maranhão, na condição de visitador extraordinário nomeado pela Santa Sé, aos 7 de dezembro de 1910, recomendaria prudência aos religiosos que atuavam na região:

> A vastidão das paróquias não permite aos vigários a residência assídua na sede da freguesia. O sistema das desobrigas é o único viável. Desobrigas são as viagens periódicas e quase contínuas pelos rios da paróquia. É o sistema do padre transformado em caixeiro viajante – ou regatão religioso – como o chamam por troça. [...] Assim também vai o padre de barracão em barracão, casando, batizando, e administrando os sacramentos. [...] É preciso que se saiba, nessas regiões longínquas há homens que são os chefes [políticos] despóticos, muitas vezes sem consciência e sem costumes, mas que gozam de apoio e do prestígio do governo do Estado, porque são os cabos de guerra com os quais o governo precisa contar. Ora, os padres que chegam de novo querem tudo reformar, trazem as ideias feitas e pensam poder agir aqui do mesmo modo que em seus países. – Resultado – Indispõem-se com esses chefes e começa-se a luta. Os jornais que servem o governo da maçonaria acham ocasião para uma campanha de difamação contra a religião sob a capa de patriotismo: "Padre estrangeiro"! "Frade estrangeiro"! "perseguidor dos padres nacionais" etc. etc.[101]

A estratégia da boa convivência seria, por este mister, seguida à risca, tanto com políticos quanto com comerciantes e seringalistas. Em se tratando dos seringais, comumente a vida dos extrativistas funcionava assim: abria-se uma clareira na floresta, e ali o proprietário ou seu representante construía um barracão, construção rústica, mas bastante grande e confortável, onde ele se alojava com a família ou adjuntos. Em torno do barracão, edificavam-se as barracas dos subordinados, cujas condições de conforto e higiene eram obviamente bem inferiores. Em boa parte das vezes, o missionário das desobrigas fez uma opção: escolheu o barracão como ponto central de suas atividades. Uma interessante descrição a respeito foi elaborada por frei Giocondo de Soliera, OFM Cap., ao relatar a viagem que fez ao longo do rio Solimões em 1913:

> Frequentemente, o padre missionário, antes que nas barracas, detém-se para exercitar seu ministério nos "barracões". [...] Ali, as coisas melhoram bastante. Não só se está reparado das intempéries, mas invés de "farinha" se pode comer arroz, água que não é tão nociva à saúde, porque é purificada no filtro: ou melhor, o patrão lhes apresentará à mesa também algum pato ou alguma galinha. Não se é obrigado a partir súbito; pode-se parar alguns dias; e assim, com sacrifício e boa vontade, encontrar tempo para catequizar os meninos das barracas vizinhas e fazer algum sermão.[102]

O exemplo é significativo sobretudo se se tem presente que as missões amazônicas se concentraram em mãos de apenas dez ordens e congregações masculinas, às quais se agregavam os ramos femininos. Eram elas: franciscanos, salesianos, beneditinos, padres do Espírito Santo, agostinianos recoletos, dominicanos, servos de Maria, capuchinhos, barnabitas e padres do Preciosíssimo

---

[101] ASV, Relatório de Dom Francisco (1911), em: *Nunciatura Apostólica no Brasil*, fasc. 737, caixa 147, doc. 3, fl. 166b, 174.
[102] A. I., *Missione di Alto-Solimões affidata ai Minori Cappuccini umbri*, p. 52.

Sangue. Cada família religiosa teve de construir penosamente templos, hospitais, educandários e residências, adaptando tecnologias trazidas da Europa, em que o tijolo, a pedra e o cimento substituíam a taipa e a palha. Grande número dessas obras apenas reproduzia as linhas inspiradoras da estética dos seus locais de origem, mas também isso estava de acordo com o modelo "civilizador" das autoridades governamentais. Sintomático, pois, que muito da linguagem oficial ("civilização...") tenha sido incorporado nos pronunciamentos dos religiosos. Enormes prelazias, que muitas vezes ocupavam territórios maiores que determinados países europeus, foram-lhes confiadas por Roma, com a benevolência tácita (e em certos casos explícita) do governo, tendo como objetivo construir dioceses onde antes quase nada havia. Alguns exemplos:

a) *Prelazia de Santarém*: um decreto consistorial criou-a, aos 21 de setembro de 1903, a pedido de Dom Francisco Maia, bispo do Pará. Ocupava uma área imensa, que compreendia inclusive o atual Amapá. Em 26 de março de 1904, outro decreto consistorial confiou-a a monsenhor Frederico Benício da Costa. Por sugestão do próprio, em 1906, a Santa Sé entregou dita prelazia à província franciscana que tinha casa na Bahia. Em 10 de janeiro do ano seguinte, foi nomeado o segundo prelado, Dom Amando Bahlmann, OFM (1862-1939), que chegou a Santarém a 3 de agosto e que a governaria por trinta anos. Ele possuía um caráter impetuoso, mas as autoridades governamentais preferiram não dar maior importância a este particular. Uma carta escrita em Óbidos pelo referido prelado ao internúncio Spolverini, no dia 30 de março de 1918, dá a exata noção de como funcionavam as suas relações com as autoridades na prelazia:

> No princípio da semana cheguei a Santarém e fui muito bem recebido pelo povo católico. Os anticlericais estavam calados e desautorizados. [...] Esta noite cheguei aqui para solenizar a páscoa e voltarei logo para Santarém. – Dou esta notícia agradável a V. Ex.ª, pedindo que escrevesse (se achar assim conveniente) uma carta de agradecimento do Exmo. Sr. Governador do Pará, Dr. Lauro Sodré, pela maneira pronta e eficaz com que nos tem dado em Santarém as garantias necessárias, e atendido aos meus justos pedidos. – Estou certo de que também no futuro o Exmo. Dr. Governador nos protegerá eficazmente.[103]

b) *Prelazia de Rio Branco* (atual Roraima): confinando com a Guiana Britânica e a Venezuela, foi separada da diocese de Manaus aos 15 de agosto de 1907, ao ser erigida em prelazia ou abadia *nullius*, cujo prelado deveria ser sempre o arquiabade ou abade *nullius* do mosteiro de São Bento do Rio de Janeiro. Este, por continuar a residir na capital federal, era ali representado por um vigário-geral que habitava em Boa Vista.[104] O primeiro abade beneditino investido deste ministério, apesar de não morar lá, foi Dom Geraldo van Caloen, sucedido por Dom Pedro Eggerath, que por sua vez teria como sucessor Dom Laurentius Zeller. Esta seria, sem dúvida, uma das mais problemáticas fundações da Amazônia. No começo, o trabalho parecia

---

[103] ASV, Carta de D. Amando Bahlmann ao internúncio Spolverini (30-3-1918), em: *Nunciatura Apostólica no Brasil*, fasc. 837, caixa 165, doc. 33, fl. 26.
[104] ASPF, Comunicado de Dom Gerardo van Caloen (21-3-1909), em: *Rubrica – Nova Série* – 1913, vol. 151, fl. 282.

seguir o esquema das demais fundações religiosas, isto é, catequese dos índios e crianças e sacramentalização para os adultos, mas um grave conflito iniciado, no dia 20 de novembro de 1909, alteraria radicalmente a situação. Na manhã daquele dia, Dom Adalberto Kaufonekl foi destratado por Bento Brasil, um líder maçom local. Os beneditinos abandonaram a cidade, indo refugiar-se numa capela defronte ao Forte São Joaquim, cedida pelo Sr. Paulo Caldeira da Cruz Saldanha. O assunto repercutiu no país inteiro, e o presidente da República telegrafou ao governador do Amazonas, pedindo providências. O governador lhe respondeu informando de que havia enviado um destacamento para restabelecer a ordem em Boa Vista e que nomeara um delegado militar para apurar os fatos e punir os culpados. Era tudo falso: as forças seguiram realmente, mas para ficarem à disposição e sob ordens do mencionado líder maçom! Com isso, a intervenção apenas incitou novas violências: o asilo dos monges foi invadido, sua biblioteca destruída e o arquivo incendiado. Pior: dois religiosos foram presos, dois se refugiaram na Guiana Inglesa e outros dois se dispersaram. Como era de se esperar, a fraude foi logo desmascarada, e um *hábeas corpus* impetrado por Cândido Luiz Maria de Oliveira, junto ao supremo tribunal federal,[105] redundou na inevitável libertação e isenção de culpa dos monges. Politicamente também se chegou a um acordo, por meio da remoção do truculento personagem maçom para Manaus. Assim, nem desta vez a ruptura aconteceu, pois, aos 15 de novembro de 1912, Dom Gerardo van Caloen, nas instruções que deu por escrito sobre o modo de agir do novo vigário-geral, Dom Boaventura, que estava partindo do Rio para assumir a direção dos trabalhos, instruiu-o que chegando a Manaus procurasse, com muita prudência, entrar em contato com mencionado líder intrigante e fazer as pazes com ele. Como informava, nada era pior para o progresso diocesano do que uma luta. Claro que também salientava a necessidade de se recorrer a um bom advogado para evitar contestações futuras, garantindo antes de tudo a dignidade e a reputação da prelazia. O que importava, porém, era a harmonia, pois como ele dizia, "trata-se aqui da liquidação definitiva das funções de procurador da Igreja de Boa Vista, que foram desenvolvidas pelo mencionado Bento Brasil".[106]

c) *Prefeitura Apostólica do Alto Solimões*: instituída, aos 23 de maio de 1910, foi entregue aos capuchinhos de Úmbria. Tratava-se de uma resposta ao pedido apresentado pelo provincial Giulio de Perúgia, que manifestara ao prior geral franciscano, Pe. Bernardo Christen de Andermatt (1837-1909), o desejo que tinha sua jurisdição de possuir uma missão própria. A resposta veio, no dia 30 de janeiro de 1909, quando o Cardeal Rafael Merry de Val indicou ao geral a missão de Rio Negro, situada no Estado brasileiro do Amazonas. A proposta foi aceita, no dia 28 de fevereiro seguinte, e confirmada pela Úmbria a 9 de março. Como acontecia com os demais regulares, daí por diante os problemas relativos à nova frente seriam tratados diretamente com a *Propaganda*

---

[105] ASV, "Perseguições contra os Beneditinos de Rio Branco", em: *Nunciatura Apostólica no Brasil*, fasc. 627, caixa 127, docs. 3, 5, fl. 21-24, 32-33.
[106] ASV, "Instruções dadas a D. Boaventura Barbier na ocasião da sua saída da Abadia Nullius do Rio de Janeiro para tomar posse do seu cargo em 18-11-1912", em: *Nunciatura Apostólica no Brasil*, fasc. 737, caixa 147, doc. 11, fl. 38.

Fide. No dia 26 de julho, os primeiros quatro religiosos desembarcaram em Manaus, sendo acolhidos pelos confrades lombardos. Eram eles: frei Agatangelo de Spoleto, frei Martino de Ceglie Messapico, frei Domenico de Gualdo Tadino e frei Ermenegildo de Foligno. Enquanto os recém-chegados aguardavam a nomeação do prefeito apostólico, tiveram a surpresa de constatar que o decreto emanado pela Sagrada Congregação Consistorial, aos 23 de maio de 1910, erigiu não uma, mas duas prefeituras apostólicas – *Tefé* (confiada aos espiritanos) e *Solimões Superioris,* tocando-lhes esta segunda. Ou seja, os frades não obtiveram a prometida prelazia de Rio Negro, que seria instituída por meio de outro decreto, aos 18 de outubro de 1910, pela *Propaganda Fide*, a qual, somente em 1914, seria aceita pelos salesianos. Ainda não haviam terminado as surpresas, pois o primeiro prefeito apostólico indicado, frei Agatangelo de Spoleto, morreu de febre amarela aos 31 de julho de 1910, tendo de ser substituído por frei Evangelista Galea de Cefalonia, que chegou a Manaus no dia 14 de janeiro do ano sucessivo. Fato consumado, os frades também se deram conta de que deveriam trabalhar próximo à fronteira do Peru e da Colômbia, numa região pouco acessível, cujo clima era propício à transmissão de enfermidades mortais. Como reforço, novas forças chegariam da Itália, e assim os trabalhos não seriam interrompidos, apesar do incômodo que provocavam os maçons, também existentes por lá, e de certa indiferença religiosa por parte das autoridades.[107] Para facilitar a assistência aos fiéis, em 1913, os frades dividiram a prefeitura em três setores: no primeiro, tendo como sede a cidade de São Paulo de Olivença, ficou frei Domenico de Gualdo Tadino; no segundo, com sede em Remate de Males, ficaram os freis Alessandro de Piacenza e Antonino de Frascaro; e no terceiro, com sede em Tonantins, estabeleceu-se frei Giocondo de Soliera.[108]

Depois de certo tempo, a situação se estabilizou, e, em meados de 1921, uma comissão constituída pelas autoridades e pessoas de relevo de São Paulo de Olivença foram ter com o prefeito apostólico, pedindo-lhe que transferisse a sede geral de prelazia de Remate dos Males para aquela cidade, que era bem maior e mais bem servida. O frade prefeito aproveitou da ocasião para pedir-lhes, como condição prévia, que fossem eliminadas certas festas profanas que descambavam na licenciosidade e na embriaguez. A comissão concordou, e, após ser construída uma nova (e grande) sede prelatícia no mencionado município, em 1925, a transferência foi levada a cabo. As obras "civilizatórias" dos frades eram tão bem-vistas que o próprio presidente do Amazonas Herculano Ferreira Pena as elogiaria. Como seria relatado na literatura da ordem, "o prefeito se aproveitava disso para obter sempre alguma coisa a mais e melhor".[109]

d) *Prefeitura Apostólica de Tefé*: instituída, aos 23 de maio de 1910, foi confiada, como se viu, aos padres do Espírito Santo. O primeiro prefeito foi monsenhor Miguel Alfredo Barrat, nomeado a 10 de agosto do mesmo ano, e a nova prefeitura coroou uma atividade iniciada treze anos antes, depois que

---

[107] ENNIO TIACCI ET ALII, "I cappuccini umbri in Amazzonia", em: *Voce Serafica di Assisi*, n. 3-4, p. 18-19, 39-42, 44, 47, Todi 1985.
[108] ASPF, Relatório da prefeitura apostólica do Alto Solimões ao Cardeal prefeito de Propaganda Fide (3-7-1914), em: *Rubrica – Nova Série* - 1914, fl. 241.
[109] ENNIO TIACCI ET ALII, "I cappuccini umbri in Amazzonia", em: *Voce Serafica di Assisi*, n. 3-4, p. 51-52.

os espiritanos abandonaram Belém e se estabeleceram na confinante diocese de Manaus. Dr. Fileto Pires Ferreira, governador do Estado do Amazonas de 1896 a 1898, apoiaria vivamente a vinda dos missionários que "civilizariam" os índios, e foi ele que, junto do prelado de Manaus, pediu aos religiosos que abrissem uma segunda casa em Tefé. Eles aceitaram, e, no dia 10 de junho de 1897, Pe. Xavier Libermann junto do Pe. Louis Berthon e com os irmãos Tito Kuster (veterano como os demais da comunidade de Belém) e Donaciano Hoffmann (novato) subiram pelo rio Solimões uns 700 km até atingirem seu objetivo. Ao chegarem, receberam acolhida calorosa das autoridades, ganhando um terreno para se estabelecerem. O governador Fileto inclusive pagaria todas as despesas que os religiosos fizeram a Rio Branco, mas os problemas não tardariam. Ao tomar posse o sucessor do Dr. Fileto, o coronel José Cardoso Ramalho Júnior,[110] as verbas prometidas pelo governo deixaram de ser repassadas nos dois anos em que governou (1898-1900). A comunidade de Manaus acabaria sendo fechada, mas com a posse do novo governador, Silvério José Nery, eleito em março de 1900, a situação tornou-se de novo cordial. Depois que a prelazia foi oficialmente erigida, os padres do Espírito Santo teriam constantemente de conviver com problemas econômicos, mas encontrariam fontes de renda, que eram sobretudo o ministério dos missionários, algo das oficinas, das plantações (mandioca, vagem e milho) do irmão Boaventura, os cacaueiros, plantações de algodão e também um castanhal adquirido em terrenos comprados. Depois da guerra, e com a crise da borracha, os espiritanos também receberiam ajuda da *Propaganda Fide*, da Santa Infância e do óbolo de São Pedro Apóstolo para o clero indígena.[111]

e) *Prefeitura do Alto Rio Negro*: situada no Estado do Amazonas, confinava com a Colômbia, com a Venezuela e com a Guiana Inglesa, e, como se viu acima, foi separada, em 1910, da diocese de Manaus por meio de um decreto da *Propaganda Fide*. Os salesianos a assumiriam aos 18 de junho de 1914, estabelecendo como sede a cidade de São Gabriel. Antes deles, até 1888, já haviam trabalhado ali os carmelitas e os franciscanos, mas, depois disso, tudo caíra no mais completo abandono.[112] O primeiro prefeito *ad interim* foi o Pe. Giovanni Balzola, que lá chegou em 1916, porque o titular, monsenhor Lorenzo Giordano, tivera de ir a Turim participar do capítulo geral da congrega-

---

[110] Trata-se de uma estranha substituição esta acontecida no governo do Estado do Amazonas. Tudo começou aos 4-4-1898, quando o governador Fileto Pires Ferreira, por graves motivos de saúde se licenciou para ir tratar em Belém/PA. Durante a viagem, sentiu-se tão mal que preferiu seguir caminho para a Europa. No dia 14 de junho, chegou a Paris e logo começou a receber inquietantes telegramas de amigos informando-lhe que se armava uma conspiração para afastá-lo do poder. Mesmo assim, ele preferiu ser operado pelo Dr. Guyon, o que acabou acontecendo no dia 4 de julho seguinte. A advertência dos amigos, porém, era justa, pois, no dia 27 daquele mês, o vice-governador fez ler uma carta-renúncia em seu nome. Fileto retornou ao Brasil, mas, apesar dos seus protestos, não seria reintegrado na função usurpada, coisa que ele denunciaria a viva voz: "Hoje não há quem ignore que a renúncia lida pela mesa do Congresso do Amazonas perante onze deputados e aceita pelo presidente de votação da assembleia foi falsificada pelo vice-governador em exercício, José Cardoso Ramalho Júnior" (FILETO PIRES FERREIRA, *A verdade sobre o caso do Amazonas*, p. 3, 6-11, Tipografia do "Jornal do Comércio" de Rodrigues & Companhia, Rio de Janeiro 1900).
[111] Cf. HENRIQUE WENNINK, *Os espiritanos no Brasil*, Promoção da Boa Família Editora, Belo Horizonte 1985, p. 68-69, 83, 92, 94, 115-116.
[112] ASPF, Relatório inicial da prefeitura de Rio Negro, em: *Rubrica – Nova Série* - 1916, vol. 581, fl. 259, 261.

ção.¹¹³ Quando Dom Giordano chegou, sua posse seria marcada por um grande espírito de comunhão de intentos com as autoridades civis constituídas, coisa que ele mesmo contaria:

> Chegados a Manaus, [...] ao Exmo. Governador do Estado apresentei a carta de recomendação recebida do Ministro da Agricultura, e ele me deu por sua vez cartas de recomendação para as Autoridades de Rio Negro. Também do ótimo Inspetor governativo dos índios da Amazônia tive as mais cordiais acolhidas e uma carta de apresentação para todos os Delegados governativos, aos quais recomendou de ajudar-me na minha missão. Terei eterno reconhecimento também ao Sr. Comendador Joaquim Gonçalves de Araújo, riquíssimo católico praticante, sempre pronto a fazer o bem, que não só me deu cartas de recomendações para os seus principais clientes de Rio Negro, como nos pagou a viagem até S. Isabel. Também do Presidente do Tribunal tive cartas de recomendação para os seus dependentes. [...] De retorno a Belém [...] visitei o Sr. General Pinto. Assim que viu, levantou-se e me abraçou como um irmão, na presença do major, de um capitão e de vários oficiais [...] e repetiu a necessidade de boas relações entre o exército e o clero, especialmente em meio aos selvagens.¹¹⁴

Monsenhor Giordano morreria precocemente em 1919, mas seu trabalho seria prosseguido pelo sucessor, Pe. Pietro Massa. Como se tratava de uma atividade com grande incidência na fronteira, os salesianos teriam uma importância crucial no coibir a influência dos habitantes dos países vizinhos, que, por meio das incursões que faziam, deturpavam a língua e alteravam os costumes dos brasileiros da região. Daí, como afirmaria o Pe. Fernando de Macedo, tinha esta missão um caráter eminentemente simpático aos poderes públicos do Estado, que a podiam considerar como um importante elemento e fator que neutralizava a desnacionalização das populações mais remotas do Brasil.¹¹⁵ E, além de eliminar uma ameaça externa, internamente, como informava o *Bolletino Salesiano* em julho de 1921, os religiosos "facilitavam sumamente a obra de penetração moderna com as suas escolas agrícolas, com as produções linguísticas etc. [...] O governo federal brasileiro e aquele local reconhecem o validíssimo auxílio que os salesianos dão ao Estado, e buscam por isso, de favorecer continuamente a pia sociedade".¹¹⁶

f) *Prelazia da Santíssima Conceição do Araguaia*: criada em 1911, ficou a cargo dos frades dominicanos, sendo que seu primeiro prelado foi frei Domingos Carreot, substituído depois por Dom frei Sebastião Tomás. A ereção da prelazia foi o fruto do trabalho iniciado, em 1897, por dois missionários da ordem, frei Gil Villanova e frei Ângelo Dargainaratz, que às margens do rio Araguaia haviam fundado o pequeno povoado de Conceição e aberto um colégio para meninos índios. Desde o início, o governo deu uma pequena

---
¹¹³ ASPF, Carta do Núncio Apostólico do Brasil ao prefeito da Sagrada Congregação de Propaganda Fide, Cardeal Domenico Serafini (16-6-1916), em: *o. c.*, fl. 264.
¹¹⁴ ASV, "Il viaggio di esplorazione alla P. A. Di Rio Negro" – Bollettino Salesiano n. 3 (1-3-1916), em: *Nunciatura Apostólica no Brasil*, fasc. 737, caixa 147, doc. 10, fl. 19-25.
¹¹⁵ SOARES DE AZEVEDO. *Brado de alarme*, p. 259.
¹¹⁶ A. I., "Religione e civiltà nel Rio Negro Del Brasile", em: *Bolletino Salesiano* (julho de 1921), n. 7, Scuola Tipografica Salesiana, Torino 1921, p. 182.

subvenção de quatro contos à obra, que eram repassados ao bispo do Pará. As razões da ajuda eram as habituais: "o que os catequizadores leigos não teriam conseguido senão depois de muitos anos, ou talvez nunca, os intrépidos missionários alcançaram desde o princípio".[117]

g) *Prelazia de Porto Velho*: localizada num território que então fazia parte dos estados do Amazonas e do Mato Grosso (e que em 1943 viria a se constituir no território de Guaporé, rebatizado como Rondônia em 1956), foi desmembrada das dioceses de Manaus e São Luiz de Cáceres, no dia 1º de maio de 1925, pelo Papa Pio XI por meio da bula *Christianae Religionis*. Confiada à congregação salesiana, o primeiro prelado que a assumiu foi Dom Pietro Massa; e nela, os "Filhos de Dom Bosco", depois de enviarem missionários em repetidas visitas apostólicas, tratariam de fundar centros estáveis de trabalho em Porto Velho, Humaitá e Guajará-Mirim.[118] Os informativos salesianos não citam particulares relações entre os padres e altas autoridades e pessoas "de posses" nesta missão, mas tampouco denunciam divergências. Pe. Giovanni Nicoletti, no *Bolletino Salesiano*, três anos após o início do trabalho da congregação, sem se esquecer de citar a miséria quase geral do povo do lugar e a penúria em que os próprios religiosos viviam, aludiria, porém, à colaboração que os padres recebiam dos "zelosíssimos comitês das nossas ótimas cooperadoras".[119]

h) *Prelazia de Lábrea*: criada a 1º de maio de 1925, desmembrada de Manaus, por meio da bula *Imprescrutabili Dei Consilio* do Papa Pio XI, foi confiada aos frades agostinianos recoletos.[120] Os dois primeiros religiosos a chegarem à nova jurisdição foram frei Ignácio Martinez e frei Marcelo Calvo, sendo que este último se tornou o primeiro administrador apostólico. Ainda no início do trabalho, eles apresentaram seus projetos ao governador do Estado do Amazonas, Dr. Ifigênio Sales, que ficou tão entusiasmado que até ofereceu a frei Marcelo o cargo de prefeito de Lábrea, querendo desta forma unir o poder religioso e civil. Frei Marcelo declinou da oferta, mas sem deixar de pedir apoio moral e material aos planos de evangelização que tinha elaborado. Depois de instalados, os agostinianos recoletos priorizariam a sacramentalização e a animação das associações religiosas, como o Apostolado da Oração, sempre mantendo boas relações com a classe política. Por causa disso, na década seguinte, o prefeito da cidade seria eleito com a ajuda da Liga Eleitoral Católica.[121]

Não obstante o clima geral de colaboração recíproca, conflitos localizados vez por outra eclodiam. A razão era que, para muitos latifundiários ou seringalistas, o camponês era apenas uma mão de obra disponível, ao contrário dos religiosos, que mantinham vivo o ideal de "civilizar" catolicamente tanto os pobres quanto os índios. Alguns regulares chegaram a ser ofendidos de forma rude, e a questão acabou incomodando a própria *Propaganda Fide*, que, em 1920, elaboraria um conjunto de instruções para que a nunciatura tutelasse

---

[117] ASV, "Catequese do Araguaia pelos missionários Dominicanos", em: *Nunciatura Apostólica no Brasil*, fasc. 424, caixa 86, doc. 15, fl. 109-110.
[118] Pietro Massa, *Missões salesianas no Amazonas*, Oficinas Gráficas A Noite, Rio de Janeiro 1928, p. 65-66.
[119] Giovanni Nicoletti, "Da Porto Velho", em: *Bollettino Salesiano* (outubro 1928), n. 10, Scuola Tipografica Salesiana, Torino 1928, p. 303-304.
[120] Artur César Ferreira Reis, *A conquista espiritual da Amazônia*, Escolas Profissionais Salesianas, São Paulo 1941, p. 84-86.
[121] Miguel Angel Peralta, "Misión de Labrea", em: *Recollectio*, vol. XV, p. 263, 269.

sobretudo as missões do Alto Solimões, de Tefé e do Rio Negro. Fato até então inédito, o documento acusou explicitamente o abuso dos patrões e das pessoas "habituadas despoticamente a ter em moral e quase física escravidão o mísero caboclo, para explorá-lo à vontade".[122]

Esta seria uma das tantas questões eclesiais não resolvidas na República Velha, mas o governo evitou polemizar, pois tivera a demonstração definitiva de que não podia dispensar a colaboração dos religiosos após o revés que sofreu na querela com a Guiana Inglesa. Teriam chegado tarde os beneditinos? Soares d'Azevedo argumenta que sim, recordando que a Inglaterra astuciosamente se antecipara e, tomando o rio Kupununi como referência, enviara ministros protestantes à frente, os quais, depois de erigirem povoados sob a administração britânica, acabaram se assenhoreando de vasta região que assim se tornaram possessão da rainha Vitória e depois, de Eduardo VII. Por isso, quando a questão foi arbitrada por Vítor Emanuel III da Itália, ele se limitou a dar uma sentença salomônica (e muito criticada), dividindo a região entre os dois demandantes. A chegada dos beneditinos, em 1909, não só conteve a expansão dos missionários protestantes ingleses, como demonstrou ser um importante instrumento "civilizatório" dos índios macuxis, uapichanas e jaricunas, permitindo que anos depois numerosas famílias indígenas falassem português e se declarassem católicas.[123]

Daí que o trabalho "civilizador" das diversas ordens e congregações se estendeu a outras regiões do país, e mesmo no extremo sul a colaboração entre poder civil e religiosos seria levada a cabo sem constrangimento. Em 1908, no Rio Grande, o bispo sugeriu aos capuchinhos da paróquia de Lagoa Vermelha que evangelizassem os silvícolas da região. Estes, sendo poucos, acharam mais acertado enviar um catequista leigo, que seria acompanhado e visitado regularmente. Tal pessoa precisava, porém, ser remunerada, e o recurso foi apelar ao governo estadual. Sem problemas, pois, como então argumentava frei Bruno de Gillonnay, no Brasil, a Igreja estava separada do Estado, mas ambos viviam em boa vizinhança, sabendo ajudar-se e se amar. Não dizia palavras ao léu, pois o presidente gaúcho, Dr. Carlos Barbosa, acolheu a solicitação com as palavras mais cândidas: "Desejo tanto quanto o senhor a concretização do êxito desta obra. Remeta-me por escrito o que acaba de me relatar. Estudarei o caso e faremos o que se pode fazer".[124]

2.3.3 – O Território do Acre: os problemas religiosos da conquista a noroeste

O Acre, incorporado como foi à Federação brasileira no alvorecer do século XX, conheceu uma história missionária bastante particular. O interesse por tal rincão surgiu durante o ciclo da borracha, razão pela qual, aos 3 de março de 1878, seringueiros cearenses atravessaram a fronteira, na foz do Rio Acre, abrindo caminho para que outras levas os imitassem.[125]

---

[122] ASPF, "Instruções da Sagrada Congregação de Propaganda Fide ao Núncio Apostólico no Brasil", em: *Rubrica – Nova Série - 1920*, vol. 671, fl. 64-65.
[123] SOARES DE AZEVEDO, *Brado de alarme*, p. 272.
[124] ROVÍLIO COSTA; LUÍS A. BONI, *Os capuchinhos do Rio Grande do Sul*, Est Edições, Porto Alegre 1996, p. 357.
[125] Cf. LEANDRO TOCANTINS, *Estado do Acre. Geografia, história e sociedade*, Philobiblion, Rio de Janeiro 1984, p. 39-40.

Acontece que uma parte do citado território era reclamada pelo Peru e a outra pela Bolívia, o que não tardou a se tornar motivo de conflito. No caso da Bolívia, os desentendimentos foram vários, até que, a 1º de maio de 1899, o advogado cearense José Carvalho de Brito, ladeado por seringalistas, exigiu e conseguiu que os militares bolivianos sediados em Puerto Alonso, junto de seu comandante, Moisés Santivanez, retirassem-se.[126] José Carvalho acabou regressando para o Ceará, mas, no dia 14 de julho daquele mesmo ano, o espanhol Luís Galvez Rodriguez de Arias (1864-1935) assumiu a chefia do movimento insurgente e proclamou a "República Independente do Acre". O governo brasileiro, porém, não reconheceu o novo "Estado" e enviou uma expedição militar para controlar a região. Resultado: a nova "República" foi derrubada e Galvez preso e levado embora do Acre no dia 15 de março de 1900, sendo depois deportado para a Europa. Pendente ficou a situação dos brasileiros, que, na virada do século, constituíam a quase totalidade dos habitantes daqueles lugares.[127]

O governador do Amazonas, Silvério José Néry (1858-1934), insatisfeito com tal desfecho, apoiou uma nova tentativa para superar a perda. Improvisou-se assim uma expedição com 132 integrantes, que tomou o nome de "Floriano Peixoto", mas que passaria para a história como "Expedição dos Poetas". Ela partiu, no dia 2 de dezembro de 1900, a bordo do vapor *Solimões*, tendo como líder o engenheiro civil Orlando Correia Lopes. Durante a viagem, os envolvidos proclamaram o Estado Independente do Acre, escolhendo Rodrigo de Carvalho como presidente; mas o resultado da peripécia foi desastroso: em Puerto Alonso, aos 29 de dezembro, os "poetas" sofreram fragorosa derrota, tendo de debandar e regressar para Manaus.[128]

A Bolívia retomou o controle da parte acreana que afirmava ser sua, estabelecendo a sede de uma intendência em Xapuri. Ela também decidiu arrendar dita região ao *Bolivian Syndicate*, companhia de capitais norte-americana, inglesa e alemã, que além dos direitos da exploração do *látex*, manteria a ordem interna no local.[129] Os brasileiros ali residentes, sentindo-se ameaçados, sob a liderança de José Plácido de Castro (1873-1908), no alvorecer do dia 6 de agosto de 1902, em Xapuri, renderam o intendente Juan de Dias Bulientes, que junto dos seus compatriotas foi expulso através do Rio Yaco.[130] Seguiram-se vários combates, até que o quartel-general dos bolivianos de Puerto Alonso caiu em 27 de janeiro de 1903.[131]

A nova situação levou o governo brasileiro a mudar de atitude. Primeiro se livrou do *Bolivian Syndicate*, que, após receber a compensação de 110.000 libras esterlinas, no dia 26 de fevereiro de 1903, assinou em Nova York um termo de desistência, e depois, deu início a entendimentos diplomáticos. Das discussões subsequentes participaram como plenipotenciários nacionais o Ba-

---

[126] LEANDRO TOCANTINS, *Estado do Acre. Geografia, história e sociedade*, p. 43-44.
[127] CLEUSA MARIA DAMO RANCY, *Raízes do Acre*, Falangola Editora, Rio Branco 1986, p. 31.
[128] CRAVEIRO COSTA, *A conquista do deserto ocidental*, 2ª ed., Companhia Editora Nacional, São Paulo 1974, p. 50-54; LEANDRO TOCANTINS, *Estado do Acre. Geografia, história e sociedade*, p. 46.
[129] GABRIEL MANZANO FILHO ET ALII, *Cem anos de república*, vol. I, p. 50.
[130] GENESCO DE CASTRO, *O estado independente do Acre*, Tipografia São Benedito, Rio de Janeiro 1930, p. 47-48.
[131] LEANDRO TOCANTINS, *Estado do Acre. Geografia, história e sociedade*, p. 51-52.

rão do Rio Branco e Joaquim Francisco de Assis Brasil, enquanto que da parte boliviana ficaram Fernando Eloy Guachalla e Cláudio Pinilla. Disso resultou o Tratado de Petrópolis, firmado em 17 de novembro de 1903, por meio do qual a Bolívia cedeu sua parcela territorial acreana, recebendo em troca alguns pequenos trechos fronteiriços mais ao sul, bem como uma indenização de 2 milhões de libras esterlinas.[132] O Acre se tornou então um território federal do Brasil pela Lei 1.181, baixada em 25 de fevereiro de 1904 e ratificada pelo Presidente Rodrigues Alves.[133]

Quanto ao Peru, este pretendeu se apossar da região dos rios Juruá e Alto Purus, provocando também lá decidida reação dos brasileiros que, em 1904, assumiram o controle de tais paragens. No mesmo ano, assinou-se um *modus vivendi*, mas o acordo foi diversas vezes prorrogado, e as negociações diplomáticas se arrastaram até 8 de setembro de 1909. Naquela data, o Barão do Rio Branco, como representante do Brasil, e Hernán Velarde Diez-Canseco (1863-1935), em nome do Peru, assinaram o Tratado do Rio de Janeiro, que deu uma definição para as fronteiras entre os dois países.[134]

Assim que a situação política do Acre se normalizou, a Igreja desejou estabelecer ali uma prelazia, com sede em Puerto Alonso (rebatizada como Porto Acre), por ser então um dos seus principais lugarejos; mas novas circunstâncias mudariam este projeto. Aconteceu aos 22 de dezembro de 1904, durante uma reunião da congregação dos negócios eclesiásticos da Santa Sé, quando se preferiu seguir a divisão política efetuada pelo governo federal, que reorganizara o Acre em três departamentos. Por este mister, seriam erigidas três prelazias correspondentes: a do Alto Acre (com sede em Empresa), a do Alto Purus (com sede em Sena Madureira) e, enfim, a terça, no Alto Juruá (com sede em Cruzeiro do Sul), ficando cada uma delas sob cuidados duma congregação religiosa diferente.[135] O Núncio Giulio Tonti, otimista, afirmava aos 25 de março de 1905: "Tenho razões para crer que o governo federal veria de bom grado a criação de uma prelazia no Acre, não obstante a separação da Igreja do Estado, ele não faltaria de vir em nossa ajuda".[136]

Os fatos posteriores, no entanto, evidenciariam uma situação bem mais complexa, inclusive porque não seria fácil encontrar religiosos disponíveis para tanto. Os primeiros a serem contatados pela sagrada congregação dos negócios eclesiásticos extraordinários foram os capuchinhos da província da Holanda; mas o superior destes, estando em Tilburg, no dia 4 de agosto de 1905, enviou uma carta polida afirmando que sua província não poderia aceitar. Nesse meio tempo, os oblatos de Maria Imaculada também foram informados de que "o Santo Padre ficaria muito satisfeito se quisessem aceitar uma missão, [...] precisamente no departamento do Alto Purus". Também esta iniciativa não deu certo, dado que, de Liége, aos 3 de outubro daquele mesmo ano, Pe. Augier respondeu que sua congregação não estava

---

[132] ASV, Mapa do Acre contendo os limites do Brasil com a Bolívia conforme o tratado de Petrópolis, em: *Nunciatura Apostólica no Brasil*, fasc. 837, caixa 165, doc. 1, fl. 32.
[133] CLEUZA MARIA DAMO RANCY, *Raízes do Acre* (1870-1912), p. 37.
[134] CARLOS DELGADO DE CARVALHO, *História diplomática do Brasil*, p. 232-233.
[135] AA.EE.SS., "A respeito do desmembramento da diocese de Manaus", em: *Brasil*, fasc. 134, pos. 676, fl. 22.
[136] SACRA CONGREGAZIONE DEGLI AFFARI ECCLESIASTICI STRAORDINARI, *Circa lo smembramento della diocesi delle Amazzoni o Manaus delle Amazzoni e l'erezione di una Prelatura "Nullius"* (13-7-1905), sessione 1059, SNT, p. 37.

em condições de assumi-la. Uma terceira negativa chegaria da parte dos redentoristas, no dia 18 daquele mesmo mês, e seria a mais surpreendente. Os padres do Santíssimo Redentor haviam sido expulsos de Riobamba, Equador, e a Santa Sé acreditou que uma transferência para o Acre seria a solução ideal. A província de Paris, da qual dependia a vice-província equatoriana não pensava assim, e a cúria geral da congregação em Roma explicou que os exilados já haviam encontrado outra destinação, e que "o gênero de ministério a ser exercitado na missão [do Acre], seria muito diferente daquele contido na regra que adotavam".[137]

Assim, a situação religiosa do Acre-Purus prosseguiu inalterada, e ali o clero só não estava de todo ausente porque o Pe. Francisco Leite Barbosa, sozinho, por quase trinta anos exerceu o apostolado possível entre os fiéis da região. O bispo de Manaus, Dom Frederico, afligia-se e por isso, depois de nomear Pe. Francisco vigário forâneo em 1908, dois anos depois visitou pessoalmente o Acre, instituindo, aos 5 de março de 1910, quatro novas paróquias que organizou da seguinte forma: para São Sebastião do Antimari e Rio Branco foi nomeado pároco o italiano Pe. José Tito (1910-1920); para Xapuri foi o Pe. Benedito de Araújo Lima (1910-1913), e depois, o Pe. Joaquim Franklin Gondim (1914-1919); enquanto que em Sena Madureira ficou sendo pároco Pe. Antônio Fernandes da Silva Távora (1910-1916).[138]

Ainda em 1910, no dia 16 de abril, na capela de Nossa Senhora da Conceição da Vila Rio Branco, Dom Frederico presidiu uma reunião em que compareceram o Dr. Diocleciano Coelho de Souza, prefeito do departamento, o Dr. Sílvio Gentil de Lima, juiz de direito da comarca do Alto Acre, e diversas outras autoridades. A presença maciça não era casual, pois a classe dirigente tinha grande interesse em que a nova prelazia fosse erigida e demonstrou-o por meio de um gesto explícito do prefeito, que na mesma ocasião entregou ao prelado a resolução n. 19 contendo a doação de um terreno em que seria construída a futura matriz.[139] Infelizmente, em poucos meses, o ânimo inicial se arrefeceu, sobretudo porque o comportamento pouco edificante do Pe. Bendito de Araújo Lima desestimulava os fiéis. O bispo prometeu substituí-lo pelo Pe. Irineu Rebouças,[140] o que afinal acabaria não acontecendo. Para cúmulo do infortúnio, o *crack* da borracha, em 1915, inviabilizou o Acre economicamente, enquanto que, aos 13 de setembro de 1916, Pe. Antônio Fernandes Távora, sacerdote de notável zelo, faleceu, e por este mister o único clérigo remanescente ficou sendo o Pe. José Tito. A perspectiva de solução, do ponto de vista eclesial, começaria a ser vislumbrada aos 16 de abril de 1916, quando, após a renúncia de Dom Frederico, que se tornou camaldulense, a Santa Sé nomeou como seu sucessor Dom João Irineu Joffily (1878-1950). Ele tomou posse no dia 3 de dezembro seguinte e se revelaria um pastor hábil, renovando o espírito religioso da imensa diocese, pagando-lhe as dívidas e conseguindo melhorar a administração ao estimular a organização das recém-criadas prelazias de Lábrea, Rio Negro e Porto Velho.[141]

---

[137] AA.EE.SS., "Desmembramento da diocese do Amazonas", em: *Brasil*, fasc. 127, pos. 658, fl. 5-15.
[138] PEDRO MARTINELLO, *Os Servos de Maria na Missão do Acre e Purus (1910-1975)*, p. 71.
[139] AGOSM, Ata da primeira sessão para se tratar da criação do Bispado do Acre (16-4-1910), em: (colocação provisória), pasta 24, fl. 46-47.
[140] AGOSM, Ata da segunda sessão a propósito do Bispado do Acre (17-4-1910), em: *o. c.*, fl. 49-50.
[141] Cf. APOLÔNIO NÓBREGA, "Dioceses e Bispos do Brasil", em: *Revista do Instituto Histórico e Geográfico Brasileiro*, vol. 222, Departamento de Imprensa Nacional, Rio de Janeiro 1954, p. 266-267.

O Acre seria outra de suas metas. Estima-se que os acreanos fossem então cerca de 70.000, dispersos ao longo dos rios e seringais; a maioria dos quais canonicamente membros da paróquia de Lábrea. Para resolver tal situação surreal, Dom Joffily, ao invés de propor a criação de três, preferia que fossem duas as novas prelazias, uma no Alto Juruá e Alto Tarauacá e outra no Alto Acre e Alto Purus. Ele tencionou confiar a primeira delas a congregações como as dos redentoristas da província da Holanda[142] (mas que, em 1912, acabaria indo parar nas mãos dos espiritanos, convertendo-se, em 1931, na prelazia de Cruzeiro do Sul); e a segunda, na parte do Alto Acre e Alto Purus, para outra congregação a ser encontrada. Em relação a esta última, o intendente municipal de Sena Madureira – na época, sede política territorial –, Ângelo Cesarino Valente Doce, aos 2 de janeiro de 1919, escreveria do seu próprio punho uma carta ao prelado de Manaus, apontando as razões por que desejava a criação da prelazia no Acre-Purus:

> Cumprindo um dever de católico, e interpretando os sentimentos do povo do Alto Purus, que em sua quase totalidade obedece à religião cristã, venho comunicar-vos que, de um modo assustador, alastra-se neste departamento o Protestantismo, sendo que nesta cidade já se acha fundada uma igreja com pastor, seduzindo com suas práticas o pobre povo ignorante e que de há muito se acha abandonado e entregue na mais lamentável heresia. Julgo, pois, meu dever, levar ao conhecimento de V. Ex.ª Revma. este estado de cousa, esperando do vosso alto espírito de justiça e caridade socorrer-nos neste momento de tamanha ameaça, nomeando um vigário que nos venha confortar com os sacramentos da religião.[143]

O mesmo sentimento seria manifestado por Fernando Pires Ferreira, prefeito nomeado do departamento do Alto Purus, que, a bordo do vapor *Aimoré* que o conduzia à sua destinação, redigiria, no dia 10 de maio daquele mesmo ano, uma carta emocionada ao Núncio Scapardini, clamando providências para sanar o abandono religioso da região:

> Pelas informações que venho colhendo, vou assumir o governo com minha alma de cristão mergulhada em tristeza – no meu Departamento não existe um sacerdote católico, ao passo que não poucos são os de outras seitas protestantes e não católicas. É certo que oficialmente nada posso fazer, mas um católico tudo pode e deve fazer em bem da religião do Salvador. Conversando em Manaus com o Exmo. Sr. Bispo do Amazonas, convenci-me de que a solução é a da criação de uma Prelazia no território do Acre e tudo isso depende de V. Revma.[144]

Entrementes, Dom Joffily enviara à Nunciatura as propostas que tinha para o caso, e, aos 7 de dezembro de 1918, o Núncio Ângelo Giacinto Scapardini lhe respondeu, comunicando que os dois projetos que apresentara haviam sido acolhi-

---

[142] ASV, Cartas de Dom João Jofily ao Núncio Giacinto Scapardini (31-3/ 7-12-1918), em: *Nunciatura Apostólica no Brasil*, fasc. 837, caixa 165, docs. 6-7, fl. 41-46.
[143] ASV, Carta de Ângelo Cesarino Valente Doce ao Bispo de Manaus (2-1-1919), em: *Nunciatura Apostólica no Brasil*, fasc. 837, caixa 165 (b), doc. 11, fl. 63.
[144] ASV, Carta de Fernando Pires Ferreira ao Núncio Ângelo Scapardini (10-5-1919), em: *Nunciatura Apostólica no Brasil*, fasc. 837, caixa 165, doc. 12, fl. 65.

dos.¹⁴⁵ Desse momento em diante a situação se resolveu com rapidez: de posse do informe do representante da Santa Sé no Brasil, no dia 3 de outubro de 1919, a sacra congregação consistorial comunicou que dera parecer favorável e que o Papa havia aprovado a decisão. Além disso, acrescentava outro detalhe alvissareiro: "A missão e prelazia foi oferecida aos servos de Maria, que de bom grado a aceitaram e agora estão fazendo as práticas oportunas".¹⁴⁶

Satisfeito, Dom Joffily logo repassou a notícia aos fiéis dos departamentos do Alto Acre e do Alto Purus, e, quando os frades italianos chegaram a Manaus, ele encarregou o mesmo Pe. Tito, citado acima, de estar presente em Sena Madureira na cerimônia de posse.¹⁴⁷ Os recém-chegados não ficariam imunes aos conflitos maçônicos que se repetiam noutras partes do Brasil, mas também eles se integraram na lógica missionária vigente. Juridicamente dependiam da província Picena (mais tarde denominada Romanhola), sendo Dom frei Próspero Gustavo Bernardi OSM (1870-1944) seu primeiro prelado. Ele chegou ao Acre com três frades no dia 8 de abril de 1920, dando logo início ao trabalho evangelizador. Dois dos religiosos eram sacerdotes (Giacomo Mattioli e Michele Lorenzini) e um era irmão (Domenico Baggio, da província Veneta).¹⁴⁸

Em 1924, repetindo um fato comum noutras plagas amazônicas, a festa de São Pedro selaria publicamente em Sena Madureira a concórdia reinante. Basta recordar que o orador oficial foi o Dr. Antônio Pinto de Areal Souto, que já ocupara as maiores funções no departamento, e Dom Próspero oportunamente ordenou a publicação oficial da condecoração de comendador da ordem de São Gregório Magno, classe militar, conferida pelo Papa Pio XI, no dia 29 de fevereiro precedente, ao almirante Antônio Alves Ferreira da Silva, chefe da comissão para a demarcação dos limites entre o Brasil e o Peru.¹⁴⁹

2.4 – A "institucionalização" da boa convivência

Sem meios para deter a convergência de interesses entre Igreja e governo sobre a questão indígena, os membros do Apostolado Positivista passaram a denunciá-la abertamente na imprensa: "As camadas ocidentais que se emanciparam do Catolicismo como podem, honestamente, continuar a custear a empresa de converter ao 'teologismo' os selvagens?" questionavam. Carlos de Laet liquidou a ressalva com um desafio: "Eu bem quisera contemplar o bispo positivista do Rio, sozinho ou com dois ou três companheiros, a trabalhar na catequese nas florestas de Goiás e Mato Grosso. [...] Tal, porém, não sucederá, senhores, pois os propagandistas do comtismo preferem ir para a capital da França, Paris, centro de todas as mundanidades e prazeres".¹⁵⁰

---

¹⁴⁵ ASV, Carta do bispo de Manaus ao Núncio Ângelo Scapardini (6-1-1919), em: *Nunciatura Apostólica no Brasil*, fasc. 837, caixa 165, doc. 10, fl. 53.
¹⁴⁶ ASV, Comunicado da Sagrada Congregação Consistorial ao Núncio Scapardini (3-10-1919), em: *Nunciatura Apostólica no Brasil*, caixa 165, fasc. 837, doc. 16, fl. 73.
¹⁴⁷ José Alvarez Macua, *Efemérides da prelazia de Lábrea*, Editora Santa Rita, Franca [s.d.], p. 31.
¹⁴⁸ Vincenzo Benassi et alii, *Breve história da Ordem dos Servos de Maria*, Tipografia Città Nuova, Roma 1990, p. 263-264.
¹⁴⁹ AGOSM, "La festa Del Papa nell'Acre", em: (colocação provisória), pasta 24, folha avulsa.
¹⁵⁰ Carlos de Laet, *O frade estrangeiro e outros escritos*, Edição da Academia Brasileira de Letras, Rio de Janeiro 1953, p. 25.

Por estas e outras, a arenga do decadente Apostolado ficou relegada à indiferença quase geral, mas a maçonaria reabriria a discussão, ao propor a substituição da catequese religiosa por um serviço de assistência e escolarização alternativo. Era a chamada catequese laica, que tencionava colocar os indígenas sob cuidado de trabalhadores nacionais, isto é, militares ou pessoas coadjuvadas por militares, que instruiriam os silvícolas numa moral arreligiosa.[151] A oportunidade de levar tal propósito às vias de fato apareceu quando foi criado o ministério da agricultura, indústria e comércio pelo presidente Nilo Peçanha aos 12 de agosto de 1909, ao qual seria confiada a questão dos índios, até então dependente do ministério do interior. O primeiro a ocupar a pasta foi Antônio Cândido Rodrigues, e com ele não houve nenhum problema; mas, ao ser substituído poucos meses depois pelo maçom Rodolfo Miranda, a situação se inverteu. Em consonância com o que recomendara o congresso nacional maçônico, que havia se reunido durante o mês de julho daquele ano no Rio de Janeiro, no dia 7 de fevereiro do ano seguinte, ele tratou de organizar a tal catequese laica no Maranhão. Antes que esta se consumasse, sua carreira no ministério terminou, pois teve de abandonar a função com o fim do mandato de Nilo Peçanha, ocorrido em novembro de 1910. A Igreja, entretanto, não tinha o que comemorar, pois o novo presidente, general Hermes da Fonseca, nomearia como seu substituto Pedro de Toledo, que não era outro senão o grão-mestre do grande oriente de São Paulo que havia presidido o congresso maçônico citado acima, e que tudo faria para dar andamento ao programa iniciado pelo antecessor. Nesse sentido, Rodolfo Miranda havia articulado com zelo dito projeto, tendo até convidado por carta, aos 2 de março de 1910, o tenente-coronel mato-grossense Cândido Mariano da Silva Rondon para dirigi-lo. Dito convite lhe dizia expressamente que o trabalho de "civilização" dos índios a ser desenvolvido deveria ser realizado "sem preocupação de proselitismo religioso".[152]

Na resposta que deu no dia 14 do mesmo mês, Rondon aceitara colaborar, mas fazendo uma importante ressalva: defendia a catequese religiosa, não católica, evidentemente, mas do seu próprio credo positivista. Eram palavras textuais suas: "Como positivista, e membro da Igreja Positivista do Brasil, estou convencido de que os nossos indígenas deverão incorporar-se ao Ocidente sem passar pelo 'teologismo'; e assim será mais tarde, quando o Positivismo houver triunfado suficientemente".[153]

Fazendo vista grossa à ressalva do tenente-coronel, o governo o confirmou no cargo, para júbilo dos maçons. A loja *Charitas*, no dia 2 de abril sucessivo, afirmou que a medida realizava o ideal republicano de promover o aperfeiçoamento social, sem preconceitos religiosos; no dia 8 seguinte, a loja Independência de Campinas, SP, escreveu ao ministro, saudando-o por ser o primeiro a romper com o abuso do estabelecimento da catequese religiosa oficial, isto porque, segundo ela, o Estado era laico e laicos deveriam ser todos

---

[151] ANTONIO COLBACCHINI, *I bororo orientali del Mato Grosso*, p. 138-139.
[152] ASV, Ofício do Núncio Giuseppe Aversa ao bispo de Cuiabá, Dom Carlos Luis D'Amour (31-8-1913), em: *Nunciatura Apostólica no Brasil*, fasc. 744, caixa 148, doc. 1, fl. 2, 8.
[153] RAIMUNDO TEIXEIRA MENDES, *Em defesa dos selvagens brasileiros*, Apostolado Positivista, Rio de Janeiro 1910, p. 5, 21.

os seus atos, sendo inadmissível que os poderes públicos contratassem serviços com associações de caráter religioso. Antes que abril acabasse, no dia 21, a loja Sete de Setembro de São Paulo também participaria ao ministro igual satisfação por haver arrancado os índios à catequese religiosa, "que os tirava da ignorância para entregá-los à escravidão do fanatismo".[154]

Eufórico com as demonstrações recebidas, Rodolfo de Miranda enviou uma *circular* aos governadores dos estados pedindo sua colaboração para implantar dita catequese laica, mas foi então que constatou quão grande era a distância que separava a retórica dos fatos. Os governadores responderam sem sequer acenar ao assunto, e alguns inclusive tomaram a liberdade de comunicar-lhe que já haviam confiado a catequese indígena aos religiosos. Sabiam o que faziam, pois as poucas tentativas de "civilizar" os índios por meio de trabalhadores leigos haviam sido um desastre. No Mato Grosso, por exemplo, a colônia indígena São Lourenço, que apesar do nome excluiu a participação dos religiosos, resultou num fracasso total. Por isso, para implantar a tão decantada cultura ocidental, personagens, como o Dr. Barbosa Rodrigues, não tinham dúvidas sobre qual fosse o instrumento melhor: "É a fatal civilização [indígena] que lhes mata a inteligência, traz o atrofiamento das famílias e as inutiliza. 'Civilizai-os' com o Evangelho, e tereis homens tão aptos como os da raça europeia".[155]

O governo foi forçado a retroceder, ainda que o nome de Cândido Rondon tenha sido confirmado aos 20 de junho de 1910, ao ser publicado o Decreto n. 8.072 criando oficialmente o serviço de proteção aos índios. O tenente-coronel, que não se arredara da cartilha de Comte, logo se indispôs com os missionários, acusando-os de obrigarem os índios a aceitar cerimônias que não queriam aceitar e que lhes causava repugnância. O teor da denúncia era contundente: "Isto acontece ordinariamente, com a assistência da Missa e outros atos de culto que os índios não podem compreender e não querem estimar. Em casos tais a liberdade do índio é violentada", dizia. Rondon chegou a pedir a intervenção do governo federal nas missões do Mato Grosso, mas se viu sozinho na sua luta, pois, em 1913, o presidente daquele Estado, Joaquim Marques, teceu os maiores elogios aos salesianos. Fato análogo aconteceu quando outras congregações foram envolvidas neste tipo de acusação, pois também em relação a elas vozes se levantaram para defendê-las. Típico foi o pronunciamento de Leão Bruvoul em 1914, que afirmou categórico que "a catequese única e compatível com a índole e as tradições do Brasil é a admirável e fecunda catequese religiosa que tão magníficos resultados há produzido em São Paulo, Mato Grosso, Goiás, Pará e Amazonas, a corte heroica de capuchinhos, dominicanos e salesianos". O próprio Rondon acabaria retrocedendo e afinal admitiu: "Sou testemunha da boa proteção que aos bororos vem a ela (congregação salesiana) prestando para evitar a luta a mão armada entre aqueles indígenas e os chamados civilizados".[156]

---

[154] ASV, Ofício do Núncio Giuseppe Aversa ao bispo de Cuiabá, Dom Carlos Luis D'Amour (31-8-1913), em: *Nunciatura Apostólica no Brasil*, fasc. 744, caixa 148, doc. 1, fl. 7.
[155] RUFIRO TAVARES, "O problema da catequese no Brasil – falência do laicismo nessa obra evangélica", em: *Santa Cruz*, fasc. VII, São Paulo, junho 1919, p. 205-209.
[156] FRANCISCO JOSÉ LACERDA DE ALMEIDA, *A Igreja e o Estado – suas relações no direito brasileiro*, Tipografia da Revista dos Tribunais, Rio de Janeiro 1924, p. 174-175.

Nem todas as iniciativas missionárias, contudo, chegaram a dar os resultados esperados, e algumas resultaram em tragédia. Na região de Alto Alegre, MA, aos 13 de março de 1901, os índios canelas trucidaram três capuchinhos e sete religiosas, mas os trabalhos iniciados prosseguiriam. O sucesso dos regulares era tão bem-visto que, em 1913, o congresso de São Paulo aprovou um auxílio pecuniário à obra catequética dos índios levada a cabo pelos franciscanos no Estado. Analogamente, Delfim Moreira, aos 15 de junho de 1918, na sua mensagem ao congresso de Minas, de que era presidente, diria: "Está demonstrado que a catequese leiga não dá resultado satisfatório. O governo procura obter dos Exmos. Srs. Arcebispo [de Mariana] e [do] bispo de Araçuaí designação de frades que se encarreguem da catequese desses índios e da direção desse novo núcleo".[157]

2.4.1 – Os entendimentos ao tempo da "gripe espanhola"

Se a harmonia em campo missionário era grande, nas áreas urbanas ela não era menor. Isso pode ser novamente constatado em 1918, quando eclodiu a pandemia da "gripe espanhola", que afetou grandes cidades brasileiras, como Rio de Janeiro e São Paulo. No Rio, ela se manifestou nas casernas em 6 e 7 de outubro, e já nos dias 9 e 10 seguintes começou a produzir alarmante número de óbitos. Em pouco tempo o mal atingiu proporções tais que superou a capacidade de atendimento dos hospitais e de produção de caixões. Tampouco havia veículos para carregar tantos cadáveres e foi necessário improvisar funerais em bondes e até em bicicletas. Num crescendo, corpos insepultos começaram a aparecer em vários recantos da cidade, os quais eram recolhidos pela saúde pública que, porém, não dava conta do serviço. A esta altura, os cemitérios foram ocupados por contingentes da marinha e do exército, que passaram a abrir enormes valas para acomodar dezenas e dezenas de corpos. No total, 17.000 pessoas de todas as idades perderam a vida, sem poupar o próprio candidato eleito para a presidência da República, Rodrigues Alves, que sucumbiu em 16 de janeiro de 1919, antes da posse, tendo de ser substituído pelo vice, Delfim Moreira.[158]

Em São Paulo, as vítimas fatais chegaram a 8.000 apenas no mês de outubro e, diante da calamidade em curso, o governo local não hesitou em convidar o Arcebispo Dom Duarte Leopoldo e Silva (1867-1918) para organizar e dirigir o serviço da assistência domiciliar aos pobres e necessitados. O Arcebispo aceitou e levou a cabo grande mobilização, fazendo com que das matrizes, do seminário, dos colégios e dos mosteiros viessem dar seu contributo na arriscada obra em curso os párocos, os mestres, os religiosos e as próprias freiras. O trabalho de assistência, diurno e noturno, intensificou-se, penetrando até mesmo nos bairros mais afastados. No total foram visitadas 33.772 famílias e socorridos 85.492 enfermos. Além disso, pessoalmente ou mediante requisição de ambulância, foram hospitalizados pelos párocos 1.700 doentes. Promoveram-se ainda 11.156 visitas médicas mesmo nas localidades mais

---
[157] SOARES DE AZEVEDO, *Brado de alarme*, p. 273.
[158] GABRIEL MANZANO FILHO ET ALII, *100 anos de república*, vol. II, p. 58.

afastadas, tendo sido igualmente distribuídos 89.646 vales de gêneros (8.597 de carne, 1.976 de leite e 7.653 de medicamentos, além de receitas, em maior número, enviadas diretamente para as farmácias). Nesse afã, distribuíram-se igualmente, em diversos lugares, 120.000 pratos ou rações de sopa substancial aos pobres e aos convalescentes, além de incontáveis peças de roupa. A comissão geral instalou também 14 hospitais provisórios em 10 colégios, 3 grupos escolares e numa casa particular, recolhendo ainda em diversos asilos, 150 menores que se tornaram órfãos por causa da gripe. Por tudo isso, o governo estadual, na pessoa do seu "presidente", Altino Arantes Marques (1876-1965), em documento oficial, reconheceria "o valioso contingente de esforços, na pronta e eficiente distribuição dos múltiplos serviços" levado a cabo pela arquidiocese paulistana.[159]

2.4.2 – O estreitamento das relações

A obra hercúlea levada a cabo pelos missionários e o esforço do clero em geral no demonstrar respeito pelas instituições e valores nacionais foram determinantes para consolidar a simpatia junto a expressivos setores da classe política e militar do país. E, se a satisfação do governo em relação à Igreja era grande, também ela via com bons olhos a informal aliança. Realidades novas, contidas num direito não escrito, já faziam parte do quotidiano. Foi o caso da capelania militar: mesmo sem ser oficialmente reconhecida, o trabalho espiritual dos padres nos quartéis se tornou corriqueiro e, nos anos de 1917 e 1928, o ministro da guerra autorizou Pe. Maximiano da Silva Leite a prestar serviços religiosos na fortaleza Santa Cruz do Rio de Janeiro.[160]

Daí o entusiasmo de Lacerda de Almeida ao avaliar a situação corrente, no ano de 1924: "A Igreja cresce e se impõe na sua majestosa grandeza ao utilitarismo mesquinho, ao agnosticismo cego de nossas leis; arrosta impávida uma organização jurídica quase hostil, como força poderosíssima, que é, e com a qual governo e instituições políticas têm de contar". O autor foi ainda mais longe, recordando que o próprio direito público da República ia se amoldando à opinião crescente em favor da influência da Igreja nos públicos negócios. Ele tinha deveras argumentos de peso para fundamentar sua opinião, sendo um dos fatos mais vistosos as festividades dos cinquenta anos de ordenação do Cardeal Arcoverde, realizadas em 1924. Na tarde do dia 4 de maio, o próprio presidente da República, Artur Bernardes, acompanhado do seu vice, Estácio Coimbra, e dos ministros de estado foi, em visita oficial, ao Palácio São Joaquim para saudar o Cardeal, que ali se encontrava circundado por numeroso grupo de bispos. A visita foi retribuída às 19h do mesmo dia pelos prelados que foram ao Palácio do Catete em cortejo, sendo ali recebidos com todas as honras no salão principal. O governo fez mais: ofereceu um banquete de gala ao Cardeal no Palácio do Itamarati! Félix Pacheco, discursando, afirmou que o governo nacional esperava sempre muito da coadjuvação "de tão preciosos elementos". Além disso, deixou claro que "influências transitórias de seitas,

---

[159] ALTINO ARANTES, *Bonum opus*, Tipografia Casa Garraux, São Paulo 1930, p. 50-56.
[160] MAXIMIANO DE CARVALHO SILVA, *Monsenhor Maximiano da Silva Leite*, Casa Cardona, São Paulo 1952, p. XXII.

predomínio livresco de certos pensadores filosóficos e modismos doutrinários, nada disso pôde alterar no Brasil a força e o prestígio da religião de nossos pais, que é também a nossa, e será igualmente amanhã a dos nossos filhos. Ela (a Igreja) é digna, por isso mesmo, de todas as atenções e de todo o apreço do estado".[161]

2.5 – O reverso da medalha: a rebelião das massas não assimiladas à reforma eclesial

Muitos fiéis, nesse meio tempo, sentiam-se desgostosos, temerosos de que novidades, como a lei de registro civil, criassem nova carga de impostos. Os bispos, ao contrário, e o de Mariana, Dom Antônio Benevides, são um bom exemplo disso, não só possuíam opinião diversa como tudo faziam para dobrar a relutância dos seus respectivos rebanhos. Assim sendo, mandou Dom Benevides publicar uma circular aos 4 de maio de 1889, intimando a todos os católicos a obedecerem à norma. Também seu sucessor, Dom Silvério Gomes Pimenta, em 1920, estimularia o clero para destruir o que entendia ser preconceitos populares contra o recenseamento, emitindo nova circular argumentando ser o censo "uma obra, que por qualquer lado que se tome, só pode redundar, diz S. Ex.ª, em bem da pátria e proveito de cada um em particular".[162]

Ainda que os esforços do clero para educar os leigos fosse aceitável, nem sempre os curas tiveram suficiente sensibilidade para compreender as diferenças abissais que existiam entre os católicos das cidades e o restante da população, que nas primeiras décadas republicanas ainda era majoritariamente agrária. Para complicar, não raro eles viam com certa prevenção o Catolicismo popular de muitos campesinos, que na vivência de sua religiosidade tradicional podiam privilegiar o respeito pelos rezadores locais, sem manter a devida deferência para com os ministros ordenados. Daí a tendência dos hierarcas de rejeitarem os movimentos independentes da mediação eclesiástica, mesmo que profundamente católicos.[163]

Uma demonstração clara dessa postura aconteceu no episódio da revolta de Canudos, BA. O caso começou a ganhar visibilidade a partir de 1874, data em que o cearense Antônio Vicente Mendes Maciel, vulgo "Antônio Conselheiro" (1830-1897), chegou a Itabaiana, conquistando notoriedade pelos seus dotes de pregador itinerante. Barbudo, trajado com uma excêntrica veste de brim azul e trazendo às costas um farnel de couro, contendo as *Horas Marianas* e a *Missão Abreviada*, por meio de um discurso tão impetuoso quanto místico, ele conclamava os sertanejos à conversão. Apenas dois anos depois, em Itapicuru, BA, o delegado local, Francisco Pereira da Assunção, preocupado com o que julgava ser excessos do pregador e dos seus sequazes, requisitou ao chefe da polícia da província, Dr. João Bernardes de Magalhães, que mandasse forças necessárias para contê-los. Em junho do mesmo ano, o Conselheiro foi preso e levado para Salvador, mas por falta de provas consistentes contra

---

[161] Francisco José de Lacerda Almeida, *A Igreja e o Estado, suas relações no direito brasileiro*, p. 16.
[162] Joaquim Silvério de Souza, *Vida de Dom Silvério Gomes Pimenta*, Escolas Profissionais do Liceu Sagrado Coração de Jesus, São Paulo 1927, p. 82, 342.
[163] Cf. Bóris Fausto et alii, *O Brasil republicano*, vol. II, 3ª ed., Difel, São Paulo 1985, p. 325.

sua pessoa, quase em seguida foi colocado em liberdade, retomando a vida de antes. Após um conflito em Masseté, povoado do município baiano de Quijingue, ocorrido no ano de 1893, ele e seus seguidores se fixaram em Canudos, BA. O lugar escolhido se encontrava numa fazenda de gado, perto do rio Vaza-Barris, e deu origem ao arraial do Belo Monte, que cresceria rapidamente por ser um refúgio dos deserdados nordestinos. O problema surgiu porque seus habitantes não aceitavam certas novidades republicanas, tais como o casamento civil, a liberdade de culto e a laicização do Estado.[164]

Era apenas questão de tempo para que explodisse o conflito aberto, mas a iniciativa não partiu de Canudos e sim de comerciantes inescrupulosos de Juazeiro, que não entregaram madeiras que os habitantes do arraial haviam comprado para a nova igreja que estavam construindo e ainda alarmaram a região. Militares foram enviados para controlar os sertanejos pela força, mas terminaram derrotados, e somente na quarta e mais poderosa expedição, coordenada pelo próprio ministro da guerra do presidente Prudente de Morais, marechal Carlos Machado Bittencourt (1840-1897), a resistência dos sertanejos seria batida. Sob o comando do general Arthur Oscar de Andrade Guimarães, um contingente de quase 6.000 combatentes atacou o arraial em duas frentes: o general João da Silva Barbosa pelos lados da cidade de Monte Santo e o general Cláudio do Amaral Savaget pela parte de Sergipe e Jeremoabo. Famintos, sedentos, esfarrapados, mas com grande número de armas e munições apreendidas das expedições anteriores, além dum notável conhecimento do terreno em que agiam, um número aproximado de 8.000 sertanejos ofereceu uma resistência desesperada às tropas federais. Conselheiro faleceu de morte natural, provavelmente no dia 22 de setembro, antes do desfecho derradeiro. As tropas do governo, após reiterados ataques secundados pela artilharia pesada, conseguiram cercar o povoado, iniciando a investida conclusiva no dia 30 do mesmo mês. Aos 5 de outubro de 1897, o que restava do arraial foi dado às chamas pelos soldados, enquanto que os 800 sertanejos aprisionados durante a luta terminaram sumariamente degolados. Pouco, no entanto, havia para se comemorar com a vitória sangrenta, pois se calcula que o número dos militares caídos em combate tenha atingido a casa dos 4.000. Euclides da Cunha, que lá estava, como correspondente do jornal *O Estado de São Paulo*, imortalizou em *Os Sertões* o trágico final:

> Canudos não se rendeu. Exemplo único em toda a história, resistiu até ao esgotamento completo. Expugnado palmo a palmo, na precisão integral do termo, caiu no dia 5, ao entardecer, quando caíram seus últimos defensores, que todos morreram. Eram quatro apenas: um velho, dois homens e uma criança, na frente dos quais rugiam raivosamente cinco mil soldados.[165]

As milhares de vítimas do triste episódio obrigou o Brasil da *belle époque* a fazer as contas consigo próprio, por desnudar de forma brutal a outra face de um país de excluídos e não enquadrado na retórica oficial – eclesiástica inclusa. A atitude superior com que boa parte do clero olhava tanto para o

---
[164] GABRIEL MANZANO FILHO ET ALII, *100 anos de república*, vol. I, p. 27.
[165] EUCLIDES DA CUNHA, *Os sertões*, Editora Paulo de Azevedo, Rio de Janeiro 1968, p. 458.

pregador quanto para o Belo Monte certamente não ajudaram na pacificação dos ânimos, dada a dureza da crítica que lhes fazia. Dom Joaquim Arcoverde de Albuquerque Cavalcanti, por exemplo, não os poupava: "Isso não está nem pode estar de acordo com os ensinamentos da teologia católica. Sem sombra de dúvida [...] o ridículo é ali (em Canudos) a característica predominante. Portanto, nada lá existe de divino".[166]

Desde o início foi assim. Ainda no dia 11 de junho de 1887, Dom Luís Antônio dos Santos, Arcebispo de Salvador, qualificou a pregação do Conselheiro de doutrinas subversivas e também escreveria ao presidente da província da Bahia, conselheiro João Capistrano Bandeira de Melo, solicitando que o pregador, a quem acusava de sofrer de monomania religiosa, fosse recolhido no hospício de alienados do Rio de Janeiro. Como o hospício Pedro II não dispunha de lugar disponível, o Arcebispo ordenaria a todos os párocos que não consentissem na atuação dele nos ambientes das paróquias.[167]

Os hierarcas sabiam que Antônio Conselheiro não fundara uma seita, não fazia milagres, não contestava a moral e a doutrina católica, não era curandeiro, não se dizia enviado de Deus e muito menos usurpara funções sacerdotais, mas mesmo assim o rejeitavam. Dom Luís, numa circular que editou aos 16 de fevereiro de 1882, diria o porquê: "Visto como, competindo na Igreja Católica, somente aos ministros da religião, a missão santa de doutrinar os povos, um secular, quem quer que ele seja, ainda quando muito instruído e virtuoso, não tem autoridade para exercê-la".[168]

Esta mesma mentalidade provocaria o fracasso da visita pastoral feita por dois frades capuchinhos ao arraial, no ano de 1895. A iniciativa partira do governador da Bahia, Dr. Joaquim Manuel Rodrigues Lima (1845-1903), que entrou em acordo com o Arcebispo, procurando uma solução religiosa para o conflito que então se preanunciava. Desses colóquios ficou acertada a ida ao Belo Monte do frei João Evangelista do Monte Marciano (1843-1921) numa missão para chamar o Conselheiro e seus asseclas aos deveres de católicos e cidadãos. Munido de faculdades e poderes especiais, o frade partiu, no dia 26 de abril, levando consigo fr. Caetano de São Leo. Chegaram ao arraial, no dia 13 de maio seguinte, e se alojaram na casa do vigário de Cumbe, que há um ano não pisava lá, desde que, como sustentava, sofrera grande desacato. Refeitos um pouco da viagem, os dois frades se dirigiram à capela onde estava o Conselheiro, assistindo aos trabalhos da construção. Frei João saudou-o e se retirou com ele para o coro, onde lhe comunicou que o fim por que viera era todo de paz; mas, com absoluta falta de tato, logo acrescentou que, em nome do Arcebispo, na sua missão iria aconselhar o povo a dispersar-se e voltar para seus lares. Enquanto ele falava, a capela e o coro se encheram de gente, que o interrompeu aos brados, gritando que queria acompanhar o Conselheiro. O pregador fez um sinal para que o povo se calasse e explicou para o frade que as pessoas armadas que ele via estavam ali para defendê-lo e justificou sua

---
[166] BÓRIS FAUSTO ET ALII, *O Brasil republicano*, vol. II, p. 123.
[167] AA.EE.SS., "Sobre o movimento antirreligioso dos bandos de fanáticos no Estado da Bahia", em: *Brasil*, fasc. 75, pos. 476, fl. 45b.
[168] AA.EE.SS., "Sobre o movimento antirreligioso dos bandos de fanáticos no Estado da Bahia", em: *Brasil*, fasc. 75, pos. 476, fl. 47.

posição afirmando que no tempo da Monarquia deixara prender-se, porque reconhecia o governo, mas que naquele momento não, porque não reconhecia a República. Frei João não se conteve:

> Senhor, se é católico, deve considerar que a Igreja condena revoltas, e, acatando todas as formas de governo, ensina que os poderes constituídos regem os povos em nome de Deus. É assim em toda parte. A França, que é uma das principais nações da Europa, foi monarquia por muitos séculos; mas há mais de vinte anos é república: e todo o povo, sem exceção dos monarquistas de lá, obedece às autoridades e leis do governo. Nós mesmos, aqui no Brasil, a principiar dos bispos até ao último católico, reconhecemos o governo atual. Somente vós não quereis vos sujeitar? É mau pensar esse, é uma doutrina errada a vossa.[169]

Os presentes se exaltaram, e de novo o Conselheiro lhes impôs silêncio. Em seguida, com admirável calma, respondeu que não desarmaria sua gente, mas que tampouco estorvaria a missão. O capuchinho acabou desistindo e saiu do recinto, enquanto os sertanejos davam estrondosos vivas à Santíssima Trindade, ao Bom Jesus, ao Divino Espírito Santo e a Antônio Conselheiro. Apesar dos desentendimentos iniciais, os religiosos celebrariam nos dias sucessivos 55 casamentos de amancebados, 102 batismos e ouviram mais de 400 confissões. Não desistiram, porém, de pregar a defesa da autoridade, sendo acusados por isso de serem protestantes, maçons e republicanos. A oposição dos moradores à sua presença cresceu, transformando-se num protesto geral e estrepitoso ao chegar o dia 20 de maio. Os capuchinhos acharam que as suas prerrogativas presbiterais estavam sendo ofendidas e deram o trabalho por encerrado. Antônio Conselheiro ainda mandou uma comissão para pedir que continuassem, afirmando que os inocentes não deviam sofrer pelos culpados, nem o povo de Canudos devia ser privado dos benefícios espirituais, que só no final da missão se lucravam. O frade disse que viu ali apenas manha e fraqueza e partiu sem mais aquela. Depois, no seu relatório, que seria repassado ao presidente do Estado da Bahia, ele recomendou medidas repressivas contra o arraial:

> Pode-se dizer que aquilo é um Estado no Estado: ali não são aceitas as leis, não são reconhecidas as autoridades, não é admitido à circulação o próprio dinheiro da República. [...] O desagravo da religião e a dignidade do poder civil pedem uma providência que restabeleça no povoado de Canudos a prestígio da lei, as garantias do culto católico e os nossos foros de país civilizado.[170]

O parecer de frei João Evangelista teve um efeito colateral bem maior do que a história normalmente registra. A sua, acabou se convertendo então numa espécie de versão oficial, e, com base nela, o vigário-geral da arquidiocese de Salvador escreveu ao encarregado de negócios da Santa Sé no Brasil, mon-

---

[169] JOÃO EVANGELISTA DO MONTE MARCIANO, *Relatório apresentado pelo Reverendo frei João Evangelista do Monte Marciano ao Arcebispado da Bahia sobre Antônio Conselheiro e seu séquito no arraial de Canudos*, Tipografia do "Correio de Notícias", Bahia 1895, p. 3-4.
[170] JOÃO EVANGELISTA DO MONTE MARCIANO, *Relatório apresentado pelo Reverendo frei João Evangelista do Monte Marciano ao Arcebispo da Bahia sobre Antônio Conselheiro e seu séquito no arraial de Canudos*, p. 3-8.

senhor Guidi, descrevendo a realidade de Canudos como se fosse apenas um movimento sedicioso, impulsionado por fanáticos, dotados de uma religiosidade primitiva, que ele, ultrapassando a crítica comum, preferia qualificar de "desgraçada seita". Até na Cúria Romana esta versão seria difundida, pois, aos 7 de maio de 1897, monsenhor Guidi enviou um relatório completo ao Cardeal Rampolla contendo cópia do parecer de frei João, e endossando sua opinião.[171]

Em âmbito da política interna brasileira, a influência do parecer do capuchinho seria igualmente grande, pois, antes que 1897 terminasse, enquanto os combates no sertão se encaminhavam para a "solução final", o novo presidente da Bahia, Luiz Viana, dele se serviria para justificar as medidas extremas tomadas. Conforme argumentava, o relatório de frei João era um "documento para ser lido e meditado no momento de serem julgados os atuais acontecimentos".[172]

Com isso, a Igreja não apenas perdeu a oportunidade de criar uma alternativa não violenta, como demonstrou que sua preferência pelas forças da ordem da República laica já era assumida sem constrangimento. Tanto é verdade que os beneditinos, durante a contenda, se de uma parte se viram forçados a ceder o mosteiro de Brotas para abrigar as tropas em trânsito,[173] doutra – e isso seria citado depois na literatura da sua ordem como obra de benemerência –, em 1897, colocaram o mosteiro que tinham em Salvador à disposição dos poderes públicos, arcando com seus próprios recursos nos trabalhos de adaptação do ambiente monástico em enfermarias. Além disso, em visível contraste com a atitude assumida pelos capuchinhos no arraial, os enfermos recolhidos ali tiveram também toda assistência espiritual.[174]

A mesma dificuldade de diálogo em relação aos fiéis humildes se repetiria no sul, na região existente entre Paraná e Santa Catarina, conhecida como o Contestado. Também ali, as alterações por que passara a Igreja apareciam como algo longínquo, pois para a população dispersa "da mesma forma como não se conhecia o médico, não se conhecia o padre".[175] Com isso, o Catolicismo rústico continuou intocado, autônomo, com suas práticas mágico-religiosas, ligadas ao tratamento de moléstias, e festas dos padroeiros locais. Apareceram pouco depois "monges" (entenda-se, leigos rezadores que se declaravam tal), que se colocavam a serviço desta mesma religiosidade, como um equivalente ao padre. Um "monge", como João Maria, distribuía orações aos devotos, receitava os chás miraculosos de ervas, benzia roças para espantar gafanhotos, santificava as fontes ao lado das quais plantava uma cruz de cedro e batizava crianças.[176]

---

[171] AA.EE.SS., "Sobre o movimento antirreligioso de bandos de fanáticos no Estado da Bahia", em: *Brasil*, fasc. 75, pos. 476, fl. 36, 41-42.
[172] Luiz Viana, *Mensagem do Governador da Bahia ao Sr. Presidente da República sobre os antecedentes e ocorrências das expedições contra Antônio Conselheiro e seus sequazes*, Tipografia do "Correio de Notícias", Bahia 1897, p. 4.
[173] Michael Emílio Scherer, *Frei Domingos da Transfiguração Machado*, Edições Lumen Christi, Rio de Janeiro 1980, p. 92.
[174] Joaquim G. de Luna, *Os monges Beneditinos no Brasil*, Edições Lumen Christi, Rio de Janeiro 1947, p. 95.
[175] Osvaldo Rodrigues Cabral, *João Maria*, Companhia Editora Nacional, São Paulo 1960, p. 96.
[176] Douglas Teixeira Monteiro, *Os errantes do novo século*, Livraria Duas Cidades, São Paulo 1974, p. 83-84, 88.

O fenômeno tomava corpo num contexto social explosivo, pois o Contestado, área de 48.000 km² disputada desde os tempos do Império por Paraná e Santa Catarina, era a "terra de ninguém", onde se refugiavam os excluídos sulistas. Nesse ínterim, chegado o ano de 1900, a *Brazil Railway Company*, pertencente ao grupo norte-americano dirigido por Percival Farquhar (1864-1953), recebeu do governo uma faixa de 30 quilômetros de largura, atravessando quatro estados, para construção da futura estrada de ferro São Paulo – Rio Grande. Em 1908, a *Brazil Railway* começou a se fixar na região, expropriando os donos de terras dos seus imóveis, propriedades estas que ela, por dinheiro, repassaria depois a imigrantes polacos e germânicos. A situação se agravou ainda mais quando os oito mil homens vindos de outras partes do país, para trabalharem na obra, foram dispensados após a construção atingir União da Vitória, PR, sem que medida alguma fosse tomada para que voltassem para seus lares. Essa massa de errantes se juntou aos camponeses sem terra do Contestado, certas vezes formando grupos de bandoleiros, dados a tocaias e subtração de gado. A confusão que imperava também fez aumentar a influência dos "monges" – leigos "beatos" assim autodenominados –, porque eles deram um sentido religioso ao clamor dos desamparados, para quem as súplicas ao céu e as beberagens das benzedeiras se converteram na esperança de solução para seus males.[177]

Ao mesmo tempo, cativado pelos contos medievais então circulantes sobre Carlos Magno, o movimento caboclo instituiu um grupo de pelejadores mais destemidos, denominando-os "Doze Pares de França", ou "Pares de São Sebastião", que se responsabilizaram pela defesa dos núcleos da resistência. Os "monges", enquanto isso, continuavam a fazer prosélitos, até que se encontraram com os frades da ordem franciscana. Dita ordem religiosa se estabelecera em Lages, desde 1892, e logo estendera sua ação a Curitibanos e progressivamente a todo o planalto. O trabalho que os frades exerciam era intenso; mas, devido à dispersão demográfica dos fiéis, não conseguiam visitar as comunidades mais que duas vezes por ano. Ainda assim, era inevitável que se encontrassem com João Maria, coisa que ocorreu em 1897, quando o mesmo se entrevistou com o frei alemão Rogério Neuhauss (1863-1934). Apesar das tentativas de entendimento, o diálogo fracassou.[178]

A partir de 1911, já sob a direção do novo "monge" José Maria, a situação lentamente caminhou para o conflito armado. José Maria tombou no combate travado no dia 22 de outubro daquele ano, enquanto a luta inflamava a região. O

---

[177] O primeiro "monge" foi o italiano piemontês Giovanni Maria di Agostini, conhecido por "João Maria". Nascido em 1801, sua vida na Itália é uma icógnita. Chegou ao Brasil não se sabe nem quando, nem onde, tendo morado no Rio de Janeiro e no Pará. Dizia-se "solitário eremita" e seguidor de Santo Antão. Recebeu a alcunha de "monge de Ipanema", indo residir depois em Sorocaba, SP, e mais tarde, na região sul. Acabou regressando para Sorocaba e, entre 1865 e 1870, desapareceu sem deixar vestígio. Antes, porém, de sair de cena, deixou um prosélito que adotou um pseudônimo igual ao seu, ou seja, "João Maria de Jesus". Este segundo "monge" exerceu sua influência na região compreendida entre o Rio do Peixe e o Rio Uruguai. Seu caso se complica ainda mais porque todos os monges do período recebiam um apelativo análogo. Certo é que um dia, como seu antecessor, ele desapareceu também, sem deixar rastro. Finalmente, ao tempo do governo do Presidente Hermes da Fonseca, apareceu "José Maria", cujo nome verdadeiro era Miguel Lucena Boaventura, que recolheu o espólio espiritual e de liderança dos antecessores, chegando ao ponto de se declarar "irmão" do desaparecido João Maria (cf. OSVALDO RODRIGUES CABRAL, *João Maria*, p. 107-180).

[178] Cf. DOUGLAS TEIXEIRA MONTEIRO, *Os errantes do novo século*, p. 86-90.

clero passou a recomendar orações pelo fim das hostilidades e pediu aos "perturbadores da ordem" que depusessem as armas. Os caboclos se sentiram ressentidos com essa atitude, e pouco antes de falecer, José Maria fez um desabafo magoado: "As autoridades não fazem nada e não querem que ninguém faça. [...] Os padres mandam obedecer porque são estrangeiros, puxam a brasa para o seu assado".[179]

Havia outro fato que contribuía para afastar o clero do movimento rebelde: a prática dos sacramentos. Ao contrário de Canudos, os habitantes do Contestado haviam improvisado uma espécie de casamento entre os seus sequazes. A cerimônia era muito simples: o chefe do acampamento, com ar solene, abençoando os nubentes em nome de "São José Maria", fazia, com água e sal, uma cruz na mão direita do noivo e outra na esquerda da noiva; depois disso, ambos eram considerados unidos para sempre. Mesmo assim, o Pe. José Lechner ainda tentou uma saída negociada com os rebelados, mas seus esforços resultaram infrutíferos. Frei Cândido Spanngel tomou outra atitude: acusou-os de serem verdadeiros bandidos, efetivamente loucos, de loucura supersticiosa, para quem bons conselhos eram inúteis.[180]

A ideia de que o movimento era apenas fruto do fanatismo e do atraso acabou sendo difundida pela própria imprensa católica, e, em 1915, numa carta publicada na revista *Vozes de Petrópolis*, o tenente Walfredo Reis ponderou:

> Isso de fanático é coisa muito complicada. Entra governo e sai governo, e a civilização não se faz sentir no coração do país. [...] Tristes de nós se não fosse a coadjuvação producente da Igreja Católica, estendendo aqui e ali os preceitos da moral, mantendo em cada localidade dessas um sacerdote, uma capela, capazes de dominar os surtos maus e desenfreados do sertanejo boçal e ignorante![181]

Frei Rogério, sabendo do iminente ataque maciço que estava para ser desfechado pelas forças repressoras, procurou os rebelados em Taquaraçu para alertá-los e pedir que se dispersassem, mas terminou expulso.[182] A partir daí o destino da "guerra Santa" estava selado, pois o general Fernando Setembrino de Carvalho (1861-1947), à frente de sete mil combatentes mobilizados das três armas, contando inclusive com o auxílio de aviões, fato inédito na história do Brasil, partiu para a investida final, tomando como base de operações a cidade de Rio Negro. Cercados, desprovidos de tudo, e sob fogo cerrado, os rebelados tiveram suas derradeiras resistências vencidas pelo Capitão Euclides de Castro, que incendiou o último acampamento.[183] Caindo Santa Maria aos 5 de abril de 1915, as forças legalistas praticamente assumiram o controle da região, apesar de que confrontos localizados tenham sido registrados até janeiro do ano seguinte. Mas era uma luta perdida. Adeodato Manoel Ramos, o último chefe rebelde, foi preso, encerrando de vez o conflito. O saldo de cinco anos de combate resultou espantoso: vinte mil mortos![184]

---

[179] Elizabeth de Fiori di Cropani et alii, *Nosso Século*, vol. II, Abril Cultural, São Paulo 1980, p. 21.
[180] Douglas Teixeira Monteiro, *Os errantes do novo século*, p. 92.
[181] Júlio Tapajós, "A situação no sul – os fanáticos", em: *Vozes de Petrópolis*, vol. I, Tipografia das Vozes de Petrópolis, Petrópolis 1915, p. 8-11.
[182] Douglas Teixeira Monteiro, *Os errantes do novo século*, p. 92-93.
[183] Lincoln Abreu Penna, *Uma história da república*, Nova Fronteira, Rio de Janeiro 1989, p. 114.
[184] Elizabeth de Fiori di Cropani et alii, *Nosso Século*, vol. II, p. 22.

Do ponto de vista político, a contenda se encerrou aos 20 de outubro de 1916, quando os presidentes Filipe Schimidt, de Santa Catarina, e Afonso Camargo, do Paraná, assinaram um acordo no Rio de Janeiro, em que a região terminou dividida: Santa Catarina recebeu 25.510 km^2 e o Paraná, 20.310. Quanto aos caboclos, os remanescentes se viram abandonados à própria sorte, enquanto que, ao mesmo tempo, a visão de um João Maria santo por certo tempo conseguiu resistir. Em Curitibanos, dedicaram-se-lhe o dia 24 de junho, também conhecido como a dia da "Festa dos Franças". Uma capela de madeira foi construída em sua honra, na qual se colocou uma imagem do Bom Jesus, de cujas mãos pendiam fitas postas em pagamento de promessas pelos devotos. O clero não estava disposto a tolerar manifestações dessa natureza, e tanto fez que a capelinha acabou caindo no mais completo abandono.[185]

---

[185] OSVALDO RODRIGUES CABRAL, *João Maria*, p. 313-314.

3
A REORGANIZAÇÃO ECLESIAL NA REPÚBLICA VELHA

Livre, mas pobre, e com reduzido número de ministros ordenados, a Igreja teve de levar a cabo uma transformação radical após o advento da República. O internúncio Spolverini e seus sucessores conduziram a transição, tornando-se personagens centrais, facilitando contatos e intermediando a formação de novas dioceses com a nomeação dos respectivos bispos. Essa influência crescerá ainda mais a partir de 1901, quando a internunciatura tornar-se-á de novo nunciatura, com núncios atuantes e que fariam de tudo para estruturar juridicamente a Igreja no país, principalmente no tocante às novas províncias eclesiásticas.[1]

Ao raiar o século XX, a grande preocupação do clero e das associações leigas era consolidar, no contexto eclesial do país, as orientações vindas de Roma, principalmente no tocante à disciplina e à integridade da doutrina. Conforme diz Odilão Moura, os católicos brasileiros entraram em guerra doutrinária e de afirmação intensa das verdades que devem propagar e, segundo as quais, viver. Era a apologética. Odilão sustenta que nem sempre a profundeza dos conceitos sobressaía; "mas a coragem, a virtuosidade dos apologistas no manejo da palavra e dos instrumentos de discussão – a ironia e o idioma admiráveis de um Carlos de Laet e de um Eduardo Prado! – e a perseverança serena no combate compensavam, em parte, o que menos elogiável neles pudesse haver".[2]

Um dos obstáculos urgentes que teve de ser superado foi o do reduzido número das jurisdições diocesanas: em 1889, o Brasil era constituído de uma única província eclesiástica, formada pela arquidiocese de Salvador e onze dioceses sufragâneas, número absolutamente irreal para as necessidades religiosas do país. Durante todo o período imperial – 67 anos! – haviam sido erigidas apenas três novas dioceses: Porto Alegre (1848), Fortaleza (1854) e Diamantina (1854),[3] sendo urgente uma mudança drástica. Na inteira Amazônia, por exemplo, Belém era a única diocese existente, e a situação ali era tão dramática que, aos 23 de junho de 1890, uma comissão de leigos tomou a iniciativa de escrever uma carta veemente ao internúncio, clamando pela criação de outra em Manaus:

---
[1] PONTIFICIA COMMISSIO PRO AMERICA LATINA, *Os últimos cem anos da evangelização na América Latina*, Libreria Editrice Vaticana, Città del Vaticano 2000, p. 797-798.
[2] ODILÃO MOURA, *As ideias católicas no Brasil*, Editora Convívio, São Paulo 1978, p. 27-29.
[3] MANUEL BARBOSA, *A Igreja no Brasil*, p. 25-26.

> Somos mais de trezentas mil almas espalhadas por uma região vastíssima, que se estende da cordilheira dos Andes às margens do oceano, cortada por rios que são mares, e contendo no seio de suas florestas virgens milhares de silvícolas para os quais ainda não chegou a redenção.
> A indiferença vai ganhando terreno, a irreligião vai avassalando-nos, e o protestantismo, não contente com acometer-nos pelo nascente e pelo poente, tomando posição por um lado nas regiões do Alto Purus, por outro, nas nossas extremas com a Guiana Inglesa, veio a assentar a sua tenda dentro dos nossos muros, na própria capital do Amazonas. São estes os perigos.
> Sabemos que, nas condições feitas à Igreja do Brasil pelo decreto de 7 de janeiro deste ano, é preciso atender para os meios de subsistência do futuro Bispo. Para remediar esta dificuldade, Exmo. Sr., acha-se organizada nesta capital uma comissão central, e muitas outras parciais no interior, com o fim de levantar um capital, que deverá constituir o patrimônio do nosso bispado. [...] Estas providências tomadas, seguros sobretudo da benignidade de V. Ex.ª Revma., vimos com todo acatamento, solicitar a sua intervenção, depois de ouvido o Prelado Diocesano, a fim de que o Supremo Chefe da Cristandade, [...] se digne em sua alta benignidade de dotar o Amazonas com a criação de um bispado, dispensadas as demais disposições do direito.[4]

Os bispos não estavam ausentes à questão e, no mês de agosto de 1890, durante a reunião dos prelados em São Paulo, as instruções dadas pelo Cardeal secretário de Estado datadas de 14 de junho precedente, pedindo para que avaliassem bem a questão e enviassem seu parecer à Santa Sé, seriam observadas com particular atenção. Afinal, não se podia ignorar a obviedade das admoestações do purpurado, quando aquele advertia que aumentar o número de jurisdições episcopais era urgente, tanto para o atendimento das necessidades espirituais dos fiéis, como para disciplinar o clero, que, como estava, não podia "ser vigiado como deveria ser".[5]

Fazendo-se porta-voz do pensamento comum, Dom Antônio de Macedo Costa, que presidia a conferência, expôs o problema aos colegas, insistindo que a recomposição das jurisdições diocesanas seria indispensável para a prosperidade da Igreja no país. Uma comissão de três bispos – Dom José, bispo de Olinda; Dom Jerônimo, bispo eleito do Pará; e Dom Joaquim, eleito bispo de Goiás – foi formada para estudar a questão, a qual, no dia 16 de agosto de 1890, deu parecer favorável à iniciativa, deixando à Santa Sé a precedência de indicar a opção melhor, sobretudo considerando as difíceis circunstâncias em que se encontravam os bispos do Brasil. De posse do dito parecer, Dom Antônio redigiu uma *Memória* para apresentar na Cúria Romana e dois meses mais tarde partiu, conforme consta do relato de Dom José Pereira da Silva Barros:

> Depois de ter presidido a reunião do Episcopado Brasileiro, em São Paulo, no ano de 1890, resolveu o zeloso Arcebispo [Dom Antônio de Macedo Costa] ir pessoalmente a Roma tratar dos negócios atinentes à reorganização dos serviços religiosos que, entre nós, depois do desaparecimento do padroado, estavam a exigir medidas consoantes à nova fase em que entrava a Igreja, entregue aos seus próprios recursos e inteiramente separada do Estado. [...] Lá na cidade eterna, entre os

---
[4] ASV, Carta dos "cristãos e católicos pelo batismo e pela fé" ao internúncio Spolverini (23-6-1890), em: *Nunciatura Apostólica no Brasil*, fasc. 344, caixa 71, doc. 8, fl. 23-25.
[5] ASV, "Memória acerca do aumento das sedes episcopais no Brasil", em: *Nunciatura Apostólica no Brasil*, fasc. 344, caixa 71, doc. 24, fl. 50, 56b.

altos negócios de que se ocupou, propôs e encaminhou o projeto de criação de um Arcebispado, com sede no Rio de Janeiro, e quatro novos Bispados, como fora combinado na aludida reunião efetuada em São Paulo.[6]

Dom Antônio desejava que, com a reestruturação, cada um dos vinte estados brasileiros tivesse seu bispo e assim, como Minas Gerais já possuía dois, no total eles seriam elevados a vinte e um; mas que, caso isso não fosse possível, ao menos se erigisse quatro novas dioceses, constituindo-se também uma nova arquidiocese na parte sul do país. Tomando em consideração a referida *Memória*, o Cardeal secretário de Estado telegrafou ao internúncio Spolverini para que este consultasse os prelados interessados em tal divisão, isto é, os titulares de Olinda, São Paulo e Rio de Janeiro (O do Pará ainda há pouco tinha sido o próprio Dom Antônio e era publicamente favorável). Feita a consulta, o internúncio respondeu: "Obtido o consenso, aprovo o projeto".[7]

O Papa Leão XIII optou pela segunda das propostas apresentadas por Dom Antônio e, por meio da Bula *Ad universas orbis ecclesias* de 27 de abril de 1892, dividiu o território brasileiro em duas partes, constituindo as províncias eclesiásticas do norte e do sul com sedes metropolitanas em Salvador e no Rio de Janeiro, contando cada uma delas com duas novas dioceses criadas naquele mesmo ano. A primeira tinha como sufragâneos os antigos bispados de Belém, Maranhão, Fortaleza, Olinda e Goiás, e os novos do Amazonas (desmembrado do Pará) e Paraíba (que abrangia também o Estado do Rio Grande do Norte, ambos separados da diocese de Olinda). À segunda confiou, como sufragâneos, os bispados do Rio Grande do Sul, São Paulo, Mariana, Diamantina e Cuiabá, junto das novas sedes de Niterói (compreendendo os estados do Rio de Janeiro e Espírito Santo) e Curitiba (abarcando os estados do Paraná e Santa Catarina. O primeiro desmembrado da diocese de São Paulo, o segundo da diocese do Rio de Janeiro).[8]

Desse momento em diante, o número de dioceses passou a crescer continuamente. Em 1895, foi desmembrada a diocese do Espírito Santo de Niterói, e nos anos seguintes várias outras seriam erigidas: Maceió, PB (1900), Pouso Alegre, MG (1901), Teresina, PI (1905), Campanha, MG (1907), Florianópolis, SC (1908), Botucatu, SP (1908), São Carlos do Pinhal, SP (1908), Ribeirão Preto, SP (1908), Taubaté, SP (1908), Campinas, SP (1908), Natal, RN (1909), Aracaju, SE (1910), Pesqueira, PE (1910), Montes Claros, MG (1910), Corumbá, MT (1910), São Luís de Cáceres, MT (1910), Pelotas, RS (1910), e Uruguaiana, RS (1910). Novos arcebispados também foram erigidos: Mariana, no dia 1º de maio de 1906; São Paulo, aos 7 de junho de 1908; Cuiabá, aos 10 de março de 1910; e Porto Alegre, aos 15 de agosto de 1910. A criação de novas jurisdições não arrefeceu nos anos 10, e, em 1922, o quadro diocesano do Brasil mostrava-se completamente transformado: eram treze arquidioceses, trinta e nove dioceses, sete prelazias e três prefeituras apostólicas.[9]

---

[6] JOSÉ PEREIRA DA SILVA BARROS, *Carta de despedida do bispo Dom José Pereira da Silva Barros ao clero e ao povo do antigo bispado de São Sebastião do Rio de Janeiro*, Oficinas Salesianas, São Paulo 1894, p. 7-8.
[7] ASV, "Ereção de novas dioceses", em: *Nunciatura Apostólica no Brasil*, fasc. 377, caixa 77, doc. 2, fl. 48-50.
[8] LEÃO XIII, "Ad universas orbis ecclesias", em: *Acta*, vol. XII, Tipografia Vaticana, Roma 1893, p. 88-101.
[9] ANTÔNIO ALVES FERREIRA SANTOS, *A arquidiocese de São Sebastião do Rio de Janeiro*, Tipografia Leuzinger, Rio de Janeiro 1914, p. 18-19; MANUEL BARBOSA, *A Igreja no Brasil*, p. 37-49.

O que não se deve esquecer é de que a multiplicação das dioceses foi levada a cabo em meio a apreensões prementes e, na maioria das jurisdições recém-criadas, a situação econômica era de verdadeira penúria. Os bispos mais afortunados se aboletavam, como podiam, nos conventos das agonizantes ordens religiosas tradicionais. Foi o caso de Dom Adauto Aurélio de Miranda Henriques, que teve a sorte de receber em doação dos franciscanos o convento que possuíam em João Pessoa;[10] outros, num primeiro momento, às vezes nem com isso podiam contar. Dom João Batista Corrêa Néri, numa carta pastoral lançada após ser ordenado bispo de Vitória, ES, não se esqueceria de contar as agruras por que passou:

> Hospedado, por favor, em casa do benemérito Major Eugênio Neto, por não haver ainda residência episcopal, com parte da quantia angariada pelo clero, tendo a frente o Arcipreste de então, tratamos logo de melhorar as péssimas condições do convento do Carmo, destinado pela munificência do SS. Padre e pedido do referido Arcipreste à mesa episcopal, e de adquirir as mobílias indispensáveis.[11]

Esta situação já fora prevista na reunião episcopal de 1890, mas os prelados asseguraram estar confiantes de que o povo brasileiro forneceria os meios necessários para a manutenção do culto e dos seus ministros.[12] De fato, em pouco tempo já se vivia melhor que no passado, pois as campanhas de arrecadação de fundos junto aos fiéis não tardaram a surtir efeito. Dom Lino, por exemplo, nunca hesitou em solicitar ajuda, como bem o demonstram o panfleto que lançou em São Paulo no dia 29 de julho de 1891, explicando com toda sinceridade as razões que o moviam a tanto:

> Conhecendo V. S.ª a dolorosa crise por que está passando nossa mãe querida, a Santa Igreja Católica, [...] V. S.ª compreenderá a grave e rigorosa obrigação em que me vejo de recorrer ainda por esta ocasião e aos caridosos e pios sentimentos, tantas vezes provados, de meus queridos e católicos diocesanos, pedindo-lhes uma esmola qualquer, um espontâneo e caridoso óbolo, a fim de poder formar na Cúria Episcopal um – Patrimônio – destinado a socorrer, mediante as rendas, devidamente garantidas, do capital obtido, as necessidades mais urgentes do serviço da Igreja, e sobretudo, do culto divino na sede do Bispado e, quando possível, em paróquia do interior.[13]

Os donativos obtidos de inúmeros "benfeitores" – europeus inclusos – eram escrupulosamente administrados, consentindo à hierarquia eclesiástica não apenas de adquirir paulatinamente bens, como também manter instituições formativas e pias, constituindo inclusive uma base patrimonial para sustentá-las. Em poucos anos, boa parte dos bispos já podia alojar a sua dignidade episcopal em palácios vistosos, conforme relataria Dom Eduardo Duarte da Silva aos 31 de janeiro de 1903:

---

[10] ASV, Comunicação de frei Antônio de São Camilo de Lellis, em: *Nunciatura Apostólica no Brasil*, fasc. 379, caixa 78, doc. 26, fl. 61.
[11] João Batista Correia Nery, *Carta Pastoral despedindo-se da diocese do Espírito Santo, seguida de algumas notícias sobre a mesma diocese*, Tipografia da Casa Vapor Azul, Campinas 1901, p. 6.
[12] ASV, "Ereção de novas dioceses", em: *Nunciatura Apostólica no Brasil*, fasc. 377, caixa 77, doc. 2, fl. 51.
[13] ASV, Comunicado de Dom Lino Deodato Rodrigues de Carvalho aos fiéis (29-7-1891), em: *Nunciatura Apostólica no Brasil*, fasc. 353, caixa 72, doc. 17, fl. 42.

> Ao terminar do ano [de 1902], ficou concluído o palácio episcopal [em Uberaba, MG] que comecei ano passado nesta cidade com grandes dificuldades pela falta de recursos. Com o auxílio de benfeitores de fora da diocese, e com os últimos recursos meus particulares, pude levar a cabo essa obra, na qual foram despendidas cerca de setenta contos de réis.[14]

O mesmo aconteceu com os prelados aboletados em velhos conventos. Dom Adauto de Miranda, citado acima, não tardaria a mudar de endereço, sendo cumprimentado em 1908 pelo Núncio Alessandro Bavona, pelo grandioso palácio que ele edificara.[15]

A melhoria das condições de vida do clero foram tão rápidas que, em 1915, a Nunciatura Apostólica apresentaria uma classificação material bastante otimista das dioceses do Brasil:

> Rio de Janeiro, São Paulo, Salvador, Mariana, Olinda, Porto Alegre, Belém do Pará, Ribeirão Preto, São Carlos do Pinhal, Curitiba, Botucatu, Campinas, Fortaleza, Barra do Rio Grande, Cajazeiras, Alagoas e Manaus encontravam-se em boa situação financeira, ou ao menos, viviam relativamente bem. Rio de Janeiro, particularmente, estaria com condições ótimas.
> Vitória, Niterói, Uberaba, Diamantina, Araçuaí, Florianópolis, Natal, Teresina, Pelotas, Caetité e Taubaté conseguiam manter o bispo e as estruturas diocesanas.
> Cuiabá, Goiás, Montes Claros, Pouso Alegre, Campanha, Aracaju, São Luiz do Maranhão e Ilhéus dispunham de escassos recursos.
> São Luiz de Cáceres, Santa Maria, Uruguaiana e Floresta encontravam-se em grande pobreza.[16]

E, a tendência geral, quer seja das dioceses, quer seja dos religiosos, era de melhorar, pois o apoio recebido dos benfeitores, muitas vezes membros das oligarquias dominantes, não arrefeceu. A bem da verdade, rara era a instituição católica que se furtava aos auxílios dos leigos de posses, e a prática se tornou tão frequente que até ministros de Estado se envolveram nela. José Cesário de Faria Alvim, ocupante da pasta do interior, foi um deles, tendo inclusive recebido em Petrópolis, no colégio da congregação das franciscanas de Nossa Senhora do Amparo, diploma de membro benfeitor. O que chama atenção é o fato dele ter agradecido não apenas como fiel, mas como um representante do próprio governo: "Assisto a esta festa como ministro da República Brasileira e também como pai de família, por isso trouxe uma das minhas filhas; [...] farei todo o possível para auxiliar a escola; é um dever proteger instituição tão útil".[17]

Ainda assim, estruturalmente falando, a Igreja do Brasil continuou distante dos padrões europeus. Isso ficou evidente no relatório feito após a visita apostólica realizada nas dioceses do país entre os anos de 1924 e 1925:

---

[14] ASV, Carta de Dom Eduardo ao Núncio Giulio Tonti (3-1-1903), em: *Nunciatura Apostólica no Brasil*, fasc. 488, caixa 99, doc. 28, fl. 6.
[15] ASV, Carta do Núncio Alessandro Bavona a Dom Adauto Aurélio de Miranda Henriques (15-6-1908), em: *Nunciatura Apostólica no Brasil*, fasc. 635, caixa 128, doc. 63, fl. 60.
[16] ASV, "Importante relatório sobre as condições religiosas e civis da república", em: *Nunciatura Apostólica no Brasil*, fasc. 694, caixa 138, doc. 1, fl. 138.
[17] HUGO DOMINGOS BAGGIO, *Padre Siqueira*, Editora Vozes, Petrópolis 1987, p. 124-125.

Capítulos – aqueles que existem o são de nome, uma vez que os cônegos não possuem ofício nem benefício. O coro não existe em parte alguma e como conselheiros do próprio prelado foi já indicado que têm pouco a dizer e frequentemente nada, ao menos como forma regular e como corporação.
Cúria diocesana: também naquelas dioceses onde se diz de se ter uma cúria completa, essa o é até certo ponto.
[...] Bispo auxiliar: há somente em Diamantina.
Catedral: [...] é uma igreja mais ou menos grande, de gosto geral bastante discutível e em estado aceitável.
Palácio, ou seja, residência episcopal: bem ou mal a têm todos, exceto três: os bispos de Crato e Cajazeiras vivem em casa alugada, e aquele de Aracaju no seminário. Muitos tem em volta um jardim e às vezes uma grande horta.[18]

Por outro lado, graças ao reconhecimento das instituições religiosas como entes morais em 1893, as diversas obras de beneficência e utilidade pública que desenvolviam puderam receber subsídios do Estado.[19] O importante, como afirma Américo Jacobina Lacombe, é que "nada disso valia a liberdade de escolhas dos bispos, a cessação da interferência nas paróquias e nos cabidos, as determinações dentro da liturgia. Era, acima de tudo, a possibilidade de se reconstituir o clero regular, reduzido quase à extinção".[20]

3.1 – O novo clero do Brasil republicano

Boa parte do episcopado brasileiro, nas primeiras décadas do século XX, havia sido formada em Roma, como afirmaria Mons. Egídio Lari em 1926: "Dos [sete] alunos que São Paulo mandou [para o Colégio Pio Latino-americano] em 1895 e 1896, quatro são bispos".[21] Além disso, as reuniões do episcopado davam grande relevância às questões de ordem interna. Uma missiva reservada, assinada no dia 20 de agosto de 1890 por todos os prelados presentes em São Paulo, tendo como destinatário o Cardeal Rampolla, indicava o interesse que tinham os bispos na adoção de estratégias comuns:

> Começamos no dia 11 do corrente mês [de agosto] as nossas conferências, achando-se presente todo o episcopado, exceto os Srs. Bispos de Diamantina e de Mariana; retirados, o primeiro pela fraqueza da velhice, o segundo por grave enfermidade, e o Sr. Bispo de Cuiabá em viagem *ad limina Apostolorum*. [...] Prometemos todos nenhuma resolução tomar em negócios concernentes aos interesses gerais da Igreja brasileira, sem primeiro entender-nos com o nosso Arcebispo Metropolita e entre nós, e manter sempre esta fraternal união comunicando-nos nossas pastorais e atos mais importantes. [...] A ideia do esquematismo diocesano, a de um *proprium* para todo o Brasil, a adoção do ritual de Pio V em todas as paróquias com exclusão de qualquer outro foram unanimemente aprovadas. [...] O hábito talar, já em honra na maior parte das dioceses, foi considerado como sendo obrigatório em todas. [...] Passaram mais estas medidas de reforma: tabela de emolumentos, afixada em todas as sacristias, [...] regras litúrgicas, [...] opor-nos quanto pudermos à infração da lei de residência dos párocos,

---

[18] ASV, "Visita apostólica ao Brasil", em: *Nunciatura Apostólica no Brasil*, fasc. 1066, caixa 188, fl. 49-50.
[19] LUIGI LASAGNA, *Epistolario*, vol. III, p. 17.
[20] AMÉRICO JACOBINA LACOMBE ET ALII, *Brasil, 1900-1910*, Gráfica Olímpica Editora, Rio de Janeiro 1980, p. 50.
[21] ASV, "Seminaristas em Roma", em: *Nunciatura Apostólica no Brasil*, caixa 188, fasc. 1064, fl. 13b.

[e] disciplina mais severa na admissão de padres italianos. [...] Deliberamos tomar como alvo a que todos devíamos tender, o tipo de seminário qual o compreenderam os Padres Tridentinos, isto é, que o seminário seja verdadeiramente seminário, onde desde a puerícia sejam os alunos imbuídos na piedade e na ciência. [...] O problema da reforma das ordens religiosas não foi esquecido, mas, vendo nós as múltiplas dificuldades que oferece sua solução na presente conjuntura, nada julgamos dever resolver.[22]

Os resultados foram visíveis: o clero das primeiras décadas do século XX, além de verdadeiramente disciplinado, era zeloso de suas precedências, mantendo sob controle as decisões pastorais e administrativas. Por este mister, era a partir do parecer emanado pelo bispo ou pelo pároco que se projetava, celebrava-se e se fazia. Desde os documentos episcopais coletivos até as instruções para os párocos de lugares remotos, contínua era a insistência sobre o valor, a legitimidade e a necessidade de se observar o princípio da autoridade. Bom exemplo se encontra no Artigo 1º da *Carta Pastoral* de Dom Eduardo Duarte, bispo de Goiás, para regular a religiosidade popular na sua diocese: "Em suas paróquias, os Rev. Srs. Vigários são os absoluta e exclusivamente competentes para fazer as festas ou funções religiosas, designar dia, hora e modo de celebrá-las. Onde os não houver, recorram à autoridade diocesana".[23]

A respeitabilidade moral enfim conquistada era o grande trunfo que revestia a ação dos ministros ordenados, coisa que até mesmo certos escritores mundanos reconheciam. O irônico Luís Edmundo de Melo Pereira da Costa (1878-1961), ao comparar os padres do seu tempo com os dos períodos precedentes, concluiu categórico: "Os de hoje são bem diferentes..."[24] Tão diferentes, que os religiosos europeus que chegavam ao Brasil começaram a qualificar os sacerdotes nativos com adjetivos elogiosos. Tanto assim que, aos 9 de janeiro de 1893, Pe. Giorgini SI escreveu ao internúncio para dizer que fora informado de que os missionários que iam em Minas podiam encontrar ótimos padres. Afirmando que tais clérigos eram muitos, fazia questão de citar os nomes do vigário de Varginha, Pe. Aureliano Deodato Brasileiro ("homem piíssimo, de vasta ilustração e sem mancha no passado") e seus dois irmãos, Pe. Américo Cristiano Brasileiro, vigário de Perdões, e José Teodoro Brasileiro, vigário de Oliveira.[25] Com o passar dos anos, o nível da conduta dos padres se elevou ainda mais, justificando o otimismo manifestado pelo Núncio Giuseppe Aversa em 1915: "Em relação à moralidade, está-se agora bem melhor que quinze anos atrás".[26]

O pontificado do Papa Pio X (1903-1914) também contribuiu para reforçar tal transformação. O seu lema *Instaurare omnia in Christo* era repetido pelo clero nos mais distantes rincões do Brasil, como se pode verificar numa

---

[22] ASV, Carta do episcopado ao Cardeal Rampolla (20-8-1890), em: *Nunciatura Apostólica no Brasil*, fasc. 344, caixa 71, doc. 13, fl. 32-37.
[23] EDUARDO DUARTE SILVA, *Sobre o culto interno e externo e regulamento para as festividades e funções religiosas*, Scuola Tipografica Salesiana, Roma 1899, p. 55-57.
[24] Cf. LUIZ EDMUNDO, *O Rio de Janeiro do meu tempo*, vol. II, 2ª ed., Gráfica Elite, Rio de Janeiro 1957, p. 291; Idem, *Recordações do Rio Antigo*, 2ª ed., Gráfica Elite, Rio de Janeiro 1956, p. 73.
[25] ASV, Carta do Pe. Georgini ao internúncio Girolamo Gotti (9-1-1893), em: *Nunciatura Apostólica no Brasil*, fasc. 381, caixa 78, doc. 11, fl. 20.
[26] ASV, "Relatório sobre as condições civis e religiosas da república", em: *Nunciatura Apostólica no Brasil*, fasc. 694, caixa 138, fl. 135b.

Carta Pastoral de Dom João Antônio Pimenta (1859-1943) aos seus diocesanos de Montes Claros, MG, lançada em 25 de maio de 1911:

> De que meios nos valeremos para conjurar os perigos que nos ameaçam e resolver a aterradora crise que atravessamos? A salvação está em Deus e na sua santa Igreja. O meio já foi solenemente indicado e aconselhado por Aquele que foi constituído por Deus, chefe e guia do seu povo, – Pio X; o meio é a instauração de todas as coisas em Cristo, a restauração dos princípios salutares do Evangelho na sociedade, nas famílias, e no espírito e coração de cada um dos indivíduos: *Instaurare omnia in Christo*, eis o remédio que há de salvar a sociedade.[27]

O grandioso projeto de regeneração da sociedade civil, tendo como base a regeneração da família, priorizaria três iniciativas principais: a busca de uma penetração maior junto ao povo, especialmente com os elementos das classes subalternas (proliferação das missões populares); a reestruturação das jurisdições eclesiásticas; e o reavivamento espiritual, entre os leigos, mas, particularmente, entre os clérigos.[28]

Com este objetivo, cada aspecto da vida clerical era definido com clareza, como bem o demonstram o *Motu proprio* de Pio X, *Inter Multíplices*, datado de 22 de fevereiro de 1905, e que estabeleceu minuciosamente quais eram "os insignes privilégios e as prerrogativas dos prelados que não são investidos do caráter episcopal". A acolhida foi imediata, pois pode-se dizer que a dissidência na hierarquia eclesiástica do Brasil praticamente desaparecera. Houve, contudo, aqui e acolá, algumas exceções, e mesmo deserções, na vida clerical. Um desses casos teve a ver com o Cônego Manoel Carlos de Amorim Correia (1873-1913), português de Mujões, província do Minho, que imigrara ainda criança para o Brasil. Formado no seminário episcopal de São Paulo e ordenado presbítero na catedral paulistana aos 8 de novembro de 1903, após trabalhar em algumas paróquias, ele foi indicado para exercer seu ministério em Itapira, na diocese de Campinas, no ano de 1909. Em 1912, circularam rumores sobre sua conduta moral e Dom João Batista Correa Nery o suspendeu de ordens em 25 de janeiro do ano seguinte. Cônego Amorim não se retratou e pretendeu fundar uma denominação religiosa "brasileira", o que lhe custaria a excomunhão. Ele, porém, faleceu logo em seguida e, tanto suas ideias quanto o pequeno grupo dissidente que fundara logo saíram de cena.[29]

Por essa razão, documentos como o supracitado *Motu proprio* eram seguidos à risca, como bem o demonstra a atitude assumida pelo governador do bispado de Belém do Pará, monsenhor Hermenegildo Cardoso Perdigão, que fez uma afirmação bem característica: "Empregarei a necessária energia para que o *Motu proprio* seja fiel e prontamente executado nesta diocese".[30] Os demais bispos seguiram o mesmo exemplo: Dom Cláudio, de Porto Alegre,

---

[27] João Antônio Pimenta, *Carta Pastoral de D. João Antônio Pimenta, Bispo de Montes Claros, saudando a seus diocesanos*, Livraria do Globo, Porto Alegre 1911, p. 12.
[28] Bóris Fausto et alii, *O Brasil Republicano*, vol. II, p. 44.
[29] Cf. Eduardo Carlos Pereira, *O problema religioso da América Latina*, 2ª ed., Gráfica Mercúrio, São Paulo 1949, p. 289.
[30] ASV, Carta de monsenhor Hermegildo Cardoso Perdigão ao Núncio Giulio Tonti (16-5-1905), em: *Nunciatura Apostólica no Brasil*, fasc. 520, caixa 105, doc. 2, fl. 83.

afirmou tranquilamente que, graças a Deus, o clero da sua diocese estava em perfeito acordo com as determinações do Papa; e o Arcebispo Arcoverde, do Rio de Janeiro, antecipou que iria fazer com que o referido *Motu proprio* fosse imediatamente traduzido para dar-lhe fiel execução.[31]

No afã de afirmar as decisões papais, publicações apologéticas se sucediam, como a *Carta Pastoral* lançada pelo bispo de São Paulo, Dom José Camargo Barros, em 1905, contendo a versão portuguesa da encíclica *Acerbo nimis*:

> A postos, egrégios Irmãos e Filhos, a postos!
> Ouvi a voz de comando de vosso General em chefe, que é o Papa, cerrai as fileiras de vossos batalhões, que são os centros catequéticos de vossas paróquias, tomai as armas, que são os livros de catecismo, musicai as marchas militares que são os cânticos espirituais, alvejai os inimigos que são a ignorância religiosa e as paixões ruins, e começai desde já a dar vossos renhidos combates, que são as lições que ensinardes a vossos filhos, a vossos criados, a vossos alunos, quaisquer que sejam.[32]

Mesmo nos pontificados seguintes, as diretrizes elaboradas pelo Papa Sarto continuariam a manifestar enorme influência. Em Pelotas, RS, Dom Francisco de Campos Barreto (1877-1941), depois de realizar cuidadosa visita pastoral pela diocese, elaborou um relatório minucioso em que, ao abordar a problemática do matrimônio, fez uma séria admoestação ao clero local: "Sendo o matrimônio um contrato de maior relevância entre os cristãos, os reverendos vigários têm a grave obrigação de conhecer, de modo especial, o sapientíssimo decreto 'Ne temere', pelo qual o Santo Padre Pio X estabeleceu novas disposições quanto à legislação sobre o casamento".[33] Exemplo parecido aconteceu em Guaxupé, MG, onde mais tarde o terceiro bispo diocesano, Dom Hugo Bressane de Araújo (1899-1988), defenderia o mérito de associações leigas, como o Apostolado da Oração, porque, entre outras coisas, "Pio X não duvidou afirmar que, para sanar as chagas de que tão profundamente enferma a sociedade moderna, nenhum remédio existia mais eficaz que o Apostolado da Oração…"[34]

Claro que, como se verá adiante, algumas incongruências seriam verificadas, a exemplo da questão do "modernismo", mas, na época, as vozes dissonantes simplesmente não contavam. Uma das raras ressalvas que se conhece partiu não de um clérigo, mas de um leigo, o embaixador brasileiro junto à Santa Sé, Carlos Magalhães de Azeredo (1872-1963). O diplomata, que conheceu de perto Pio X, deixou anotado que "a luta contra o modernismo amargurou-lhe a velhice, e a torva e funesta política europeia estendeu sobre sua alma, como nuvem negra, diurna e noturna, a preocupação da catástrofe que ele previa iminente".[35]

---

[31] ASV, Cartas dos prelados do Rio de Janeiro (29-3-1905) e de Porto Alegre (29-3-1905) ao Núncio Giulio Tonti, em: *Nunciatura Apostólica no Brasil*, fasc. 520, caixa 105, doc. 2, fl. 94, 98.
[32] JOSÉ DE CAMARGO BARROS, *Carta Pastoral de Dom José de Camargo Barros, Bispo de São Paulo publicando a encíclica de S.S. Pio X sobre o ensino da doutrina cristã e outros documentos*, Tipografia Andrade & Melo, São Paulo 1905, p. 26-27.
[33] FRANCISCO DE CAMPOS BARRETO, *Relatório da Diocese e impressões da visita pastoral em 1912*, Livraria Americana Pinto & C., Rio Grande 1913, p. 9.
[34] HUGO BRESSANE ARAÚJO, *Pastoral – Centenário do Apostolado da Oração, devoção à Santíssima Virgem, centenário de Dom Vital*, Editora Vozes, Petrópolis [1944], p. 11.
[35] CARLOS MAGALHÃES DE AZEREDO, *O Vaticano e o Brasil*, p. 36.

Como semelhante restrição não fazia parte do vocabulário eclesial da *belle époque*, as atenções da Igreja naquele momento se voltavam para outro tipo de problema: a crônica escassez de padres. O episcopado nacional acabou se convencendo de que a dependência de clérigos estrangeiros, inclusive no campo da formação presbiteral, tinha de ser contornada, e na abertura da conferência, realizada em Aparecida no ano de 1904, Dom Arcoverde bateu nesta tecla:

> É minha humilde convicção que se desde logo não procurarmos resolver o problema da fundação de uma congregação de missionários diocesanos, que se dediquem especialmente à formação do clero diocesano nos seminários e ao ministério das missões nas cidades e nos campos, nunca chegaremos a ter o clero que necessitamos nos seminários e nas missões. O clero paroquial necessita de uma formação específica, que leve em conta as necessidades do nosso país e de nosso povo; é essencial que tenha conhecimento da índole, dos costumes, das boas e más qualidades, seu caráter e suas tendências. Essas coisas não as conhecem os religiosos estrangeiros que geralmente dirigem os nossos seminários e preparam os nossos seminaristas, os quais nunca chegam a ser párocos, nem conhecem nossas paróquias das cidades e dos campos.[36]

Malgrado a sinceridade desta e de outras advertências do gênero, os padres provenientes da Europa tiveram de continuar a suprir a carência persistente. E, nem sempre esta opção era tranquila. O problema vinha de longe, e Dom Antônio de Macedo Costa, aos 2 de agosto de 1890, ao apresentar uma *Memória para servir às discussões e resoluções nas conferências dos Srs. bispos*, não se esquecera de citá-lo. Para ele era evidente: os padres estrangeiros, sobretudo italianos, eram um flagelo, porque muitos deles emigravam "para ganhar dinheiro ou levar vida escandalosa, muitas vezes para um e outro fim".[37] A isso se juntava a visão negativa de certos missionários em relação aos brasileiros, como bem o demonstram as palavras do Pe. Pietro Colbachini SDB, proferidas em 1889: "A nossa colônia italiana paranaense, que se compõe de cerca 4.000 famílias, mostra-se tão fiel na prática da religião, que resplende como um sol nas trevas destes países que se dizem católicos, mas que de católicos não conservam mais que a luz dos últimos crepúsculos".[38] O mesmo estado de espírito também explica a satisfação sentida pelo Pe. Luigi Marzano em 1904, ao descobrir uma colônia que se mantivera avessa à assimilação:

> A primeira impressão sentida ao colocar os pés entre os compatriotas que há 21 anos emigraram da Itália foi boa. Tinham sabido conservar firma e viva a fé. [...] Acreditava também que, depois de tantos anos, nada houvessem conservado da mãe pátria, mas ao contrário, para minha consolação, eu os ouvi no idioma levado da Itália; e os velhos, as mulheres e os meninos quase não entendiam a língua portuguesa. [...] Depois, é especialmente na igreja onde dão prova da ligação à língua materna: quanto é comovente ouvir o canto das ladainhas e os louvores modulados sobre motivos aprendidos na Itália!.[39]

---

[36] PONTIFICIA COMMISSIO PRO AMERICA LATINA, *Os últimos cem anos da evangelização na América Latina*, p. 799.
[37] ASV, "Alguns pontos de reforma na Igreja do Brasil", em: *Nunciatura Apostólica no Brasil*, fasc. 346, caixa 71, doc. 36, fl. 113.
[38] AA.EE.SS., Carta do secretário de Propaganda Fide a Mons. Domenico Ferrata, secretário da Sacra Congregação dos Negócios Eclesiásticos Extraordinários (16-7-1889), em: *Brasil*, fasc. 23, pos. 294, fl. 13.
[39] LUIGI MARZANO, *Coloni e missionari italiani nelle foreste del Brasile*, Tipografia Barbéria, Firenze 1904, p. 183-184.

No tocante à implantação de novas línguas provenientes do Velho Mundo, a "europeização", entretanto, fracassou, pois os brasileiros, povo sem um segundo idioma nacional e despido da tradição dos dialetos, não viam com bons olhos os guetos linguísticos. A única exceção eram as tribos indígenas, mas estas, distantes e numericamente inexpressivas, simplesmente não contavam para o cidadão comum. Assim sendo, o máximo que os imigrantes conseguiram foi manter certos redutos na zona rural ou em alguns vilarejos em que eram maioria, concentrados no sul, mas que em boa parte dos casos lentamente sucumbiriam à assimilação. Nesse particular, não faltaram bispos que forçassem tal. Na diocese de Curitiba, onde se concentrava uma grande comunidade polaca com um bom número de padres que a serviam, Dom Duarte Leopoldo se encarregou de submetê-la, por meio de uma rigorosa determinação baixada aos 2 de janeiro de 1905:

> Compostas as nossas paróquias, na imensa maioria, de nacionais e estrangeiros de diversas nacionalidades, que juntos trabalham para o engrandecimento do país, não podemos consentir que se levantem muralhas chinesas em torno de certas populações, nesta terra que a todos nos oferece, além de franca e leal hospitalidade, todos os recursos de sua abundância. [...] Em vista destas considerações e de outras, [...] ordenamos:
> 1º Que todos os sacerdotes que d'algum modo têm cura d'almas nesta diocese, procurem, com toda diligência, adquirir o conhecimento da língua portuguesa, no prazo mais breve possível.
> 2º Reservamos para Nós o direito de julgar cada um dos casos particulares, fazendo as exceções que nos aconselhar a prudência.
> 3º Declaramos que, para o futuro, nenhum sacerdote estrangeiro terá ofício ou ocupação nesta diocese sem que, após um prazo razoável, tenha prestado exame prático de língua portuguesa.[40]

Quando Dom Duarte foi transferido para São Paulo, o problema se repetiu, mas desta vez no tocante à moral eclesiástica, principalmente em relação aos clérigos italianos, que ele passou a trazer sob estreita vigilância, mesmo enfrentando a oposição de alguns religiosos europeus que habitavam na capital. O Abade Kruse OSB, por exemplo, diria que o seu pró-vigário-geral, monsenhor Benedito de Souza, era deficiente e palhaço, e que tanto ele quanto a cúria arquidiocesana estariam contaminados por um "estúpido chauvinismo".[41] Num primeiro momento, o Núncio Giuseppe Aversa deu certa importância a tais comentários, mas depois escreveria ao secretário de Estado da Santa Sé reconsiderando sua primeira impressão:

> A arquidiocese de São Paulo é das mais organizadas do Brasil e isso se deve ao zelo e à atividade do atual arcebispo. Diz-se que seja contrário aos italianos. Não sei. A mim, ao que parece, a acusação é exagerada. Isso me parece provir da inflexibilidade com que ele aplicou e aplica as disposições da Santa Sé em relação aos padres italianos

---
[40] DUARTE LEOPOLDO SILVA, "Mandamento", em: *Boletim Eclesiástico da Diocese de Curitiba*, edição de janeiro e fevereiro, [s.n.], Curitiba 1905, p. 35-36.
[41] ASV, Carta do Núncio Giuseppe Aversa ao Cardeal secretário de Estado (13-5-1912), em: *Nunciatura Apostólica no Brasil*, fasc. 734, caixa 146, doc. 25, fl. 58.

que chegam em São Paulo. É um ponto sobre o qual ele não transige. Também a mim a princípio me pareceu que ele fosse excessivamente rigoroso. Convenci-me em seguida que o rigor é necessário, e que o arcebispo faz bem. É um fato que ele livrou a arquidiocese de muitos problemas, que provinham de maus padres que migram da Itália com uma simples licença do bispo de origem: licença que não deveria, não poderia ser concedida de acordo com as disposições pontifícias. Graças à inflexibilidade do arcebispo, todos estes italianos sabem já que é inútil parar em São Paulo. É um grande mérito do prelado. Se ele fosse seguido nisso pelos outros bispos, não seria necessário lamentar-se tanto de inconvenientes e desordens.[42]

Tenha-se presente que a Itália não adotava como hábito mais comum o envio dos seus padres melhores para o Brasil, fato este que Dom José Marcondes Homem de Melo (1860-1937), bispo de São Carlos do Pinhal, SP, salientaria para rebater a crítica de que os bispos maltratavam os sacerdotes que provinham de lá:

> Conversando com as autoridades [italianas] do lugar – onde vocês esconderam aqui na Itália a gente ruim? Um engenheiro aproximou-se de mim, com as duas mãos cercou o meu ouvido e disse baixo: *"Caro Signore Canonico, la gente cattiva d'Italia se è andata tutta nel Brasile colla immigrazione"* ("Caro Senhor Cônego, a gente ruim da Itália foi toda para o Brasil com a imigração"). Nessa onda vieram padres e escrevinhadores; uns e outros trouxeram para cá suas almas com seus defeitos, e muitos com seus crimes.[43]

Houve inclusive o caso de um padre peninsular que, em 1914, por meio de uma *Relação sobre o estado espiritual dos italianos no Brasil*, fez uma veemente denúncia contra os maus tratos que, segundo ele, clérigos e leigos do seu país sofriam no Novo Mundo. Oportunamente, lamentava que, entre outras coisas, os sacerdotes brasileiros não soubessem falar... italiano! Ele salientava convicto que seus compatriotas sofriam restrições não por seus defeitos, mas por seus méritos: "A questão é de nacionalidade e de ciência. [...] Os bispos estão procurando instruir os seus seminaristas, mas estes não podem comparar-se com os padres italianos, que são muito mais instruídos, e por isso os mandam embora, não pensando o grande mal de que se ressentem os emigrados". O denunciante, no entanto, caía em contradição, pois, ao mesmo tempo em que lamentava o fato de que os bispos do Brasil não *obrigassem* – isto é literalmente dito – o clero nativo a aprender a língua oficial da sua pátria, acrescentava pouco depois que os imigrantes das colônias falavam somente os dialetos tradicionais (milanês, piemontês, veneziano, napolitano, calabrês etc.), que os próprios padres italianos tinham dificuldade de entender. Mesmo assim, sugeria como solução que em cada diocese, especialmente naquelas de São Paulo, fosse criada uma cúria com padres italianos dependentes de um bispo italiano, todos naturalmente desvinculados canonicamente do episcopado brasileiro.[44]

---

[42] ASV, Carta do Núncio Giuseppe Aversa ao Cardeal secretário de Estado (20-4-1914), em: *Nunciatura Apostólica no Brasil*, fasc. 734, caixa 146, doc. 29, fl. 64.
[43] ASV, Carta de Dom José Marcondes Homem de Melo ao Núncio Giuseppe Aversa (26-9-1914), em: *Nunciatura Apostólica no Brasil*, fasc. 786, caixa 156, doc. 3, fl. 10.
[44] ASV, "Relazione sullo stato spirituale degli italiani nel Brasile, specialmente nelle diocesi dello stato di São Paulo", em: *Nunciatura Apostólica no Brasil*, fasc. 786, caixa 156, doc. 2, fl. 96-98.

Esta relação é importante pelas repercussões que teve, uma vez que o Cardeal Gaetano de Lay escreveu ao Núncio Giuseppe Aversa, aos 18 de dezembro de 1914, pedindo explicações, sob a alegação de que a congregação consistorial frequentemente vinha recebendo reivindicações e protestos como aquele. O Núncio preparou cuidadosamente uma longa resposta, criticando frontalmente a ideia de se erigir dioceses italianas no Brasil, o que, segundo ele, criaria apenas anarquia. Além disso, com grande realismo, descreveu a conduta nada edificante de muitos clérigos emigrados no país. Afirmava, por exemplo, não ser verdadeiro que apenas algum padre italiano não se comportava bem, pois pudera constatar verdadeiras e tristíssimas misérias no meio deles. Na mesma oportunidade, salientava que, quando fora mandado como Núncio para o Brasil, vinha suficientemente preparado para afrontar a praga dos padres italianos que emigravam para viver em dúbia moral ou por avidez de dinheiro, quando não, na mais das vezes, pelas duas coisas juntas. Ele defendia as prevenções dos bispos, com um argumento de peso: "os escândalos do passado, provocados pelos padres italianos, são tantos e de tal proporção, que um pobre bispo mesmo hoje, quando vê diante de si um padre italiano, especialmente se não se encontra em regra com as disposições da Santa Sé, mete-se sobre quem vem e, na excitação do momento, pode tomar uma atitude equívoca". Portanto, sem hesitar, assegurou que entre a demasiada facilidade do passado e o rigor presente, quando ainda não era possível o meio-termo, ficava com o rigor. O Núncio podia justificar sua opção, pois nesta mesma resposta ao Cardeal de Lay citava o nome de 24 (vinte e quatro) sacerdotes emigrados que haviam lançado a batina às urtigas, acrescentando que a lista não terminaria se tivesse dados precisos sobre outros tantos desertores. Por isso, sentenciava:

> O clero brasileiro também tem seus defeitos, porém, por amor à verdade devo acrescentar que em todo o Brasil, por quanto seja longo e largo, não se deram nem menos durante um século, tantos casos de escândalos, de defecções e de matrimônios civis, quantos ocorreram em poucos anos somente entre os padres emigrados da Itália, apenas no Estado de São Paulo.[45]

Malgrado o teor de tal advertência, a mesma mensagem confirmava não ser possível dispensar os padres da Europa, pois, naquele mesmo ano de 1915, as seis dioceses do Estado de São Paulo – que então se tornara a mais importante e rica unidade da Federação brasileira – contavam com apenas 388 sacerdotes seculares. Destes, 141 eram brasileiros, e os demais eram constituídos por 93 italianos, e 154 outros, subdivididos em várias nacionalidades europeias, com destaque para os portugueses.[46] Compreensivelmente, a questão vocacional, ao lado de diversos outros assuntos, seria repetidamente abordada nas pastorais coletivas, ao tempo em que dois recursos já estavam sendo tentados: o investimento nos grandes seminários e o início de entendimentos para a construção de uma casa brasileira em Roma, com a finalidade especial de preparar formadores.[47]

---
[45] ASV, Carta do Núncio Giuseppe Aversa ao Cardeal De Lay, Secretário da Congregação Consistorial (22-5-1915), em: *Nunciatura Apostólica no Brasil*, fasc. 786, caixa 156, doc. 10, fl. 128-135.
[46] ASV, Carta do Núncio Giuseppe Aversa ao Cardeal secretário de Estado da Santa Sé (22-5-1915), em: *Nunciatura Apostólica no Brasil*, fasc. 786, caixa 156, doc. 10, fl. 130b.
[47] Cf. PONTIFICIA COMMISSIO PRO AMERICA LATINA, *Os últimos cem anos da evangelização na América Latina*, p. 799.

3.1.1 – As pastorais coletivas

O Concílio Plenário Latino-americano, celebrado em Roma de 28 de maio a 9 de julho de 1899, exortou os bispos no seu título IX, Artigo 208, a proceder como segue:

> Sendo evidente que contribui muito ao bom governo das províncias eclesiásticas e à edificação dos fiéis a concórdia e santa amizade dos bispos entre si [...], desejamos que os laços de caridade e a santa amizade unam sempre os Metropolitanos com seus sufragâneos, e façam cada dia mais estreitos com o trato frequente e os mútuos conselhos sobretudo nos assuntos de maior importância. Por isso, este Concílio Plenário exorta aos bispos de todas e cada uma das Províncias da América Latina, repetindo-lhes estas palavras de Leão XIII: "Reine entre vós a mais estreita caridade e concórdia de pareceres, *opinando todos uma mesma coisa, tendo os mesmos sentimentos* (Filipenses 2,2). Para consegui-la, recomendamos-lhes encarecidamente que com frequência comuniqueis vossas opiniões e, quando lho permita a distância e vossos sagrados deveres, multipliqueis mais e mais as reuniões episcopais". O tempo dessas reuniões não deverá passar de três anos, e se fixará em cada Província de comum acordo dos bispos".[48]

Com base nisso, no dia 1º de maio de 1900, a *Instructio circa conventus episcoporum Americae latinae*, emanada pela Santa Sé, determinou que as conferências dos bispos deveriam ser organizadas nas provinciais eclesiásticas de três em três anos, e também mais frequentemente, se fosse o caso. A medida veio justo no momento em que se tornara urgente organizar uma estratégia comum de ação no Brasil; mas, considerando a velocidade com que novas arquidioceses eram criadas, tais conferências acabariam sendo regionais, e não apenas arquidiocesanas.[49]

Ainda em 1901, os bispos do norte se reuniriam na Bahia e outra vez, em 1908, no Recife. Em 1911, encontrar-se-iam em Fortaleza, o que veio a se repetir novamente em Salvador, BA, no ano de 1915.[50] O grupo do sul também se reunira em São Paulo, no ano de 1901, e um dos seus frutos foi a elaboração de um catecismo em português, que se tornou obrigatório no ensino da religião nas igrejas e fora delas. Aquele seria o primeiro passo para a *Pastoral Coletiva* de 1902, que teve como redator Dom Silvério Gomes Pimenta.[51] Outras importantes reuniões seriam ainda realizadas pelos bispos meridionais: Aparecida, em 1904; Mariana, em 1907; de novo em São Paulo, em 1910; e por fim em Nova Friburgo, no ano de 1915.[52]

A linguagem adotada por estes documentos era precisa e de teor jurídico, e, via de regra, quase todos observavam um esquema semelhante: uma breve introdução, a profissão de fé, uma exortação, os perigos que se apresentavam à

---

[48] *Actas y decretos del Concilio Plenario de La América Latina*, Libreria Editrice Vaticana, Ciudad del Vaticano 1999, p. 135-136.
[49] ASV, "Conferências episcopais", em: *Nunciatura Apostólica no Brasil*, fasc. 694, caixa 138, fl. 141b.
[50] AMÉRICO JACOBINA LACOMBE ET ALII, *Brasil, 1900-1910*, p. 58.
[51] ALÍPIO ORDIER OLIVEIRA, *Traços biográficos de Dom Silvério Gomes Pimenta*, Escolas Profissionais Salesianas, São Paulo 1940, p. 77-78.
[52] AMÉRICO JACOBINA LACOMBE ET ALII, *Brasil, 1900-1910*, p. 58.

Igreja no momento, e os meios de conservação da fé. No caso da *Pastoral Coletiva* das Províncias Eclesiásticas do Rio de Janeiro e Mariana, elaborada entre 2 e 12 de agosto de 1907, no seminário arquiepiscopal de Mariana, MG, os perigos naquela ocasião eram a infiltração protestante e espírita, e por isso as normas estabelecidas para afrontá-los foram particularmente rígidas, como segue:

> n. 16 – Declarem os Reverendos párocos aos seus paroquianos que evitem com máximo cuidado qualquer comunicação com hereges, em assunto religioso; e lhes digam claramente que todos aqueles que dão seu nome a qualquer seita religiosa, ainda sem intenção de aderirem a ela, incorrem em excomunhão reservada, de modo especial, ao Sumo Pontífice.
> n. 17 – É proibido, sob pecado mortal, assistir, ainda por espírito de curiosidade, às pregações, conferências, ou cerimônias religiosas de tais seitas.
> n. 22 – Todos os católicos se abstenham das superstições e maldades do espiritismo.[53]

O mais importante dos citados documentos foi a pastoral de 1915, ainda que a sua preparação tenha sido marcada por diversos incidentes. Para começar, o esquema preparatório, redigido por Dom Sebastião Leme, então bispo auxiliar do Rio, foi rejeitado pelo Cardeal Arcoverde, que preferiu um segundo, reelaborado pelo Pe. Alves Ferreira dos Santos, que, na opinião do Núncio Giuseppe Anversa era uma salada russa. Além disso, o Cardeal tampouco consentiu que Dom Leme participasse da conferência, privando-a assim do seu membro mais ativo e brilhante. "Uma verdadeira pena", lamentou o Núncio, porque, segundo ele, dentre todos os prelados participantes, não havia nenhum que tivesse a visão clara e perfeita, e a ciência teológica e canônica tão vasta e tão sólida quanto o bispo auxiliar da arquidiocese carioca.[54]

O documento final, apesar de tudo, satisfez ao seu objetivo. Abrangente, subdividia-se em seis capítulos: profissão de fé, pregação, doutrina cristã, auxiliares do pároco no ensinamento da doutrina cristã, perigos contra a fé, principais erros modernos, conservação da fé e escolas católicas. A apologética permeava todos os assuntos, e a figura do clérigo ganhou particular destaque. No tocante às associações leigas, as antigas irmandades foram reduzidas a pias confrarias, e decidiu-se que as mais importantes delas, as irmandades do Rosário, necessariamente seriam erigidas canonicamente pelo geral dos dominicanos. O mesmo cuidado se estendeu às novas agremiações chegadas da Europa, como as Filhas de Maria Imaculada, que só poderiam ser estabelecidas com autorização episcopal e daí por diante.[55]

Dois anos depois da promulgação deste documento, surgiu o novo Código de Direito Canônico, e ele sofreu alterações para adequar-se à nova legislação. Aos 13 de maio de 1918, o Cardeal-Arcebispo do Rio de Janeiro dirigiu

---

[53] JOAQUIM ARCOVERDE DE ALBUQUERQUE CAVALCANTI ET ALII, *Pastoral Coletiva dos Srs. Arcebispos e Bispos das Províncias eclesiásticas de São Sebastião do Rio de Janeiro e Mariana comunicando ao clero e aos fiéis o resultado das conferências dos mesmos no Seminário Arquiepiscopal de Mariana de 2 a 12 de agosto de 1907*, Tipografia Leuzinger, Rio de Janeiro 1907, p. 32-33.
[54] ASV, Carta do Núncio Giuseppe Aversa ao Cardeal secretário de Estado (11-10-1915), em: *Nunciatura Apostólica no Brasil*, fasc. 701, caixa 140, doc. 6, fl. 17.
[55] JOAQUIM ARCOVERDE DE ALBUQUERQUE CAVALCANTI ET ALII, *Pastoral Coletiva dos Srs. Arcebispos e Bispos das províncias eclesiásticas de São Sebastião do Rio de Janeiro, Mariana, São Paulo, Cuiabá e Porto Alegre*, Tipografia Leuzinger, Rio de Janeiro 1911, p. 10-11, 39-40, 365-380.

aos seus diocesanos uma *Carta Pastoral*, publicando as modificações feitas para a sua jurisdição. Com isso, o documento recebeu sua forma definitiva e tornou-se o que mais consequências traria ao longo de toda a primeira metade do século XX, até porque acabou sendo adotado por outras províncias eclesiásticas. Mais tarde, em 1941, os decretos do Primeiro Concílio Plenário (de 1939) assumiram muitas das suas diretrizes e, depois de promulgados, tornar-se-iam princípios básicos da legislação eclesiástica do Brasil.[56]

Fazendo um balanço geral, pode-se dizer que as conferências episcopais resultaram utilíssimas para que os bispos se encontrassem, discutissem, trocassem ideias e se entendessem sobre tantas coisas. No que diz respeito, entretanto, aos párocos e ao povo, o resultado ficou bem abaixo do esperado. Bons motivos havia: o documento de 1910, por exemplo, era um imenso volume de setecentas páginas, discorrendo sobre temas variados como teologia moral, direito canônico e liturgia. A conclusão prática é que poucos se interessavam por obra tão prolixa.[57]

3.1.2 – A expansão dos seminários

A manutenção das casas formativas existentes, sem as contribuições do Tesouro, logo se tornou aflitiva,[58] e muitos bispos tiveram de empreender campanhas de arrecadação de esmolas junto aos fiéis para a manutenção de formandos pobres.[59] Em 1890, em todo o Brasil, havia nove seminários maiores e onze menores;[60] mas graças aos esforços empreendidos, a criação ou ampliação de casas de formação diocesanas cresceu em ritmo acelerado. Mais uma vez a atuação da Santa Sé foi determinante, pois, além de estimular a instituição de novos seminários, encorajava também jesuítas e lazaristas a provê-los de pessoal. Acabada a *belle époque*, os grandes seminários já estavam chegando a 27 e só não eram mais numerosos devido aos rigores na seleção das vocações.[61]

---

[56] MANUEL BARBOSA, *A Igreja no Brasil*, p. 158.
[57] ASV, "Conferências episcopais", em: *Nunciatura Apostólica no Brasil*, fasc. 694, caixa 138, fl. 141b-142.
[58] O governo republicano do Brasil conservou no orçamento das despesas públicas as côngruas estabelecidas pelo antigo regime em favor dos bispos, bem como as de alguns outros clérigos que ele escolheu livremente. Esta medida foi regulamentada por meio de um Aviso do Ministro do Interior ao seu colega da Fazenda em 1892, o qual, retomando a doutrina constante dos Avisos de 8-5-1890, 16-4-1891, 31-3 e 12-6-1892, definiu que tais vencimentos eram considerados *"um valor individual concedido, não ao funcionário eclesiástico, mas ao cidadão que deixou de servir ao Estado em virtude do regímen estabelecido pelo Decreto 119A de 7-1-1890 e pela Constituição Federal, Art. 72 §7°, e que nestas condições os beneficiados devem ser equiparados a todos os efeitos aposentados ou pensionistas da União"*. Houve casos excepcionais, como aquele relativo à pessoa de Dom José Pereira da Silva Barros, que terminou agraciado com uma pensão extra, depois que foi preterido no Arcebispado do Rio de Janeiro, em favor de Dom João Esberard. Isso aconteceu por iniciativa do deputado Thomaz Delfino que apresentou um projeto, logo convertido em lei, beneficiando o prelado quando este se retirou em Taubaté/ SP. Dom José agradeceu ao deputado numa carta aberta, aproveitando da oportunidade para tecer pesadas críticas ao seu sucessor: *"Sim, fui abandonado da parte do poder eclesiástico (pesa-me dizê-lo, mas é a verdade), sem outro recurso de vida, além da insuficiente pensão paga pelo governo civil aos serventuários do culto católico, não obstante o preceito que manda dar côngrua ao Bispo privado da Diocese; [...] e não obstante ter a Diocese que deixei, meios suficientes para repartir algumas migalhas com o seu bem intencionado servidor"* (ASV, "Aviso do Ministério do Interior ao seu colega da Fazenda", em: *Nunciatura Apostólica no Brasil*, fasc. 381, caixa 78, doc. 3, fl. 92; JOSÉ PEREIRA DA SILVA BARROS, *Carta ao Exmo. Sr. Deputado Federal Dr. Thomaz Delfino*, p. 8, 10).
[59] JOAQUIM SILVÉRIO DE SOUZA, *Vida de Dom Silvério Gomes Pimenta*, p. 98-99, 106.
[60] THOMAS CHARLES BRUNEAU, *O Catolicismo brasileiro em época de transição*, Loyola, São Paulo 1974, p. 69.
[61] THOMAS CHARLES BRUNEAU, *O Catolicismo brasileiro em época de transição*, p. 68-69.

Poucos deles, a bem da verdade, possuíam patrimônio próprio, e dentre os que o tinham destacavam-se os do Rio de Janeiro, São Paulo, Salvador, Olinda e Mariana. No sul, geralmente os seminários se mantinham por meio da Obra das Vocações, instituída em muitas dioceses, e também de doações.[62] Em relação à formação, o seminário de São Paulo, tanto o maior quanto o menor, era considerado um dos melhores. A exemplo dos demais, funcionava num imenso casarão de pesada arquitetura, situado ao lado da Estação da Luz, no início da Avenida Tiradentes. No tempo de Dom Lino Deodato Rodrigues de Carvalho, a direção passou das mãos dos capuchinhos para o próprio clero diocesano, mas o cuidado com a disciplina não arrefeceu. Por isso, quando chegavam as férias, os seminaristas permaneciam apenas quinze dias na casa dos pais, ficando o período restante numa fazenda de propriedade da diocese, localizada na Serra da Cantareira. Em 1908, já sob o governo de um novo prelado, Dom Duarte Leopoldo e Silva (1867-1938), transferido de Curitiba para a capital paulista no ano anterior, Pio X instituiu a província eclesiástica de São Paulo, e o seminário ganhou um novo *status*: "seminário provincial".[63] O corpo docente do seminário maior era composto de professores laureados na Pontifícia Universidade Gregoriana de Roma, enquanto que a formação do seminário menor ficava a cargo dos premonstratenses belgas. Em que pese o numeroso corpo discente com que contava, a condição de seminário central ficava um tanto esvaziada, uma vez que os bispos de Campinas, Taubaté e Botucatu não abriam mão de ter seminários próprios.[64] Tampouco faltaram problemas de ordem interna, alguns particularmente graves, como aquele que resultou na demissão do reitor, Pe. Maximiano de Carvalho da Silva Leite, e do diretor espiritual, Pe. João Gualberto do Amaral, no ano de 1914. Na época, alegou-se que ambos possuíam espírito demasiado independente e que não sabiam valorizar as dignidades eclesiásticas, havendo inclusive "contaminado" os sacerdotes da última geração. Colocando as coisas neste tom, Dom Duarte recebeu parecer favorável do cabido, dos superiores religiosos, do Cardeal Arcoverde e da Nunciatura para que fossem afastados. Assim foi feito, mas, como recordaria o clérigo Sebastião, quando o Pe. Maximiano mudou-se para o Rio, o Cardeal começou a mudar de opinião sobre ele.[65]

E foi exatamente no Rio que o excesso de rigidez mostraria seus resultados mais negativos. Fundado em 1739, o seminário da arquidiocese carioca funcionou até o último decênio do século XIX na encosta oeste do, depois demolido, Morro do Castelo. No tempo de Dom Pedro Maria de Lacerda, a direção da casa, até então em mãos dos padres diocesanos, foi entregue aos lazaristas, e os alunos transferidos para o prédio do antigo Colégio Episcopal São Pedro de Alcântara, no bairro do Rio Comprido. Ali sofreria uma reforma tão radical nos tempos do Cardeal Arcoverde que o número de formandos ficou reduzido a apenas 28. Os lazaristas restituíram a instituição ao clero diocesano, que acabou fechada em 1907. Desse momento em diante, os vocacionados passaram a ser

---

[62] ASV, "Seminários", em: *Nunciatura Apostólica no Brasil*, fasc. 694, caixa 138, fl. 138-139.
[63] MAXIMIANO DE CARVALHO SILVA, *Monsenhor Maximiano da Silva Leite*, p. 6, 8, 13, 238.
[64] ASV, "Seminários", em: *Nunciatura Apostólica no Brasil*, fasc. 694, caixa 138, fl. 139.
[65] ASV, Carta de Dom Leme ao Núncio Giuseppe Aversa (14-5-1914), em: *Nunciatura Apostólica no Brasil*, fasc. 734, caixa 146, doc. 36, fl. 81-85.

enviados para o seminário de São Paulo ou para o Pio Latino em Roma, até que Dom Leme, feito Arcebispo coadjutor, tomou a iniciativa de reabri-lo. Faria isso em 1924, instaurando-o na Ilha de Paquetá, até que, em 1932, quando já era bispo titular, restabeleceu-o definitivamente no Rio Comprido.[66]

O seminário de Mariana, no início do século XX, vivia um momento de crise, devido às desavenças entre os formadores lazaristas e o bispo diocesano; enquanto que no nordeste, somente os da Paraíba e de Fortaleza forneciam uma formação razoável.[67] A diferença ficava por conta das casas do sul, com destaque para o seminário de São Leopoldo, pertencente à diocese de Porto Alegre, RS. Dita casa de formação passou por grande evolução, começada sobretudo depois da posse de Dom Cláudio Ponce de Leão, ocorrida aos 20 de setembro de 1890. O novo bispo era um lazarista formado na Europa e decidiu que a instituição formativa dos padres diocesanos seria exclusivamente eclesiástica, e por isso aboliu a presença de alunos externos, confiando à Companhia de Jesus o andamento seminarístico entre 1891 e 1899. Dotado de um temperamento forte, o prelado acabou dispensando a Companhia, ao constatar que os padres induziam seminaristas diocesanos a se tornarem jesuítas. No seu lugar colocou os lazaristas espanhóis que ali trabalhariam de 1900 a 1902. Entretanto, em 1902, Dom Cláudio percebeu que a casa, no seu conjunto, estava decadente e cogitou de fechá-la, mas monsenhor Diogo da Silva Laranjeira lhe sugeriu de entregá-la aos capuchinhos franceses. Ele concordou e daí, entre 1903-1912, os frades assumiriam a formação. O curso de teologia durava quatro anos, e o currículo era exigente, constando de várias disciplinas, todas elas em consonância com o espírito tridentino: teologia fundamental, moral, dogmática, direito canônico, hermenêutica, exegese, eloquência sagrada, pastoral, ascética, patrística, história eclesiástica, hebraico e casuística.[68]

Em 1912, a diocese gaúcha ganhou um novo Arcebispo, o alemão Dom João Batista Becker (1870-1946). Antigo aluno dos jesuítas, logo pensou em entregar novamente a formação sacerdotal aos padres da Companhia, por reunirem eles todas as condições para organizar o seminário central, tão sugerido por Leão XIII no encerramento do Concílio Plenário Latino-americano. Os jesuítas aceitaram, mas impuseram como condição que a casa formativa fosse instalada em São Leopoldo, onde eles concentravam seus principais trabalhos. O Arcebispo concordou e logo tomou as medidas necessárias para viabilizar o projeto: os capuchinhos foram dispensados, e o prédio do antigo seminário transformado em residência dos padres idosos e de diversos organismos da Igreja.[69]

Foi assim que, aos 11 de março de 1913, teve início o Seminário Provincial Nossa Senhora da Conceição, em São Leopoldo. A nova casa formativa

---

[66] GUILHERME SCHUBERT, *A Província Eclesiástica do Rio de Janeiro*, Livraria Agir Editora, Rio de Janeiro 1948, p. 155-156.
[67] ASV, "Seminários", em: *Nunciatura Apostólica no Brasil*, fasc. 694, caixa 138, fl. 139b-140.
[68] ZENO HASTENTEUFEL, *História dos cursos de teologia no Rio Grande do Sul*, EDIPUCRS, Porto Alegre 1995, p. 12-13.
[69] PONTIFICIA COMMISSIO PRO AMERICA LATINA, *Os últimos cem anos de evangelização na América Latina*, p. 794-795.

abrangeu todo o Rio Grande do Sul e Santa Catarina até 1926, quando, ao ser criada a Arquidiocese catarinense, permaneceram somente os gaúchos. Nos 43 anos em que os jesuítas permaneceram por lá, formaram a impressionante cifra de 834 padres, alguns dos quais se tornariam cardeais, e um bom número arcebispos e bispos.[70]

O clero saído desses seminários "tridentinizados" fazia da prática sacramental e da catequese fundamentada no *Catecismo Romano* os grandes instrumentos do apostolado entre as massas, e os levava a cabo com extremado escrúpulo, anotando com minúcias o número de todas as celebrações realizadas, até mesmo nas crônicas sobre as visitas pastorais.[71] A sisudez era a nota característica dos padres jovens, como bem recorda Pe. Maximiano de Carvalho:

> Lembra-nos certo dia, na matriz velha de Campinas, disse-nos um tal Janjão: "O Sr. é diferente dos antigos padres moços". "Por quê?", interpelei-o; ele nos replicou: "É austero demais, parece um padre velho". O senso de responsabilidade que se imprimia lá no seminário era exagerado, talvez, como me disse um dia o notável Pe. Lindolfo Esteves, o mais talentoso dentre todos.[72]

Em que pese a proliferação dos seminários, o crescimento do clero nativo brasileiro continuou aquém das expectativas. O bispo de São Paulo, ao se perguntar o motivo de tão modesto resultado, chegou a duas conclusões desconcertantes: a primeira era que os vocacionados pobres não podiam ingressar no seminário porque não tinham dinheiro. Dinheiro para comprar livros, dinheiro para as roupas, dinheiro para sustentar-se durante uma longa aprendizagem e dinheiro para outras inevitáveis despesas. Nestes casos, segundo o prelado diocesano, para os desafortunados candidatos do interior, faltava uma mão benévola que os auxiliasse e os encaminhasse para as casas de formação diocesana. Não faltavam vocações, faltavam os cultivadores delas, era o seu parecer. A segunda constatação não era menos dolorosa: as famílias ricas e remediadas tampouco podiam ser uma alternativa, porque no meio delas existiam muitos preconceitos contra a religião, além de ideias errôneas e totalmente falsas a respeito do sacerdócio católico, preocupações mundanas, aspirações às glórias do século, às brilhantes posições da sociedade civil, desejos imoderados de gozos e riquezas fabulosas. O diocesano de São Paulo indicava o ensino aprofundado da religião como uma opção corretiva e também insistiu, na organização da Obra das Vocações Sacerdotais, que recolhia donativos para manter seminaristas pobres.[73]

---

[70] Zeno Hastenteufel, *História dos cursos de teologia no Rio Grande do Sul*, p. 15-16.
[71] Os relatos existentes sobre as visitas pastorais dos bispos de Mariana, MG, são bem característicos: "Sua Ex.ª (o bispo) sem descanso tomou o caminho de Tamanduá, onde se demorou alguns dias, sem que em um só deles lograsse repouso, tais foram os trabalhos que ali o aguardavam. [...] Nesta visita foram crismadas cerca de cinquenta mil pessoas; foram dadas vinte mil comunhões, santificadas duzentas uniões ilícitas e desfeitas dezenas de outras, cujas partes ficaram inibidas de fazê-lo por impedimentos canônicos indispensáveis ou por outros motivos alheios à sua vontade" (Alípio Ordier Oliveira, *Traços biográficos de Dom Silvério Gomes Pimenta*, p. 46).
[72] Maximiano de Carvalho Silva, *Monsenhor Maximiano da Silva Leite*, p. 11.
[73] José de Camargo Barros, *Carta Pastoral de Dom José de Camargo Barros, Bispo de São Paulo publicando a Encíclica de S.S. Pio X sobre o ensino da doutrina cristã e outros documentos*, Tipografia Andrade Melo, São Paulo 1905, p. 13-19, 95.

Não obstante essa e outras tantas medidas tentadas, o resultado deixou muito a desejar, tanto que, em 1910, havia apenas um seminarista para cada 13.000 fiéis na arquidiocese de São Paulo.[74] Entretanto, depois de iniciada a primeira guerra mundial, em 1914, e também nos anos subsequentes, registrou-se certa estagnação na chegada de padres europeus, ao mesmo tempo em que o número de vocações brasileiras começou a crescer. Algo semelhante se passou entre os regulares, que gradualmente foram se "abrasileirando".[75]

A mudança em curso, contudo, não foi suficiente para alterar uma carência persistente. Por isso, uma circular reservada expedida pela Nunciatura Apostólica, em 1923, além de confirmar o problema, aventava perspectivas pouco lisonjeiras para o futuro:

> O Brasil conta presentemente com mais de 30 milhões de habitantes, número que aumenta vertiginosamente pela enorme quantidade de imigrantes de todas as partes do mundo e de todas as religiões. Mínimo, porém, é o contingente do clero de que o país dispõe para a assistência religiosa dos fiéis.
> Com efeito, o número global dos sacerdotes oferecido anualmente pelos seminários da nação é de tudo insuficiente para suprir a necessidade da mesma, considerando que as estatísticas feitas com certo cuidado resulta que tal número em média não supera os 36. É claro que, com este contingente tão exíguo, não poderão ser substituídos não só os sacerdotes estrangeiros, mas sequer, senão em pouquíssima parte, os sacerdotes nacionais que morrerão. [...] Consequência lógica deste estado de coisas é que, humanamente falando, aqui no Brasil vamos ao encontro de uma grande calamidade religiosa, que será junto um verdadeiro desastre nacional.[76]

Como se não bastasse, boa parte das instituições seminarísticas brasileiras estava abaixo dos padrões desejados pela Santa Sé. Mons. Egídio Lari, encarregado pontifício, numa missiva que enviou ao Cardeal Gaetano de Lay, com data de 26 de setembro de 1926, ainda que minimizasse a penúria com que cada jurisdição diocesana instituía suas casas formativas, explicou o porquê:

> Em geral, nos seminários brasileiros, mesmo nos melhores, falta a perfeita formação eclesiástica e intelectual: carece nesse ou noutro ponto, mais ou menos, em todo lugar. Tive de constatar tal situação ao examinar os documentos concernentes aos candidatos ao episcopado ou tratando de perto com reitores e professores dos seminários. [...] Eu visitei os seminários de Juiz de Fora, São Paulo, Mariana e Campinas e nenhum está à altura da situação. O seminário de Juiz de Fora é como uma granja, sem disciplina, pouca vigilância, professores incapazes ou insuficientes. Três seminaristas teólogos, provenientes do seminário de Mariana, dormem num quarto em cima da sacristia da catedral e vão tomar as refeições na casa do vigário-geral do outro lado da praça pública...
> É verdade que o seminário é incipiente; mas é necessário começar como se deve.[77]

---

[74] MANOEL ISAÚ SOUZA PONCIANO SANTOS, *Luz e sombras*, p. 55.
[75] PAULA PORTA (Org.), *História da cidade de São Paulo*, Paz e Terra, São Paulo 2004, p. 221.
[76] AA.EE.SS., "Circular reservada", em: pos. 491, fasc. 6, fl. 45-46.
[77] ASV, Carta de Mons. Egídio Lari ao Cardeal Gaetano de Lay (26-9-1926), em: *Nunciatura Apostólica no Brasil*, caixa 188, fasc. 1064, fl. 16-18.

3.1.3 – Quatro clérigos que fizeram história: Padre Landell de Moura, Cardeal Arcoverde, Dom Leme e Padre Júlio Maria

Apesar de modesto quanto ao número, o clero brasileiro, nas primeiras décadas republicanas, produziu alguns nomes relevantes, merecendo particular destaque o Padre Roberto Landell de Moura, o Cardeal Arcoverde, Dom Leme e o Pe. Júlio Maria.

Padre Landell de Moura (1861-1928) era um gaúcho de Porto Alegre, cidade em que aprendeu as primeiras letras, sendo depois matriculado no colégio jesuítico Nossa Senhora da Conceição de São Leopoldo, onde concluiu o curso de humanidades. Em 1879, aos 18 anos de idade, mudou-se para o Rio de Janeiro e lá estava quando recebeu a visita de seu irmão Guilherme, que optara pela vida eclesiástica. Ele, que era também muito devoto, optou por seguir o exemplo do irmão e juntos partiram para Roma, indo residir no Colégio Pio Latino. Matricularam-no na Pontifícia Universidade Gregoriana e ele aproveitou para aprofundar igualmente seus conhecimentos em física e química na mesma instituição. Seguiu-se a ordenação sacerdotal, celebrada no dia 28 de outubro de 1886, após o que, ainda naquele ano, regressou ao Rio, celebrando uma das suas primeiras missas no Outeiro da Glória. Residiu numa casa de padres situada no Morro do Castelo por dois meses, mas, no ano seguinte, regressou ao seu estado de origem. Foi nomeado capelão da igreja do Bonfim e professor de história no seminário de Porto Alegre, tendo também exercido o ministério sacerdotal em Uruguaiana no ano de 1891. Deslocou-se para São Paulo em 1892, vindo a trabalhar seja na capital que em Campinas, Botucatu e Mogi das Cruzes. Nesta fase "paulista", sua saga inventiva veio a ganhar notoriedade, pois foi nas cidades de Campinas e São Paulo, entre 1892 e 1893, que ele levou a cabo as experiências que passariam para a história.[78]

O ponto alto aconteceu em 1893, na capital paulista, quando, entre outras testemunhas, na presença do Cônsul Lupton, da Inglaterra, realizou a transmissão e recepção, sem fio, do alto da Avenida Paulista para o alto de Santana, distante um do outro cerca de 8 km. Tenha-se presente que o evento se deu um ano antes da primeira e rudimentar experiência do italiano Guglielmo Marconi (1874-1937). A isso se deve acrescentar que Landell de Moura transmitia sons em 1893, enquanto Marconi começou a transmitir sinais em 1894 e a uma distância de apenas cem metros.[79]

Surpreendentemente, a novidade causou reação negativa na população que, entre outros epítetos, qualificou o sacerdote-inventor de impostor, mistificador, louco, bruxo, padre renegado e herege. Como se não bastasse, a casa em que morava foi arrombada e seu laboratório, todos os aparelhos e "máquinas infernais" que tinha, destruídos. Ele, porém, reconstruiu tudo, tendo conseguido obter a patente brasileira n. 3.279 "para um aparelho apropriado à transmissão da palavra a distância, com ou sem fios, através do espaço, da

---

[78] MAGALI PRADO, *História do rádio no Brasil*, Livros da Safra, São Paulo 2012, p. 34-35.
[79] ERNANI FORNARI, *O incrível Padre Landell de Moura*, 2ª ed., Biblioteca do Exército Editora, Rio de Janeiro 1984, p. 11.

terra e da água". Partiu em seguida para os Estados Unidos para patentear outros inventos. Lá ficou três anos e, depois de enfrentar dificuldades várias, conseguiu afinal ter três patentes reconhecidas: a de transmissor de ondas (n. 771.917 de 11 de novembro de 1904); e as do telefone sem fio e do telégrafo sem fio (n. 775.337 e n. 775.846 de 22 de novembro seguinte). Recusou lisonjeiras propostas para ficar, preferindo regressar ao Brasil e entregar ao governo nacional seus inventos. O destino lhe reservou uma ingrata surpresa: quando solicitou dois navios para fazer demonstrações de transmissão a distância entre a baía da Guanabara e o alto mar, o oficial de gabinete julgou-o maluco e transmitiu tal impressão ao presidente da República. Com base nisso, no dia seguinte, Rodrigues Alves enviou-lhe um gentil telegrama, informando que não poderia naquele momento atender ao seu pedido e que aguardasse outra oportunidade. A negativa feriu os brios do sacerdote que, desiludido, quebrou seus aparelhos, encaixotou seus livros, cadernos e documentos e passou a dedicar-se exclusivamente ao seu ministério sacerdotal.[80] Nos restantes anos da sua existência, Padre Roberto Landell de Moura exercitaria diversos ofícios religiosos, sempre com bastante discrição. Um dos encargos que recebeu foi aquele de penitencieiro da catedral de Porto Alegre.[81] Na sua cidade natal, ele viria a morrer no Hospital da Beneficência Portuguesa, vítima de tuberculose, aos 30 de junho de 1928.[82]

O segundo clérigo digno de menção foi Dom Joaquim Arcoverde de Albuquerque Cavalcanti (1850-1930), que pôde ser considerado a figura ideal para uma aproximação honrosa com as autoridades governamentais. Pernambucano de Cimbres, iniciou seus estudos em Cajazeiras, Paraíba, em 1863, indo concluí-los no Colégio Pio Latino-americano de Roma. Laureado em filosofia e teologia pela Pontifícia Universidade Gregoriana, foi ordenado presbítero pelo Cardeal Costantino Patrizi Naro (1798-1876), em 4 de abril de 1874, na basílica de São João de Latrão. Regressou ao Brasil em 1876 e, em 1885, seria nomeado coadjutor do Arcebispo da Bahia, recusando a nomeação. Atuaria como bispo coadjutor de São Paulo até ser promovido a Arcebispo de São Sebastião do Rio de Janeiro, Arquidiocese que governaria até a sua morte.[83]

O novo encargo deu-lhe a real possibilidade de aceder ao Cardinalato. A própria chancelaria brasileira em Roma se encarregou de apoiar a tentativa, e a Santa Sé, por deferência diplomática, consultou o governo brasileiro a respeito. O barão do Rio Branco, que se aproximava sempre mais do Catolicismo, respondeu que qualquer Arcebispo do país merecia a escolha, acrescentando que o escolhido pelo Papa seria do agrado dos católicos do Brasil. Em outubro do mesmo ano de 1905, recebia o Núncio Tonti um despacho do Cardeal secretário de Estado, chamando a Roma o Arcebispo do Rio de Janeiro. Dia 16 de novembro ele partiu e a 4 do mês seguinte era recebido por Pio X em audiência privada. No consistório secreto do dia 11 seria eleito Cardeal, rece-

---

[80] ERNANI FORNARI, *O incrível Padre Landell de Moura*, p. 12-13.
[81] ASV, Carta de Mons. Egídio Lari ao Cardeal Pietro Gasparri (31-7-1926), em: *Nunciatura Apostólica no Brasil*, caixa 186, fasc. 1057, fl. 126.
[82] MAGALI PRADO, *História do rádio no Brasil*, p. 35.
[83] ANTÔNIO ALVES FERREIRA DOS SANTOS, *A arquidiocese de São Sebastião do Rio de Janeiro*, p. 24-25; MANUEL ALVARENGA, *O Episcopado brasileiro*, p. 53-54.

bendo a imposição cardinalícia durante o consistório público do dia 14. Surgia assim o primeiro prelado latino-americano, que daria aos católicos do Brasil um voto no Sacro Colégio Romano.[84]

Tornando-se Cardeal, Arcoverde ganhou grande proeminência e a usou para aumentar o prestígio da Igreja entre as autoridades do país. O barão do Rio Branco o saudou eufórico, recordando que a distinção que recebera era devida aos 20 milhões de católicos brasileiros, que constituíam um terço da América Latina. Grande foi a afluência de altas autoridades brasileiras ao evento, realizado na sala consistorial, descrito com palavras entusiásticas.[85] O neopurpurado logo se cercou de uma áurea de respeito, que produzia comentários realmente apoteóticos: "Vê-lo na missa, ou em qualquer outra solenidade religiosa, é edificar-se profundamente, tal a dignidade e o respeito com que Sua Eminência o Cardeal atende a todas as prescrições litúrgicas, serve de verdadeiro exemplo a clero e leigos".[86]

Há, contudo, um particular do seu governo raramente comentado: as relações um tanto tensas que manteve com seu auxiliar e sucessor, Dom Sebastião Leme de Silveira Cintra.[87] Dom Leme (1882-1942) era paulista de nascimento, natural de Espírito Santo do Pinhal, hoje Pinhal. Tendo ingressado no seminário menor diocesano de São Paulo em 1894, dali partiu dois anos mais tarde para o Pio Latino em Roma, vindo a concluir seus estudos na Pontifícia Universidade Gregoriana. Em 1900, doutorou-se em filosofia, ordenando-se sacerdote em 1904. No ano seguinte, já estava atuando ativamente na cidade de São Paulo, primeiro, em 1905, como coadjutor na paróquia de Santa Cecília, e logo depois, como professor do seminário diocesano. A sua eloquência lhe angariou o título de "boca de ouro", dado por Dom Duarte Leopoldo, e ele se destacou ainda mais pelo inquestionável espírito de iniciativa, manifesto em obras como a fundação do jornal *A Gazeta do Povo*, em cujas páginas abriu um ataque sem tréguas contra os inimigos da Igreja. Em 1910, tornar-se-ia vigário-geral da mesma diocese e, no ano seguinte, bispo auxiliar do Rio de Janeiro. Na capital federal, logo ficou claro que seu temperamento e

---

[84] Ao assumir a diocese do Rio por longo período, Dom Joaquim Arcoverde de Albuquerque Cavalcanti logo tratou de reforçar suas estruturas eclesiásticas e religiosas. Por isso, em 1910, a Arquidiocese do Rio de Janeiro contava com bispos auxiliares (Dom Joaquim Silvério, que não chegou a tomar posse, e Dom Sebastião Leme da Silveira Cintra, nomeado em 1911), 16 ordens religiosas masculinas e 17 ordens e congregações femininas. Ao todo, os sacerdotes eram 150 e as religiosas 539, atuando em 31 paróquias, 190 igrejas simples e capelas, 47 oratórios privados (Guilherme Schubert et alii, *A Província Eclesiástica do Rio de Janeiro*, p. 14).

[85] De acordo com relato elaborado por João Dornas Filho, "Os convidados chegaram pelas 3 horas da tarde à sala Clementina, onde S. Ex.ª, o ministro brasileiro, Sr. Bruno Chaves, em companhia do 1º secretário da legação, Sr. Magalhães de Azeredo, ambos em grande uniforme, recebeu seus compatriotas; todos os senhores vestiam casaca e gravata branca, e muitos traziam condecorações no peito. [...] Atrás da cátedra do Cardeal secretário de Estado, estendia-se uma fila de poltronas douradas destinadas ao ministro brasileiro, ao primeiro secretário da legação, às senhoras das famílias chaves, Magalhães Azeredo e outras altas senhoras do Brasil (João Dornas Filho, *Apontamentos para a história da república*, Editora Guaíra, Curitiba 1941, p. 206-207).

[86] Américo Jacobina Lacombe et alii, *Brasil, 1900-1910*, p. 52.

[87] Dom Sebastião Leme da Silveira Cintra (1882-1942) era paulista, natural de Espírito Santo do Pinhal. Entrou para o seminário diocesano de São Paulo em 1894, no tempo em que era bispo o futuro Cardeal Arcoverde. Enviado para Roma em 1896, cursou humanidades no Pio Latino, doutorando-se em 1900 em filosofia na Gregoriana. Quatro anos mais tarde se doutoraria também em teologia na mesma universidade. Foi ordenado presbítero em 1904. Dom Leme viria a tornar-se o mais influente bispo brasileiro no começo da Era Vargas (Manuel Alvarenga, *O Episcopado brasileiro*, p. 55).

projetos pastorais eram muito diversos daqueles do Cardeal, e essas diferenças nem sempre foram vividas de forma serena. O Cardeal teve o mérito de haver unido com eficácia os bispos do sul numa ação comum, mas, segundo Laurita Pessoa Raja Gabaglia (a Irmã Maria Regina do Santo Rosário), ele pertencia a uma geração formada na lei do respeito absoluto, para a qual a disciplina é o nervo de toda a sociedade e muito especialmente da Igreja. Faltavam-lhe horizontes, o senso dos problemas contemporâneos e mesmo certo dom de compreensão humana. Laurita esclarece que o purpurado não tinha alma insensível, mas pretendia ser acima de tudo uma autoridade a que se obedece e a que se respeita sem aproximação e sem contato humano, e que a idade acentuara nele este feitio imperioso, recebido da herança de família e da primeira formação. Dom Leme, segundo a mesma autora, seria o contraponto, isto é, um espírito aberto ao drama humano e às necessidades próprias de sua época. Tinha o espírito de desbravador. Pouco lhe importavam as fórmulas; não queria ser um personagem e sim uma pessoa. Era homem de autoridade como Dom Joaquim, mas de maneira diversa, porque seus métodos eram persuasivos. Isso teria aumentado as diferenças entre ambos, pois a sensibilidade matizada e espontânea do jovem bispo destoava com o formalismo do Cardeal.[88]

Dom Sebastião Leme deixou momentaneamente o Rio em 1916, ao ser nomeado Arcebispo de Olinda, e foi lá que começou a ganhar projeção nacional. Ele via com grande preocupação a falta de influência da Igreja na sociedade e um dos remédios que encontrou para reverter essa situação foi a busca constante – mas não exclusiva – de aproximação com as altas personagens políticas, para, por meio delas, alterar o laicismo radical institucionalizado. Assim, no mesmo ano em que tomou posse como Arcebispo, expôs seu plano de ação numa *Carta Pastoral* que se tornaria célebre. Nela propunha conhecer os males do tempo, estudar as suas causas e preparar os meios de salvação. Para o prelado, se de uma parte não havia no Brasil um antagonismo anticatólico como em certos países, a Igreja tampouco era uma maioria eficiente para interferir nos destinos sociais da nação, creditando isso à falta de educação religiosa do povo. Ou seja, sem ser instruído na fé, a massa dos fiéis ignorava os ensinamentos da religião que professava, e por isso esta pouco neles influía. Propunha como solução organizar, unificar e pressionar o governo para conseguir para a Igreja a posição que lhe cabia por direito nos negócios públicos. O meio para tanto seria a formação de uma liderança católica, que atuaria como grupo de pressão em prol da volta do Catolicismo à vida pública e, dessa posição, usar o poder para promover a influência.[89] Teve maior possibilidade de fazê-lo ao ser nomeado Arcebispo coadjutor do Rio de Janeiro, com direito a sucessão, em 15 de março de 1921, até porque o Cardeal Arcoverde, com idade avançada e cheio de achaques, naquele mesmo ano lhe entregou o governo arquidiocesano.[90]

---

[88] Laurita Pessoa Raja Gabaglia, *O Cardeal Leme*, Livraria José Olympio Editora, Rio de Janeiro 1962, p. 54-55.
[89] Cf. Sebastião Leme, *Carta Pastoral saudando os diocesanos de Olinda*, Tipografia Vozes, Petrópolis 1916, p. 1-135.
[90] A. I., "Morte do nosso Cardeal D. Joaquim Arcoverde de Albuquerque Cavalcanti", em: *Vozes de Petrópolis*, n. 9, Editora Vozes, Petrópolis 1930, p. 442.

Tão apologista quanto o Cardeal Arcoverde e Dom Leme, Pe. Júlio Maria tinha outro projeto: a Igreja deveria se aproximar do povo, antes que das elites influentes. Depois de enviuvar pela segunda vez, aos 8 de setembro de 1889, o advogado Júlio César de Morais Carneiro se sentira atraído pelo sacerdócio e, no ano seguinte, havia se mudado para Mariana a fim de se preparar para a futura ordenação. Ele residia com o bispo, Dom Antônio Sá e Benevides (1836-1896), que, devido à doença, tinha deixado o governo diocesano nas mãos do auxiliar, Dom Silvério Gomes Pimenta (1840-1922). Graças à erudição que possuía, Júlio César necessitou estudar apenas dois anos, tempo em que amadureceu a vocação pastoral que se tornaria a meta de sua vida: discutir, propagar, trabalhar e combater pela fé. Ordenado aos 29 de novembro de 1891 por Dom Silvério, iniciou seu ministério em Rio Novo, transferindo-se depois para Juiz de Fora. Entre 1892 e 1894, começou a demonstrar notável talento de orador sacro ao realizar pregações pelo interior de Minas: Rio Novo, Mar de Espanha, Ubá e São João del Rei. Foi o primeiro passo para um trabalho mais amplo.[91]

Em 1905, o entusiasta sacerdote deu nova guinada, tornando-se o primeiro brasileiro a ingressar na congregação de Santo Afonso Maria de Liguori ("Redentoristas") e, no ano seguinte, fixou residência no Rio de Janeiro, de onde irradiaria sua ação a todos os ângulos do Brasil. Nesta fase, ele já superara o período "reacionário" dos primeiros tempos da sua conversão, transformando-se num dos mais lúcidos seguidores do pensamento do Papa Leão XIII no Brasil, o que o faziam capaz de audácias, como propor a "cristianização da democracia".[92] A retórica fluente que possuía facilitava a transmissão das ideias que desejava transmitir, e a ele cabe o mérito de haver sido um dos personagens que mais concorreu para despertar a atenção de muitos fiéis para a doutrina da Igreja no Brasil. Apresentando o Catolicismo de forma clara e bem articulada, o batalhador padre, excetuando-se apenas Goiás e Mato Grosso, atravessou todo o Brasil a pregar, conquistando grande popularidade. Ele jamais aceitou o fato de que, num país de imensa maioria católica, uma minoria autoritária e agnóstica ditasse as regras, mas teve de se ver com uma sistemática oposição também ao interno da própria Igreja. O diretor do jornal católico carioca *O Apóstolo*, ainda que mantendo a compostura, criticaria fortemente o pensamento social que apresentava; mas o pior opositor entraria em cena em 1898: o cônego Dr. Vicente Wolfenbüttel. Sacerdote da diocese do Rio Grande, mas residente no Rio, cônego Wolfenbüttel era doutor em teologia dogmática pela Universidade Gregoriana e desfecharia através da imprensa um ataque cerrado contra o Pe. Júlio Maria, em que a agressividade era a nota dominante:

> Apareceu um miserável, [...] um doutor, formado em ciências jurídicas, já suspeito, porque, tendo sido cristão, abandonou os arraiais do Cristianismo para ser incrédulo – ele mesmo assim o confessa –, tira-se dos seus cuidados e, levado por espírito de vaidade e orgulho, apresenta-se com uma *missão especial* (os grifos são

---

[91] Fernando Guimarães, *Homem, Sociedade e Igreja no pensamento de Júlio Maria*, Editora Santuário, Aparecida 2001, p. 26-27.
[92] Júlio César de Morais Carneiro, *O Catolicismo no Brasil (Memória histórica)*, p. 10-11.

do autor), à semelhança de São Paulo, e, dirigindo-se ao povo e ao clero brasileiro, apregoa uma religião *progressista*, uma religião que mostra não haver *nada mais progressivo do que o dogma católico* e que, devido à falta das *convicções luminosas de S. Revma.*, a religião no Brasil vai mal: o clero é retrógrado porque vive agarrado ao Syllabus de Pio IX; o povo, mal orientado pelo clero, em hostilidade com a República, com a qual é preciso que a Igreja se congrace. [...] A religião é o que foi e será: inovações não queremos. [...] Fora o Pe. Júlio Maria![93]

O mesmo cônego ainda acusaria o neorredentorista de ser "modernista", "darwinista" e de negar a divindade de Cristo. Num crescendo, as críticas pessoais atingiram tal grau de ferocidade, que o próprio internúncio Macchi repreendeu o atacante. Sob pressão da Internunciatura, o Arcebispo Arcoverde também o intimou ao silêncio em 1899, mas ao invés da situação se acalmar, precipitou-se: Wolfenbüttel publicou uma carta aberta ao vigário-geral do Rio, Mons. João Pires do Amorim, recusando a medida disciplinar. No mesmo dia ele foi suspenso de ordens e convidado a deixar a arquidiocese. Nem assim se retratou, tendo continuado sua luta pessoal até 1900, quando caiu no anonimato. Para o Pe. Júlio Maria o episódio lhe foi favorável, dada a admirável compostura que manteve diante dos ataques, a qual, aliada aos seus inegáveis dotes de erudito, em pleno desenrolar da querela, aos 8 de agosto de 1899, valeria-lhe a indicação como sócio do Instituto Histórico Geográfico Brasileiro, onde aproveitou da ocasião para defender seu método apologético e a sua missão, rebatendo com dignidade às acusações que lhe eram dirigidas em público.[94]

Assim, o projeto de união da Igreja com o povo, que começara a tornar público a partir de 1898, por meio de uma série de artigos sucessivos publicados no jornal *Gazeta de Notícias* do Rio de Janeiro, teve continuidade, dando origem a um modo de pensar que faria escola. Isso aconteceu ainda que, como bem recordaria Alceu Amoroso Lima, escandalizasse os tímidos e irritasse os integralistas do seu tempo. Para os padrões da época, tratava-se deveras de uma grande novidade a afirmação feita pelo denodado padre no dia 13 de março de 1898: "Hoje, sob o ponto de vista social, só há duas forças no mundo: a Igreja e o povo. Uni-las é o ideal do Papa; concorrer para esta união é, em cada país, o dever dos católicos, principalmente do clero".[95]

Outro aspecto abordado com coragem pelo Pe. Júlio Maria, e que demonstra toda a sua sensibilidade e lucidez ante os problemas sociais emergentes, foi a proposta que apresentou para a questão operária, ao advertir ser necessário sujeitar o despotismo do capital às leis da equidade; exigir dele, não só a caridade, mas a justiça a que tem direito o trabalhador. No seu entender, tratava-se de dignificar o trabalhador e cristianizar a oficina. Tal perspectiva implicaria em proclamar bem alto a eminente dignidade do operário na cidade de Deus, que Jesus Cristo fundou na terra, não com as castas, as aristocracias, as burguesias ou as dinastias, mas com o povo e para o povo. Essas ideias seriam incorporadas à sua célebre *Memória* sobre a religião, publicada no *Livro do Centenário*, obra comemorativa dos quatro séculos da descoberta do

---

[93] ASV, "Pelo dogma", em: *Nunciatura Apostólica no Brasil*, fasc. 437, caixa 89, doc. 11, fl. 145.
[94] FERNANDO GUIMARÃES, *Homem, Igreja e Sociedade no pensamento de Júlio Maria*, p. 37-41.
[95] JÚLIO CÉSAR DE MORAIS CARNEIRO, *O Catolicismo no Brasil*, p. 12-13.

Brasil. Trata-se de um texto vibrante, ainda que mereça restrições. A reserva mais grave diz respeito a certas generalizações feitas a respeito da hierarquia eclesiástica durante a Questão Religiosa: "Nem mesmo depois que o Estado cobria de opróbrios e vilipêndios a Igreja brasileira, encarcerando-lhe os bispos e exprobrando-lhe a dependência em que o clero estava dele pelos salários que lhe dava, bispos e padres resolveram propugnar pela reforma e reclamar contra a escravidão".[96] Isso não é correto: a Questão Religiosa foi uma consequência da reforma eclesial e não o seu início, e tampouco se pode desprezar a militância dos leigos católicos em favor dos bispos acusados, ou da defesa que se lhes fez prelados como Dom Viçoso e outros mais. Mesmo assim, esses limites não chegam a comprometer o conjunto da análise, em que a coragem do autor em afrontar os novos desafios continua atual: "O período da República não pode ser ainda para a religião, como foi o Colonial, o esplendor. Não é também, como foi o Império, a decadência. É, não pode deixar de ser – o período do combate".[97]

3.1.4 – Padre Cícero: a punição do "santo de Juazeiro"

Superada a questão da retidão de doutrina, motivos outros, ligados a determinadas expressões da religiosidade popular, continuaram a ser motivo de litígio. Na empobrecida região nordeste, as assim chamadas crenças da miséria, com sua exaltação mística, envolveriam também alguns clérigos, tendo encontrado uma das suas máximas expressões na pessoa do Pe. Cícero Romão Batista (1844-1934). O "Padim Ciço" dos sertanejos foi ordenado presbítero no seminário de Fortaleza, aos 30 de novembro de 1870, e, no dia 11 de abril de 1872, assumiu a capelania do povoado de Juazeiro. Zeloso, estimulava associações, como a Conferência São Vicente de Paulo, dando provas de sua abnegação aos pobres e doentes durante a terrível seca de 1877-1879, quando salvou muitas vidas fazendo cavar poços e plantar mandiocais.[98] Anos depois, no dia 1º de março de 1889, última sexta-feira antes da quaresma, no momento em que distribuía a comunhão aos fiéis, Maria Madalena do Espírito Santo de Araújo (1862-1914), uma mestiça nascida ali mesmo em Juazeiro, não pôde engolir a partícula, porque esta se transformara numa substância vermelha. Para as beatas, era o sangue de Cristo. Pe. Cícero manteve discrição sobre o fato, mas, em 1891, monsenhor Francisco Monteiro o anunciou do púlpito, forçando o bispo de Fortaleza, CE, Dom Joaquim José Vieira (1836-1917) a se posicionar. Ele o fez, negando categórico numa carta pastoral o aspecto miraculoso do acontecido: "O sangue aparecido nas Sagradas Partículas recebidas por Maria Araújo não era nem podia ser o sangue de Jesus Cristo, porquanto causava enjoo ao próprio Pe. Cícero".[99]

A reprimenda não impediu que o caso ultrapassasse os confins de Juazeiro e peregrinações portentosas se dirigissem para lá. A cidade se transformou num formigueiro humano, crescendo continuamente. Cinco missas passaram

---

[96] Cf. Júlio César de Morais Carneiro, "A Religião, ordens religiosas, instituições pias e beneficentes no Brasil", em: *Livro do centenário (1500-1900)*, Imprensa Nacional, Rio de Janeiro 1900, p. 107-113.
[97] Júlio César de Morais Carneiro, *O Catolicismo no Brasil*, p. 242.
[98] Roger Bastide, *Il Brasile*, Garzanti, Milano 1960, p. 75.
[99] Edmar Morel, *Padre Cícero, O santo de Juazeiro*, Civilização Brasileira, Rio de Janeiro 1966, p. 13-19.

a ser rezadas todo dia e mesmo assim não eram suficientes para atender à demanda crescente dos fiéis. Dom Joaquim interveio de novo, formando uma comissão para estudar o assunto. Examinados e processados os fatos, dita comissão concluiria que se tratava de fenômenos puramente naturais acompanhados de imposturas. O prelado não hesitou e suspendeu Pe. Cícero de ordens, encaminhando o parecer recebido ao Santo Ofício, que legitimou a punição por meio de decisão baixada aos 4 de abril de 1894. Pe. Cícero lamentou a dureza da medida, mas o Santo Ofício a confirmaria no dia 10 de fevereiro de 1897, declarando que se ele quisesse recorrer de novo que fosse a Roma. Ele foi, mas uma carta enviada por Dom Joaquim ao internúncio Giovanni Battista Guidi, no dia 27 de março de 1897, e que foi logo repassada à Cúria Romana, pela severidade do seu conteúdo, permitia antever qual seria o desfecho:

> Pe. Cícero vive cercado de especuladores que exploram a sua monomania rendosa. [...] Os ignorantes o apelidaram *Padre Santo* (o grifo é do autor): é um segundo Antônio Conselheiro que tem o dom de fanatizar as classes ignorantes.
> Cumpre-me cientificar que nesta diocese os casos de desequilíbrio das faculdades mentais são frequentes e comuns, e quase todos se manifestam por tendências para o maravilhoso, não sendo estranha a esta tendência uma boa parte do clero, isto devido ao Dr. Ibiapina, homem ilustrado em ciências jurídicas, mas supersticioso, que, resolvendo ordenar-se, conseguiu esta graça sem estudos teológicos, e depois saiu a pregar pelos sertões de Pernambuco e do Ceará, demorando-se mais nesta diocese, onde muito contrariou o meu antecessor de saudosa memória, o Revmo. D. Luiz. O Pe. Cícero e outros foram discípulos deste Dr. Ibiapina: daí vem em parte a história do Juazeiro.[100]

Assim, quando Pe. Cícero chegou a Roma no ano seguinte, ele conseguiu ser ouvido pelo tribunal cinco vezes, mas uma terceira sentença não só confirmou o que fora dito, como ordenou que se retirasse de Juazeiro.[101] Outros nove padres e trinta leigos também receberiam punições menores, e o bispo manteve-se irredutível ante os apelos feitos para que reintegrasse o "Padim". O prelado reconhecia que Pe. Cícero era um sacerdote de costumes ilibados e dado a exercícios de piedade; mas, num momento em que a hierarquia tudo fazia para fundamentar doutrinariamente a fé, dando prioridade aos sacramentos, o culto do maravilhoso citado acima já não podia ser mais tolerado. A questão da autoridade episcopal também era muito sentida, e a tentativa do padre de justificar o sucedido, levou Dom Joaquim a qualificá-lo de "teimoso e sofista".[102]

Pe. Cícero se submeteu, tendo suportado a amargura de não poder celebrar missa; mas isso não impediu que sua fama de milagroso continuasse a atrair levas e mais levas de romeiros, trazendo progresso para Juazeiro. Nesse meio tempo, numa faixa de terra que adquirira em Coxá, foi encontrada uma mina de cobre, devidamente explorada pelo conde europeu Adolfo van den Brule, em

---

[100] ASV, Carta de Dom Joaquim José Vieira ao internúncio Giovanni Battista Guidi (27-3-1897), em: *Nunciatura Apostólica no Brasil*, fasc. 384, caixa 79, doc. 68, fl. 112-113.
[101] ASV, Carta de Dom Joaquim José Vieira ao Núncio Alessandro Bavona (20-12-1907), em: *Nunciatura Apostólica no Brasil*, fasc. 625, caixa 126, doc. 11, fl. 41b-42.
[102] ASV, Carta de Dom Joaquim José Vieira ao Núncio Alessandro Bavona (20-12-1907), em: *Nunciatura Apostólica no Brasil*, fasc. 625, caixa 126, doc. 11, fl. 41, 42b.

parceria com o médico Floro Bartolomeu Costa e Pedro Onofre. Era a somatória perfeita de prestígio religioso e econômico, ao qual se somou o político, pois o Dr. Floro, por intermédio do clã do padre, conseguiu ser eleito deputado estadual e federal pelo Ceará. Pe. Cícero tornou-se tão poderoso que, sob seu comando e de Floro, o povo do sertão conseguiu vencer as tropas que o Coronel Franco Pinto Rabelo (imposto como governador do Ceará pelo presidente Hermes da Fonseca em 1912) enviara para sitiar o Juazeiro, marchando em seguida sobre Fortaleza, a capital estadual, forçando o governador a renunciar e partir para o Rio de Janeiro. O sucesso político-militar em nada alterou a atitude da hierarquia eclesiástica, e por isso Padre Cícero morreria em 1934, sem ser reabilitado nem reintegrado no uso das ordens sacras. Tornara-se, apesar de tudo, um personagem legendário no nordeste, tendo deixado seguidores, como o paraibano José Lourenço Gomes da Silva, o "beato" José Lourenço (1872-1946), vaqueiro administrador de um dos seus sítios, de nome Caldeirão. Numa triste sequência, a comunidade do "beato" acabaria se indispondo com as autoridades político-religiosas, e o sítio terminou invadido em 1937 pelas forças oficiais do governo Vargas e seus habitantes massacrados.[103] Em todo caso, José Lourenço se safou, fugindo para o Pernambuco.

3.2 – O papel dos religiosos na conjuntura da jovem República

As perseguições contra os religiosos na Europa repercutiram imediatamente no Brasil, e, aos 10 de março de 1901, o representante pontifício, Giuseppe Macchi, escreveu ao Cardeal Rampolla alertando: "As questões que agitam a França em relação às congregações religiosas e as demonstrações acontecidas na Espanha e em Portugal encorajaram também os radicais brasileiros, e já mais de um jornal sério denunciou o *grande perigo que corre o Brasil com tanta imigração de frades expulsos da Europa, invocando providências*" (o grifo é do autor).[104] O temor era excessivo, pois, naquele momento, o governo não tinha o menor interesse de melindrar a Santa Sé, inclusive porque, por intermédio de Ferreira da Costa, ministro plenipotenciário, começara a articular as negociações para que um brasileiro se tornasse Cardeal.[105]

Por isso, quando as medidas persecutórias do ministério Combes provocaram na França a grande expulsão de religiosos entre 1903 e 1904, no dia 9 de junho de 1903, o Núncio Giulio Tonti sem nenhuma hesitação enviou uma circular a todos os bispos brasileiros, pedindo-lhes que acolhessem quantos desejassem imigrar. Oportunamente, informava que os eventuais imigrantes estavam habilitados a exercer seu ministério seja na educação, seja nas obras de caridade.[106] Nem todos os bispos puderam responder positivamente ao apelo: o de Petrópolis, Dom João Francisco Braga (1868-1937), explicou que os

---

[103] ANTENOR DE ANDRADE SILVA, *Os salesianos e a educação na Bahia e em Sergipe*, Tipografia Abigraf, Roma 2000, p. 48.
[104] AA.EE.SS., Carta de Monsenhor Giuseppe Macchi ao Cardeal Rampolla (10-3-1901), em: *Brasil*, fasc. 101, pos. 578, fl. 36.
[105] AA.EE.SS., Nota diplomática (1901), em: *Brasil*, fasc. 101, pos. 580, fl. 43.
[106] ASV, "Circular ao Episcopado Brasileiro" (9-6-1903), em: *Nunciatura Apostólica no Brasil*, fasc. 531, caixa 108, doc. 1, fl. 1.

asilos e as casas de caridade já presentes na sua diocese lutavam com muitas dificuldades, e a fundação de colégios era coisa bastante complexa; ao passo que o de Porto Alegre, Dom Cláudio, informou que diversas congregações dotadas de membros franceses já estavam presentes na sua jurisdição, e que simplesmente poderiam ser reforçadas. Citava como exemplo os jesuítas, os capuchinhos da Saboia, os salesianos, os irmãos maristas e as irmãs de São José (da Saboia). Por isso, não lhe parecia prudente chamar outras, tanto mais que quase todos os pontos importantes já estavam ocupados. Mesmo assim, explicava: "Se alguma congregação religiosa, pelas extraordinárias dificuldades das circunstâncias, se achar quase na necessidade absoluta de emigrar, eu a aceitaria com toda caridade e faria o possível para auxiliá-la".[107]

A escassez de recursos econômicos limitou igualmente a abertura franca aos exilados. Dom Eduardo, bispo de Uberaba, recordou que sua diocese era paupérrima, mas que, apesar de tudo, dentro do possível, receberia com a maior satisfação e suma prontidão novos membros das quatro congregações, todas francesas, que já estavam presentes no seu território, e que eram os dominicanos de Tolouse, as dominicanas de Monteil, os maristas e os lazaristas. A mesma dificuldade seria apresentada por outros prelados, os quais, porém, não descartaram a possibilidade única que o momento histórico se lhes oferecia. Entre outros exemplos, o bispo de Diamantina, MG, deu uma resposta quase eufórica: "Aceito-as, da melhor vontade. […] Aceitarei de bom grado quantas [congregações] queiram vir para prestar serviços em qualquer lugar da diocese, uma vez que a diocese não tenha de pagar [as despesas da viagem], porque não tem rendas para isso". O prelado de Maceió também ressaltou que não poderia auxiliar no pagamento das passagens, mas ainda assim foi categórico: "Desejo e posso receber alguns religiosos e religiosas, […] que aqui chegando serão bem acolhidos".[108]

Esclarecidas as condições, os religiosos franceses puderam se transferir sem maiores contratempos. Um dos destaques dentre os recém-chegados foram os capuchinhos da Saboia, que levaram a vantagem de se integrarem numa ordem com bases sólidas. Enquanto isso, outras perseguições antirreligiosas na Europa, sobretudo em Portugal, também fariam com que mais regulares optassem pelo Brasil. Foi este o caso dos jesuítas. No início do século XX, eles já se haviam organizado em três frentes no país – a missão do sul (confiada à província germânica), a parte central (a cargo dos padres da província romana) e o norte (em mãos dos portugueses a partir de 1910). Esta última se viabilizou justamente depois de acolher os confrades vítimas da terceira expulsão da sua história em solo lusitano.[109]

Aconteceu no dia 26 de junho de 1912, quando o último ministério da Monarquia lusa, presidido por Antônio Teixeira de Souza (1857-1917), mandou dissolver algumas comunidades religiosas, tentando ganhar a simpatia dos liberais. Previa-se um longo período de perseguição, mas os acontecimentos políti-

---

[107] ASV, Cartas dos bispos de Petrópolis e Porto Alegre ao Núncio Giulio Tonti, em: *Nunciatura Apostólica no Brasil*, fasc. 531, caixa 108, docs. 2-3, fl 2, 6-7.
[108] ASV, Cartas dos bispos de Diamantina, Uberaba e Maceió ao Núncio Giulio Tonti, em: *Nunciatura Apostólica no Brasil*, fasc. 531, caixa 108, docs. 4, 5, 12, fl. 8-10, 12, 26-27.
[109] ASV, "Religiosi", em: *Nunciatura Apostólica no Brasil*, caixa 182, fasc. 1033, fl. 232.

cos precipitaram o advento da República. Presidido provisoriamente por Teófilo Braga, o novo regime separou a Igreja do Estado e pouco depois também estabeleceu um programa para a eliminação sistemática dos regulares. Com este intuito, por meio de um decreto baixado aos 8 de outubro de 1910, foram restauradas as leis pombalinas contra a Companhia de Jesus, motivo pelo qual todos os membros jesuítas portugueses ou estrangeiros, num total de 360 religiosos (147 sacerdotes, 112 irmãos e 101 formandos), tiveram de deixar o país.[110]

Boa parte deles escolheu o Brasil como refúgio, mas o primeiro grupo que atravessou o Atlântico a bordo do navio *Orissa* teve de enfrentar a ira dos grupos anticlericais que, por meio de alguns jornais e manifestações de rua, bradaram contra a entrada dos "elementos reacionários". Para piorar, o presidente do Brasil, Nilo Procópio Peçanha, apoiou a iniciativa, tentando legitimá-la do ponto de vista legal. A reação foi imediata: a maioria da imprensa mostrou-se contrária à iniciativa, a opinião pública também reagiu negativamente, ao passo que, no senado, Cândido Mendes conseguiu a solidariedade da maioria dos colegas em favor dos padres. Endossando a iniciativa, Pedro Moacir, com base no Artigo 72 §§ 1 e 3 da Constituição Federal, que garantia a todos a liberdade de movimentos e de culto, apresentou na câmara um *habeas corpus* estabelecendo o livre acesso e a permanência dos religiosos no país, enquanto que dez mil senhoras da sociedade lançavam igualmente um protesto público contra a medida repressora. Enfim, aos 12 de novembro de 1910, faltando apenas três dias para Nilo Peçanha encerrar o mandato, o supremo tribunal federal, por meio do Acórdão n. 2972, firmado por Ribeiro de Almeida, deu ganho de causa aos padres da Companhia, aos quais foi concedido pleno direito de entrar no Brasil e nele residir.[111]

A expansão jesuítica pôde, portanto, prosseguir e, aos 8 de dezembro de 1925, Mons. Egídio Lari, encarregado pontifício no Brasil, afirmou: "A missão da província romana da Companhia de Jesus no Brasil central [...] por decreto do M. R. Pe. Geral acaba de ser erigida vice-província independente".[112]

3.2.1 – A restauração das ordens antigas

Depois de abolido o padroado, muitos duvidavam completamente tanto da possibilidade quanto da conveniência de se restaurar as velhas ordens. Se de uma parte, as monjas até que gozavam de certa consideração, doutra, os frades e os monges que ainda restavam quase sempre eram vistos por bispos e religiosos das novas congregações com verdadeiro horror. O motivo de tanta aversão foi sintetizado, aos 25 de janeiro de 1890, por Dom José de Barros, bispo de Olinda:

> Se houvesse de pronunciar-me sobre esse resto de ordens religiosas chamadas brasileiras, e cujos membros trazem os hábitos de beneditino, carmelita, franciscano ou mercedário, para essas diria: se o decreto lhes abrisse os noviciados, causaria à Igreja grande mal, pois levaria aos conventos, para receberem as lições dos atuais

---

[110] MIGUEL DE OLIVEIRA, *História eclesiástica de Portugal*, 2ª ed., Publicações Europa-América, Mira-Sintra 2001, p. 249-250.
[111] LUIZ GONZAGA AZEVEDO, *Proscritos*, Tipografia E. DAEM, Bruxelas 1914, p. 234-245.
[112] ASV, "Religiosi", em: *Nunciatura Apostólica no Brasil*, caixa 192, fasc. 1095, fl. 90.

frades, separados do centro monástico, novos aspirantes, que iriam restaurar o ajuntamento de indivíduos cujo escopo tem sido mais gozar dos bens legados aos conventos, do que o serviço do culto sagrado, nestes últimos tempos.
Tão grandes e tão públicos têm sido os escândalos da vida, da ociosidade da maior parte dos religiosos brasileiros, e, hoje mesmo, e tão descarada a imoralidade de muitos desses restos aí existentes, que parece conveniente não tentar a restauração dessas ordens sob qualquer aspecto, porque há de acompanhar sempre a suspeita pública, desconfiada da santidade dessas agremiações.
Melhor serviço podem prestar no Brasil outras ordens religiosas, principalmente as que não possuem bens, pois para essas é sempre generosa a caridade do povo e não lhes faltam os meios de fazer o bem.
No Brasil, o fato que se mostra aos olhos do público, é que ordens religiosas atapetadas de riquezas deixam ir caindo em ruínas os seus conventos e as suas igrejas, ao passo que os Capuchinhos, paupérrimos, levantam igrejas e conventos de custosos valores.[113]

Outros bispos assumiriam esta crítica, como o de São Paulo, que assegurou que na sua diocese os religiosos das velhas ordens brasileiras não possuíam espírito religioso, estando habituados a uma vida licenciosa, motivo pelo qual dificilmente poderiam observar a própria regra. Por isso, via como única solução recomeçar do nada, formando jovens segundo o espírito das diversas ordens.[114]

Mesmo assim a Santa Sé estava disposta a tentar, e, no dia 18 de março precedente, o Cardeal secretário de Estado já havia pedido ao internúncio Francesco Spolverini informações a respeito. Um dia depois, o internúncio lhe telegrafara informando que qualquer interferência naquele momento seria algo inoportuníssimo, dada a precariedade da situação política do país, sendo melhor esperar para depois da aprovação da constituição e das reuniões episcopais. Spolverini tinha os antigos religiosos em tão baixo conceito que até acreditou que o melhor a fazer seria suprimir todos eles no momento propício. Deve-se ter presente que o internúncio dificilmente saía de Petrópolis, e que as suas opiniões se formavam a partir das informações que recebia. Considerando, porém, o que foi dito acima e a ressalva feita aos excessos verbais, é conveniente dar certo crédito à afirmação feita pelo representante da Santa Sé de que, dentre os quarenta idosos regulares ainda em vida, exceção feita a três carmelitas, talvez três beneditinos e dois franciscanos, todo o resto vivia como um "animal que se espoja na lama, abjeto no fedor do vício, habitando mais ou menos fora do convento com mulheres e numerosas famílias". E, enquanto ele assim argumentava, novos perigos surgiam no horizonte: as finanças do país andavam mal e, no dia 31 de maio, o ministro do interior propôs ao Arcebispo da Bahia que todos os bens dos antigos regulares fossem vendidos, e o montante convertido em títulos da dívida pública em nome da Igreja do Brasil, que assim possuiria uma renda anual. A proposta seria rejeitada, pelo bem fundamentado temor de que longe de salvar os bens, antes se aceleraria a confisca.[115]

---

[113] ASV, Cartas do bispo de Olinda (25-1-1890) e de São Paulo (18-5-1890) ao internúncio, em: *Nunciatura Apostólica no Brasil*, fasc. 330, caixa 68, doc. 15, fl. 36b.
[114] ASV, Cartas dos bispos de Olinda (16-5-1890) e de São Paulo (18-5-1890) ao internúncio Spolverini, em: *Nunciatura Apostólica no Brasil*, fasc. 377, caixa 77, fl. 29.
[115] ASV, "Sobre as providências a serem tomadas pela Igreja Católica no Brasil", *Nunciatura Apostólica no Brasil,* fasc. 377, caixa 77, fl. 7-10, 19b.

Em meio a tantas opiniões contrárias, o Papa Leão XIII, com um decreto emanado pela sagrada congregação de negócios eclesiásticos expedido no dia 3 de novembro de 1891, tomou a iniciativa de disciplinar os velhos regulares remanescentes, determinando que eles ficariam sob a obediência imediata, tanto material quanto espiritual, dos bispos diocesanos.[116] Por mais bem intencionada que fosse, tal iniciativa logo se mostrou insuficiente ou inadequada, devido às peculiaridades da situação, descritas com clareza pelo bispo do Rio de Janeiro:

> O citado decreto encontra não poucas, graves e sérias dificuldades nas imensas riquezas que estes religiosos possuem e das quais dispõem para os seus caprichos e se servem para formar poderosa influência de que habilmente usam para cobrir suas vergonhosas imoralidades. Compram a imprensa em seu favor; fazem publicar e distribuir no meio do povo injúrias e calúnias contra quem não concorda com eles; encontram facilmente advogados e defensores; movem demandas diante dos tribunais, e não lhes faltam protetores interessados entre aqueles que vivem nos seus conventos e que em grande número recolhem as suas pingues mesas.
> Além disso, estes religiosos não têm a menor reserva de declarar abertamente, e com inaudito desprezo, [...] que preferem entregar os seus bens ao governo, antes que à Igreja.
> Nesta deplorável condição a que estão reduzidos os poucos religiosos supérstites, dos quais a maior parte é animada mais dos próprios inimigos da religião, de perversos e hostis sentimentos contra as leis da Igreja, parece-me que seja necessário, e atualmente muito oportuno, tomar uma medida radical que tire definitivamente das mãos as riquezas das quais se servem a dano da religião e a fomentar suas nefandas posições.[117]

Além disso, as similares europeias das chamadas ordens brasileiras começavam a chegar ao Brasil para restaurá-las e se sentiam feridas na sua sensibilidade diante da hipótese de terem de se submeter aos titulares diocesanos. A desilusão acontecia justamente depois da esperança suscitada pelas alterações na Legislação Brasileira que, por meio do decreto de 26 de novembro de 1889, substituíra a anterior exigência de naturalização dos religiosos estrangeiros por uma declaração manifestando desejo de fixar residência.[118] Assim, quando o bispo da Bahia, seguindo a determinação pontifícia ao pé da letra, declarou que todos os religiosos estavam sujeitos ao episcopado, abriu-se um conflito de competências sem solução. O problema era o seguinte: como conciliar semelhante sujeição com o respeito devido aos superiores, que também exerciam legítima jurisdição sobre os membros de cada ordem ou congregação?[119] A questão continuou pendente até a posse do novo internúncio, Dom Girolamo Maria Gotti, em janeiro de 1892, que veio para substituir monsenhor Francesco Spolverini, que retornara a Roma. Carmelita descalço, o novo internúncio resolveu ele mesmo

---

[116] ASV, Monitor Católico (3-1-1892), em: *Nunciatura Apostólica no Brasil*, fasc. 345, caixa 71, doc. 11, fl. 79.
[117] ASV, Projeto de carta do bispo do Rio de Janeiro (tradução), em: *Nunciatura Apostólica no Brasil*, fasc. 345, caixa 71, doc. 9, fl. 74.
[118] MICHAEL EMÍLIO SCHERER, *Frei Domingos da Transfiguração Machado*, Edições Lumen Christi, Rio de Janeiro 1980, p. 83.
[119] ISMAEL MARTINEZ CARRETERO, *Exclaustración y restauración del Carmen em España (1771-1910)*, Edizioni Carmelitane, Roma 1996, p. 545.

tomar em mãos o controle da problemática, até porque fora incumbido por Leão XIII de levar a termo a restauração das ordens no Brasil, e com grande escrúpulo pôs mãos à obra.[120] Afinal, em 1893, o polêmico decreto foi revogado e ordens como a dos beneditinos receberam permissão para celebrar o capítulo e proceder à reabertura do noviciado.[121]

Tanto a ordem de São Bento quanto as demais instituições dos regulares, por determinação da própria Santa Sé, reestruturar-se-iam no Brasil segundo a Lei n. 173 de 10 de agosto de 1893, que reconhecia apenas associações com sede no país e dotadas de estatutos próprios, devidamente registrados. Naturalmente que as províncias religiosas das distintas ordens conservavam apenas a figura de brasileiras, mas a sua nacionalidade e autonomia não passavam de pura "questão de forma".[122] Pendente, porém, continuou a resistência dos velhos frades, nada dispostos a enquadrar-se na nova austeridade conventual. Tal situação fez com que cada ordem restaurada vivesse um processo distinto de renascimento, como segue:

a) Franciscanos: Em 1889, as duas províncias franciscanas do Brasil, de observância alcantarina, eram uma sombra do que haviam sido. A província de Santo Antônio, com sede na Bahia, conservava a posse de dez conventos, mas contava com apenas 9 frades; e ainda assim estava melhor que a província da Imaculada Conceição, com sede no Rio de Janeiro, que se encontrava reduzida a um único religioso, frei João do Amor Divino Costa.[123] Graças aos pedidos do provincial da Bahia, frei Antônio de São Camilo de Lellis, teve início o recomeço. Os primeiros frades, liderados por frei Amando Bahalmann, chegaram ao Brasil em 1891; ainda que, para grande desilusão do provincial da Bahia, eles tenham continuado viagem para Santa Catarina, onde estavam por iniciar uma nova frente. Porém, outros frades viriam e assim, apesar dos percalços da refundação, as duas províncias se desenvolveram rápido. Nos anos seguintes, seria empreendida séria luta pela recuperação dos antigos conventos, e, em 1921, já existiam no norte doze comunidades onde os franciscanos exerciam trabalhos diversos, que iam de hospitais a missões. No sul, a presença era ainda mais sentida, e os conventos e residências chegavam a dezesseis, onde viviam 87 sacerdotes, 23 coristas e 79 irmãos leigos. Igualmente grande era o rol das atividades exercidas: colégios, missões, imprensa, paróquias, pregação, catequese dos índios e outras mais.[124]

b) Beneditinos: Em 1890, a ordem de São Bento no Brasil ainda conservava sete abadias e quatro presidências, mas o número de monges se reduzira a apenas 13, sendo que, os de menos idade, estavam na casa dos 60 anos e os restantes variavam dos 70 a 80. Eles ainda adotavam uma terminologia de mendicantes,

---

[120] José Luiz Alves, "Notícia sobre os Núncios, internúncios e delegados apostólicos que desde o ano de 1808 até hoje representaram a Santa Sé no Brasil Reino Unido, no 1° e 2° reinados e na república federal", em: *Revista do Instituto Histórico Geográfico Brasileiro*, tomo LXII, parte 1, Imprensa Nacional, Rio de Janeiro 1900, p. 273-274.
[121] Cf. ASV, Comunicação de frei Domingos da Transfiguração (20-5-1893), em: *Nunciatura Apostólica no Brasil*, fasc. 355, caixa 73, doc. 19, fl. 71.
[122] ASV, Carta do Núncio Giuseppe Macchi ao Cardeal secretário de Estado da Santa Sé (8-4-1901), em: *Nunciatura Apostólica no Brasil*, fasc. 419, caixa 85, doc. 11, fl. 51b, 52b.
[123] Basílio Röwer, *A Ordem Franciscana no Brasil*, Vozes, Petrópolis 1942, p. 54.
[124] Soares de Azevedo, *Brado de alarme*, p. 252.

antes que monástica, sendo chamados de "freis" e suas casas de "conventos". O verdadeiro problema, no entanto, era que, na desolação dos antigos claustros, já não havia vida regular monástica, estando alguns fechados e outros habitados por um ou dois monges. A restauração começou pelo nordeste, com a chegada em Olinda, aos 17 de agosto de 1895, de monges da abadia alemã de Beuron, Baviera. Dali o trabalho se estendeu a outros antigos mosteiros da região, mas no sudeste o recomeço seria bem mais problemático. O abade de São Paulo, Dom Pedro da Ascensão Moreira, e o octogenário maçom, Joaquim do Monte Carmelo, não viam com bons olhos os "estrangeiros". A situação só se resolveu, porque Monte Carmelo, alquebrado e cheio de achaques, retirou-se para a Bahia, onde faleceu em 1899,[125] e também Dom Pedro, tendo caído enfermo, teve de ser acudido por seu confrade "estrangeiro", Dom Miguel Kruse. Ao falecer, em 15 de junho de 1900, Dom Kruse se tornaria o seu sucessor e a situação se normalizaria, porque antes que o ano terminasse outros monges foram mandados à abadia, e assim a vida regular pôde reiniciar na capital paulistana.[126] Pendente continuou apenas o Rio de Janeiro, que por sinal era uma das maiores e mais suntuosas casas monásticas do país. Em 1891, seu respeitável patrimônio incluía 165 prédios,[127] mas reconduzi-la à austeridade da regra se converteria num desafio enorme, pelas razões históricas que frei Domingos da Transfiguração Machado alegou aos 2 de setembro de 1901:

> Os religiosos do mosteiro do Rio de Janeiro, habituados desde quase um século às grandezas da Corte, arrastados pelo contato com os cortesãos, dispondo de uma renda avultada, abriram suas portas a toda sorte de hospedagem, franqueando sua mesa sem distinção de pessoas e, esquecidos das regras da economia doméstica, por diversas vezes criavam situações difíceis e embaraçosas para o Mosteiro.[128]

Dentre os embaraços o maior era o idoso Dom João das Mercês Ramos, que, por força das circunstâncias – era o único sobrevivente da casa –, ali exercia o ministério de abade. Encarnando com perfeição os limites dos antigos regulares, ele, a exemplo de seu falecido amigo Monte Carmelo, era um defensor convicto do modelo de outrora e por isso se opunha tenazmente a toda e qualquer restauração. Ele apelou inclusive para a justiça comum para impedir aos confrades alemães de reativar a abadia, o que inclusive lhe custou a excomunhão. A querela foi afinal decidida no Supremo Tribunal Federal aos 16 de dezembro de 1903, que deu ganho de causa aos recém-chegados. Nem depois disso Dom João se retratou, vindo a falecer no dia 23 de junho de 1904, fora do mosteiro, ainda excomungado e sem sacramentos.[129]

Melhor destino teve a comunidade a que pertencera: de outras abadias foram chamados alguns monges e jovens candidatos ao noviciado, de sorte que, no dia 23 de junho, pôde enfim ser inaugurado o *Opus Dei* com ofício de véspe-

---

[125] MICHAEL EMÍLIO SCHERER, *Frei Domingos da Transfiguração Machado*, p. 252.
[126] JOAQUIM G. LUNA, *Os monges Beneditinos no Brasil*, p. 44.
[127] ASV, Decreto n. 163 da Câmara dos Deputados, em: *Nunciatura Apostólica no Brasil*, fasc. 355, caixa 73, doc. 47, fl. 220.
[128] ASV, Carta de Dom Domingos da Transfiguração Machado ao Núncio Giuseppe Macchi (2-9-1901), em: *Nunciatura Apostólica no Brasil*, fasc. 21, caixa 86, fl. 24.
[129] JOSÉ LOHR ENDRES, *Catálogo dos Bispos, Gerais, Provinciais, Abades e mais cargos da Ordem de São Bento do Brasil (1582-1975)*, Editora Beneditina, Salvador 1976, p. 255.

ras de São João Batista. No dia 11 do mês seguinte, o noviciado foi oficialmente reaberto, com a admissão de quatro candidatos. Desde então a abadia retomou a vida. Meses depois, Dom Domingos passou o governo do mosteiro a Dom Gerardo e voltou para a Bahia. Finalmente, em 1907, a Santa Sé elevou o mosteiro do Rio de Janeiro à dignidade de *Abadia Nullius*. Para completar a vida beneditina no Brasil, algumas jovens brasileiras, que haviam feito o noviciado e profissão religiosa em Stanbrook, Inglaterra, regressaram à sua terra natal, em 1911, e com três outras monjas inglesas abriram um mosteiro em São Paulo, que seria o primeiro passo para novas fundações.[130]

c) Carmelitas: a exemplo do que ocorria nas demais ordens religiosas antigas, as três províncias carmelitas no Brasil – província fluminense, província da Bahia e província do Pernambuco – no alvorecer da República agonizavam; sendo que o vicariato ou província (sua definição jurídica não é precisa) do Maranhão deixara de existir aos 8 de agosto de 1891, ao falecer o último religioso, frei Caetano de Santa Rita.[131] Uma primeira tentativa de recomeço havia sido feita com alguns frades europeus chegados ao Recife no dia 26 de outubro de 1888, mas a experiência foi breve, terminando com ásperas recriminações recíprocas.[132] Da segunda vez seria diferente: religiosos espanhóis vieram para a mesma Recife, aos 5 de agosto de 1894,[133] os quais não desistiram. A partir daí a história dos carmelitas no Brasil tomaria um novo rumo, em que pesem os imensos problemas iniciais que tiveram de ser superados. A província espanhola se encontrava extenuada com os esforços que fazia para manter o Brasil, e por isso, aos 23 de junho de 1904, o provincial holandês Lamberto Smeets foi sondado para aceitar a província do Rio de Janeiro. Ele respondeu positivamente, mas com a condição de que os bens da província fossem devolvidos definitivamente à ordem. Assim foi feito, e, aos 27 de novembro de 1904, seis sacerdotes e dois irmãos provenientes da Holanda desembarcaram no Rio, e os religiosos espanhóis entregaram-lhes o convento da Lapa. Em dezembro do mesmo ano ocupariam também Angra dos Reis. No afã do recomeço, aos 6 de maio do ano seguinte, frei Cirilo Thewes com o frei Guillermo Meijer e o irmão Simão Jans reabriram igualmente o convento de São Paulo, isto depois de resolverem um desgastante conflito com o frei Antônio da Bem-aventurada Virgem Muniz Barreto, prior de Mogi das Cruzes, que afinal se reconciliou com os confrades durante o capítulo celebrado no dia 22 de junho de 1906. Naquele mesmo ano, foi restaurado o convento de Santos, e mais tarde, em 1917, o de Itu. Dois anos depois, frei Antônio faleceu, e a situação de Mogi das Cruzes se regularizou. Neste período de tempo, os carmelitas já haviam diversificado suas atividades, atuando em colégios e até em missões no Mato Grosso. As vocações eram escassas, mas a obra criara as necessárias raízes.[134]

---

[130] JOAQUIM G. LUNA, *Os monges beneditinos no Brasil*, p. 50.
[131] ASV, Relatório sobre os carmelitas calçados no Brasil, em: *Nunciatura Apostólica no Brasil*, fasc. 381, caixa 78, doc. 45, fl. 140.
[132] Cf. ISMAEL MARTINEZ CARRETERO, *Exclaustración y restauración del Carmen en España (1771-1910)*, Edizioni Carmelitane, Roma 1996, p. 519-520.
[133] JOAQUIN SMET, *Los carmelitas*, Biblioteca de Autores Cristianos, Madrid 1995, p. 173-174.
[134] JOAQUIN SMET, *Los carmelitas*, p. 175, 258-259.

d) Mercedários: Quando se iniciou o século XX, a realidade da ordem das Mercês no Brasil havia superado os limites do dramático, por uma razão simples: não mais existia. E, exceto uma ou outra igreja construída em honra às suas devoções, ou algum convento em ruínas, nada mais recordava os séculos de presença que havia mantido no país. Os últimos mercedários brasileiros foram frei Antônio das Dores Pinto, falecido no Pernambuco em 1891, e frei Manoel Rufino de Sant'Ana Freitas, que morreu em São Luiz aos 25 de agosto de 1900.[135] Mesmo extintos, os mercedários ainda continuariam a ser notícia por causa do patrimônio que deixaram. Abusando de certas lacunas do Decreto n. 173 de 10 de setembro de 1893, em 1904, alguns políticos cobiçosos apresentaram uma apelação contra a venda dos bens da ordem desaparecida, feita ao bispo da diocese de São Luiz, MA, Dom Antônio Xisto Albano (1859-1917). A União Federal não queria reconhecer a transação e pretendeu sequestrar as propriedades em demanda. A questão foi parar no supremo tribunal federal que afirmou a validade da venda porque "as leis de amortização foram revogadas pelo art. 72§3° da constituição; as ordens religiosas podem, independentemente da licença do governo, alienar os bens do seu patrimônio".[136]

Foi então que, aos 8 de junho de 1920, o Papa Bento XV erigiu a prelazia de Bom Jesus do Gurgueia, no sul do Piauí, abrangendo os municípios de São Raimundo Nonato, Caracol, Bom Jesus, Paranaguá, Gilbués e Santa Filomena. O mesmo Pontífice, que era terciário da ordem das Mercês, ordenou ao geral mercedário, Padre Inocêncio Lopes Santa Maria, que aceitasse dita prelazia. Em obediência a esse mandato papal, partiram de Roma alguns padres para reiniciar a obra da ordem das mercês no Brasil. Assim, em princípios de 1923, o bispo de Teresina, Dom Octaviano Pereira de Albuquerque (1866-1949) deu posse ao prelado mercedário frei Pedro Pascoal Miguel, o qual, junto do frei Francisco Freiria, partiu para a sua jurisdição, chegando a São Raimundo Nonato depois de penosa viagem. O geral da ordem, contudo, continuou enviando missionários, e os mercedários retomaram sua marcha histórica no país.[137]

3.2.2 – A multiplicação explosiva de novas congregações e suas opções "étnicas"

A minguada presença de regulares no Brasil já era reconhecida desde o pontificado de Leão XIII, Pontífice que, aliás, em muito estimulara a Nunciatura a estudar uma solução conveniente para tanto. Em 1903, o Núncio Giulio Tonti chegou à conclusão de que o remédio mais eficaz seria o de conseguir o estabelecimento de uma ou mais casas especiais de missão segundo a carência de cada diocese. Ele inclusive preparou um detalhado *Projeto sobre as Missões* que, depois de submetê-lo ao parecer dos bispos, enviou-o à Santa Sé. A proposta foi rejeitada, aos 3 de junho de 1904, pelo Cardeal Merry del Val, que informou que a Santa Sé não julgara oportuno intervir por meios de normas gerais, preferindo deixar que cada bispo se entendesse com os institutos religiosos, tendo presente apenas as instruções já existentes sobre o assunto.[138]

---

[135] ASV, "Semana missionária" – setembro 1926, caixa 197, fasc. 1174, fl. 6.
[136] LEDA BOECHAT RODRIGUES, *História do Supremo Tribunal Federal*, p. 68.
[137] ASV, "Semana missionária", em: *Nunciatura Apostólica no Brasil*, caixa 197, fasc. 1174, fl. 6-10.
[138] ASV, Carta do Cardeal Merry del Val ao Núncio Giulio Tonti (3-6-1904), em: *Nunciatura Apostólica no Brasil*, fasc. 502, caixa 102, doc. 3, fl. 185.

Foi exatamente isso que os prelados fizeram, realizando verdadeira peregrinação pela Europa, tanto antes quanto depois da chegada dos expatriados de Portugal e da França, dadas as imensas necessidades religiosas de um país continental. Preocupava-lhes sobretudo os fiéis do interior, que "morriam à míngua dos socorros espirituais, faltando-lhes, além disso, a educação religiosa".[139] Nem sempre o apelo que faziam era atendido; mas boa parte dos solicitados se sensibilizou, possibilitando, depois de chegarem, que um revigoramento religioso no Brasil acontecesse.[140]

A maioria das ordens e congregações que se instalava buscava difundir a influência católica nos mais diversos âmbitos, e foi por mérito seu que a Igreja, entre outras coisas, começou a se destacar em áreas como a editorial, ultrapassando o limite das impressões acanhadas que até então tinha tido. E, a multiplicação dos recém-chegados foi fulminante: de algumas dezenas que eram até 1910, passaram a centenas nas décadas seguintes. Afora os missionários do norte e do centro-oeste – e que na maioria das vezes também tinham comunidades noutras regiões –, merecem especial menção:

a) Basilianos: a ordem de São Basílio Magno mandou um primeiro representante ao Brasil ainda no ano de 1886, com o objetivo de instruir e confirmar na fé os orientais que migravam para o Brasil. Com o advento da república, puderam viabilizar um trabalho sistemático, marcando presença nos estados do Paraná e Santa Catarina.

b) Redentoristas: os religiosos da congregação do Santíssimo Redentor começaram a marcar presença no Brasil assim que chegaram em Mariana, MG, no ano de 1893. Dali dirigiriam novas frentes pelo interior de Minas e também no Rio de Janeiro. Um ano depois atingiram Goiás, fundando em seguida novas casas em Campinas, Belo Horizonte e Distrito Federal. A eles caberia a responsabilidade de dirigir dois grandes santuários: Aparecida (onde se estabeleceram aos 28 de outubro de 1894) e Penha (1905), ambos no Estado de São Paulo.

c) Verbitas: os Padres do Verbo Divino chegaram na cidade de Vitória, ES, e logo se poriam em contato com os colonos espalhados pelas montanhas capixabas. Outras casas da congregação seriam criadas em Minas e no Paraná, fazendo com que, no ano de 1915, os seus 59 sacerdotes e 11 irmãos pudessem contar com uma gama de atividades realmente excepcionais: 184 capelas, 15 escolas paroquiais (1.072 alunos) e 11 colégios. Auxiliavam-nos as missionárias servas do Divino Espírito Santo, que mantinham importante educandário em Juiz de Fora, MG.

d) Missionários filhos do Imaculado Coração de Maria: chegaram ao Brasil em 1895 e logo se dedicaram à instrução e educação da juventude, abrindo colégios e orfanatos, ao mesmo tempo em que davam assistência a igrejas e capelas em Minas Gerais, São Paulo, Bahia e estados do Sul. No início dos anos vinte, perfaziam um total de 56 sacerdotes e 25 irmãos coadjutores. O trabalho que desenvolviam incluía também a assistência espiritual às irmãs do Puríssimo Coração de Maria, presentes em vários conventos no Rio Grande do Sul.

e) Premonstatenses: estabelecidos em São Paulo a partir do ano de 1896, revelar-se-iam hábeis na direção de colégios e seminários. Por isso, os padres desta ordem seriam colocados à frente do seminário menor e do santuário de Bom Jesus de Pirapora, e do Colégio São Vicente de Paulo de Petrópolis, RJ.

f) Sociedade do Divino Salvador: presente no Brasil desde 1896, exerceria seu apostolado nos subúrbios do Rio de Janeiro e também no sul de Minas Gerais.

---

[139] ALÍPIO ORDIER OLIVEIRA, *Traços biográficos de Dom Silvério Gomes Pimenta*, p. 84.
[140] ODILÃO MOURA, *As ideias católicas no Brasil*, p. 28.

g) Irmãos Maristas: visitaram o Brasil, em 1897, e pouco depois assumiriam o Colégio Diocesano São José, no Rio de Janeiro. Com o tempo, a sua rede de educandários se estenderia a Belém, São Luiz, Fortaleza, Recife, Maceió, Salvador, Apicucos, São Paulo, Santos, Uberaba e Varginha. O noviciado da congregação funcionava em Mendes, a qual mantinha ainda várias revistas de piedade.
h) Camaldulenses: desenvolveram seus trabalhos no sul do Brasil, com especial atenção às famílias de origem italiana e polaca.
i) Missionários da Salette: São Paulo foi o lugar escolhido para o seu estabelecimento no Brasil, acontecido no ano de 1902, onde exerceriam vários trabalhos paroquiais. O Rio de Janeiro seria o seu segundo centro de atividades.
j) Barnabitas: a ordem dos clérigos regulares de São Paulo Apóstolo iniciou sua obra no Brasil pelo Estado do Pará, aonde chegaram no ano de 1903. Em 1905, abririam uma segunda frente no Rio de Janeiro, onde montaram um importante colégio.
k) Trapistas: o primeiro monge da ordem de Cister veio ao Brasil em 1903, e, tendo se encontrado com o presidente da república, Francisco de Paula Rodrigues Alves, dele ouviu palavras realmente alvissareiras: "Não só uma, mas antes vinte trapas quisera eu ver estabelecidas no Brasil". Animado, o monge imediatamente tratou de encontrar terras onde os colonos pudessem dedicar-se à lavoura. Achou-as na região do Paraíba do Sul, na localidade de Tremembé. Depois de instalados, os monges revolucionaram a agricultura da região com as novas técnicas que traziam, utilizadas em grandes plantações de arroz. No início dos anos vinte, os trapistas já tinham se tornado 24, ao lado de 28 de irmãos conversos. Juntos dirigiam centenas de trabalhadores, tendo contribuído enormemente para o progresso da região, mas não se descuidavam da meditação e das obras de caridade.
l) Missionários da Sagrada Família: Chegaram em 1911, fixando-se no Amazonas, Pará e Rio Grande do Norte. Ali se dedicariam ao ensino e ao trabalho paroquial.
m) Irmãos das escolas cristãs: no Brasil desde 1913, levariam a sério seu carisma, erigindo vários estabelecimentos de ensino, principalmente no Rio Grande do Sul.[141]

A vida comunitária nas casas de formação das novas congregações era circundada por um conjunto severo de normas e de exercícios de piedade, que incluía a missa diária obrigatória, confissão frequente, em geral com o padre diretor espiritual indicado pelos superiores; além de várias recomendações a respeito da visita ao Santíssimo Sacramento, reza do terço, leituras espirituais, retiros e estímulo a devoções a Nossa Senhora e ao Sagrado Coração de Jesus. Particular apelo se fazia para se renunciar ao "espírito do mundo", o que, na prática, correspondia a uma ruptura com o mundo. Um seminarista que abandonasse a vida religiosa era logo privado do contato com os demais, não lhe sendo permitido sequer despedir-se dos colegas. Pe. Pedro Henrique, no seminário redentorista Santo Afonso, justificava tal atitude repetindo a máxima evangélica: "Quem põe a mão no arado e olha para trás não é digno de mim".[142]

Desnecessário salientar que a aversão dos anticlericais das várias tendências em relação ao multiplicar das novas congregações era enorme, e que tudo fariam para contê-lo. Como afirmava o jornal paulista *Gazeta do Povo*, no dia 1º de janeiro de 1910, "não há instituição da Igreja Católica contra a qual os seus inimigos invistam com tanto furor como contra as ordens religiosas". O jornal sabia o que dizia, pois naquele momento os anarquistas Oreste Ristori

---
[141] SOARES DE AZEVEDO, *Brado de alarme*, p. 260-263.
[142] AUGUSTIN WERNET, *Os redentoristas no Brasil*, vol. II, Editora Santuário, Aparecida 1996, p. 76.

(1874-1943) e Edgard Leuenroth (1881-1968) haviam denunciado o orfanato Cristóvão Colombo das irmãs Carlistas, situado no bairro paulistano de Vila Prudente, acusando-as do assassinato e ocultamento dos cadáveres das meninas Idalina e Josefina.[143] Na verdade, tudo não passava de uma trama bem urdida, pois as acusações tinham sido forjadas por Ângelo Paciullo, que convenceu a menor América Ferraresi, que havia se hospedado na casa das irmãs, a testemunhar contra elas. Seguiu-se uma violenta campanha em jornais anarquistas, como *La Battaglia* e *A Lanterna* e outros mais, que editaram manchetes clamando: "Dá-nos Idalina! Dá-nos Josefina!" Quando, porém, a jovem América foi intimada a depor, admitiu em prantos que era mentira. Triunfante, o jornal católico *La Squilla* declarou que "a máquina desmontada caiu sobre a cabeça dos construtores".[144]

Isso não quer dizer que a vida religiosa no Brasil estivesse acima da crítica, pois as reservas contra o seu proceder partiram de um personagem acima de qualquer suspeita: o Núncio Apostólico Giuseppe Aversa. Ele lamentava que, em muitos casos, contrariando o desejo inicial de tantos prelados diocesanos, muitos regulares tendiam a se concentrar nas grandes cidades, não raro priorizando o atendimento à classe alta e deixando de lado os pobres. Monsenhor Aversa apontava exceções, como os capuchinhos e franciscanos, mas sem deixar de acrescentar outra ressalva: sendo ditos religiosos estrangeiros, sequer faziam caso de aprender a falar bem o português.[145] Daí que, em certos lugares, seu sotaque estranho, quiçá fruto de uma linguagem desleixadamente mal pronunciada, tornava-se inclusive motivo de caçoada entre as crianças.[146] O desprezo pela língua do país que os hospedava, e pela cultura e costumes gerais do povo, incomodaria até mesmo o Cardeal Arcoverde, que, por este motivo, manteve uma posição de distanciamento e de crítica contra os religiosos estrangeiros.[147]

O caso dos dominicanos é esclarecedor, pois, depois de estabelecidos, tiveram de afrontar uma questão premente: que resposta dar às vocações nativas que tocavam as portas dos conventos? A questão se fazia ainda mais complexa, porque muitos jovens possuíam baixa escolaridade (a maioria dos conventos da ordem dos pregadores era situada no interior) e não era possível enviar os candidatos para um noviciado na Europa. Duas possibilidades se lhes oferecia então: a admissão à ordem como irmãos cooperadores ("conversos" – categoria que existiu até 1968); ou o ingresso na Escola Apostólica, onde ditos jovens completavam sua instrução básica, recebendo conjuntamente uma formação rudimentar sobre a vida religiosa em geral e da dominicana em particular. Em 1906, a missão dos dominicanos recebeu autorização da Santa Sé para instituir um noviciado de irmãos cooperadores, e no ano de 1912, na cidade de Uberaba, MG, a Escola Apostólica começou a funcionar, exercendo este papel até 1947. Havia, no entanto, um dispositivo no regulamento interno da ordem – que permaneceria em vigor

---

[143] ASV, "Gazeta do Povo" (1-1-1910), em: *Nunciatura Apostólica no Brasil*, fasc. 633, caixa 128, fl. 63.
[144] ASV, "La Squilla" (12-11-1910), em: *Nunciatura Apostólica no Brasil*, fasc. 633, caixa 128, fl. 62.
[145] ASV, "Importante relatório sobre as condições religiosas e civis da república", em: *Nunciatura Apostólica no Brasil*, caixa 138, fasc. 694, doc. 1, fl. 136.
[146] Douglas Teixeira Monteiro, *Os errantes do novo século*, p. 81.
[147] Augustin Wernet, *Os redentoristas no Brasil*, vol. I, p. 27.

até meados dos anos vinte – e que fazia a diferença: "Não serão admitidos negros ou mestiços".[148]

Os capuchinhos assumiram atitude análoga, não faltando dentre eles quem insistisse na inaptidão dos brasileiros para a vida regular, colocando toda a esperança nos rebentos dos seus compatriotas: "Poucos se espera dos brasileiros. Há muito que se esperar de italianos, máxime de vênetos. [os pais do Brasil] sabem mais educar jumentos que os próprios filhos, [os quais] por natureza são inimigos da disciplina".[149]

Atitudes do gênero não foram exceção e, nas quase duzentas congregações masculinas e femininas que vieram para o Brasil entre 1880 e 1930, tornou-se comum rejeitar sistematicamente vocacionados negros e mestiços. O espírito de prevenção era tão exacerbado que em certas áreas atingiu o extremo de só serem admitidos filhos de imigrantes italianos, alemães e poloneses.[150] O eurocentrismo vigente não pouparia sequer padres e seminaristas brasileiros que iam para o Velho Mundo, fato este que mereceu uma denúncia magoada do italiano Pe. Calogero Gusmano, ao escrever, no dia 3 de agosto de 1901, ao seu confrade salesiano Pe. Giulio Barberis:

> Aqui na América geralmente se lamenta que na Itália não tratam bem os missionários; muitas vezes não têm onde dormir; são deixados jornadas inteiras sem quarto; [...] não se lhes mostra nenhuma cordialidade etc. etc. Estas coisas passam de boca em boca e eu sofro em senti-las. E depois, os americanos não são em nada inferiores ao Antigo Continente.[151]

O pior é que os religiosos tentavam de instaurar o preconceito racial nas dioceses em que confrades seus se tornavam bispos, ou inspiravam certos prelados diocesanos a imitá-los. Fora do sul do Brasil, porém, onde a presença de imigrantes europeus era menos sentida, teriam de ceder. O Arcebispo Arcoverde, quando declarou que não ordenaria negros, recebeu reprovação tanto do clero quanto dos leigos;[152] e a diocese de Mariana sequer tentou uma medida do gênero. Aos 6 de dezembro de 1913, Pe. Afonso Maria, ante a acusação de que o seminário marianense estava encontrando poucas vocações pelo fato de admitir muitos negros, reagiu indignado, afirmando que a arquidiocese admitia e favorecia a entrada de negros sim, mas que afinal nem muito numerosos eram. Para ele não havia dúvidas: a maledicência era somente "exagero e maldade por parte dos inimigos do Arcebispo".[153]

Não obstante as numerosas exceções no clero secular, o preconceito racial foi bastante forte para produzir efeitos desastrosos: o clero do país que che-

---

[148] José Barraldo Barquilla e Santiago Rodriguez, *Los dominicos y el Nuevo Mundo – siglos XIX – XX – Actas del V Congreso Internacional Querétaro* (4-8 septiembre 1995), Editorial San Esteban, Salamanca 1997, p. 577-578.
[149] Carlos Albino Zagonel et alii, *Capuchinhos no Brasil*, Edições Est, Porto Alegre 2001, p. 311.
[150] Roberto Zwestsch, *500 anos de invasão, 500 anos de resistência*, Paulinas, São Paulo 1992, p. 222.
[151] Paolo Albera; Calogero Gusmano, *Lettere a don Giulio Barberis durante la loro visita alle case d'America (1900-1903)*, Libreria Ateneo Salesiano, Roma 2000, p. 206.
[152] Carlos Albino Zagonel et alii, *Capuchinhos no Brasil*, p. 311.
[153] ASV, Carta do Pe. Afonso Maria ao Núncio Giuseppe Aversa, em: *Nunciatura Apostólica no Brasil*, caixa 144, fasc. 723, fl. 164.

gara a possuir um razoável número de negros, incluindo-se o primeiro bispo negro retinto da história das Américas – Dom Silvério Gomes Pimenta –, que não era outro senão o prelado da mesma Mariana citada acima, rapidamente se embranqueceu. Com isso, agravou-se ainda mais a distância que existia entre a Igreja e importantes segmentos dos fiéis, problema este que mesmo décadas depois ainda seria uma questão aberta.[154]

---

[154] Um dos primeiros documentários que se conhece atestando a presença de padres negros no Brasil é a obra *Notas dominicais* do francês François Louis Tollenare, que, no início do século XIX, descreveu a presença de clérigos não brancos em Pernambuco, que segundo ele, eram angolanos. Na oportunidade, Tollenare agregou que a legislação existente, proibindo a admissão de negros ao sacerdócio, era facilmente burlada por quem tivesse um pouco de dinheiro e se fizesse passar por mulato escuro. Este expediente, mais a dureza das condições de vida dos clérigos, fez o número de padres negros crescer, conforme testemunham as obras de viajantes estrangeiros, como Robert Walsh, Alcide D'Orbigny e Charles Ribeyrolles, que conheceram de perto grande número de padres negros atuando nas mais diversas regiões do Brasil (ROBERT WALSH, *Notícias do Brasil*, vol. I, Itatiaia, Belo Horizonte 1985, p. 158-159; ALCIDE D'ORBIGNY, *Viagem pitoresca através do Brasil*, Itatiaia, Belo Horizonte 1976, p. 106; CHARLES RIBEYROLLES, *Brasil Pitoresco*, vol. I, Itatiaia, Belo Horizonte 1980, p. 162; FRANÇOIS LOUIS TOLLENARE, *Notas dominicais*, Secretaria de Educação e Cultura de Pernambuco, Recife 1978, p. 114).

4

A REALIDADE SOCIOCULTURAL EMERGENTE E OS NOVOS CAMINHOS DO APOSTOLADO

As mudanças por que passou o Brasil após a proclamação da República foram profundas: no nordeste empobrecido, a Bahia perdeu relevância e o Pernambuco conquistou a primazia na região; ao passo que, em âmbito nacional, São Paulo e Minas Gerais se consolidaram como líderes econômicos, demográficos (apesar da Bahia conservar ainda por uma década a condição de segundo Estado mais populoso do Brasil) e políticos, e somente o Rio Grande do Sul desafiava a hegemonia que exerciam, ao substituir a Bahia como terceira força política do país.[1]

A metamorfose demográfica não foi menor, sobretudo a causa do fenômeno da imigração. Entre 1871 e 1920, entraram no Brasil 3.390.000 imigrantes, dos quais 1.373.000 eram italianos, 901.000 portugueses e 500.000 espanhóis. A maioria deles fixou residência em São Paulo, cujo governo estadual, controlado por abastados proprietários rurais, foi o mais ativo na criação de subsídios para a vinda de europeus.[2] Isso, mais a alta natalidade, fez com que a população passasse de 14.333.915 habitantes em 1890 para 17.400.000 em 1900, saltando para 30.600.000 vinte anos depois. Outro particular nada secundário: pela primeira vez na história do país, a maioria dos habitantes se tornou oficialmente branca. Paralelamente, o acelerado crescimento urbano, o automóvel, a imprensa e o cinema trouxeram e impuseram novos padrões de comportamento; ao menos nas cidades, é claro. Um dos aspectos mais visíveis dessa revolução ocorreu no campo feminino. Na passagem do Império para a República, e durante os primeiros anos desta última, tinham sido pouquíssimas as mulheres de destaque, tais como: Júlia Lopes de Almeida, escritora; Veridiana Prado, dama paulista; Chiquinha Gonzaga, compositora e maestrina; e Laurinda Santos Lobo, a "marechala da elegância" carioca. A partir dos anos 10, no entanto, a emancipação feminina se acelera: em 1917, a baiana Leolinda de Figueiredo Daltro (c. 1860-1935) coordena, no Rio de Janeiro, a mais antiga passeata sufragista de que se tem notícia no Brasil, pedindo a extensão do voto às mulheres; Maria José de Castro Rebello Mendes (1891-1936), também nascida na Bahia, em 1918, torna-se a primeira diplomata do

---
[1] JOHN DAVIS WIRTH, *O fiel da balança, Minas Gerais na Federação brasileira (1889-1937)*, Paz e Terra, Rio de Janeiro 1982, p. 30, 237.
[2] SHELDON LESLIE MARAN, *Anarquistas, imigrantes e o movimento operário brasileiro*, Paz e Terra, Rio de Janeiro 1979, p. 13.

país no exterior; e, em 1922, a bióloga paulista Bertha Lutz (1894-1976) ajuda a fundar a Federação Brasileira pelo Progresso Feminino, sediada no Rio. Na década seguinte, ela também se tornaria advogada. Outros nomes surgem: Anita Malfatti (1889-1964) ganha evidência como pintora e Cecília Meireles (1901-1964) se sobressai como escritora. Não parou aí: Eugênia Brandão (1898-1948) se distingue como primeira repórter e Teresinha Carini, como líder socialista.[3]

O vestuário acompanhou a mudança em curso. As indumentárias femininas tornaram-se cada vez mais insinuantes e, de 1911 para frente, por influência das modistas parisienses, as saias mostraram o tornozelo, subindo nos anos seguintes até se aproximarem dos joelhos em meados da década de 20. Novidades outras também se afirmaram, tais como a crescente utilização de cosméticos, vestimentas com decotes, cabelos curtos e uso de *maillot* nas praias. Muitos genitores e maridos, bem como as senhoras de mais idade, inquietavam-se com tais inovações, mas, elas não retrocederam. A própria cultura feminina adotou um novo modelo ao qual se inspirar: as divas do cinema mudo, ensejando assim o despontar de uma imagem inédita de mulher.[4] Na esteira das mudanças apareceram publicações especializadas para o novo público, como a *Revista Feminina*, editada em São Paulo de 1914 a 1927, sob a direção de Virgilina de Souza Sales e Anelina de Souza Sales, cuja tiragem, para os padrões da época, foi fenomenal, pois, em 1918, variou de 20 mil a 25 mil exemplares mensais![5]

O cotidiano dos homens sofria igualmente alterações, e, ao menos para aqueles da área urbana, dotados de certa instrução e recursos econômicos, o modelo do *dandy* francês cedeu lugar para o *sportsman*-empresário estadunidense. As academias de ginástica se multiplicaram e o *football*, introduzido pelos ingleses no final do século XIX, se inicialmente era preferido pelas classes populares, começou a atrair a simpatia também dos jovens economicamente mais bem situados. No decorrer da década de 20, o *sportsman* evoluiu para o *almofadinha*, tipo masculino de barba bem feita, finos bigodes e cabelos emplastados de brilhantina, usuário de ternos cuidadosamente passados, hábil desportista e dançarino de estilos vários (*tango, fox-trot, charleston...*), cujo protótipo era o ator Rodolfo Valentino. Outras novidades em curso, raramente

---

[3] ELIZABETH DE FIORI DI CROPANI ET ALII, *Nosso Século (1910-1930)*, vol. II, p. 102-115.
[4] As rápidas transformações femininas provocaram reações de estranheza ou mesmo oposição em muitos homens, inclusive naqueles ligados aos círculos intelectuais de grandes cidades, como São Paulo. Um artigo de autoria de Cláudio Souza em 1918 manifesta-no claramente: "Embriagada pelo luxo, ofuscada pelas joias, estonteada pela febre dos novos ritmos, foi nesta vertigem que a Eva antiga perdeu a percepção primeira e o melhor de sua feminilidade. [...] Deixou, com prazer, que a tesoura da moda lhe fosse despoticamente aparando, um a um, os gomos de suas saias amplas, que, escondendo-lhe as formas, a cercavam do encanto do pudor e do mistério. Deformou-se; despojou-se... Encurtou as saias, desnudou os braços, e, atando ao pescoço o lenço vermelho do *'s'en fichisme'*, trocou o minueto da galanteria pelo tango apache. A natureza nas suas formas puras começou a repugnar-lhe. Adotou a água mineral para a sua dispepsia e o estuque plástico para a anemia, fatigada de insônia. Com as cores várias da anilina reduziu sua beleza antiga a uma paisagem de tons artificiais, sobre a qual elevou arquitetura de múltiplos andares de seus postiços. Tornou-se uma deliciosa boneca, um *bibelot* extravagante, uma linda flor de estufa... mas deixou de ser mulher!" (cf. ELIZABETH DE FIORI DI CROPANI ET ALII, *Nosso Século (1910-1930)*, vol. II, p. 102).
[5] SUSAN KENT BESSE, *Modernizando a desigualdade. Reestruturação da ideologia de gênero no Brasil (1914-1940)*, Editora da Universidade de São Paulo, São Paulo 1999, p. 27; GABRIEL MANZANO FILHO ET ALII, *100 anos de República*, vol. II, p. 41.

mencionadas, mas que testemunhavam a lenta e inexorável secularização da sociedade brasileira, iam igualmente se popularizando: as assim chamadas leituras "só para homens". Licenciosas, variavam de livros (*A Carne*, de Júlio Ribeiro, e *O Bom Crioulo*, de Adolfo Caminha) a revistas, como *O Rio Nu*, *O Nabo* e *A Maçã*.[6]

4.1 – A influência das casas de ensino católicas

Diante do novo contexto sociocultural que se impôs, a Igreja procurou apresentar alternativas cristãs, de modo particular no campo da educação. Tal opção também decorreu das decisões tomadas durante o Concílio Plenário Latino-americano, citado em precedência, cujo título IX ("Da educação católica da juventude") tratou longamente a problemática da instrução de crianças e jovens, propondo, entre outras coisas, o seguinte:

> Não só exortamos, mas também mandamos com toda a autoridade de que estamos revestidos, aos pais de família e tutores católicos, que afastem a prole a eles encomendada, das escolas em que se exclui a autoridade da Igreja e o influxo saudável da religião; a não ser que concorram tais circunstâncias que, por causas suficientes aprovadas pelo bispo, e com as oportunas precauções e remédios, façam que o frequentar tais escolas possa tolerar-se por certo tempo e em algum caso particular.[7]

Afora isso, determinantes se tornaram certas razões bem brasileiras, bastante conhecidas: o laicismo institucional que persistia, vedando a catequese nas escolas públicas,[8] e o proliferar de educandários protestantes, que eram vistos como crescente ameaça. Ainda em 1890, Pe. Luigi Lasagna escrevera alarmado: "os protestantes abriram numerosíssimas escolas mistas, espantosamente cheias de alunos e alunas, e não há ninguém que dispute o terreno com eles".[9]

O resultado era que os estudantes matriculados nos educandários religiosos acatólicos acabavam sendo induzidos a aderir à confissão dos mestres reformados, ou então, enchiam-se de dúvidas, tornando-se indiferentes a assuntos religiosos.[10] Neste segundo caso se enquadra Jackson de Figueiredo. Matriculado no Liceu Sergipense, longe de aderir à doutrina protestante que ali se ensinava, apenas aprofundou as ideias materialistas e evolucionistas que trazia. Como ele

---

[6] Elizabeth de Fiori di Cropani et alii, *Nosso Século (1910-1930)*, vol. II, p. 116-121, 270.
[7] *Actas y decretos del Concilio Plenario de la América Latina*, Libreria Editrice Vaticana, Ciudad del Vaticano 1999, p. 380-381.
[8] Alceu Amoroso Lima deixou um interessante testemunho a respeito do que acontecia na República Velha: "Fiz os meus estudos secundários no então Ginásio Nacional, entre 1902 e 1908, no período em que o laicismo republicano estava em pleno vigor. O Ginásio Nacional era considerado o modelo dos estabelecimentos de ensino. [...] Estudava-se muito, mas estudava-se em quantidade. Sentia-se que tudo aquilo que ali estava eram as pedras soltas de uma construção, à qual faltava, porém, a argamassa. Nem mesmo a inócua cadeira de educação cívica, criada alguns anos mais tarde, fora ainda introduzida. Vivíamos sob o regímen do absolutismo laicista, segundo o qual ao Estado cabia apenas dar instrução, ficando a educação entregue ao arbítrio de cada um. [...] Sim, porque não foi apenas o ensino religioso que foi banido das escolas pelo desastroso regímen de 1891. Toda e qualquer noção de deveres morais, sistematicamente ministrados, foi excluída da formação de nossa mocidade! Parece incrível, mas é a pura verdade" (Tristão de Athayde, *Debates pedagógicos*, Schmidt Editor, Rio de Janeiro 1931, p. 69-70, 86).
[9] Luigi Lasagna, *Epistolario*, vol. II, p. 432.
[10] Soares de Azevedo, *Brado de alarme*, p. 211.

próprio diria, no referido colégio "estudava a Bíblia como estudava matemática, e sem obter respostas satisfatórias às dúzias de perguntas que fazia".[11]

A solução foi criar uma rede de escolas católicas de dimensão nacional, no que teve particular importância as numerosas ordens e congregações religiosas de ambos os sexos que iam se estabelecendo no país. A iniciativa chegou no momento justo, até porque, em 1900, entre os brasileiros de 15 anos ou mais, o percentual de analfabetos atingia a cifra de 65,3%![12] Foi então que, no ano seguinte, a *Pastoral Coletiva da Província Meridional* recomendou os párocos de introduzirem escolas paroquiais. Assim, ditas escolas foram tomando forma no sul do país e, até a década de 30, serviram também para cobrir o vazio deixado pelo governo. Fruto desta opção, Santa Catarina, estado dotado de grandes colônias de imigrantes provenientes da Itália, Alemanha e Polônia, chegou a contar com uma extensa e articulada rede de tais instituições que, já em 1914, atingira o número de 130, nas quais estavam inscritos 7.098 alunos. Estas escolas resistiram até a "Era Vargas", quando enfim seria permitido ensinar religião na rede oficial.[13]

Também para as etapas formativas seguintes, foram introduzidos educandários, em que pese as dificuldades existentes para tanto. O primeiro problema era a sutil discriminação que existia, uma vez que o Estado dificultava a equiparação das escolas religiosas ao Colégio Pedro II, definido como escola padrão no período. Fazia-o porque dita escola era leiga e estatal, satisfazendo os dispositivos da constituição de 1891, que havia estabelecido a laicidade do ensino. Por esta razão, se colégios católicos gozavam de reconhecimento, no fundo era uma espécie de reconhecimento de segunda classe.[14] Procurou-se então expedientes, e um deles tomou como base a própria constituição do país, que dera grande autonomia aos estados. Com base nela, cada unidade da Federação começou a ignorar o dispositivo limitante, sendo Goiás um dos primeiros estados a fazê-lo. Delfim Moreira da Costa ocupava então a secretaria do interior e, aos 6 de agosto de 1906, por meio de um decreto, estabeleceu a equiparação em solo goiano, o que beneficiou importantes colégios, como os das irmãs Dominicanas de Monteils que ali trabalhavam.[15] A solução definitiva ocorreu com a lei de 20 de outubro de 1923, que aboliu os privilégios do Estado para dar instrução, estatuindo o princípio da liberdade de ensino sem restrições.[16]

Tanto antes, quanto depois disso acontecer, o crescimento numérico das casas de ensino católicas aconteceu de forma acelerada e alguns educandários tornar-se-iam particularmente prestigiosos. Nessa multiplicação, esteve sempre presente o desejo de conter o avanço das escolas protestantes. Um exemplo ilustrativo foi o Instituto São Luís de Caetité, na Bahia, fundado em 1912 pelos jesuítas expulsos de Portugal, ao lado de outros irmãos de ordem fran-

---

[11] Clélia Alves Figueiredo Fernandes, *Jackson de Figueiredo, uma trajetória apaixonada*, Forense Universitária, Rio de Janeiro 1989, p. 64.
[12] Cf. Otaiza de Oliveira Romanelli, *História da educação no Brasil*, p. 62.
[13] Maria Stephanou; Maria Helena Câmara Barros (Orgs.), *Histórias e memórias da educação no Brasil*, Editora Vozes, Petrópolis 2011, p. 80-81.
[14] Manoel Isaú Souza Ponciano Santos, *Luz e sombras*, p. 232.
[15] Maria Antonieta Borges Lopes; Mônica Teixeira Vale Bichuette, *Dominicanas: cem anos de missão no Brasil*, Editora Vitória, Curitiba 1986, p. 80-81.
[16] Laércio Dias de Moura, *A educação católica no Brasil*, Edições Loyola, São Paulo 2000, p. 86.

ceses, alemães, suíços e irlandeses. A nova casa formativa buscou ser um anteparo à influência da Escola Americana local, fundada pelos presbiterianos.[17]

Outro fator não indiferente foi o econômico. Sem apoio oficial, tanto o clero secular quanto os religiosos das mais diversas ordens e congregações passaram a depender apenas dos recursos próprios ou do auxílio dos setores privados locais. Como a necessidade de um suporte para as crescentes atividades que desenvolviam era inadiável, uma das soluções encontradas para captar recursos foi o investimento em enormes escolas de europeizada arquitetura. Os educadores católicos bem que se preocupavam com as classes populares, e muitas vezes, ao lado do colégio para alunos ricos, construíam também uma dependência para a formação dos menores carentes; mas não havia como ficar imune à instabilidade econômica que grassava no país, e teriam de estabelecer certas prioridades. Na prática isso significou direcionar a escola confessional às pessoas com recursos acima das intempéries financeiras nacionais, donde resultou que a educação religiosa se acomodou às necessidades de educação e orientação moral da elite tradicional ou de segmentos crescentes da classe média urbana e dos quadros burgueses em ascensão.[18]

Os alunos eram separados segundo o sexo, e, no campo masculino, marcaria época o Colégio do Caraça em Minas Gerais, anteriormente citado. Frequentado por alunos ricos, a instituição ganhou fama pela disciplina severa – que incluía a palmatória em casos excepcionais – e comida ruim. O beribéri rondava os alunos, culpa, segundo alguns, do ar da montanha onde se achava encravado; ou, segundo outros, por culpa dos padres, que serviam aos educandos feijão bichado e arroz velho, deficiente de vitamina B1. Em Belo Horizonte, os seus opositores chamavam atenção para a insalubridade do lugar, cognominando o colégio de "papudópolis".[19]

Essa crítica perde consistência ante um fato simples: o educandário lazarista continuou a ser uma referência no Estado de Minas, e mesmo do país. José Tobias Zico CM, na lista que fez dos "notáveis" que estudaram na instituição, enumerou nada mais nada menos que 2 presidentes da República (Afonso Augusto Moreira Pena e Artur da Silva Bernardes), 2 vice-presidentes (Afonso Pena e Melo Viana) e 17 presidentes dos estados. Juntando estas cifras com as de outros estabelecimentos dos padres da missão no período e nas décadas seguintes, atinge-se um total que está acima de qualquer comentário: 5 presidentes da República, 3 vice-presidentes, 25 presidentes (entenda-se, governadores) dos estados, 7 vice-presidentes (ou vice-governadores) do Estado de Minas Gerais e mais de 200 senadores ou deputados, 111 dos quais somente do Caraça.[20]

Com o passar dos anos, os castigos corporais foram abolidos, estabelecendo-se uma relação amigável entre mestre e alunos. O aspecto doutrinário era centralíssimo, como bem esclareceu Pe. Manoel Pacheco, entre 20 e 27 de janeiro de 1921, durante a semana pedagógica organizada pela Companhia de Jesus. O evento aconteceu no respeitável Colégio Antônio Vieira de Salvador, BA, fundado em 15 de março de 1911, quando o padre esclareceu:

---

[17] Luís Viana Filho, *Anísio Teixeira. A polêmica da educação*, Editora Nova Fronteira, Rio de Janeiro 1990, p. 15.
[18] Paulo José Krischke, *A Igreja e as crises políticas no Brasil*, Vozes, Petrópolis 1979, p. 132-135.
[19] John Davis Wirth, *O fiel da balança, Minas Gerais na Federação brasileira (1889-1937)*, p. 55.
[20] José Tobias Zico, *Caraça: ex-alunos e visitantes*, p. 104-105.

> Educar é nortear a alma da criança, primeiramente para Deus, cuja imagem é por origem, semelhança e destino; depois para a sociedade de que hoje apenas faz parte uma célula embrionária, e cujos destinos, talvez, regerá amanhã…
> Educar não é criar atletas ou formar sábios; isso seria atender ao que é secundário na educação; seria estacar a meio caminho da grande jornada; educar é sobretudo, e antes de tudo, formar religiosa e moralmente a vontade e coração da criança. [...]
> O educador verdadeiro não ensina senão para ganhar as almas; não instrui nas letras senão para ter o direito de inocular a fé e os sãos princípios da educação cristã.[21]

Esta metodologia seria seguida à risca pelos jesuítas na sua renomada rede de escolas. Além do supracitado Colégio Antônio Vieira, eles também contavam com o prestigiado Colégio São Luís, transferido de Itu para São Paulo em 1918, ao lado do qual figuravam também educandários outros. Era o caso do Colégio Anchieta de Porto Alegre (1890), mais o Ginásio Gonzaga de Pelotas (1895), o Colégio Stela Maris de Rio Grande (1900), o Colégio Santo Inácio do Rio de Janeiro (1903), o Colégio Catarinense de Florianópolis (1905) e o Colégio Nóbrega do Recife fundado em 1917.[22] O mesmo se diga dos salesianos, que, depois dos colégios de Niterói e São Paulo, abriram o Colégio São Joaquim, em Lorena, SP (1890), o Liceu Maria Auxiliadora de Campinas, SP (1897), e o Colégio São José de Guaratinguetá, SP (1899). Igualmente dignos de nota foram as Escolas Dom Bosco em Cachoeira do Campo (1896) em Minas Gerais; o Colégio de Santa Teresa em Mato Grosso (1899) e outros mais.[23]

No campo feminino, a primazia ficou por conta das religiosas francesas, reforçando uma tendência que vinha desde os tempos do Império. Primeiro, como se viu, afirmou-se o prestígio das filhas da caridade; e depois, também graças à intercessão de algumas privilegiadas brasileiras que haviam estudado na Europa, o número das congregações provenientes da França se multiplicou. Uma dessas senhoras, a condessa Monteiro de Barros, com o aval de outras "bem nascidas", após a fracassada tentativa de trazer as irmãs do *Sacré Coeur*, por meio de contatos com o internúncio Spolverini, conseguiria que a superiora-geral das irmãs de *Notre Dame de Sion*, irmã Marie Paul, respondesse afirmativamente. Pesou com certeza nesta decisão o fato da condessa ter colocado gratuitamente à disposição da congregação, pelo período de dez anos, um vasto imóvel que possuía, situada à Rua Barão de Itapagipe, 39, no bairro carioca da Tijuca.[24] Com essa garantia, o primeiro grupo, constituído das irmãs Marie Félix, Marie Crysosthome, Marie Constantina e Marie Orsoline, chegou para ficar aos 9 de outubro de 1888. No dia 8 de novembro, daquele mesmo ano, chegariam outras três religiosas; mas, quando a febre amarela provocou a morte da irmã Marie Félix em 8 de fevereiro seguinte, elas se mudaram para Petrópolis, sendo hospedadas pelas filhas da caridade. Outras duas irmãs tombariam vitimadas pela febre; mas, por outro lado, a congregação ga-

---

[21] MARCELLO RENAUD ET ALII, *Semana pedagógica*, Tipografia Brasil, São Paulo 1921, p. 22, 24.
[22] LAÉRCIO DIAS DE MOURA, *A educação católica no Brasil*, p. 100-101.
[23] JÚLIO CÉSAR DE MORAIS CARNEIRO, *O Catolicismo no Brasil*, p. 171-172.
[24] Cf. AA.EE.SS., Comunicação da Superiora Geral de Sion a respeito da oferta de abrir uma casa no Rio de Janeiro (14-7-1888), em: *Brasil*, pos. 279, fasc. 21, fl. 22-23.

nhou residência estável, pois, com o advento da República, ser-lhe-ia cedido por certo tempo o prédio do ex-palácio imperial daquela cidade. Entrementes, chegara a Madre Angelina, dotada de uma personalidade excepcional, e a obra recobrou ânimo, tornando possível a abertura do Colégio Nossa Senhora de Sion de São Paulo, SP (1901), ao lado de outras fundações em Campanha, MG (1904), e Curitiba, PR (1906). Além disso, depois que o Rio de Janeiro foi saneada pelo médico Osvaldo Cruz e reurbanizada pelo Prefeito Pereira Passos, refundou-se lá o Colégio Sion em 1908. Inicialmente, ele funcionou à Rua São Salvador, até transferir-se, aos 9 de novembro de 1925, para a sede definitiva no Cosme Velho. A formação escolar ministrada pelas *Dames de Sion* correspondeu às expectativas do meio *chic* da *belle époque*, pois seu currículo privilegiava os autores franceses ou os clássicos comentados por franceses, o qual seria enriquecido, sobretudo a partir de 1900, de vários outros assuntos. Ser genitor de uma das *enfants de Sion* se tornou motivo de orgulho, pois as mocinhas saídas dali se destacavam pelo seu francês perfeito, modos requintados, respeito pela autoridade e formação em literatura clássica.[25]

Por causa das perseguições na França, também as irmãs do *Sacré Coeur* se estabeleceram no Rio de Janeiro em 1904, e desde o início o Arcebispo Arcoverde lhes avisou que a capital precisava de mais uma casa de educação para as meninas das "primeiras famílias". Não foi difícil contentá-lo, pois várias senhoras da sociedade, que haviam sido alunas da congregação na França e na Inglaterra, logo vieram demonstrar sua solicitude. Assim, no dia 12 de fevereiro de 1905, as irmãs abriram um pequeno pensionato com 32 alunas, número este que subiria para 59 no período escolar sucessivo. Finalmente, aos 27 de junho de 1906, foi colocada a pedra fundamental do grandioso edifício que viria a dominar uma das encostas do Alto da Tijuca. Os pedidos de matrícula se multiplicaram, tornando possível, em 25 de outubro de 1909, a abertura de outra escola: o Externato da Glória.[26]

A influência da educação católica nos extratos elevados da sociedade brasileira resultou decisiva, pois muitos dos ex-alunos das escolas confessionais no exercício das suas profissões e nas atividades públicas o admitiam tranquilamente. Sobre isso, o gaúcho João Neves da Fontoura (1887-1963), ex-estudante do colégio dos jesuítas de Novo Hamburgo, RS, deixou um depoimento revelador: "Católico por decisão íntima, nada encontrei que substituísse no meu espírito os dogmas da Igreja. Os jesuítas infundiram-me na alma convicções que conservo sem esforço. Blasco Ibañez, em um dos seus romances, diz que o aluno dos padres da Companhia de Jesus fica com o 'vinco jesuítico'. Não sei se essa é a regra. Sei que em mim, ficou".[27]

Tal influência cresceria ainda mais nos anos sucessivos, pois a rede católica, que entre 1889 e 1920 montou 176 instituições de ensino, criaria mais 101 entre 1921 e 1930.[28] Doutra parte, também mereceu insistentes críticas. A primeira delas aponta a tendência a deixar de lado as classes populares; a

---

[25] JEFFREY D. NEEDELL, *Belle Époque tropical*, Companhia das Letras, São Paulo 1993, p. 81-83.
[26] ODETTE MATTOS, *História da Sociedade do Sagrado Coração de Jesus no Brasil*, 2ª ed., Publicações do RSCJ, Curitiba 1996, p. 1-3, 15, 33, 103.
[27] JOÃO NEVES FONTOURA, *Borges de Medeiros e seu tempo*, Editora Globo, Porto Alegre 1969, p. 174.
[28] LAÉRCIO DIAS DE MOURA, *A educação católica no Brasil*, p. 114.

segunda foi a que se chamaria mais tarde de alienação da realidade nacional. Isto porque, nas escolas religiosas, o estudo da história do Brasil e da própria língua portuguesa teriam sido desprestigiados.[29]

4.2 – A força do laicato feminino

Tanto as donzelas saídas dos "bons colégios" católicos,[30] quanto as paroquianas de um modo geral, transformaram-se no grande trunfo pastoral do clero, que soube utilizar com maestria seus talentos. Isto foi possível porque, não obstante as mudanças havidas no período que se estendeu das últimas décadas do Império ao final da República Velha, a moral cristã resistiu. Exceções houve, como a escritora anarquista nascida em Minas, Maria Lacerda de Moura (1887-1945), que se opunha ao casamento e à virgindade, e Patrícia Galvão, a "Pagu" (1910-1962), que infringia o que chamava de "moralidade sexual burguesa"; mas foram casos marginais.[31]

Portanto, o recato predominava entre as mulheres, inclusive em pioneiras do porte de Veridiana Valéria da Silva Prado (1825-1910). Filha do barão de Iguape, Veridiana parecia destinada a seguir os passos das sinhazinhas do seu tempo: aos 14 anos casou-se por escolha do pai com o tio paterno Martinho Prado, indo com ele morar numa fazenda, onde a família aparentou absorver todas as suas atenções. Em 1848, porém, tendo se mudado para a capital da província a fim de proporcionar uma boa educação para os seus seis filhos, começou a se distinguir pela inteligência e espírito de iniciativa que tinha. Chegado o ano de 1877, estando já crescidos os rebentos, chocou a alta sociedade da época, ao pedir a separação e assumir o lugar reservado ao patriarca. Em 1884, viajou pela Europa e, ao regressar, construiu no bairro paulistano de Higienópolis um suntuoso palacete em estilo renascentista – a Chácara de Dona Veridiana –, que acabou se convertendo no centro mais importante da vida social e intelectual de São Paulo[32].

A intensa vida social da poderosa matrona de nenhum modo cedeu à licenciosidade, pois, segundo Navarro de Andrade, que cresceu sob os olhos dela, em matéria de moralidade sua intransigência ia ao exagero, assim como inclemente com os jogadores. O rigor moral se fazia acompanhar de escrupulosa prática religiosa, visto que a dama era uma assídua frequentadora da igreja da Consolação, sendo amiga pessoal de padres, como o cônego Duarte Leopoldo (futuro bispo de Curitiba e da própria São Paulo) e Pe. Bento de Almeida[33], além do bispo Arcoverde.[34] Veridia-

---

[29] AMÉRICO JACOBINA LACOMBE ET ALII, *Brasil, 1900-1910*, p. 56-57.
[30] Sobre isso, Alceu Amoroso Lima era do parecer que "foi o trabalho incessante – se bem que deficiente, pelas dificuldades de toda sorte – dos católicos em seus colégios primários, em seus ginásios de ensino secundário, em suas escolas normais, que ainda preservou o senso moral e religioso das populações e das elites, sobretudo femininas. Os grandes colégios que formaram toda a alma feminina brasileira foram em sua quase totalidade colégios religiosos. E daí o espetáculo admirável que vimos, durante esse período da pedagogia oficial sem Deus e sem deveres morais, das mulheres conservando, alimentando e transmitindo o tesouro de toda a fé tradicional da nação! (TRISTÃO DE ATHAYDE, *Debates pedagógicos*, p. 88).
[31] SUSAN KENT BESSE, *Modernizando a desigualdade. Reestruturação da ideologia de gênero no Brasil (1914-1940)*, p. 47-48, 199-203.
[32] ELIZABETH DE FIORI DI CROPANI ET ALII, Nosso Século, vol. I, p. 134-135.
[33] Cândido Motta Filho, A vida de Eduardo Prado, Livraria José Olympio Editora, Rio de Janeiro 1967, p. 18, 23, 128.
[34] JUAN E. BELZA, *Luis Lasagna, el obispo misionero*, p. 428.

na ainda se destacou por haver se tornado uma grande benfeitora de obras católicas, como o Hospital da Misericórdia e o liceu e santuário salesiano do Sagrado Coração de Jesus.[35]

Algo semelhante se passou com a escritora Júlia Valentina da Silveira Lopes de Almeida (1862-1934). Carioca, começou a escrever artigos de jornais, em 1885, em meio à forte oposição de uma sociedade que ainda não permitia mulheres exercendo este tipo de trabalho. Ela resistiu, e suas obras, dotadas de tom realista e bem-humorado, continuaram a ser publicadas no *Jornal do Comércio*, virando depois romances, como *A Família Medeiros* e *Correio da Roça*, ao lado de contos, como *Reflexões de um Marido*. Júlia também teve a coragem de denunciar em conferências feministas a situação de submissão em que a mulher então vivia ("capricho da sombra do homem"), sem direito ao voto e obrigada a receber baixos salários ou a prostituir-se com patrões quando precisava trabalhar.[36] O pioneirismo que teve, no entanto, de nenhum modo a afastou da Igreja e, numa conferência sua no salão do Instituto de Música do Rio de Janeiro, fez questão de evidenciá-lo: "Santa Doroteia, inspirai-me. […] O que eu desejaria seria transmitir, aos que não têm, este dom de poder encontrar motivos de deleite espiritual diante das expressões, às vezes bem simples e modestas, da natureza. Explicá-las; porque não sou sábia, mas apenas devota".[37]

Atitudes assim constituíam a regra entre as mulheres, não a exceção. Por isso, a anteriormente citada *Revista Feminina* concitava suas leitoras a boicotarem filmes indecorosos e a repudiarem as "modas imorais" vindas do exterior. Isto é, sua proposta de emancipação para senhoras e senhoritas se enquadrava nos moldes da cultura católica vigente no país. Nesse sentido, a linha editorial adotada era clara: se batia pelo que entendia ser o "verdadeiro feminismo", nada identificado com aquele revolucionário, "que prega a destruição da família e nega a ideia de Deus". Não por acaso, o Cardeal Arcoverde e quatro bispos deram declarado apoio a tal revista.[38]

O clero tinha deveras motivos para se sentir satisfeito com suas fiéis, uma vez que a piedade delas era conexa à moral, que, ao contrário da masculina, era tida como ótima. Nesse particular, os hierarcas não estavam isentos de certa dose de culpa, pois não instituía obras específicas para homens, contentando-se em dispensar seu tempo e atenção ao devocionário feminino. E, como homens e mulheres se sentavam em partes separadas nas igrejas, via de regra senhoras e moças ocupavam todas as naves centrais, sobrando para os homens as naves laterais e os fundos do templo. Além disso, quando um penitente desejava se confessar, ordinariamente encontrava os confessionários ocupados pelas senhoras e senhoritas e, conforme era o costume da época, ele não ousava aproximar-se. Daí seguia para a sacristia, mas lá dificilmente encontraria um padre disponível. Acabava se aborrecendo e indo embora. Com o passar do tempo parece haver formado entre os padres a convicção de que

---

[35] Luigi Lasagna, *Epistolario*, vol. I, p. 36.
[36] Elizabeth de Fiori di Cropani et alii, *Nosso Século*, vol. I, p. 114.
[37] Júlia Valentina Lopes de Almeida, *Oração a Santa Doroteia*, Livraria Francisco Alves, Rio de Janeiro 1923, p. 9-10.
[38] Susan Kent Besse, *Modernizando a desigualdade. Reestruturação da ideologia de gênero no Brasil (1914-1940)*, p. 25, 27-28, 33, 203.

a prática da religião fosse deveras coisa de mulheres, não tendo os párocos o cuidado de irem ao encontro dos homens onde eles estavam. O próprio Núncio Giuseppe Aversa lamentaria: "o pior é que o pároco brasileiro se encontra na falsa suposição de que sua ação se deva limitar à matriz".[39]

Por mérito, portanto, de moças e matronas piedosas, a vida interior das famílias era sóbria, e as virtudes das devotas, associadas à estabilidade do lar, mostraram ser as grandes reservas da catolicidade brasileira. Arcoverde, quando elevado ao cardinalato, intuiu o quanto oportuno era valorizar esse potencial e, em 1920, encarregou monsenhor Maximiano, seu vigário-geral, de fundar a Associação das Senhoras Brasileiras.[40] Não era apenas uma organização laical piedosa: avançada para a época, desde seus primeiros dias se dedicou especialmente à mulher que lutava para prover a sua subsistência, e por isso, com o tempo, veio a estabelecer toda uma gama de atividades sociais em favor das trabalhadoras: escola de preparação às carreiras de comércio, secretariado de empregos e de informações, residência feminina, restaurante, biblioteca, oficinas de bordado e costura e exposição anual de lavores femininos.[41]

Outros bispos seguiriam a mesma estratégia: Dom Leme santificou o dia da família e permaneceu diretor da Associação das Mães Cristãs; enquanto que Dom Cabral, valorizando a mesma associação, instruiu os padres da diocese de Belo Horizonte a prestigiá-la, porque, segundo ele, a mesma era providencial para "realizar maravilhosas transformações na organização escolar, e em todos os departamentos do ensino público e particular".[42] Nessas associações, as senhoras católicas eram instruídas com eficácia e influíam no comportamento dos maridos, que, encantados com os frutos dessa pregação, eram os primeiros a mandarem suas fiéis esposas a elas.[43]

No que tange à religiosidade quotidiana, a formação de uma futura boa esposa católica era um corolário de rigores sob a severa vigilância da mãe, avós ou tias. Depois de casada, ela formava os pequerruchos seus ou do seu grupo de catequese nas máximas do *Catecismo Romano*, o qual, sobretudo no sudeste e no sul, era transmitido segundo a versão simplificada, aprovada aos 8 de setembro de 1904, durante a reunião coletiva do episcopado meridional. Dito livrinho teria várias edições, e, com base nos seus postulados, salientava-se o amor à instituição eclesiástica e ao Romano Pontífice, fato este que o Arcebispo de Fortaleza, Dom José de Medeiros Delgado (1905-1988), quando emérito, fez questão de registrar no seu livro de memórias: "Ao prepararem-me para a primeira comunhão, Júlia Santiago e minha tia Cecília, catequistas, e Pe. José Vital Ribeiro Bessa, em Esperança, PB, repetiam: Meninos, foi o Papa Pio X quem abriu os sacrários às crianças. Rezemos pelo Papa, amigo dos pequeninos!"[44]

No dia da celebração, as meninas, vestidas como pequenas noivas, levavam um livro de orações e o terço na mão; e os meninos, trajados como marinheiros ou usando austeros terninhos de calças curtas, amarravam um

---

[39] ASV, "Abandono do elemento masculino", em: *Nunciatura Apostólica no Brasil*, fasc. 694, caixa 138, fl. 145b-146.
[40] MAXIMIANO DE CARVALHO SILVA, *Monsenhor Maximiano da Silva Leite*, p. XXIII.
[41] GUILHERME SCHUBERT, *A província eclesiástica do Rio de Janeiro*, p. 221.
[42] ANTÔNIO DOS SANTOS CABRAL, *A Igreja e o ensino*, Imprensa Diocesana, Belo Horizonte 1925, p. 19-20.
[43] LAURITA PESSOA RAJA GABAGLIA, *O Cardeal Leme*, p. 62-63, 103.
[44] JOSÉ DE MEDEIROS DELGADO, *Memórias da graça divina*, Loyola, São Paulo 1978, p. 24.

laço branco ao braço esquerdo, carregando na mão a vela. A solenidade era esmerada: havia procissão para a igreja com banda de música, e as crianças eram recebidas na porta pelo vigário que as conduzia, em seguida, até os seus lugares.[45] Sentavam-se nos primeiros bancos, meninas para cá e meninos para lá, e, na hora de comungar pela primeira vez, dirigiam-se ao altar de mãos postas e ar contrito, sob os olhares felizes dos pais. O evento era tão marcante, que mais tarde Lamartine Babo (1904-1963) dedicaria uma melodia típica para a ocasião: "Ó Maria, concebida/ sem pecado original./ Quero amar-vos toda a vida,/ com ternura filial./ Vosso olhar a nós volvei,/ Vossos filhos protegei./ Ó Maria, Ó Maria,/ Vossos filhos protegei".[46]

Nas raras circunstâncias em que as senhoras católicas eram confrontadas com questões palpitantes suscitadas pelo novo feminismo, a atitude mais comum era evitá-las ou minimizá-las com fortes apelos piedosos. Não chegava a ser uma fuga, sendo mais indiferença: o modelo social da *belle époque* ainda reservava para a maioria incontestável das mulheres apenas as funções de esposa e mãe, que a tradição secular havia moldado. Para boa parte das esposas e senhoritas, a Igreja se apresentava como um espaço social indispensável, ainda que limitado. Algumas publicações católicas admitiam os novos acontecimentos da questão feminina e da emancipação da mulher e, em certos casos, chegaram a denunciar os abusos contra as empregadas, que ficavam a mercê dos amos e recebiam magros salários.[47] A maioria dos articulistas, no entanto, ainda preferia abordar a problemática feminina dentro dos modelos estabelecidos (virgem, esposa, mãe, viúva ou freira). A novidade é que já havia mulheres publicando opiniões sobre sua condição. Ignez Serrano, explicando, em 1914, qual era a "missão da mulher", dizia que a mulher era o *apóstolo do lar*, a enfermeira do corpo e da alma. Partindo dessa premissa, explicava que eram quatro os estados de uma cristã: a virgindade ("o mais sublime privilégio das moças"); o casamento ("onde a esposa, boa companheira, viajando nas estradas perigosas do mundo ao lado daquele que escolheu, que é o seu esposo e guia, companheiro e senhor, amante idolatrado que tem de amar até o dia de desaparecer da terra"); a maternidade ("em que a mulher toma a pesada e leve cruz de seu afeto: nasceu-lhe um filho!"); e a viuvez ("existência truncada pela perda do companheiro. O sofrimento lhe cria uma realeza que se impõe, e a dor a sagrou para o resto de sua vida"). Sobre as novas profissões, Ignez não dizia palavra, mas acrescentava outro estado, que resume, com os anteriores, o que se esperava de uma católica fiel: O "estado divino", isto é, o estado religioso. Para as irmãs do Bom Pastor, foi reservado um elogio particular, que testemunha o "angelismo" que já envolvia a vida consagrada:

> Lírios em forma humana, envoltas nas brancas vestes de sua Regra, assemelham-se às alvas pombas inocentes, alando-se para as regiões azuis do céu. Nas raras vezes que tenho tido a felicidade de orar na sua igreja, vejo por entre as grades de

---
[45] AUGUSTIN WERNET, *Os redentoristas no Brasil*, vol. I, Editora Santuário, Aparecida 1996, p. 161.
[46] BALFOUR ZAPLER ET ALII, *História da música popular brasileira – Lamartine Babo*, Abril Cultural, São Paulo 1976, p. 1.
[47] ALFREDO DE TOLEDO COSTA, "Ação feminina", em: *Vozes de Petrópolis*, Tipografia das Vozes de Petrópolis, Petrópolis 1913, p. 1464-1465.

sua clausura os vultos *imateriais* (o grifo é nosso) dessas Esposas do Cristo Redentor; e sinto-me pequena, humana, inútil, diante dessas religiosas, que deixando seus lares, muitas vezes suas pátrias, todos os afetos da alma e do coração, vivem saneando almas, consciências e desinfetando corações...[48]

O discurso começou a mudar de tom ao se aproximarem os anos vinte, como bem o comprovam um artigo de Amélia Rodrigues, militante católica, publicado em 1919. Ali se afirmou que nos últimos anos a mulher tinha saído da penumbra e subido a um nível nunca antes atingido. A autora não atribuía tal mudança à boa vontade dos homens, mas à iniciativa das próprias mulheres, que, segundo ela, já se achavam bastante fortes para se levantar. Aproveitava a oportunidade para convidar as suas colegas de sexo a não se contentarem em copiar a europeia elegante, mas a imitar a heroína do século atual, que pelo trabalho perseverante tinha imposto respeito. Evitando associar suas palavras ao feminismo, na "acepção vulgar do termo", Amélia recordava ser defensável o que havia de razoável em tal movimento, no que entende com a cultura superior da mulher e com a proteção dada aos seus direitos e interesses, contra as eventualidades da vida. Por isso, convidava as brasileiras a se organizarem nas ligas femininas que compunham a União Internacional das Mulheres Católicas. O curioso é que bispos, como o primaz do Brasil, D. Jerônimo Tomé da Silva, e autoridades eclesiásticas do Rio de Janeiro eram citados pela articulista como defensores da emancipação feminina. O fato torna-se compreensível, considerando-se a moral elevada das militantes católicas, sua deferência ante a hierarquia e a reconhecida competência com que conduziam as obras das paróquias. Daí a tranquilidade que Amélia sentia ao defender a formação da Aliança Feminina na imprensa católica. Sua retórica era libertária, mas profundamente religiosa: "o objetivo da Aliança Feminina será especialmente elevar o nível moral e intelectual da mulher brasileira e aumentar a justa influência na sociedade e na família, dentro dos moldes cristãos".[49]

4.3 – Os desafios do mundo operário e as primeiras iniciativas religiosas para a promoção dos trabalhadores

Enquanto que o mundanismo marcava tendência na elite da República Velha, nas classes baixas urbanas, particularmente entre o operariado das fábricas que despontavam país afora, gradualmente iam se infiltrando ideias anarquistas e socialistas, que se reforçaram com a chegada de imigrantes europeus, muitos deles já iniciados no Velho Mundo. Tal infiltração, contudo, começara nos últimos anos do Império.

No caso socialista, Karl Heinrich Marx (1818-1883), alemão nascido em Treviri, filho de uma família hebraica convertida ao protestantismo, tornou-se um dos seus grandes protagonistas. Ele, junto de Friedrich Engels (1820-1895), igualmente alemão, deu uma nova impostação a tal corrente ideológica, que se

---
[48] IGNEZ SERRANO, "A missão da mulher", em: *Vozes de Petrópolis*, vol. I, Tipografia das Vozes de Petrópolis, Petrópolis 1914, p. 266-268; 340-341.
[49] AMÉLIA RODRIGUES, "Movimento feminino", em: *Santa Cruz*, fasc. II e III, Escolas Profissionais Salesiana, São Paulo 1919, p. 63-65.

notabilizaria como "socialismo científico". A novidade foi condensada sobretudo no *Manifesto Comunista*, lançado em 1848, por Marx e Engels, e também em *O Capital*, cujo primeiro volume foi publicado em 1867. Resumindo ao máximo, pode-se dizer que se tratava de uma complexa proposta sociopolítica e econômica, cujo ideário visava transformar o mundo. Ela partia de análises "científicas" do processo evolutivo da história humana, no que estava incluído o desenvolvimento dos mecanismos de produção capitalista, cuja resultante, no entender de Marx e seguidores, viria a ser substituída por uma igualitária sociedade "sem classes". A religião em geral, para os que adotavam esta filosofia, era tida como um problema a ser superado, tal como fora proposto na obra *Crítica da filosofia do direito de Hegel*, composta por Marx em 1843, cujo conteúdo fala por si:

> A miséria religiosa exprime tanto a miséria real quanto o protesto contra esta miséria real. A religião é o gemido do oprimido, o sentimento de um mundo sem coração, e junto o espírito de uma condição privada de espiritualidade. Ela é o ópio do povo. A supressão da religião enquanto felicidade ilusória do povo é o pressuposto de sua verdadeira felicidade.[50]

Apesar dessa visão redutiva do fenômeno religioso, tido como um fruto e instrumento da "alienação", a filosofia marxista não tardou a encontrar seguidores nas Américas. Em 1883, Tobias Barreto, catedrático da faculdade de direito do Recife, com a sua notória admiração filo-germânica, proferiu um discurso de colação de grau em que, pela primeira vez, alguém no Brasil se referiu claramente seja a Marx que à sua obra *O Capital*. Quatro anos mais tarde, ao compor os *Estudos Alemães*, o mesmo Barreto diria ser Marx "o mais ousado pensador do século XIX, no domínio da ciência econômica".[51]

Paralelamente, também noutras partes do país, mais sequazes do marxismo despontaram. Em Santos, SP, o médico sergipano Silvério Fontes (1858-1928), fundador de um círculo socialista em 1889, pronunciou-se em louvor a Marx. Sucessivamente, no dia 1º de agosto de 1892, realizou-se o Primeiro Congresso Socialista Brasil no Rio de Janeiro e, em 1895, seria celebrado o 1º de maio como dia do trabalhador pelos socialistas de Santos. Um segundo congresso socialista veio a ser realizado no Rio em maio de 1902, o qual aprovou a fundação do Partido Socialista Brasileiro, de breve duração. Análogas e efêmeras iniciativas se seguiriam, como o carioca Partido Socialista Operário e o santista Partido Socialista Coletivista.[52]

Quanto aos anarquistas, seus seguidores rejeitavam toda forma de Estado, autoridade e normas institucionais, no pressuposto que isto libertaria progressivamente o homem dos vínculos "servis" que lhe eram impostos. Acreditavam igualmente que, em decorrência da autônoma atividade de cada indivíduo, iria se formar uma nova ordem espontânea, sem coação externa e sem propriedade privada. Os pioneiros dessa escola de pensamento foram o inglês William Godwin (1756-1836), um ex-pregador calvinista, e o francês Pierre-Joseph Proudhon (1809-1865), seguidos do alemão Max Stirner, que

---

[50] KARL MARX, "Per la critica della filosofia del diritto di Hegel", in: *Opere Scelte*, Editori Riuniti, Roma 1966, p. 58.
[51] JOHN WATSON FOSTER DULLES, *Anarquistas e comunistas no Brasil*, Editora Nova Fronteira, Rio de Janeiro 1977, p. 22.
[52] JOHN WATSON FOSTER DULLES, *Anarquistas e comunistas no Brasil*, p. 22.

adotou o pseudônimo de Johann Kaspar Schmidt (1806-1856). A novidade encontrou adeptos também entre os primeiros russos social-revolucionários, com destaque para Mikhail Aleksandrovič Bakunin (1814-1876) e o príncipe Piotr Kropotkin (1842-1921), estendendo-se ainda a outros âmbitos geográficos, dentre os quais, o Brasil.

No caso brasileiro, uma das iniciativas conhecidas foi aquela conduzida pelo engenheiro-agrônomo de Pisa, Giovanni Rossi (1856-1943), que chegou ao Brasil em 20 de janeiro de 1890. Depois de estabelecido em Curitiba, a inspetoria de terras e colonização lhe concedeu uma área de 10 km² ao sul de Palmeira, ao longo do rio Iguaçu, e isso o estimulou a regressar à Itália em novembro do mesmo ano a cata de prosélitos. Vários pequenos grupos aderiram à sua proposta e assim deram origem à Colônia Cecília, que, em junho de 1891, contava com 150 membros. Não obstante o pioneirismo que teve, a iniciativa foi um fracasso: faltava consistência ao projeto e os moradores não eram dotados de ferramentas de trabalho, matérias primas e dinheiro em contado. Cedo começaram as deserções e, no fim de 1892, os habitantes se viram reduzidos a 64. Também se perdia demasiado tempo em assembleias e discussões e afinal, em 1894, a Cecília deixou de existir.[53]

Em se tratando da cidade de São Paulo, os anarquistas continuaram atuantes, e por razões compreensíveis: além dela concentrar um crescente aglomerado de indústrias e fábricas, em 1893, 54,5% da sua população era estrangeira (maioria composta por italianos), e também estrangeiros eram 82,5% dos artesãos e trabalhadores da indústria e dos transportes. Os anarquistas tinham inclusive jornais próprios, como *O burro humano* (1893) e *Avvenire* (1894).[54] Outras publicações "engajadas" na sua causa eram aquelas fundadas pelo militante nascido na Itália, Alessandro Cerchiai, sozinho ou com companheiros de ideias, todas com títulos italianos, a saber: *La Nuova Gente*, *La Barricata*, *La Propaganda*, *Guerra Sociale* e *Alba Rossa*. Entre 1904 e 1912, Cerchiai foi também redator de *La Battaglia*, fundada justamente em 1904 por Oreste Ristori.[55]

Os socialistas possuíram também alguns periódicos, como o carioca *Eco Popular*, dirigido pelo tipógrafo Luís da França e Silva, e o paulistano *Avanti*, fundado em 1900 pela *Lega Democratica Italiana*, ambos divulgadores das ideias internacionalistas em voga. O maior teórico e representante do socialismo italiano no Brasil de então era Antônio Piccarolo (1863-1947).[56]

Os congressos socialistas, como os citados acima, realizados em 1892 e de 1902, já ostentavam programas que defendiam a luta de classes e socialização da propriedade. Por outro lado, tanto eles quanto os anarquistas tiveram de fazer as contas com a prontidão do governo, que, em 1890, enquadrou greve como crime no código penal. Foi o início de uma série de medidas restritivas, que culminaram no rigoroso aparato legal repressivo de Rodrigues Alves, que promulgou, no ano de 1904, a lei que cerceava a liberdade de expressão

---

[53] ANGELO TRENTO, *Do outro lado do Atlântico: um século de imigração italiana no Brasil*, Livraria Nobel S.A., São Paulo 1989, p. 88-89.
[54] LUIGI LASAGNA, *Epistolario*, vol. III, p. 15.
[55] ANGELO TRENTO, *Do outro lado do Atlântico: um século de imigração italiana no Brasil*, p. 223-224.
[56] ANGELO TRENTO, *Do outro lado do Atlântico: um século de imigração italiana no Brasil*, p. 228.

e de organização.⁵⁷ Em 1907, já sob o governo do presidente Afonso Pena, para controlar a influência dos sindicalistas europeus imigrados, que apesar de tudo continuava a crescer, aprovou-se uma lei determinando a expulsão do território nacional de todo estrangeiro que estivesse implicado em atividades subversivas.⁵⁸ Foi assim que líderes anarquistas, como os italianos Oreste Ristori (1874-1943) e Luigi ("Gigi") Damiani (1876-1953) e os espanhóis Everardo Dias (1883-1966) e Florentino de Carvalho (1889-1947), acabariam sendo depois deportados.⁵⁹ Ristori chegou a ser expulso duas vezes, enquanto que Damiani, após ser forçado a voltar para a Itália, escreveria uma série de artigos a respeito do Brasil, agrupados depois no livro *I paesi nei quali non si deve emigrare: la questione sociale in Brasile* (Os países para os quais não se deve imigrar: a questão social no Brasil).⁶⁰

A organização sindical, mesmo com as deportações de alguns de seus líderes, não se retraiu, ainda que a influência que tinha ficasse quase sempre restrita a alguns centros urbanos em vias de industrialização, particularmente em São Paulo. O sindicalismo reivindicatório era criticado pela grande imprensa, pelas autoridades governamentais e pelo clero; porém só perderia força em meados dos anos vinte. Os anarquistas, da sua parte, buscando responder aos ataques e construir uma identidade, afirmavam não serem "homens sem moral", inimigos irrestritos de todas as instituições sociais. Para tanto, argumentavam não serem contra a família, apesar de combaterem o casamento religioso e o batismo. Faziam-no, diziam, por defenderem a "união verdadeira" entre o homem e a mulher... postulando a finitude do laço matrimonial, sem detrimento do amor aos filhos, que, no entanto, não eram propriedade dos pais.⁶¹

Resta o fato que, seja entre anarquistas que entre marxistas, a hostilidade ao clero grassava livremente. Era o caso de Everardo Dias, que se tornou um dos líderes do movimento anticlerical de São Paulo; de Edgard Leuenroth, que dirigia o semanário anticlerical paulista, *A Lanterna*; e de José Rodrigues Leite Oiticica, que, a partir de 1912, se tornou um dos membros destacados da Liga Anticlerical do Rio de Janeiro, fundada três anos antes, e de outros mais.⁶² A propósito, a oposição à religião, em geral, era tão sentida nos ambientes anarquistas que Elvira Boni Lacerda (1899-1990), uma ex-militante, ao ser interrogada sobre o que era ser um membro do anarquismo, definiu: "*Bom, ser anarquista... Em primeiro lugar, era não ter religião*".⁶³

O dado curioso é que, assim como as organizações e partidos de esquerda atacavam o liberalismo burguês, o Catolicismo tampouco o via com bons olhos. Afinal, aquela intransigente defesa, que os seguidores de tal ideologia faziam do indivíduo e da "livre iniciativa" em prejuízo do social e dos grupos organizados, jamais foi bem-vista pela hierarquia eclesiástica. A isso se juntava o pouco apreço de vários governos liberais pela religião em si mesma, ante

---

⁵⁷ Lincoln Abreu Penna, *Uma história da república*, p. 135-136.
⁵⁸ Francisco Iglesias, *História política do Brasil*, Editorial Mapfre, Madrid 1992, p. 252.
⁵⁹ John Watson Foster Dulles, *Anarquistas e comunistas no Brasil*, p. 20.
⁶⁰ Angelo Trento, *Do outro lado do Atlântico: um século de imigração italiana no Brasil*, p. 224.
⁶¹ Angela de Castro Gomes, *A invenção do trabalhismo*, 3ª ed., FGV Editora, Rio de Janeiro 2005, p. 102.
⁶² John Watson Foster Dulles, *Anarquistas e comunistas no Brasil*, p. 20, 34-35.
⁶³ Angela de Castro Gomes, *A invenção do trabalhismo*, p. 101.

a qual tantas vezes assumiram atitude negativa, desejosos como eram de eliminar sua influência na sociedade. Por isso, o próprio Papa Pio IX, no célebre *Syllabus Errorum*, que emanou em 1864, fez questão de mencionar postulados liberais entre os "erros modernos" do período.[64]

De outra feita, a instituição eclesiástica também se dava conta das penosas condições de vida da massa proletária e tentou articular alternativas. Isso foi sentido principalmente a partir do pontificado do Papa Leão XIII, que abordou corajosamente a questão social por meio da encíclica *Rerum Novarum* publicada aos 15 de maio de 1891.[65]

No caso do Brasil, inspirado nos ensinamentos da supracitada encíclica, também o clero começou a dar certa atenção ao drama da questão social em solo pátrio. O próprio presidente Afonso Pena, católico convicto, por ocasião da abertura do congresso nacional, quiçá arrependido do modo brusco com que pouco antes tratara os trabalhadores dos arsenais, admitiu que a Legislação Brasileira era deficiente no tocante às leis sobre acidentes de trabalho, seguro obrigatório e caixas de socorros para casos de moléstia e invalidez. Apesar da coragem do seu gesto, nenhuma medida foi tomada. Barbosa Lima, um jovem deputado do Pernambuco, inspirado nos postulados de Leão XIII, retomaria a questão no congresso, advertindo que o socialismo anárquico e revolucionário recrudescia, à medida que o espírito de religiosidade diminuía nas massas populares. Mesmo tomando distância da esquerda, o deputado batia na tecla: O operário tem direito imprescindível a um salário que lhe permita a manutenção material e moral e a de sua família. A lei deve proteger o trabalho dos menores e mulheres, evitando a desorganização do lar. A certeza de que o trabalhador urbano brasileiro vivia em condições desumanas levou até mesmo Dom Sebastião Leme, tão bem relacionado com as autoridades, a favorecer a sua organização. Dom Manoel Gomes, de Fortaleza, tomaria atitude semelhante; enquanto que, em São Paulo, formou-se um Centro Operário Católico, onde se destacou Porfírio Prado, que lutou incansavelmente para arregimentar o operariado fiel.[66]

Analogamente, a partir de 1917, os Círculos Operários Católicos, iniciados pelo lazarista holandês, Pe. Guilherme Vaessen (1873-1965), multiplicaram-se pelo nordeste, principalmente no Ceará;[67] enquanto que, na cidade de São Paulo, SP, os beneditinos instituíram na sua abadia a Escola Noturna São Miguel, para a educação

---

[64] O *Syllabus*, ao fazer a lista dos "erros" do liberalismo em relação à Igreja, afirmou: 19. A Igreja não é uma verdadeira e perfeita sociedade, completamente livre, e não dispõe de seus próprios e permanentes direitos, a ela conferidos pelo seu fundador divino, mas toca ao poder civil definir quais são os direitos da Igreja, e os limites dentro dos quais ela pode exercitar estes mesmos direitos. 20. A potestade eclesiástica não deve exercitar a própria autoridade sem a permissão e o consenso do governo civil. 39. O Estado, como origem e fonte de todos os direitos, goza de um direito tal, que não é circunscrito por nenhum confim. (HEINRICH DENZINGER, *Enchiridion Symbolorum*, p. 1033-1035).

[65] Nesta perspectiva, ao mesmo tempo em que adotou uma atitude crítica em relação à sociedade industrial, que abandonava o operário à sua própria sorte, a Igreja tentou substituir os símbolos e datas comemorativas do movimento operário de esquerda por outros símbolos e celebrações cristãos. Por isso, mais tarde, o 1º de maio, data da morte dos trabalhadores de Chicago e proposto em 1890 como feriado mundial pela *American Deferation of Labour*, passou a ser celebrado pela Igreja como dia de "São José Operário" (VAMIREH CHACON, *História das ideias socialistas no Brasil*, p. 312).

[66] RUFIRO TAVARES, "O problema operário e a doutrina social católica", em: *Santa Cruz*, fasc. V, Escolas Profissionais Salesianas, São Paulo 1918, p. 243-245.

[67] PEDRO AMÉRICO MAIA, *Crônica dos jesuítas do Brasil centro-leste*, p. 71.

de adultos, acolhendo sobretudo membros do operariado. Nesta mesma perspectiva, em 1908, também seria fundado o Instituto Eduardo Prado, destinado principalmente à instrução dos vendedores de jornais e engraxates.[68] Mais afoita foi a "Associação das Filhas do Divino Coração", estabelecida em Petrópolis, RJ, no ano de 1920. Seu propósito era a promoção do operariado por meio da educação moral e religiosa, além de encontrar meios que permitissem harmonizar trabalho e capital. A iniciativa, levada a cabo por senhoras da sociedade, recebeu doações de industriais, tendo conseguido construir centros recreativos para operários nas proximidades de algumas fábricas. Aquelas senhoras tampouco perdiam a oportunidade de instruir os trabalhadores nos valores cristãos e adverti-los sobre os males do anarquismo e socialismo. Tiveram deveras certo sucesso, e inclusive se vangloriavam da façanha de evitarem inúmeras greves ainda no seu primeiro ano de funcionamento.[69]

Em ambientes restritos apareceu ao mesmo tempo, pela primeira vez, a teoria de um hipotético "socialismo cristão". Um dos primeiros testemunhos que se conhece alinhado com tal novidade é o pronunciamento de monsenhor Eurípides Calmon Nogueira, que, na igreja de São Pedro, no Rio de Janeiro, em 1915, fez uma distinção entre socialismo cristão e socialismo pagão. A ideia encontraria poucos seguidores, mas até que tinha sua lógica: O socialismo anárquico e pernicioso, segundo ele, conduzia ao dilúvio de sangue que então se verificava, e que estava asfixiando os povos modernos, tendo na filosofia gentílica suas raízes e incitamento. Contrapunha a este o socialismo da ordem, da paz e do progresso, "tão magnífica e oportunamente desdobrado pelo imortal Leão XIII".[70] Apesar da sua pouca ressonância, foi sem dúvida uma análise alternativa à problemática, que reapareceria décadas depois.

4.4 – A renovação litúrgica

As ordens e congregações religiosas que chegavam da Europa foram as primeiras a se preocuparem em elevar o nível do culto católico no Brasil, a partir do que acontecia nos seus locais de origem. Uma carta do padre redentorista alemão Valentim von Riedl, reproduzida pelo professor Augustin Wernet, dá um exemplo do desconforto que muitos deles sentiam ante as práticas da religiosidade popular brasileira: "Aqui o barulho é contínuo nos ofícios divinos; crianças gritando, música esquisita na igreja e repique extravagante de sinos, conversas em alta voz dentro da igreja dão a impressão de ser tudo, menos uma casa de oração e recolhimento".[71]

Foi então que o espírito do movimento litúrgico, iniciado pelo Abade de Solesmes, na França, D. Prosper-Louis-Pascal Guéranger (1805-1875), e continuado por outros, fez-se sentir no Brasil. Os promotores foram os beneditinos, sendo um dos pioneiros Dom Gaspar Lefevre, que atuou de 1906 a 1915 nos mosteiros do Rio de Janeiro e da Paraíba. Sua obra mais conhecida é o *Missal cotidiano*, versão portuguesa. Outro beneditino que deu grande

---

[68] Laércio Dias De Moura, *A educação católica no Brasil*, p. 101.
[69] Susan Kent Besse, *Modernizando a desigualdade. Reestruturação da ideologia de gênero no Brasil (1914-1940)*, p. 171.
[70] Vamireh Chacon, *História das ideias socialistas no Brasil*, p. 385-402.
[71] Augustin Wernet, *Os redentoristas no Brasil*, vol. I, p. 71.

contribuição nesse sentido foi Dom Gerardo Van Caloen, abade encarregado pela Santa Sé da restauração da ordem de São Bento no Brasil, cuja participação naquele movimento foi notável.[72]

O episcopado tampouco descuidou de dar outro rumo à liturgia no país, e por isso vários documentos episcopais trataram de discipliná-la. Exemplar, nesse sentido, foram as normas da *Pastoral Coletiva* de 1907, que incluiu o assunto numa proposta reformadora ampla:

> O sacerdote que sair de casa vestido a secular para celebrar em qualquer igreja, se depois de admoestado não se corrigir, fique *ipso facto* suspenso de suas ordens por um mês.
> Aos leigos tratem [os sacerdotes] com amabilidade e cortesia, mas nunca com familiaridade.
> A frequência dos sacramentos é o meio mais eficaz de chegar ao desejado fim de transformar uma paróquia
> Em obediência ao *Motu Proprio* do Santo Padre Pio X, observar:
> §1° Nas funções litúrgicas solenes é proibido cantar seja o que for em língua vernácula.
> §6° Fica absolutamente proibida nas igrejas a execução vocal e instrumental de trechos de ópera, onde música profana, principalmente se inspiradas em motivos e reminiscências teatrais, ou de qualquer composição, que não esteja de conformidade com o estilo grave, ligado e religioso da música sagrada.
> §9° É proibido às bandas musicais tocar dentro das igrejas. Fora delas são permitidas nas procissões, contanto que os músicos se comportem com respeito e edificação cristã, e se abstenham de executar composições profanas e ligeiras. [73]

Essas iniciativas provocaram verdadeira metamorfose na liturgia. O ritual austero e solene valorizou a introspecção, substituindo as antigas "missas alegres" (que consentiam até na presença de libretos de ópera e tertúlias nas celebrações) por eucaristias sóbrias, em que as melodias obedeciam às prescrições dos manuais de cantos espirituais. A bem da verdade, apenas se estava coroando uma transformação, que desde os primeiros anos da República se processava. Entre as várias obras até então editadas, devem ser mencionados o livrinho de 39 páginas denominado *Arte do cantochão ou canto litúrgico*, publicado no Rio em 1896, e as composições dos franciscanos alemães Pedro Sinzig (1876-1952) e Basílio Roower (1877-1958), autores de vários cânticos que seguiam o novo espírito. Fazem parte das criações dessa época o *Benedicte*, manual de cânticos sacros em português e latim (com um apêndice de orações), e o livrinho *Cecília*, publicado em 1910, com texto revisto pelo conde Afonso Celso, que recebeu aprovação do Núncio Apostólico, do Cardeal Arcoverde e de mais sete bispos.[74]

Ditas inovações eram conduzidas de acordo com o *Motu Proprio* do Papa Pio X, aprovado aos 22 de novembro de 1903. De tudo isso resultaram liturgias com um ar erudito, e o brilho de algumas solenidades passaria à história,

---

[72] Odilão Moura, *As ideias católicas no Brasil*, p. 101.
[73] Joaquim Arcoverde de Albuquerque Cavalcanti et alii, *Pastoral Coletiva dos Srs. Arcebispos e bispos das províncias eclesiásticas de São Sebastião do Rio de Janeiro e Mariana, comunicando ao clero e fiéis o resultado das conferências dos mesmos, no Seminário Arquiepiscopal de Mariana de 2 a 12 de agosto de 1907*, p. 39-40, 44, 47, 55, 57.
[74] Américo Jacobina Lacombe et alii, *Brasil, 1900-1910*, p. 22-23.

entre as quais o *Te Deum*, realizado para comemorar a abolição da escravatura, o *Réquiem* de Verdi, regido por Vincenzo Cernicchiaro (1858-1928) nas exéquias pelos mortos do encouraçado brasileiro *Aquidabã*, e a *Marcha Triunfal* de Júlio César do Lago Reis (1863-1933), para órgão, composta para a festa do jubileu do Papa Leão XIII, que inclusive chegou a ser tocada em Roma.[75]

Os católicos instruídos admiravam a evolução, e Jackson de Figueiredo, numa carta para a sua esposa, escrita em Muzambinho, MG, aos 22 de fevereiro de 1919, diria: "Hoje à tarde fui a um enterro e, na igreja, a música me fez um grande bem. Definitivamente a religião é a chave da vida e a música religiosa fala com uma gravidade tal ao espírito, que não há homem que a ouça sem desejar ser melhor, mais puro, mais elevado".[76] O problema é que, os arranjos instrumentais eruditos não eram acessíveis à maioria dos fiéis. Coube ao forte apelo emocional das devoções suprir a carência, assumindo uma importância central para a consolidação de uma nova espiritualidade, análoga às suas similares europeias. Surgiram centenas de instituições não clericais ou religiosas de cunho meramente devocional, ao lado de outras, de apostolado leigo.[77]

4.5 – O disciplinamento das irmandades e dos centros de romaria

A problemática das associações leigas que tanto clamor suscitara nos tempos do Império ainda não estava completamente superada nas primeiras décadas da República. Por isso, a Santa Sé, por meio de um decreto baixado pela sagrada congregação do Concílio dirigido especificamente para o Brasil aos 18 de agosto de 1894, resolveu encerrar de vez a questão: "Os sodalícios e as outras associações eclesiásticas de qualquer gênero que sejam, por isso mesmo que recebem da Igreja sua vida e sua norma, devem absolutamente estar sujeitos àqueles que foram propostos por instituição divina ao governo da mesma Igreja, e subordinados à sua autoridade".[78]

Na maioria dos casos a transição foi pacífica, e não deixa ser emblemático que, justamente no Recife, párocos tenham assumido o controle pleno das, outrora, rebeldes irmandades. A deferente carta escrita pelo cônego José de Oliveira Lopes ao internúncio Giuseppe Macchi, aos 17 de dezembro de 1897, é a demonstração explícita de quanto os tempos estavam mudados:

> O abaixo assinado, provedor da Irmandade de São Pedro Apóstolo nesta cidade do Recife, diocese de Olinda, [...] vem apresentar a V. Ex.ª Revma. o compromisso elaborado para ser aprovado. [...] Por isso, o suplicante, em nome da mesa administrativa, recorre e pede a V. Ex.ª Revma. a graça de nele interpor a autoridade apostólica de que é V. Ex.ª dignamente investido.[79]

Cada diocese adotou as medidas que julgava convenientes para que as antigas confrarias se organizassem de acordo com os cânones romanos, estabele-

---

[75] AMÉRICO JACOBINA LACOMBE ET ALII, *Brasil, 1900-1910*, p. 23-44.
[76] CLÉLIA ALVES FIGUEIREDO FERNANDES, *Jackson de Figueiredo, uma trajetória apaixonada*, p. 215.
[77] AMÉRICO JACOBINA LACOMBE ET ALII, *Brasil, 1900-1910*, p. 57.
[78] ASV, "Suspensão da irmandade", em: *Nunciatura Apostólica no Brasil*, fasc. 424, caixa 86, fl. 81.
[79] ASV, Carta do Cônego José Oliveira Lopes (17-12-1897), em: *Nunciatura Apostólica no Brasil*, fasc. 457, caixa 93, doc. 73, fl. 26.

cendo para tanto normas precisas, como se pode constatar nas determinações do sínodo diocesano de Mariana, realizado em 1903:

> 269. Determinamos que não se funde nenhuma confraria religiosa, cujo fim não se tenha anteriormente bem examinado.
> 276. Quando as irmandades fizerem as festas dos seus estatutos, usem dos seus privilégios, mas de modo algum desprezem a autoridade do pároco e nem deem às esmolas destino profano.
> 277. Sociedades espirituais, as irmandades dependem exclusivamente do Bispo, que foi quem as erigiu e por isso mesmo é o único competente para as dissolver.
> 278. As irmandades, uma vez aprovadas, possuem o domínio de seus bens, os quais, por serem eclesiásticos, não se podem alienar sem a licença do Bispo, caso não seja preciso o recurso à Santa Sé.[80]

Resistências, no entanto, houve, e em várias oportunidades o clero teve de entrar em luta aberta com as associações leigas, não só em relação à administração dos bens, como também pela posse dos templos, andamento das solenidades e até mesmo em relação a funções eclesiásticas. Isso acontecia, porque o legado do passado ainda era sentido e havia motivos outros, de origem nada religiosa, que impediam uma acomodação sem atritos. Muitas dessas irmandades eram ricas e continuavam em mãos de maçons confessos. Depois da laicização do Estado, em 1890, e da promulgação da Lei n. 173, de 10 de setembro de 1893, que regulou as instituições culturais e pias, algumas dentre as referidas associações sagazmente se fizeram registrar como sociedades civis nos registros governamentais, retomando a tradicional independência ou mesmo pretensões de domínio no âmbito das paróquias. Como nos tempos do Império, consideravam o pároco um subalterno seu, do qual acreditavam poderem se desembaraçar quando bem lhes aprouvesse. O problema tinha mais relevância no Rio de Janeiro, tendo se arrastado por anos, até converter-se numa violenta demanda judiciária. Em meados de 1912, o vigário da freguesia de Nossa Senhora da Glória, monsenhor Luiz Gonzaga do Carmo, imbuído do espírito não menos intransigente dos clérigos zelosos das próprias precedências, reagiu furibundo contra tal situação, declarando que na paróquia comandava ele e não os seculares. O bispo auxiliar do Rio, Dom Sebastião Leme, estimulou-o a resistir e com um decreto suspendeu a mesa diretora da irmandade do Santíssimo Sacramento de suas funções, nomeando uma comissão provisória de administradores. A mesa suspensa reagiu violentamente, rejeitando o decreto episcopal e expulsando o pároco. Monsenhor Gonzaga apelou para o tribunal civil, mas o juiz da primeira instância deu sentença favorável à irmandade, atribuindo a ela a propriedade da igreja e dos seus bens. Sem aceitar tal decisão, o pároco recorreu ao tribunal superior do Rio de Janeiro, e, aos 15 de dezembro de 1913, a primeira seção do tribunal lhe deu ganho de causa, condenando a irmandade ao pagamento de todas as custas do processo.[81]

---

[80] SILVÉRIO GOMES PIMENTA, *Primeiro sínodo da diocese de Mariana*, Tipografia Episcopal, Mariana 1903, p. 74-76.
[81] ASV, "As Irmandades no Brasil, uma sentença contra elas", em: *Nunciatura Apostólica no Brasil*, fasc. 690, caixa 137, docs 1-3, fl. 59-62, 71-72.

Ainda não se dera a última palavra, pois Agenor César Correa e Antônio Joaquim Ferreira, respectivamente provedor e tesoureiro da irmandade em questão, apelaram; mas o desembargador procurador-geral do distrito, Luiz Guedes de Morais Sarmento, colocou um ponto final na querela:

> Sendo a Irmandade do Santíssimo Sacramento da matriz da Glória uma associação para fins pios e religiosos, como se vê dos artigos 1° 88 e 89 do seu compromisso, não pode deixar de estar sujeita por sua essência e destino à autoridade eclesiástica. [...] É incontestável, portanto, a intervenção da autoridade eclesiástica na eleição da mesa e respectiva posse, conforme exige o compromisso da referida Irmandade, e, se a eleição da mesa precisa ser autenticada pelo pároco, está sem dúvida a Irmandade sujeita à fiscalização da autoridade diocesana.[82]

Casos como este apenas reforçaram a vigilância e o controle dos bispos diocesanos; e, por este mister, ao se aproximarem os anos vinte, praticamente já havia desaparecido qualquer vestígio do modelo antigo. Particular severidade se verificou em São Paulo, em que Dom Duarte Leopoldo e Silva impôs sobre confrarias e irmandades a precedência da autoridade eclesiástica. Ele era tão rígido neste particular que todo ano as obrigava a lhe prestarem contas, e assim as mantinha "refreadas e submissas".[83]

Fato parecido aconteceu com os santuários e centros de romaria. Ao alvorecer da República, a maioria deles já estava devidamente "enquadrada", e os poucos remanescentes seriam rigidamente disciplinados pelo clero, ainda que isso tenha acontecido em meio a desgastantes contendas. Uma tentativa de manutenção das práticas desenvolvidas durante o Império se verificou na romaria a Barro Preto, município de Trindade, Estado de Goiás. Existia ali uma rústica capela, na qual, cada primeiro domingo de julho, se celebrava a festa do Divino Pai Eterno que durava doze ou mais dias. De 1881 a 1891, a paróquia circunstante ficara vaga, e os leigos da comissão administrativa haviam aproveitado para se apropriarem completamente da romaria. A festa logo se degenerou, pois, junto aos milhares de fiéis que lá acorriam, participavam também jogadores, saltimbancos e mulheres de moral duvidosa. Enquanto o Império durou, o clero não pôde tomar nenhuma atitude, porque os juízes de capela de então, em troca de polpudas gorjetas das rendas do evento, aprovavam tudo quanto os festeiros leigos organizavam. Com o advento republicano, o bispo de Goiás, Dom Eduardo Duarte da Silva, resolveu intervir, tendo pedido e conseguido que os padres redentoristas fixassem residência no local aos 20 de janeiro de 1895. Para seu desgosto, anos depois ele constatou que nem eles, nem os dominicanos, que também atuaram na região, haviam conseguido moralizar a situação. Em 1899, Dom Eduardo tomou então a enérgica medida de transferir a data festiva para quinze de agosto, a ser celebrada segundo as rubricas litúrgicas. De novo não foi obedecido, pois os três festeiros levaram a cabo a festa como antes. Dom Eduardo foi até lá e ouviu dos implicados uma afirmação bem típica dos velhos

---

[82] *Corte de Apelação – Câmaras Reunidas – Apelação Cível 432*, Tipografia da Revista dos Tribunais, Rio de Janeiro 1916, p. 35-37.
[83] ASV, Carta do Núncio Giuseppe Aversa ao Cardeal secretário de Estado da Santa Sé (20-4-1914), em: *Nunciatura Apostólica no Brasil*, fasc. 734, caixa 146, doc. 29, fl. 64b.

tempos: que eles eram "católicos não romanos". Sentindo-se particularmente ofendido, ele se retirou, declarando interdita não só a igreja como o inteiro povoado.[84] A punição durou quatro anos, mas o bispo saiu vencedor, pois os implicados, sem pontos de apoio, tiveram de enviar-lhe um súplice pedido de perdão e aceitar as condições que lhes eram impostas.[85]

Naquele que viria a ser o santuário nacional – Aparecida, SP – também houve notáveis mudanças, depois que os redentoristas o assumiram aos 30 de outubro de 1894. Três anos mais tarde, no dia 30 de abril de 1897, João Maria observaria triunfante que ali, onde em tempos idos não comungavam cinquenta pessoas, no último ano haviam comungado sete mil. Quando a notícia da mudança chegou ao conhecimento do bispo diocesano, esta "o alegrou e consolou extraordinariamente".[86]

4.6 – As associações caritativas e devocionais

O conjunto das medidas disciplinadoras tomadas provocou a morte lenta da maioria das antigas irmandades, motivo pelo qual, em 1903, ao ser celebrada na catedral de Salvador, BA, a eleição do Papa Pio X, as novas associações eram já majoritárias, como se pode verificar através dos apelativos daquelas que se apresentaram ao evento: Sociedade de São Vicente de Paulo, Liga Católica das Senhoras Baianas, Damas de Maria Auxiliadora, Liga da Comunhão Frequente, Associação das Mães Cristãs, Guarda de Honra do Sagrado Coração de Jesus, Filhas de Maria, Associação do Santíssimo Sacramento, Oblatas de São Bento, Confraria de Pia União de Jesus Maria e José, Centro da Pia União de Santo Antônio da Catedral, Associação de São Francisco Régis, Devotos de São Bento e centro do Apostolado da Oração da Catedral.[87]

O clero era o grande incentivador da tendência, e documentos, como o do sínodo da arquidiocese de Mariana, realizado naquele mesmo ano de 1903, enumeravam de modo inequívoco quais associações religiosas leigas deveriam ser priorizadas:

> Desejemos que de preferência se fundem nas paróquias as seguintes irmandades: O Apostolado da Oração, a Conferência de São Vicente de Paulo, o Círculo Católico de São José para moços, a Associação das Filhas de Maria para moças, as Senhoras da Caridade do Sagrado Coração de Jesus e a Irmandade da Sagrada Família, que o Santo Padre Leão XIII ordenou que se estabelecesse em todas as paróquias.[88]

Dentre as novas, destacaram-se as Associações Vicentinas ou Conferência de São Vicente de Paulo, estabelecidas ainda no tempo do Império por Dom Romualdo Seixas, no ano de 1849, e que se haviam estendido por todo

---

[84] ASV, Carta de Dom Eduardo ao Núncio Giulio Tonti (2-1-1903), em: *Nunciatura Apostólica no Brasil*, fasc. 488, caixa 99, doc. 27, fl. 15.
[85] Cf. ASV, Carta de Dom Eduardo ao Núncio Giulio Tonti (29-10-1903), em: *Nunciatura Apostólica no Brasil*, fasc. 488, caixa 99, doc. 26, fl. 9.
[86] ASV, Carta de João Maria ao encarregado de negócios da Santa Sé no Brasil, monsenhor Giovanni Battista Guidi (3-4-1897), em: *Nunciatura Apostólica no Brasil*, fasc. 392, caixa 80, doc. 34, fl. 81.
[87] ASV, "Noticiário religioso", em: *Nunciatura Apostólica no Brasil*, fasc. 799, caixa 159, fl. 5.
[88] SILVÉRIO GOMES PIMENTA, *Primeiro sínodo da diocese de Mariana*, p. 75.

o país.⁸⁹ Constituídas exclusivamente por homens, tiveram dentre os seus colaboradores desde proprietários rurais até elementos da nova burguesia emergente. O objetivo a que se propunham era a assistência aos pobres, enfermos e necessitados, trabalho que desenvolviam com independência, mas em plena colaboração com o clero. Por isso, Dom Antônio de Macedo Costa, em documento datado de 2 de agosto de 1890, aconselharia os párocos de fundá-las onde fosse possível, e também presidi-las, dirigi-las, animá-las e coadjuvá-las. De tais associações participariam alguns leigos célebres, entre os quais Guilherme Morrisy, comerciante inglês radicado no Brasil, Antônio Correia de Melo e o industrial pernambucano Carlos Alberto de Menezes (1855-1904), que se tornou presidente da entidade e do Conselho Central da Bahia.⁹⁰

Várias ordens terceiras e irmandades também se desdobravam em obras assistenciais junto ao povo, mas o trabalho de renovação e divulgação do Catolicismo foi muito além do aspecto caritativo. Também se organizaram iniciativas de aproximação com o meio acadêmico através da difusão de novas ideias religiosas, como as de Francisco Ozanan junto às faculdades. Enquanto isso, após a fundação, no Rio de Janeiro, da União Popular, surgida em Minas Gerais, outras associações se formaram: as Congregações Marianas, em franca expansão, a partir de 1909, e que atingiriam notável importância em 1924; a Liga Brasileira das Senhoras Católicas (1910); e a Aliança Feminina (1919).⁹¹ Estas últimas abrangiam um vasto campo de ação, vindo a se constituírem numa das mais extraordinárias forças do apostolado católico,⁹² enquanto que o Apostolado da Oração e os congregados marianos atuavam como grupos de pressão para trazer de volta a religião à vida pública. Era o que já foi definido como a estratégia da influência por meio do poder.⁹³

Cada organização supracitada tinha a sua devoção, mas uma, certamente, era comum à maioria delas, gozando de particular estima: o Sagrado Coração de Jesus. Sua veneração se expandia sempre mais no Brasil, e alguns prelados, como o de Mariana, fundou pessoalmente a Associação das Damas do Sagrado Coração de Jesus, escrevendo com seu próprio punho os estatutos para regê-la. Além disso, conseguiu – cobiçado privilégio – que a mesma fosse agregada à Congregação do Sagrado Coração ereta em Roma na igreja Santa Maria della Pace, por despacho de 8 de novembro de 1916, gozando de "indulgências concedidas pela Congregação Romana".⁹⁴

Todas as iniciativas em curso eram coordenadas pelos prelados diocesanos com o objetivo de afirmar de vez uma nova espiritualidade popular, coisa que Dom Francisco de Campos Barreto, bispo de Pelotas, RS, sintetizou com grande precisão:

> Dentre os meios fáceis para a propaganda religiosa e restauração da fé no povo, lugar saliente devem ocupar as associações religiosas. A frente das associações, porém, sem temor de errar e animado não só pela experiência pessoal como pela

---

⁸⁹ Luigi Lasagna, *Epistolario*, vol. II, p. 22.
⁹⁰ Antenor de Andrade Silva, *Os salesianos e a educação na Bahia e em Sergipe – Brasil, 1897-1970*, p. 109-110.
⁹¹ Scott Mainwaring, *Igreja Católica e política no Brasil*, Brasiliense, São Paulo 1989, p. 46.
⁹² Odilão Moura, *As ideias católicas no Brasil*, p. 28.
⁹³ Pedro Américo Maia, *Crônica dos jesuítas do Brasil centro-leste*, Edições Loyola, São Paulo 1991, p. 32.
⁹⁴ Raimundo Trindade, *Arquidiocese de Mariana – subsídios para a sua história*, vol. III, p. 1325.

promessa do Divino Mestre, colocamos, nos tempos atuais, o Apostolado da Oração, junto ao Sagrado Coração de Jesus. [...] A superioridade deste apostolado consiste principalmente na verdadeira piedade que desenvolve entre os fiéis e na dedicação com que as zeladoras, filhas mimosas, escolhidas por Jesus, entregam-se ao cumprimento de seu dever, ensinando não só com palavras, mas pregando generosamente com o exemplo vivo de suas virtudes cristãs.[95]

A embrionária Ação Católica foi outra grande força emergente e viria a se tornar nas décadas sucessivas um dos maiores baluartes da Igreja no Brasil, como se verá adiante.

4.7 – A "inteligência católica" e a religiosidade militante

No primeiro quartel do século XX, a intelectualidade católica, composta de nomes, como Carlos de Laet, Eduardo Prado, Brasílio Machado, João Mendes Júnior, Antônio Felício dos Santos, Afonso Celso de Assis Figueiredo, Joaquim Nabuco e, mais adiante, de certo modo, também Rui Barbosa articulou-se no sentido de elaborar um projeto de convivência com a República em que os direitos da Igreja fossem salvaguardados.

Carlos de Laet (1847-1927), membro fundador da Academia Brasileira de Letras aos 15 de novembro de 1896, ocupando a cadeira n. 32 e mais tarde a presidência da entidade (1919-1922), foi um dos maiores destaques desse movimento. Tornou-se líder do Círculo Católico, mas diferia-se da maioria dos membros da agremiação por manter-se fiel à Monarquia. Corajoso e intrépido, promovia sucessivas conferências sobre temas religiosos que eram assistidas e aplaudidas pelo próprio episcopado. O respeito que o circundava justificava-se: era um monarquista antirregalista e opunha-se com vigor ao laicismo da República. Pesava ainda a notável cultura teológica e humanística que tinha, valendo-lhe o epíteto de que sabia teologia e latim como todo um convento junto. Seria ele o tradutor brasileiro da *Rerum Novarum* e usaria sua erudição para combater sem tréguas os que julgava inimigos da Igreja. Polemista, atacou veemente o pastor presbiteriano Álvaro Emídio Gonçalves dos Reis, no livro *Heresia Protestante*, e ridicularizou a chamada Escola do Recife, ao qualificá-la de "teuto-sergipana", em alusão à província de origem de Sílvio Romero e Tobias Barreto e às ideias germanistas que ambos comungavam. Ao indiferentismo religioso daqueles, expunha as teses da "filosofia perene" (entenda-se, escolástica tomista); ao determinismo de Ferri, a defesa do livre arbítrio; ao agnosticismo de seus contemporâneos, as razões de sua crença; aos postulados de Comte, os ensinamentos da teologia. Clamará pela fundação de um partido católico. Como diria Francisco Leme Lopes, Laet é, antes de mais nada e acima de tudo, o defensor da Igreja. Nenhum católico do seu tempo foi no Brasil tão grande escritor como ele, e nenhum outro literato de sua época se identificou tanto com a causa da religião. Quanto à sua ortodoxia, não havia uma só linha que corrigir nos seus escritos. O mais severo eclesiástico não lhe podia, sem flagrante injustiça, negar o *nihil obstat*. O prestígio de Laet ultrapassou as fronteiras nacionais, motivo que levou o Papa Leão XIII a lhe conceder uma dis-

---

[95] Francisco de Campos Barreto, *Carta Pastoral – Relatório da Diocese e impressões da visita pastoral em 1912*, Livraria Americana Pinto & C., Rio Grande 1913, p. 16-17.

tinção honorífica, enquanto que seu sucessor, Pio X, agraciou-o, aos 11 de junho de 1913, com o título de conde romano.⁹⁶ A honorificência havia sido pedida pelo Cardeal Arcoverde, com o apoio explícito de Dom Leme, que não economizava elogios quando se referia ao bravo militante:

> A meu ver, se no Brasil há quem mereça um título que signifique a gratidão da Igreja, é o Senhor Laet. É um soldado que não tem substituto no campo de defesa da Igreja. Existem outros, mas nenhum com o valor científico e literário do Laet, nenhum como ele, tão constante. Este homem escreve três artigos por semana: domingos e quintas no *Jornal do Brasil*; quintas no *País*. Nesses dias, esgotam-se as edições dos jornais. Por quê? Porque no Brasil não há homem culto que não leia os artigos do Laet. Pois bem, esses artigos, quase sempre, são ex-professo a defesa e a propaganda da fé. Isto, já há uns quarenta anos.⁹⁷

Eduardo Prado (1860-1901) era o segundo violino desta afinada orquestra católica, tendo em comum com Carlos de Laet a paixão monarquista e o histórico de membro fundador da Academia Brasileira de Letras, onde ocupou a cadeira número quarenta. Sua mãe era a severa e pia Veridiana Prado, que, quando ele era apenas um menino travesso, confiara-o a Dom Lino Deodato Rodrigues de Carvalho, por acreditar que precisasse de cuidados especiais. Eduardo foi então matriculado no Ginásio Episcopal e, ao terminar os estudos, matriculou-se na academia de direito. Já casado, detestou tanto a instauração da República, quanto conservou o amor pela Igreja. Esse sentimento católico transpareceria em várias obras apologéticas, como *A Igreja e o sofisma contemporâneo*, em que combatia as pretensões da ciência e do positivismo de ignorarem a religião; *O Catolicismo, a Companhia de Jesus e a colonização do Brasil*, em que realçava o valor da obra dos jesuítas; e, a mais famosa e polêmica de todas as suas composições, o livro *A ilusão americana*. Em tal livro, a Igreja não era o argumento central, ainda que considerada indiretamente como uma componente essencial da brasilidade que o autor defendia ardoroso. Na sua apaixonada defesa da instituição eclesiástica, Eduardo acabaria se envolvendo em algumas disputas verbais que marcaram época, como aquela acontecida em abril de 1900, quando apoiou Dom Miguel Krause na sua querela com Luiz Pereira Barreto (1840-1923). O opositor do abade era amigo da família Prado, mas Eduardo optou em ficar do lado da Igreja, quando aquele culpou o Catolicismo pela decadência do povo latino. Para ele, tratava-se de uma desfiguração da realidade nacional, e procurou demolir tais afirmações, questionando a autoridade científica de quem o fazia. Por isso, em maio daquele ano, escreveu um artigo arrasador, intitulado *O Dr. Barreto e a Ciência – Caso Curioso de Intolerância Religiosa no Século XX*. Eduardo morreu como viveu: católico e polêmico. Quando adoeceu, pediu a confissão, e seu amigo Pe. Chico apressou-se em atendê-lo. Ao sair, convencido de que estava por perder um dos amigos mais caros, o padre exclamou: "Foi um dos momentos mais desconsolados de minha vida".⁹⁸

---

⁹⁶ Francisco Leme Lopes, *Carlos de Laet*, Livraria Agir Editora, Rio de Janeiro 1958, p. 4, 7-8, 19-20.
⁹⁷ ASV, "Honorificências Pontifícias", em: *Nunciatura Apostólica no Brasil*, fasc. 704, caixa 140, doc. 7, fl. 45b-47.
⁹⁸ Cândido Motta Filho, *A vida de Eduardo Prado*, p. 23, 37, 50, 52-53, 105, 209-211, 298-299.

4.7.1 – Os triunfos da apologética

Os militantes católicos, via de regra, respeitavam a ordem estabelecida, o que não toleravam era que a sua religião fosse ofendida. A mentalidade defensiva se estendeu pelo país, e, para traçar estratégias comuns de ação, três grandes congressos católicos de projeção nacional seriam organizados, com ampla participação de fiéis de relevo. O primeiro deles aconteceu em Salvador, BA, de 3 a 10 de junho de 1900, por ideia do Apostolado da Oração e dos redatores do seu órgão, o *Mensageiro do Coração de Jesus*, instituído em 1896, com sede em Belo Horizonte.[99] Dito evento acabou sendo promovido e organizado pelo Pe. Zadder SI, que recebera tal encargo do Arcebispo Primaz. O evento teve um excelente êxito, ao menos quanto às presenças, suntuosidade, ordem e discursos. A abertura solene aconteceu no domingo, dia 3 de junho, contando com a presença do presidente do Estado da Bahia, Severino dos Santos Vieira (1849-1917), e também de altas autoridades locais que compareceram em peso. Foi ali mesmo que o Primaz expôs uma das suas maiores preocupações, ao se referir "aos inimigos da Igreja que baniram da constituição da pátria, das escolas, da família, e até dos cemitérios, o amor da religião".[100]

O segundo congresso católico seria levado a cabo no Rio de Janeiro, de 26 de julho a 2 de agosto de 1908, e como o primeiro, propunha-se a concertar os modos e os meios pelos quais as associações e os indivíduos possam coadjuvar mais eficazmente à reanimação e fortalecimento do espírito católico em tudo e sempre, conformemente às prescrições e ensinamentos dos Sumos Pontífices. Para tanto, foi organizada uma comissão preparatória de sete associados do Círculo Católico, presidida pelo Cardeal Arcoverde e auxiliada por 120 conselheiros. Quando a reunião aconteceu, a tônica foi a luta contra o progresso do que chamava mentalidade ímpia, e isso se refletiu nos variados assuntos discutidos nas sessões, e que versavam sobre obras pias, associações (religiosas leigas), propaganda (imprensa católica e bibliotecas paroquiais), instrução e educação, obras sociais (sindicatos católicos, cooperativas, círculos para operários, casas para proletários e temas afins), obras de caridade, estatística (avaliação de todo o movimento católico então realizado no país).[101]

Aos 29 de junho de 1909, no palácio de cristal de Petrópolis, abrir-se-ia enfim o terceiro congresso do gênero, sob a presidência do visconde de Ouro Preto. As discussões girariam em torno de cinco pontos: a questão romana, o repouso dominical, o combate à imoralidade pública, a questão social e a união popular. Foi o último toque para que os católicos se sentissem bastante fortes para os embates públicos, que, a bem da verdade, já estavam acontecendo. Isso ficara evidenciado em maio daquele ano, nas manifestações de protesto contra Anatole France (1844-1924). Considerado uma sumidade da literatura francesa pelos seus admiradores, ao passar pelo porto de Santos, Anatole recebeu uma homenagem de grupos de estudantes, que se diziam representantes da mocidade

---

[99] Pedro Américo Maia, *Crônica dos Jesuítas do Brasil centro-leste*, p. 125.
[100] ASV, "Primeiro Congresso Católico", em: *Nunciatura Apostólica no Brasil*, fasc. 474, caixa 96, docs. 5, 12, fl. 69, 92.
[101] ASV, "Segundo Congresso Católico no Brasil", em: *Nunciatura Apostólica no Brasil*, fasc. 599, caixa 121, doc. 7, fl. 52-63.

das escolas superiores. O Centro de Estudantes Católicos de São Paulo reagiu prontamente, tanto contra o ato como contra o homenageado.[102]

No ano seguinte, o fato se repetiria, e com repercussões bem maiores. A causa foi a chegada a São Paulo do italiano Enrico Ferri (1856-1929), genro e famoso discípulo do expoente do positivismo dito "científico", Marco Ezechia ("Cesare") Lombroso (1835-1909), que, atendendo o pedido de grupos intelectuais agnósticos, preparara palestras contra o que dizia ser os fantasmas da crendice e do obscurantismo. A Confederação Católica estava de prontidão e, após a primeira conferência de Ferri no Politeama, os fiéis da mocidade acadêmica percorreram o triângulo central da cidade (ruas Direita, São Bento e XV de Novembro) e, acompanhados de grande e rumorosa massa popular, pararam em frente do edifício do seminário central, pedindo uma réplica ao célebre anticlerical. O reitor, Pe. Maximiano, aceitou a sugestão e encarregou o Pe. João Gualberto do Amaral, professor de dogma e moral, de contra-argumentar as acusações. Por meio de conferências e artigos em jornal, Pe. João Gualberto levou a cabo sua missão com tal brilhantismo, que o próprio Ferri teria de admitir, ao visitar a redação da *Fanfulla,* que aquele padre era "um savio".[103]

Essa vitória foi decisiva para que os católicos reforçassem seu espírito combativo, coisa que vieram a demonstrar pouco depois, em relação a outro famoso anticlerical, o francês Georges Benjamin Clemenceau (1841-1929), que também veio expor suas ideias na capital paulista. Era o mais temível opositor da Igreja, depois do seu conterrâneo Émile Combes; mas uma surpresa o aguardava: dessa vez a reação católica não seria intelectual, mas popular, expressada no furor de uma massa devidamente arregimentada pelo clero para protestar.[104] O autor da proeza foi o então Cônego Leme, que visitou paróquia por paróquia da arquidiocese, convocando sacerdotes e fiéis para o protesto. Deu certo: imensa multidão popular formou-se no Largo da Sé, seguindo em passeata de desagravo pelo centro da cidade, numa demonstração de força que obrigou o próprio governo do Estado a pedir ao polêmico francês para que fosse para Santos. O sucesso da iniciativa seria reconhecida até pelos jornais anticlericais, apesar de qualificarem-na com os adjetivos mais duros.[105]

---

[102] No irado manifesto, os estudantes católicos acusavam: "De 1898 para cá, Anatole France perdeu todo o direito à estima de seus pares e ao respeito de seus concidadãos. Por amor a um judeu (traidor confesso), defendeu a pornografia de Emile Zola. [...] Na sua conferência, no 'Hotel des Societés Savantes', em 4 de fevereiro de 1905, apresentou-se francamente sectário, inimigo das tradições da França, anarquista intelectual e político; e não há muito, escreveu dois volumes difamatórios contra a Donzela de Orleáns, que a Igreja acaba de colocar solenemente em seus altares. [...] Ora, que os judeus, os protestantes, os ímpios e os ateus glorifiquem este homem, compreende-se: estão no seu direito e no seu papel. Mas querem, por toda força, que ele seja o representante da nossa raça latina, ébria do ideal de patriotismo, crente, moralizada e liberal, isto é, que não pode vingar. Não! A 'mocidade das escolas superiores' não acompanha este farrancho nem bate palmas a esta arruaça literária. Falem em seu próprio nome próprio os moços que, porventura, ou antes, por desventura, admiram o defensor de Dreyfus & Zola, o comparsa de Combes & Clemenceau, o insultador de Joana D'Arc. Não lhes é lícito falar em nome da mocidade, que lhe não conferiu mandato de espécie alguma" (AUGUSTIN WERNECK, "O Centro de estudantes católicos de São Paulo", em: *Revista Vozes*, tomo III, Tipografia da Escola Gratuita São José, Petrópolis 1909, p. 58-59).
[103] MAXIMIANO CARVALHO SILVA, *Monsenhor Maximiano da Silva Leite*, p. 19.
[104] LAURITA PESSOA RAJA GABAGLIA, *O Cardeal Leme*, p. 38-40.
[105] LAURITA PESSOA RAJA GABAGLIA, *O Cardeal Leme*, p. 41.

Minas Gerais foi outro centro da reação católica. A criação de novas dioceses e a reorganização do aspecto institucional deu à Igreja das Gerais condições para mobilizar os leigos, transformando o Estado num campo de provas dos movimentos de ação católica, na linha alemã, francesa e belga. Recristianizada no movimento católico jovem, a geração política de Francisco Campos e Benedito Valadares estava mais solidária às causas da Igreja do que seus pais. Em 1909, surgiu a União Popular, inspirada em organizações similares da Alemanha e que estabeleceria ramais em todo o Estado, controlando a Federação de Associações Católicas. A mesma União Popular organizou operários e estudantes, envolveu-se na questão das escolas e militou a favor da presença dos valores católicos no ensino e no cinema. Patrocinou também congressos leigos católicos, sendo o primeiro em Juiz de Fora, no ano de 1910. Esses congressos encorajaram a classe média e, em especial, os grupos profissionais a apoiarem ativamente as causas da Igreja.[106] Na capital, os redentoristas que trabalhavam na igreja de São José, preenchendo a lacuna masculina, organizaram associações católicas de homens, como a Liga Católica e a União dos Moços Católicos, que teria grande poder de mobilização. Pôde demonstrar sua força em 1913, quando um grupo anticlerical planejou um *meeting* contra padres. Instruídos pelo Pe. Antônio Grypsing, os membros da Liga e da União de Moços se misturaram no meio dos manifestantes, e, a certa altura, o Dr. José Martins pediu a palavra. O surpreendente aconteceu: ele fez um discurso tão brilhante e inflamado, que conseguiu transformar o *meeting* num ato público de apoio ao clero![107]

Iniciativas do gênero se repetem em várias outras unidades da Federação, graças também ao apoio decisivo da imprensa confessional. Novas revistas mensais surgiram, com destaque para a *Ave Maria*, lançada em São Paulo pelos clarentianos em 1898, seguida da *Santa Cruz*, publicada também em São Paulo pelos salesianos a partir de 1900, e a *Vozes de Petrópolis*, dos franciscanos, em 1907. Em 1911, os franciscanos criariam também a *Editora Vozes*, com publicações das mais variadas para os católicos do Brasil. Ao lado das revistas, os jornais religiosos igualmente se multiplicaram: em 1905, o jornalista Felício dos Santos fundaria no Rio de Janeiro o diário *União*, que foi a primeira tentativa da Igreja de editar um periódico nacional. Esta aspiração jamais se concretizou, mas, ainda no Rio, outra importante publicação – *A Cruz* – funcionaria de 1876 a 1972. Nos mais diversos ângulos do país apareceram jornais religiosos, como *Voz do Paraná*; o *Estrela Polar*, de Diamantina (fundado em 1902); *Lar Católico*, de Belo Horizonte (fundado pelos verbitas em 1912); *A cruz*, de Cuiabá (1912); e *Voz de Nazaré*, no Pará (a partir de 1913).[108]

Aos 25 de janeiro de 1910, seria instituído em Petrópolis o Centro da Boa Imprensa, com o objetivo de coordenar a atividade jornalística católica em âmbito nacional. Sua sede foi estabelecida no Rio de Janeiro e o órgão era administrado por uma diretoria composta de dois membros: um diretor-geral, nomeado pela autoridade arquidiocesana, e um presidente, eleito

---
[106] JOHN DAVIS WIRTH, *O fiel da balança, Minas Gerais na Federação brasileira*, p. 181, 271.
[107] AUGUSTIN WERNET, *Os redentoristas no Brasil*, vol. I, p. 143-144.
[108] PONTIFICIA COMMISSIO PRO AMERICA LATINA, *Os últimos cem anos da evangelização na América Latina*, p. 1411-1413.

pelo conselho consultivo em assembleia ordinária.[109] O primeiro capítulo dos estatutos da nascente associação estabelecia metas ambiciosas, a saber:

§1° Auxiliar aos jornais e revistas católicas e a todos os jornais e revistas que quiserem aceitar o seu programa de ação.
§2° Difundir a boa imprensa e a sã literatura.
§3° Favorecer, de acordo com as disposições dos presentes estatutos e respectivos regulamentos, a fundação e a manutenção de bons jornais e revistas.
§4° Favorecer aos jornais e revistas pertencentes à coligação artigos sobre as questões atuais, sociais, apologéticas e científicas; folhetins, apreciações biográficas e bibliográficas, resumos dos movimentos católicos, não só a nível nacional como estrangeiros, correspondências etc.
§5° Servir de intermediário com os centros de informações estrangeiros.
§6° Fornecer informações seguras sobre acontecimentos importantes e sobre os que entenderem com a defesa da Igreja e de seus ministros quando acusados injustamente ou caluniados.
§7° Promover publicações de bons romances, livros de sã literatura, originais ou traduzidos.
§8° Auxiliar a fundação de bibliotecas populares e círculos de leitura, remetendo gratuitamente livros cujas publicações tenham sido feitas ou adquiridas de acordo com o regulamento especial.
§9° Promover congressos, reuniões, conferências, publicações e outras obras concernentes aos seus fins.[110]

A Santa Sé era favorável à Liga da Boa Imprensa, mas os prelados brasileiros, envolvidos nos inúmeros problemas da reestruturação das suas respectivas dioceses, deixaram o assunto em segundo plano. Por este motivo, quando por primeira vez o congresso da "boa imprensa" se reuniu, as iniciativas que apontaram não surtiram efeito. Até no Vaticano o assunto acabou gerando preocupações, e o secretário de Estado da Santa Sé, Cardeal Merry del Val, depois de ser advertido pelo Núncio Alessandro Bavona, enviou-lhe uma carta, aos 11 de agosto de 1910, instruindo-o a dar toda a atenção ao caso e de instar o episcopado brasileiro para que suprisse a "deplorável lacuna".[111]

Depois disso a atitude mudou, e mesmo que a organização não tenha conseguido realizar todos os objetivos a que se propunha, foi por mérito seu que em 1924 já havia 772 afiliados no país. O ponto comum nessas publicações era a apologética, que sabia contar com articulistas aguerridos. No afã de prevenir os católicos, ao longo dos anos dez, as revistas religiosas chegaram a publicar listas com os "bons filmes", enquanto que Quim de Cabeçaes denunciava que imprensa, comício e cinema eram os agitadores da opinião pública. O cinema então era "tanto mais perigoso e perverso quanto é certo que apenas se dirige a espíritos facilmente sugestionáveis, de perniciosa influência".[112]

---
[109] ASV, Arquidiocese do Rio de Janeiro, em: *Nunciatura Apostólica no Brasil*, caixa 193, fasc. 1098, fl. 124-125.
[110] ASV, "Estatutos da Boa Imprensa", em: *Nunciatura Apostólica no Brasil*, fasc. 653, caixa 132, doc. 10, fl. 49.
[111] ASV, Carta do secretário de Estado da Santa Sé ao Núncio Alessandro Bavona (11-8-1910), em: *Nunciatura Apostólica no Brasil*, fasc. 653, caixa 132, doc. 8, fl. 30.
[112] QUIM CABEÇAES, "A moral do cinematógrafo", em: *Vozes de Petrópolis*, Tipografia das Vozes de Petrópolis, Petrópolis 1913, p. 1105-1107.

O cinema gerava deveras controvérsias, e a Liga da Moralidade da Igreja, ativa em Belo Horizonte a partir de 1920, logo tratou de fazer uma triagem das obras lançadas no mercado nacional. Rigorosa, viu com reserva as cenas de taberna do seriado *Iron Man*, e classificou *Cleópatra*, estrelado por Theda Bara, como prejudicial, porque a atriz, com seus gestos, atitudes e trajes transpirava luxúria. Mais dura foi a atitude em relação ao *Ilusion of love*, considerado totalmente inaceitável. Segundo opinião de John Davis Wirth, não foi o impacto das ideias estrangeiras que aborreceu os católicos mineiros; foi o temor de que o novo e vasto público pudesse emular o vício e a violência que lhe apetecia tanto nos filmes. Wirth recorda que o próprio governador de Minas, o severo católico Artur da Silva Bernardes, pediu, em 1921, a regulamentação do cinema.[113]

Como se vê, também aí a sintonia entre homens políticos e religiosos nas Gerais era fator corrente. Isto era afirmado inclusive em cartas pastorais, como aquela versando sobre a educação, de autoria de Dom Antônio dos Santos Cabral, primeiro bispo de Belo Horizonte, no ano de 1925, em que ele salientava convicto:

> Parece-nos ter soado o momento de oferecermos a este cometimento de equilibrado e sadio patriotismo, em que se inspiraram os homens públicos de Minas, o concurso de nosso aplauso e bem avisada solidariedade. [...] Ocorre-nos também o indeclinável dever de uma posição leal e decisiva, em prol da unidade de objetivo e de ação, ao lado deste Chefe tão valoroso quão ponderado.[114]

Não eram palavras vãs, pois, ao menos em Minas, a estratégia estava dando frutos, se se tem presente que o novo *Regulamento de ensino do Estado* permitiu o ensino do catecismo no próprio recinto escolar, e os professores advertidos que a religião Católica era professada pela maioria do povo mineiro, não lhes sendo permitida qualquer referência menos respeitosa a ela.[115]

---

[113] John Davis Wirth, *O fiel da balança, Minas Gerais na Federação brasileira (1889-1937)*, p. 133-134.
[114] Antônio dos Santos Cabral, *A Igreja e o ensino*, p. 3-4.
[115] Antônio dos Santos Cabral, *A Igreja e o ensino*, p. 3-4, 18.

5

A ARTICULAÇÃO EM PROL DO RECONHECIMENTO OFICIAL

A exclusão da Igreja da vida pública imposta pelas minorias liberais, maçônicas e positivistas, depois de proclamada a República, nunca foi aceita passivamente. Por isso, ainda em 1891, um ano após o Estado ter sido secularizado, Dom José Pereira da Silva Barros, bispo do Rio de Janeiro, conclamou os católicos a reagirem:

> Nós não aceitamos, nem podemos aceitar, o princípio de separação; não queremos também, nem podemos querer, a restauração daquela *dominação* (o grifo é do autor) do poder temporal sobre o espiritual existente no império com o falso nome de *união* (idem). [...] O que desejamos e queremos como católicos já ficou dito na Pastoral Coletiva [de 1890], donde se vê que devemos propugnar pela união entre a Igreja e o Estado, mas por esta união que se traduz *no mútuo concurso que devem se prestar à sociedade religiosa e à sociedade civil para atingir cada uma ao seu fim sem prejuízo da independência de ambas* (idem).
> Sim, não podemos nos acomodar com esta constituição, única no mundo que exclui toda ideia da divindade. [...] Mas então o que fazer nesta melindrosa quadra? Recorrer, irmãos e filhos diletíssimos, ao meio legal de cancelar da Carta Constitucional essas disposições anticristãs, antiliberais, para ajustá-las à crença da maioria nacional como é de razão e justiça, pois uma vez que se recorra à vontade do povo, essa vontade, e não a de alguns inimigos de todo o sobrenatural é que deve prevalecer.
> É preciso, é indispensável que o povo brasileiro saia da indiferença pelas cousas públicas, nem considere interesse único digno de esforços a riqueza, pois é que das leis que depende todo o bem estar dos povos que seriam míseros desgraçados no meio do ouro se fossem abastados, mas tiranizados por iníquas leis.[1]

Este tipo de reação sonhada por Dom José encontrou em Minas Gerais um dos seus primeiros pontos de apoio, e foi lá que, menos de um ano depois da proclamação do novo regime, Silviano Brandão ressuscitou a ideia de formar um partido católico. Os republicanos, evitando prudentemente atacar a Igreja, contestaram a proposta nos jornais, sob a alegação de que a agremiação confessional era uma tentativa de usar as bases do clero e de mistificar, já que, segundo eles, não existia o perigo de irreligião no novo governo estadual.[2]

Os mineiros abandonaram momentaneamente a ideia, mas o desejo de opor um dique à política arreligiosa do novo governo não era uma exclusi-

---
[1] José Pereira da Silva Barros, *Carta Pastoral do Bispo de São Sebastião do Rio de Janeiro saudando aos seus diocesanos*, p. 50-52.
[2] John Davis Wirth, *O fiel da balança, Minas Gerais na Federação brasileira*, p. 181.

vidade sua. Em São Paulo, aos 11 de junho de 1890, 33 signatários, tendo o Pe. José Camargos de Barros (futuro bispo) à frente, lançaram uma circular-convite para a formação de uma agremiação confessional, e o próprio Dom Antônio Macedo Costa se animou com o projeto. Tanto assim que, ao viajar para Roma no mesmo ano, apresentou-o ao Papa. Leão XIII ouviu-o, mas sua resposta foi negativa, conseguindo dissuadi-lo de dar continuidade a tal ideia.[3]

Por um momento a tendência se retraiu, mas outras iniciativas parecidas seriam tentadas mais tarde. Nos anos 10, a questão se os católicos deveriam apresentar-se na vida e no movimento político com um programa e candidatos próprios nas eleições foi relançada, e a ideia de organizar o partido confessional ressurgiu. A questão era que um dos mais tenazes defensores da ideia era o jornalista Carlos de Laet, que, como se sabe, continuava a sonhar com a restauração monárquica. Entrevistado sobre o assunto, o Cardeal Arcoverde afirmou que a Igreja se sentia mais livre e estava desenvolvendo-se melhor no Brasil republicano, não tendo nenhuma razão para desejar a restauração da Monarquia e que tampouco estava interessada na formação de uma sigla partidária.[4] Mesmo assim, os defensores do partido católico foram ter com Dom Sebastião Leme, que se mostrou receptivo (não exatamente favorável), mas, sem esquecer-se de que era apenas bispo auxiliar, deixou que o titular tomasse a atitude conveniente. O Cardeal foi rude: "Não entro nisso, não digo nada. O bispo auxiliar faça saber que não aprovamos". O grupo não desistiu e expôs seu propósito diretamente ao prelado, mas este se recusou terminantemente a apoiá-lo.[5]

O pouco interesse da maioria dos bispos decorria do temor de que os padres, que já eram poucos, negligenciassem a pastoral em atividades partidárias. A primazia era dada à própria organização interna e do apostolado em atividades catequéticas, e isso explica a escrupulosa recomendação dada por Dom Duarte Leopoldo e Silva ao clero diocesano de Curitiba:

> Enquanto a fé não for diretamente ameaçada, enquanto não derem os Bispos o sinal da resistência, não tomeis a dianteira dos que só procuram entrincheirar-se por detrás da vossa influência, em proveito único das suas ideias particulares. [...] Guardar intacto o depósito da fé, afirmar sem temor os direitos da Igreja, defender as suas prerrogativas, pregar a paz e a tolerância, congraçar irmãos com irmãos, erguer o nível moral das populações confiadas à vossa guarda, *eis a nossa política* (o grifo é do autor), se assim podemos chamar a esse belo e patriótico apostolado.[6]

Isto não significa que os bispos tenham se tornado indiferentes; o que mudou foi a estratégia. Isto é, mais que articular uma agremiação própria, a hierarquia já havia adotado como postura o aliar-se à classe política constituída, geralmente agregada em torno dos PRs locais. Outra vantagem é que, ao contrário da Europa, não havia no Brasil nenhuma força política expressiva

---

[3] CARLOS MAGALHÃES DE AZEREDO, *O Vaticano e o Brasil*, 1922, p. 103.
[4] ASV, Carta do Núncio Giuseppe Aversa ao Cardeal secretário de Estado, em: *Nunciatura Apostólica no Brasil*, fasc. 732, caixa 146, doc. 10, fl. 31.
[5] LAURITA PESSOA RAJA GABAGLIA, *O Cardeal Leme*, p. 56-57.
[6] DUARTE LEOPOLDO SILVA, *Pastoral de saudação aos diocesanos de Curitiba*, Escolas Profissionais do Liceu Sagrado Coração de Jesus, São Paulo 1921, p. 75-76.

declaradamente anticlerical ou ateia, e os próprios partidos de esquerda não passavam de formas embrionárias, numericamente insignificantes. Outra vez coube a Minas Gerais – cuja definição de unidade da Federação mais católica do Brasil também é endossada por Scott Mainwaring[7] – a primazia na adoção dessa opção. A arraigada fé dos mineiros era confiável, como bem demonstrava a constituição estadual, redigida por Afonso Pena (eleito presidente daquele Estado em 1892), que audaciosamente abria suas disposições invocando o nome de Deus: "Em nome de Deus Todo-Poderoso – Nós, os representantes do povo mineiro, no congresso constituinte do Estado, decretamos e promulgamos esta constituição, pela qual o Estado federado de Minas Gerais organiza-se como parte integrante da República dos Estados Unidos do Brasil".[8]

O resultado de toda essa movimentação foi positivo: a maré racionalista e positivista das gerações anteriores perdeu fôlego e desenvolveu-se a parte institucional, com a respectiva regeneração da imagem, do prestígio e da influência da Igreja na sociedade. Em 1909, o voto católico mostrou seu peso quando se candidataram à presidência o marechal Hermes da Fonseca e Rui Barbosa. Hermes era maçom e Dom Silvério ameaçou com excomunhão todo católico que nele votasse, para alegria dos "civilistas" de Rui, que passaram a explorar o fato. Minas Gerais era então o maior colégio eleitoral do país, e Hermes não demorou a procurar o prelado para confirmar todo o seu Catolicismo essencial. Venceu a eleição.[9]

Os bispos se convenceram de que chegara a hora de orientar a força política das Gerais para os objetivos que julgavam justos, tais como a instituição do ensino religioso nas escolas públicas e o combate a eventuais iniciativas divorcistas. Assim sendo, em 1914, o documento final do terceiro congresso católico mineiro legitimou o trabalho da União Popular, na época dirigida por José Augusto Campos do Amaral, e fez severas admoestações a respeito da escolha dos representantes políticos. Para tanto, forneceu também uma orientação clara: "Devem ser excluídos dos votos dos católicos os candidatos que uma vez eleitos vão combater nossa crença".[10] De posse desses dados, Mainwaring conclui que, "sob todos os aspectos, a Igreja mineira antecipou mudanças que iriam ocorrer em âmbito nacional, principalmente sob a liderança de Dom Sebastião Leme e dos líderes leigos do Centro Dom Vital".[11]

Depois de 1916, sentindo-se já bastante organizado, com estruturas eclesiásticas fortes, o clero entrou numa nova fase, superando as preocupações organizativas internas. O grande ideal passou a estabelecer uma relação legal de favorecimento que o Catolicismo julgava merecer pelo papel que teve na construção histórica do país e pela incontestável maioria de fiéis que sabia possuir. O Estado, é verdade, fez poucas concessões, mas percebendo a vantagem de manter boas relações com a maior e a mais respeitada instituição brasileira da República Velha, manteve uma postura cordial, não perdendo a oportunidade de

---

[7] SCOTT MAINWARING, *Igreja Católica e política no Brasil*, p. 46.
[8] *Constituição Federal e constituições dos estados*, tomo II, p. 740.
[9] JOHN DAVIS WIRTH, *O fiel da balança, Minas Gerais na Federação brasileira*, p. 182.
[10] SILVÉRIO GOMES PIMENTA ET ALII, "Circular do episcopado – 3° Congresso Católico Mineiro", em: *Santa Cruz*, fasc. 8, Escolas Profissionais Salesianas, São Paulo 1914, p. 309-311.
[11] SCOTT MAINWARING, *Igreja Católica e política no Brasil*, p. 46.

negociar alguns privilégios, em troca da sanção religiosa. Em função dessa política, os líderes religiosos trabalharam em contato direto com a administração de Epitácio Pessoa (1918-1922), e as concessões recíprocas continuaram.[12]

5.1 – A harmonia na cúpula e a força das bases

O mesmo triunfalismo litúrgico, que servira para convencer a República nascente do peso social da Igreja, aliando-se cada vez mais às grandes cerimônias públicas, deu o toque final para que o aparato do sistema reconhecesse no Catolicismo a grande força arregimentadora do país. Chegado o ano de 1919, o episcopado do norte se reuniu em mais uma conferência, desta vez no Recife. Lá, em harmonia com as províncias eclesiásticas do "sul" (entenda--se, as atuais regiões sudeste e sul) propuseram a celebração de um "concílio nacional" por ocasião da celebração do primeiro centenário da Independência, coisa que, por razões pouco claras, deixou de acontecer.[13]

Não arrefeceu, contudo, o apelo patriótico nas grandes ocasiões, e assim os laços se estreitaram ainda mais. Por isso, a projetada comemoração do primeiro centenário da Independência do Brasil em 1922, no seu decorrer, viu mesclarem eventos políticos e religiosos. No dia 4 de junho, faltando três meses para o grande evento, o episcopado lançou uma pastoral com louvores ao momento celebrativo e aproveitou da ocasião para colocar em evidência a secular e meritória obra da Igreja no processo de construção da brasilidade. A tônica era a harmonia existente entre o espiritual e o temporal, citando já na página de abertura que a Igreja e o Estado se empenhariam juntos no grande evento. Esta seria a tônica do inteiro documento, que no final acrescentaria um apêndice ordenando aos párocos e sacerdotes que ministrassem a "comunhão geral para o dia 7 de setembro, com *Te Deum* em todas as matrizes das dioceses e noutras igrejas em que for possível".[14]

A referida pastoral teve uma repercussão extraordinária, sobretudo no tocante à arregimentação das massas, e a própria classe política reconheceu sua importância, transcrevendo-a nos anais do congresso da República.[15] E foi assim que, após cuidadosos preparativos, nas vésperas de 7 de setembro, começaram a chegar as representações diplomáticas. Vinte nações enviaram embaixadores especiais, entre as quais a Santa Sé. Com suas credenciais, os embaixadores traziam também ordens honoríficas com que monarcas e chefes de Estado homenageavam o Brasil. Monsenhor Francesco Cherubini, representando a Santa Sé, enviou a Epitácio Pessoa o colar da ordem suprema de Cristo, cuja investidura ele receberia no Vaticano, um ano depois. A noite do dia 6 foi marcada por apresentações sinfônicas, além das salvas dos navios e fogos de artifício da exposição internacional, que seria aberta pelo presidente da República durante a festa oficial. No alvorecer da tão ansiada data, Dom Leme subiu os degraus do altar armado no Largo da Glória para a missa campal e, às 6 horas, sob o som das sal-

---

[12] SCOTT MAINWARING, *Igreja Católica e política no Brasil*, p. 47.
[13] SOARES D'AZEVEDO, "Concílio Nacional", em: Vozes de Petrópolis, n. 8, Editora Vozes, Petrópolis 1930, p. 400.
[14] JOAQUIM ARCOVERDE DE ALBUQUERQUE CAVALCANTI ET ALII, *Carta Pastoral do Episcopado Brasileiro ao clero e aos fiéis de suas dioceses por ocasião do centenário da Independência*, Tipografia Marques Araújo, Rio de Janeiro 1922, p. 3, 127.
[15] ANTÔNIO DOS SANTOS CABRAL, *A Igreja e o ensino*, p. 8.

vas das fortalezas e dos vasos de guerra, elevava a hóstia. Às 10 horas, teve lugar o aparatoso desfile das tropas no Campo de São Cristóvão. Solene *Te Deum Laudamus* foi entoado na catedral metropolitana do Rio de Janeiro, onde esteve presente todo o corpo governativo da República. Os festejos prosseguiram pela noite, e, no dia seguinte, um fato emblemático aconteceu: vários prelados, tendo à frente o Cardeal Arcoverde, monsenhor Cherubini e Dom Leme, levantaram uma flâmula sobre o Corcovado, no local onde seria erguida a imagem do Cristo Redentor. No dia 9, fechando com chave de ouro o grande evento, realizou-se portentoso banquete de gala no Palácio do Catete. A Igreja mostrou ali que ocupava um lugar de honra no protocolo oficial, pois ao monsenhor Cherubini foi reservada cadeira ao lado da primeira dama.[16]

Pouco depois, entre os dias 24 do mesmo mês e 3 de outubro seguinte, celebrou-se o primeiro congresso eucarístico nacional da história do país. Foi um acontecimento apoteótico: tendo à frente o Cardeal Arcoverde, as autoridades do governo compareceram em peso, bem como representantes do clero de 61 circunscrições eclesiásticas, arquidioceses, dioceses e inúmeras paróquias de todas as cidades e povoações brasileiras. A abertura foi na igreja de São Francisco de Paula, no Largo de São Francisco. Houve depois sessões de estudo de clérigos e leigos, no Colégio Imaculada Conceição, canto coral de mais de 10.000 crianças, no Campo de Santana, além de missa pontifical na catedral metropolitana. As solenidades superaram em brilho e participação as do centenário da Independência, e o momento alto foi a espetacular procissão eucarística, que excedeu a todas as expectativas ao reunir duzentas mil pessoas no cortejo que seguiu o ostensório sacro pelas principais avenidas do Rio. Dom Leme, organizador e animador principal, aproveitou do ensejo para lançar um desafio aos políticos republicanos: "O povo brasileiro já não suporta o peso de uma política agnóstica, sem princípios e sem ideal".[17]

Para inverter essa situação, os jesuítas também entraram em cena com uma novidade que seria um sucesso: os retiros fechados no seu Colégio Anchieta de Nova Friburgo, realizados entre 1923 e 1933, e que tiveram ampla repercussão nas classes influentes do centro-leste do país. O maior promotor foi o Pe. José Madureira, e como metodologia formavam-se grupos compostos de oficiais militares, médicos, engenheiros, advogados, universitários, com a participação de pessoas de relevo como ministros de Estado e desembargadores. Convertidos célebres, que abordaremos adiante, também ali encontrariam seu nutrimento espiritual, entre os quais João Pandiá Calógeras, Jackson de Figueiredo e Alceu Amoroso Lima.[18]

5.1.1 – A relevância dos "grandes convertidos"

A iniciativa dos jesuítas acontecia no momento certo, pois o árido ceticismo do século precedente parecia haver esgotado seu potencial. Esse período de incertezas encontrou no vago espiritualismo filosófico professado por Raimundo Farias Brito uma das suas expressões mais conhecidas. A novidade

---
[16] LAURITA PESSOA RAJA GABAGLIA, *Epitácio Pessoa*, vol. II, p. 606-609.
[17] CLÉLIA ALVES FIGUEIREDO FERNANDES, *Jackson de Figueiredo – uma trajetória apaixonada*, p. 373-375.
[18] PEDRO AMÉRICO MAIA, *Crônica dos jesuítas do Brasil centro-leste*, p. 37-39.

não fez escola, mas teve certa importância por haver se tornado uma espécie de fonte, em que os da nova geração iriam necessariamente matar sua sede.[19]

Foi então que um fenômeno bem mais vistoso, e de repercussões muito maiores, tornou-se de domínio público: a conversão de alguns dos anticlericais mais brilhantes e combativos dos tempos do Império. Dentre estes, merecem menção especial:

a) Joaquim Aurélio Barreto Nabuco de Araújo (1849-1910): um dos primeiros "notáveis" convertidos, Joaquim Nabuco casou-se aos 28 de abril de 1889 e isso parece haver contribuído ainda mais para que se tornasse um católico integral. O enlace matrimonial começou a ser arquitetado quando ele, com Rui Barbosa e Soares Brandão, assumiu a defesa das irmãs Vicentinas, numa causa que contra elas levantara em juízo a Sociedade Beneficente Francesa, a mesma que as havia trazido ao Brasil décadas antes. Para realizar seu trabalho, ele passou a frequentar o Colégio Imaculada Conceição, na praia do Botafogo, que era o pivô da querela judiciária e, um dia, na sala da madre superiora, conheceu uma das suas ex-alunas, Evelina Torres Soares Ribeiro (1865-1948), neta do barão de Inhoã e sobrinha do barão de Itaboraí, que lhe causou forte impressão. O sentimento foi recíproco, e a jovem acabou contando para a religiosa. O diálogo, que acabaria sendo reproduzido por pesquisadores, teria sido assim: "Irmã", perguntou Evelina, "que é que vou fazer? Parece que o Dr. Nabuco... A senhora compreende... Dizem até que ele nem acredita em Deus..." "Ora menina", observou complacente a religiosa, "quem sabe você não foi justamente escolhida por Deus para fazer um milagre". "Que milagre irmã?" inquiriu a jovem. "O de trazer esse lobo mau para o nosso rebanho." Dito e feito. Depois de casar-se com a donzela do seu coração, aos 23 de abril de 1889, Joaquim Nabuco levou seu processo de aproximação às últimas consequências e, no dia 28 de maio 1892, confessou-se na capela Nossa Senhora das Dores, comungando afinal em 22 de dezembro seguinte.[20] Um dos cinco rebentos desse matrimônio, de nome igual ao do pai, inclusive se tornaria sacerdote: monsenhor Nabuco. Ele fez seus estudos em São Paulo, tornando-se depois pároco de Santa Teresa. Não teve o brilhantismo do ilustre genitor, mas exercitou bem seu ministério.[21]

O casamento e o afastamento da atividade política impeliram Joaquim Nabuco à meditação, que ele próprio, quando atingiu a casa dos cinquenta anos, descreveu: "Em 1891, minha maior impressão é a morte do imperador. De 1892 a 1893, há um intervalo: a religião afasta tudo o mais. É o período da volta misteriosa, indefinível da fé, para mim verdadeira pomba do dilúvio universal, trazendo o ramo da vida renascente".[22]

Residindo por algum tempo em Londres, sua fé se aprofundou ao frequentar a igreja dos jesuítas, em Farm Street, onde se deixou tocar pelas palavras do Pe. Gallwey. A reaproximação se consumou também graças ao ambiente místico do Oratório de Brompton, no qual, sob as evocações de Faber e Newman, o ex-anticlerical recompôs na sua completeza os sentimentos

---

[19] SÍLVIO RABELO, *Farias Brito ou uma aventura do espírito*, Livraria José Olympio, Rio de Janeiro 1941, p. 218-219.
[20] GÉRSON BRASIL, *O Regalismo brasileiro*, Livraria Editora Cátedra, Rio de Janeiro 1978, p. 268-269.
[21] ASV, "Honorificências pontifícias", em: *Nunciatura Apostólica no Brasil*, caixa 186, fasc. 1057, fl. 157.
[22] JOAQUIM NABUCO, *Minha formação*, Instituto do Progresso Editorial, São Paulo 1949, p. 255.

religiosos perdidos depois da infância. Dotado de fina inteligência, Nabuco foi além: aproximou-se da Companhia de Jesus que tanto combatera, e essa proximidade fê-lo vencer preconceitos e tornar-se de vez frequentador assíduo da igreja onde os jesuítas trabalhavam, começando inclusive a estudar os ritos litúrgicos. Aceitou as verdades da Igreja, afeiçoou-se à *Imitação de Cristo* e passou a andar com o rosário no bolso. Uma das demonstrações do seu fervor se encontra na carta que enviou de Roma para sua filha, aos 28 de junho de 1904, recomendando-lhe que não tivesse admiração por ele, mas que tomasse como exemplo o calendário dos santos, em que encontraria modelos para admirar maiores que os heróis que enchiam seus compêndios de história. Também renegou convicto os escritos anticlericais de outrora, declarando sem rodeios: "Escrevi muita coisa de que me arrependo e me envergonho". Católico otimista, tornou-se grande teorizador da fé: "Nessa incapacidade absoluta de conceber um ente ou uma forma de vida fora do que conhecemos, o ateu transforma-a em negação racional, em síntese do universo. É empregar de um modo bastante singular essa incapacidade. Como, perguntará ele, imaginar Deus, se temos essa incapacidade. Imaginar Deus é compreender essa incapacidade". Mesmo sem abandonar as ideias monarquistas, os seus talentos foram reconhecidos pelos republicanos, e o presidente Campos Sales convidou-o a defender a causa do Brasil contra a Inglaterra, no litígio de fronteira com a Guiana, então arbitrado pelo Rei Vitório Emanuel III. O resultado não foi dos mais felizes, mas a habilidade com que Nabuco atuou no caso fez com que o governo o nomeasse embaixador nos Estados Unidos em 1905. Habitava em Washington quando, em 1909, foi atacado pela arteriosclerose. Com admirável resignação declarou: "Minha esperança, minha oração fervorosa, é que, quando eu seja afetado pela doença da velhice, não o seja na parte de mim que Deus criou à sua imagem. O corpo pode ser demolido, não seja nunca o espírito, e, se acaso o for, que eu tenha a doce mania mística e não o esquecimento de Deus". Faleceu no dia 17 de janeiro do ano seguinte, sendo as suas exéquias celebradas sob a cúpula da igreja de São Mateus, em Nova York.[23]

b) José Maria da Silva Paranhos Júnior – barão do Rio Branco (1845-1912): filho do visconde homônimo, Paranhos Júnior solidarizou-se com o pai durante a questão religiosa, mas sem jamais cair nos excessos verbais que caracterizaram o período do conflito. Respeitoso com a religião em que fora educado, mais que uma conversão, ele viveu uma reaproximação. Segundo escreveu seu filho, Raul do Rio Branco, na idade madura o ilustre personagem voltou, com convicção dobrada à religião de sua infância e de seus pais, e tornou-se admirador das obras piedosas, como *O Gênio do Cristianismo* de Chateaubriand. Daí para frente manteve grande deferência ante os membros do clero e, no tempo em que permaneceu na França, nem sempre frequentava as missas, mas acostumou-se a rezar em igrejas, como Saint-Severin, Saint Medard ou na catedral de Notre Dame. Fez também questão de educar as filhas no colégio das *Daimes Dominicaines* e, nos últimos vinte anos que viveu, pendurou um crucifixo atrás da mesa de trabalho e adotou a *Imitação de Cristo* como livro de cabeceira. A maior pro-

---

[23] CAROLINA NABUCO, *A vida de Joaquim Nabuco*, Companhia Editora Nacional, São Paulo 1928, p. 9, 333, 335-342, 508-510.

va de seu apoio à Igreja ocorreu quando defendeu veemente os beneditinos nas polêmicas suscitadas pelo abade Ramos. O barão fez pública defesa dos monges alemães que chegavam para a refundação, usando de seu prestígio para dispersar a multidão, o que afinal acabou conseguindo. Restaram certamente alguns pontos obscuros na sua vida, conforme testemunha uma caricatura da revista pornográfica *O Rio nu* de 1903, retratando-o num baile em que se dançava *maxixe* no bordel de Suzana de Castera.[24] Passados, porém, nove anos da publicação da charge, o barão se tornara um exemplo perfeito do fiel bem relacionado com a sua Igreja. Quando faleceu, vítima de insuficiência renal, aos 9 de fevereiro de 1912, foi confortado com os últimos sacramentos, sendo colocado sobre o seu peito o crucifixo que fixara na cabeceira do leito. Em seguida, uma solene missa de corpo presente foi celebrada em sufrágio de sua alma no santuário salesiano anexo ao Liceu Sagrado Coração de Jesus. Era o dia 14 de março, e o ataúde ficou exposto num suntuoso catafalco ao centro do templo, ladeado por círios, tocheiros e flores, numa cerimônia em que compareceram dezenas de autoridades.[25] Após o sepultamento, duas outras celebrações solenes seriam ainda realizadas: uma na catedral e, no dia seguinte, outra no mosteiro de São Bento, dado que a ordem permaneceu sempre grata ao gesto de apoio que dele recebera.[26]

c) Nilo Procópio Peçanha (1867-1923): Nilo Peçanha foi um típico filho das academias imperiais. Havendo estudado direito no Recife, tratava a Igreja como algo absolutamente secundário na sua vida e no cenário político brasileiro. Biógrafos que estudaram a trajetória de Nilo, como Brígido Tinoco, também recordam que, quando jovem, ele era um apreciador dos favores do belo sexo, das caboclas... Sua vida tornou-se regular depois que se casou, aos 13 de dezembro de 1895, na igreja de São João Batista, Rio de Janeiro, com Ana de Castro Belizário Soares de Souza ("Anita"). O detalhe é que sua esposa tinha declaradas ideias deístas. Ela não feria o nome de Cristo, mas admirava-o como "filósofo". Além disso, nas circunstâncias da vida, preferia substituir o nome de Deus por outras alternativas. No plano político, Nilo Peçanha teve uma ascensão rápida: em 1906, foi eleito vice-presidente da República e, com a morte de Afonso Pena aos 14 de junho de 1909, tornou-se presidente, função que exerceu até o final do quatriênio (15 de novembro de 1910). Aos 5 de maio de 1917, foi nomeado ministro das relações exteriores do governo de Wenceslau Brás e finalmente, em 1921, candidatou-se à presidência do país. Maçom de alto grau, ainda que mantendo a compostura, conservou inalterada a prevenção em relação à Igreja, motivo pelo qual foi censurado pelo episcopado, vindo a perder a eleição para o religiosíssimo Artur Bernardes. Depois disso, seu nome caiu em desprestígio e quando, em 1923, foi ao senado discursar, contra as arbitrariedades do governo Bernardes, escassos aplausos recebeu. Aproximava-se o crepúsculo, e fortes dores na vesícula o acometeram, manifestando os sintomas de uma enfermidade que o vitimaria pouco depois. Tornou-se arredio, também devido à ingrati-

---

[24] ELIZABETH DE FIORI DI CROPANI ET ALII, *Nosso Século*, vol. I, p. 114.
[25] A. I., "José Maria da Silva Paranhos, barão do Rio Branco", em: *Santa Cruz*, n. 6, Escolas Profissionais Salesianas, São Paulo 1912, p. 234.
[26] BARÃO DO RIO BRANCO, *Reminiscências do barão do Rio Branco*, José Olympio Editora, Rio de Janeiro 1942, p. 167-172.

dão dos correligionários e do próprio irmão, mas reconciliou-se enfim com a Igreja, passando a participar da missa celebrada todas as manhãs de domingo na matriz da Glória, no Largo do Machado. Agravando-se a doença, foi submetido a uma intervenção cirúrgica na Casa de Saúde São Sebastião, mas não havia nada a fazer. Na véspera do falecimento, pediu à sua esposa que lhe trouxesse um padre, porque queria se confessar e receber a extrema--unção. O arquiabade do mosteiro de São Bento do Rio, Dom Pedro Eggerarht, satisfez seu desejo, e no conforto da religião se sentiu mais calmo. Quando expirou, o Cardeal Arcoverde cedeu o prédio da igreja matriz que frequentava para a celebração das exéquias e velório do corpo.[27]

d) Rui Barbosa de Oliveira (1849-1923): Célebre pela erudição e eloquência, Rui Barbosa, que não obstante todo o seu anticlericalismo jamais fora ateu ou agnóstico, durante o pontificado de Leão XIII mudou paulatinamente de conduta. A figura do novo Pontífice causou nele admiração, manifestando-a num artigo que escreveu aos 31 de maio de 1893:

> Por uma transposição feliz na corrente dos fatos contemporâneos, enquanto as questões sociais, os interesses humanos ardem numa espécie de braseiro violento, iluminando com o clarão turvo de ameaça e tristeza o ocaso do século, principiou a descer de Roma, estes últimos anos, um sopro suave, calmo, de benevolência e equidade, de misericórdia e tolerância. Um Pontífice de rara envergadura moral, não menos político do que as tradições e as esperanças da Santa Sé lhe permitiam, mas embebido numa política benigna e paciente, fraternizadora e progressista, compreendeu que o domínio das sociedades modernas estava reservado ao espírito e à liberdade, que o Evangelho abria ainda ao sacerdócio caminhos inexplorados, e que o papel do Catolicismo sobre o destino das nações podia alargar-se por horizontes incomensurados, se ele se elevasse acima dos governos temporais e, propício a todas as formas regulares da democracia, representasse, entre as paixões terrenas que convulsionam o mundo, o bálsamo universal da paz e caridade.[28]

Estava aberto o caminho para a reconciliação gradual, que culminaria na bênção que ele e sua esposa receberiam do Papa Leão XIII, quando visitaram Roma. Outros episódios parecem haver igualmente contribuído para que a mudança se aprofundasse. Rui tivera o prestígio abalado nos seus tempos de ministro da fazenda, devido ao fracasso da política de crédito para investimentos que adotou, dando grande liberdade aos bancos. Emitira-se fartamente, mas, ao invés do país se industrializar, o que se viu foi a criação de numerosas companhias dedicadas principalmente à exploração dos valores das respectivas ações, provocando desenfreado jogo na bolsa. A certo ponto fez-se necessário exigir o pagamento dos débitos, o que levou numerosos incautos à bancarrota. Era a crise do "encilhamento", que forçou Rui com todo o ministério a se exonerar aos 22 de janeiro de 1891. Floriano Peixoto seria o presidente seguinte e, no seu governo, aos 6 de setembro de 1893, eclodiu a Revolta da Armada. Colocado sob suspeição, embora jurasse inocência, Rui viu-se

---

[27] BRÍGIDO TINOCO, *A vida de Nilo Peçanha*, Livraria José Olympio Editora. Rio de Janeiro 1962, p. 56, 81, 250-251, 277-280.
[28] RUI BARBOSA, "A ditadura de 1893", em: *Obras completas*, vol. XX, tomo II, p. 97.

forçado a se refugiar na legação do Chile, donde se exilou em Buenos Aires, sob ameaça de morte. A bordo do navio *Magdalena*, no dia 19 de novembro, escreveu uma carta emocionada à sua esposa, na qual se consolava da própria aflição refugiando-se no misticismo:

> Minha adorada Maria Augusta.
> Decididamente minha "Cota", não se morre de dor, desde que eu não morri ainda. […] Quando Deus me acudirá? Como estarás, e os nossos filhinhos? Quem me amparará, meu Deus? Se não fosse a esperança em Deus, e o pensamento em ti, em nossos filhinhos, creio que já me teria suicidado. Deus me perdoe esta ideia criminosa. Como se pode deixar de crer em Deus, minha Maria Augusta? E, se não fosse Ele, que seria dos infelizes? Eu confio em Deus, volto-me para Ele e acredito que Ele nos há de salvar.[29]

Floriano cassou seu título honorífico de "general" no dia 21 de novembro do mesmo ano, e de Buenos Aires, o ex-ministro seguiu para Lisboa e de lá para Londres, por sentir-se em perigo, uma vez que o governo português não lhe deu garantias. Só com o governo civil do presidente Prudente de Morais, iniciado em novembro de 1894, Rui pôde deixar o exílio. Em meio às intempéries, deu início ao seu "ato de contrição". Em 1893, fez uma conferência em benefício dos cinquenta órfãos do Asilo Nossa Senhora de Lourdes, de Feira de Santana, BA. De volta ao Brasil, ainda teria alguns outros desgostos e, em 1897, escapou por pouco de ser assassinado pelo jacobinismo, tendo de se refugiar em Nova Friburgo. Lá estava quando, aos 2 de abril de 1898, escreveu uma carta ao Dr. José Eustáquio Ferreira Jacobina, padrinho de sua última filha, expressando profunda decepção pelo meio político-social que até então frequentara:

> Nunca senti pelas vilanias humanas mais enjoos e pela sorte de nossa terra, mais desânimo. Felizmente, a fé em Deus se me vai acendendo, à medida em que se apaga a confiança nos homens. No meio de tantos desconfortos e iniquidades, tenho-me entregado nestes dias exclusivamente à leitura do Evangelho, a eterna consolação dos malferidos nos grandes naufrágios. Uma excelente edição que eu trouxera comigo do livro divino, permitiu-me este recurso reanimador, graças ao qual me sinto, em certos momentos, como que ressuscitar, capaz ainda de servir para alguma cousa aos meus semelhantes.[30]

Como bem analisa Luís Viana Filho, "em 1903 já não havia em Rui qualquer sombra do Rui de 1877".[31] A transformação era realmente fantástica, sobretudo se se recorda que o mesmo Rui, que nos tempos do Império havia qualificado os padres da Companhia de Jesus de "pendão negro de Roma" e "a mais sábia obra das trevas que a perversão da moral cristã podia acabar"[32], não apenas com eles se reconciliou, como passou a devotar-lhes verdadeira amizade. Tanto assim que lhes confiou a educação do seu filho mais novo,

---

[29] Rui Barbosa, *Mocidade e exílio*, Companhia Editora Nacional, São Paulo 1934, p. 185-188.
[30] Rui Barbosa, *Mocidade e exílio*, p. 350.
[31] Luís Viana Filho, *Rui & Nabuco*, José Olympio Editora, Rio de Janeiro 1949, p. 184-186, 188.
[32] Rui de Azevedo Sodré, *Evolução do sentimento religioso de Rui Barbosa*, Gráfica Sangirard, São Paulo 1975, p. 9.

João Barbosa, "a florzinha da alvorada republicana", matriculando-o no internato do Colégio Anchieta, situado na mesma Nova Friburgo, RJ, em que encontrara refúgio.[33]

Ainda em 1903, estando hospedado no referido colégio, proferiu a oração de paraninfo da instituição, em que, depois de reafirmar sua defesa da República, reservou para a religião um papel antes impensável: "A política experimental dos incrédulos ainda não pôde agenciar para o grande ensaio, no grêmio da civilização, uma nacionalidade materialista. [...] Porque, nesses povos, a consciência domina todas as instituições e todos os interesses. A religião os fez livres".[34] A amizade com os jesuítas se estreitou, e daí pra frente passou a se corresponder com o Pe. José Maria Natuzzi, diretor do referido colégio, e com o Pe. Luís Yabar, membro destacado do corpo docente. Até da Holanda, quando participava da conferência internacional de Haia, no dia 17 de julho de 1907, escreveu ao Pe. Yabar pedindo orações para o êxito da sua missão, terminando a carta com uma frase que dispensa comentários: "creia-me seu amigo e criado".[35]

A mudança se acentuou e, em 1910, como candidato à presidência da República idealizou uma reforma – não efetivada – da constituição, em que se estabeleceria o ensino religioso facultativo nas escolas públicas.[36] Terminou derrotado nessa e em outras duas vezes que tentou chegar ao cargo presidencial; mas sua atitude para com a Igreja não foi mercenária, porque a manteve coerentemente. Em 1919, ele se recusou a autorizar uma nova publicação de *O Papa e o Concílio* e passou a comprar os exemplares que encontrava nos sebos para destruí-los. Fez mais: no jornal *A Imprensa*, retratou-se publicamente do que escrevera no controvertido livro: "O juízo da mocidade cedeu em nós à reflexão da idade madura. Sem nos desviar dos nossos sentimentos liberais quanto às relações entre a Igreja e o Estado, não hesitamos em rejeitar aquele parecer como exageração lógica e erro de inexperiência, a que nos congratulamos por ver-se opor-se ainda agora, em imponente maioria, a câmara dos deputados".[37]

Num outro discurso, proferido aos 20 de março de 1919, defenderia também a forma cristã de governo: "Grave desacerto me parece reduzir a boa causa operária a uma dependência essencial da sistematização socialista. [...] Estou, senhores, com a democracia social. Mas a minha democracia social é a que preconizava o Cardeal [Désiré-Joseph] Mercier, falando aos operários de Malines, essa democracia ampla, serena, leal, e, numa palavra, cristã". Os momentos derradeiros da vida de Rui dão testemunho duma conversão sincera. Em Petrópolis, no leito de morte, vítima de um edema pulmonar, no dia 1º de março de 1922, exclamou: "Meu Deus! Tende compaixão dos meus padecimentos!" Frei Celso, franciscano, ministrou-lhe os últimos sacramen-

---

[33] RAIMUNDO MAGALHÃES JÚNIOR, *Rui, o homem e o mito*, 3ª ed., Civilização Brasileira, Rio de Janeiro 1979, p. 29-30.
[34] RUI BARBOSA, *Elogios acadêmicos e orações de paraninfo*, Edição da Revista de Língua Portuguesa, Rio de Janeiro 1924, p. 289-290.
[35] RAIMUNDO MAGALHÃES JÚNIOR, *Rui, o homem e o mito*, p. 31.
[36] PAULO BONAVIDES; PAES DE ANDRADE, *História constitucional do Brasil*, Paz e Terra, Brasília 1990, p. 235.
[37] RAIMUNDO MAGALHÃES JÚNIOR, *Rui, o homem e o mito*, p. 27.

tos, permanecendo ao seu lado até que expirasse, segurando um crucifixo de marfim sobre o peito. Tornara-se já uma figura de prestígio entre os católicos, e o orador no sepultamento foi o deputado socialista-cristão João Mangabeira. Trinta dias depois seria celebrada a missa em sufrágio de sua alma na Candelária, oficiada por monsenhor Fernando Rangel, admirador seu.[38]

Ao lado dos convertidos ilustres, também teve destacado papel alguns católicos de prestígio como o engenheiro Paulo de Frontin (1860-1933), que foi inclusive agraciado pela Santa Sé com o título de conde.[39]

5.1.2 – O papel dos novos convertidos e a fundação do "Centro Dom Vital"

Concluído o processo de afirmação católica, o período construtivo que se seguiu permaneceu fiel à apologética. Sob o pontificado de Pio XI, a Ação Católica ganhou nova força, apregoando o reinado de Cristo sobre todas as nações, ao tempo em que se aprofundavam os estudos teológicos e filosóficos. Era o coroamento da revolução no pensamento católico que, em 1908, ganhara um reforço extra, ao ser fundada a faculdade de filosofia e letras do mosteiro de São Bento de São Paulo. O promotor, e ao mesmo tempo destaque, da instituição foi o abade Dom Miguel Krause, notável polemista.[40] O clima era de grande efervescência e os anos vinte já foram considerados um dos períodos mais frutuosos para a Igreja no Brasil. Uma nova geração de grandes convertidos surgiu, entre os quais se destacam:

a) João Pandiá Calógeras (1870-1934): de família grega ortodoxa, a partir de 1926, o engenheiro e historiador Calógeras, que fora ministro da fazenda no governo Afonso Pena, começou a manter contatos com os jesuítas e, após travar amizade com o Pe. Madureira SI, aderiu à fé católica. Tornou-se um fiel convicto e demonstrou-o no congresso nacional, onde foi autor de emendas religiosas à constituição. Antes de falecer, já bastante enfermo, escreveu, atendendo pedido de Dom Leme, o *Conceito cristão do trabalho*, resumindo as doutrinas da Igreja expostas na encíclica *Rerum Novarum* de Leão XIII. Conhecida foi a sua declaração: "Hoje, em minhas orações, faço o sinal da cruz da esquerda para a direita e não em sentido inverso com os três dedos, como faz o ritual grego. Rezo o *Pater Noster* e não o *Pater emün* como fazia".[41]

b) Jackson de Figueiredo Martins (1891-1928): Sergipano, foi matriculado no Colégio Americano de Aracaju, instituição presbiteriana sob orientação do pastor Woodward Edmund Finley (1865-1949), entrando numa fase de confusão religiosa. Dizendo que não precisava nem de rezar, nem dos santos, ao invés de aderir aos princípios da reforma protestante, caiu na descrença. Mudou-se depois para a Bahia e se tornou um nieztchiano convicto. Matriculou-se na faculdade de direito de Salvador em 1909, e concluído o bacharelado, partiu para o Rio de Janeiro em março de 1914. Durante os quatro dias da viagem, conhe-

---

[38] OSVALDO MELANTONIO, *Da necessidade do general Ruy Barbosa*, Editora Soma, São Paulo 1981, p. 208-210; LUÍS VIANA FILHO, *A vida de Ruy Barbosa*, Companhia Editora Nacional, São Paulo 1952, p. 433.
[39] ASV, "Honorificências pontifícias", em: *Nunciatura Apostólica no Brasil*, caixa 186, fasc. 1057, fl. 63.
[40] ODILÃO MOURA, *As ideias católicas no Brasil*, p. 61-62.
[41] ANTÔNIO GONTIJO DE CARVALHO, *Estadistas da república*, vol. I, Empresa Gráfica da Revista dos Tribunais, São Paulo 1940, p. 287-329.

ceu e discutiu com frei Agostinho Ben, franciscano culto, que se surpreendeu com o elevado saber histórico-filosófico contra a Igreja professado pelo seu interlocutor. Ao desembarcarem, o frade lhe disse, premonitório: "Deus, em quem você não crê, ainda há de tê-lo um dia como defensor. Crer ou não crer pouco importa; o que vale é ser sincero em face da vida, e isso você é". Jackson sorriu e se despediu, mas o tempo provaria que a previsão era correta.[42]

O ponto de partida da mudança na capital federal foi o conhecimento e a amizade que travou com Raimundo Farias Brito. Sem possuir nenhuma crença definida, Farias Brito respeitava o Cristianismo, a ponto de ter aceitado se casar religiosamente nos dois matrimônios que contraiu. Tampouco opôs resistência a que os filhos fossem batizados e catequizados segundo os preceitos da Igreja. Seu lar, em suma, tinha a aparência de uma tranquila residência cristã, ostentando um quadro do Sagrado Coração de Jesus em plena sala de visitas.[43]

Jackson não se tornou um discípulo do novo amigo, mas se deixou tocar pela sua atitude de vida, vindo a dar o terceiro passo que aquele não ousara. A transformação foi gradual, a começar pelo casamento com Laura, cunhada de Brito, aos 25 de março de 1916. Sua consorte era uma moça profundamente religiosa, e ele não se opôs a esposar-se em cerimônia celebrada pelo Pe. Antônio Carmelo na igreja de São Cristóvão. Os milhares de mortos da gripe espanhola, ocorridos em 1918, também parecem ter contribuído para que refletisse profundamente sobre as ideias que até então professara. Converteu-se de vez, em 1918, e foi levado por sua esposa, aos 23 de março de 1919, a confessar-se e a comungar em solene e íntima cerimônia. Confirmou-se a profecia do frei Agostinho Ben: Jackson (que era também literato, poeta e jornalista) se tornou uma espécie de apóstolo dos intelectuais, sendo um dos mais abnegados leigos empenhados na luta pelos direitos da Igreja e na catolicização da inteligência brasileira. Entre os muitos que reconduziu à prática religiosa encontra-se Hamilton Nogueira. Aconteceu em Muzambinho, sul de Minas Gerais. Hamilton clinicava por lá, quando conheceu Jackson. Moravam na mesma pensão, e este lhe perguntou qual era a sua filosofia. Como o médico não conhecia nenhuma consciente, começou a falar-lhe de Pascal. Hamilton entrou em contato com o valor intelectual do Catolicismo, interessou-se e por fim se converteu. Houve mesmo um grupo em Muzambinho, ao qual aderiu. Faleceria depois como representante diplomático do Brasil em Liverpool, Inglaterra.[44]

Jackson encerrou sua carreira precocemente, ao morrer afogado na Barra da Tijuca, caindo de um penhasco, enquanto pescava num domingo, 4 de novembro de 1928. Os frutos de sua obra, no entanto, permaneceram. Conforme afirma Tasso da Silveira, "ele foi, no Brasil, de fato, como seria ainda em outros países, um homem excepcionalíssimo e de destino singular. Abriu para o que se chama de intelectualidade brasileira os horizontes da crença, que até então tinham estado fechados. Tornou possível pensar-se, no Brasil, em função da ideia de Deus, o que significa haver salvo nosso espírito para a obra construtora que lhe está reservada".[45]

---

[42] CLÉLIA ALVES FIGUEIREDO FERNANDES, *Jackson de Figueiredo, uma trajetória apaixonada*, p. 51, 64, 127.
[43] JONATHAS SERRANO, *Farias Brito, o homem e a obra*, Companhia Editora Nacional, São Paulo 1939, p. 261.
[44] ANTÔNIO CARLOS VILLAÇA, *Místicos, filósofos e poetas*, Imago Editora, Rio de Janeiro 1976, p. 133.
[45] CLÉLIA ALVES FIGUEIREDO FERNANDES, *Jackson de Figueiredo – uma trajetória apaixonada*, p. 571-585, 593.

c) Alceu Amoroso Lima (1893-1983): Advogado e jornalista, a partir de 1924, começou a se sentir insatisfeito com o estilo de vida que levava e se interessou por assuntos religiosos. Começou a corresponder-se com Jackson de Figueiredo, que lentamente abriu-lhe numa nova perspectiva. Em 1927, conheceu de perto o Pe. Leonel Franca SI e aceitou enfim as verdades da Igreja, vindo a confessar-se e comungar pela primeira vez na vida no dia 15 de agosto do ano seguinte. Foi o mesmo Pe. Franca quem lhe ministrou o sacramento, coisa que aconteceu na igreja de Santo Inácio da Rua São Clemente, no bairro do Botafogo, situada a duas quadras de sua casa. Ainda neófito, tendo morrido Jackson, Alceu o sucedeu na liderança da intelectualidade católica. A grande atuação que desenvolveu atravessaria décadas e dentre seus feitos está aquele de ter conseguido que, em 1939, também se convertesse Gustavo Corção (1896-1978), outro prestigiado intelectual.[46]

Esse grupo de eruditos ligado à Igreja deu a ela um respeitável ar de "ilustração", reconhecido até por quem se lhe opunha. Sua meta principal era aquela de reforçar a influência católica na sociedade, num momento em que a crescente urbanização, que portava no seu bojo manifestações secularizadoras, propiciava igualmente realidades desafiadoras como a articulação daquele que se tornaria pouco depois o Partido Comunista Brasileiro. Em agosto de 1921, Jackson, Hamilton Nogueira, Perilo Gomes e Durval de Morais lançaram o primeiro número de *A Ordem*, revista nacionalista, mas alinhada com os postulados da Santa Sé.[47] No ano seguinte, Jackson de novo à frente, a nata da intelectualidade católica aglutinou-se no Centro Dom Vital,[48] que era tido como uma instituição leiga de corte confessional conservador, por atacar sem tréguas o socialismo e as ideias liberais dos tenentes, razão pela qual, fora dos círculos eclesiásticos, ficaria conhecida como "direita católica".[49] Além de Hamilton Nogueira, que se mudara com a família para o Rio de Janeiro, a partir de 1921, do Centro participariam ainda Augusto Frederico Schimidt, Alceu Amoroso Lima, Cornélio Pena, Rodrigo Melo Franco de Andrade, José Geraldo Vieira, Vagner Antunes Dutra, Sobral Pinto, Murilo Mendes e Jorge de Lima.[50]

---

[46] Antônio Carlos Villaça, *O desafio da liberdade*, Livraria Agir Editora, São Paulo 1983, p. 71, 74, 81; Odilão Moura, *As ideias católicas no Brasil*, p. 147-157.
[47] Clélia Alves Figueiredo Fernandes, *Jackson de Figueiredo – uma trajetória apaixonada*, p. 329-330.
[48] A influência do "Centro Dom Vital" foi duradoura e, depois de Hamilton Nogueira, vários outros intelectuais a ele se agregariam nas décadas seguintes. Foi o caso de Gustavo Corção, Plínio Correia de Oliveira, Sobral Pinto, Jônatas Serrano, entre outros. Em 1927, o Papa Pio XI reconheceu os méritos da intelectualidade católica e premiou Jackson, diretor de *A Ordem*, com a Cruz de Prata de Benemerência do 1° grau e o redator, Perilo Gomes, com a mesma cruz do 2° grau. Com o tempo a retórica do Centro evoluiu e, nos anos 40, dividiu-se em duas tendências: figuras como Alceu Amoroso Lima (Tristão de Athaíde) e o Pe. Hélder Câmara se atualizaram, o que permitiu-lhes adotar convictos as diretrizes do Vaticano II. Plínio Correia de Oliveira adotou postura diversa e se tornou conhecido por haver fundado, no final dos anos 50, a sociedade de "Tradição, Família e Propriedade" (TFP), que rejeitaria frontalmente as inovações conciliares (Scott Mainwaring, *Igreja Católica e política no Brasil*, p. 46-47; Clélia Alves Figueiredo Fernandes, *Jackson de Figueiredo – uma trajetória apaixonada*, p. 522-523).
[49] Elizabeth de Fiori di Cropani et alii, *Nosso Século*, vol. II, p. 205.
[50] Antônio Carlos Villaça, *Místicos, filósofos e poetas*, p. 133.

5.2 – Artur Bernardes: o prenúncio da reconciliação final

Em 1921, começaram as articulações em vista do pleito presidencial para o quatriênio 1922-1926, e o candidato situacionista escolhido foi Artur da Silva Bernardes (1875-1955), representante da tradicional política oligárquica do "café com leite". Para desqualificá-lo, em 9 de outubro daquele ano, o jornal carioca *Correio da Manhã* publicou uma carta supostamente sua dirigida ao senador Raul Soares, com data de 3 de junho precedente, em que ele chamava o ex-presidente, Hermes da Fonseca, de "sargentão sem compostura" e acusava o exército de ter no seu seio generais "anarquizadores". Bernardes negou ser autor da missiva, mas, no dia seguinte, o jornal publicou uma segunda carta, atribuída também a ele, com conteúdo semelhante. O assunto gerou enorme celeuma, com comissões negando e afirmando posteriormente a autenticidade dos documentos. Nesse ínterim, o candidato oposicionista, Nilo Peçanha, com a apoio do Rio de Janeiro, Bahia e Pernambuco, saiu em campo como representante da "Reação Republicana", o que fez contando também com o apoio da oficialidade insatisfeita.[51]

Sucessivamente seria demonstrado que as citadas cartas eram realmente falsas, mas, enquanto isso não acontecia, alguns bispos tiveram de se posicionar, a exemplo de Dom Silvério Gomes Pimenta, titular de Mariana, MG, que não hesitou em defender publicamente o candidato da situação, contribuindo para que o assunto fosse minimizado.[52]

A disputa eleitoral seguiu seu curso e, antes da votação, o jornal católico *A União*, do Rio de Janeiro, enviou um questionário para os candidatos a fim de conhecer a plataforma política de ambos. Artur Bernardes não titubeou e, além de defender claramente a sua conhecida qualidade de católico, afirmou que o ensino religioso, ou melhor, a liberdade de dar instrução religiosa nas escolas públicas não ofendia o preceito constitucional que estabeleceu ampla liberdade de cultos. Igualmente clara foi sua posição sobre as missões dos religiosos entre os índios, afirmando que elas tinham sido muito úteis à civilização dos índios, como o foram outrora, nos tempos coloniais. Inclusive salientou que o Estado de Minas subvencionava algumas missões, dentro dos seus recursos orçamentários e estava animado com o êxito delas. O mesmo não se verificou com Nilo Peçanha, que sendo maçom, disse textualmente ser um liberal sem medo da "liberdade". A Igreja se desgostou principalmente ante a resposta que recebeu em relação à implantação do ensino religioso facultativo nas escolas públicas, pois Nilo deixou claro que sua posição era aquela da constituição, que não priorizava nenhuma crença revelada. Mais irritante que isso foi sua posição sobre as missões, por tratar o Catolicismo como toda e qualquer seita: "Dou o devido valor aos serviços que os ministros de Deus prestam nos aldeamentos. De desejar seria que todas as seitas trabalhassem nesse sentido".[53] Como se não bastasse, durante a campanha eleitoral,

---

[51] Gabriel Manzano Filho et Alii, *100 anos de república*, vol. III, p. 15.
[52] Alípio Ordier Oliveira, *Traços biográficos de D. Silvério Gomes Pimenta*, p. 108-109.
[53] Rufiro Tavares, "Candidatos à futura presidência da república e o Catolicismo nacional", em: *Santa Cruz*, fasc. 7, Escolas Profissionais Salesianas, São Paulo 1921, p. 266-267; *Idem*, "Ainda a interview da União sobre os candidatos à futura presidência da república", em: *o. c.*, fasc. 7, Escolas Profissionais Salesianas, São Paulo 1921, p. 352-353.

antes de partir para comícios no norte, ele presidiu a uma sessão no Grande Oriente do Rio de Janeiro. Por precaução, insistia em declarar-se católico e antidivorcista, mas não convenceu o episcopado, que lançou uma veemente nota de protesto contra sua candidatura: "O Sr. Nilo Peçanha é grão-mestre da maçonaria, é maçom integral, portanto, aplaudir a candidatura de Nilo Peçanha é prestigiar conscientemente a política sectária de opressão ao Catolicismo, de que é um dos representantes máximos no Brasil o candidato dissidente".[54]

Nilo evitou o confronto com a Igreja; mas, embora a oposição do clero não tenha sido o único fator determinante para o resultado final do pleito de 1º de março de 1922, este deu folgada vitória para Artur Bernardes, que recebeu 466.877 (56% dos sufrágios válidos) contra os 317.714 do adversário.[55] O novo presidente tomou posse em dezembro e, até por razões de convicção pessoal, trataria a Igreja com particular atenção. Da sua parte, os bispos tampouco manifestavam desejos exorbitantes, como bem o demonstra uma carta pastoral de Dom Francisco de Campos Barreto (1877-1941), prelado de Campinas, redigida aos 19 de março de 1922:

> Ninguém suponha que queremos nossa gente no governo, que precisamos dos favores do tesouro nacional em benefício do culto religioso, aliás, depois da separação, generosamente mantido pela piedade dos fiéis. O que queremos é a liberdade e o respeito à verdade nas eleições e no cumprimento das leis, o que só se conseguirá por uma boa política, ativa, sã e livre das intrigas e dos interesses de campanário. Respeitamos as leis fundamentais da República, porque não tratamos aqui de formas de governo; não queiramos tampouco a revolução, mas temos o direito de exigir, pelos meios pacíficos, a recristianização de nossas leis, em benefício, não só da família, mas do nosso próprio país, onde vive e trabalha uma imensa maioria de católicos, que, não querendo ver reduzida a escombros a grande obra civilizadora e santificadora do Evangelho, não pode e não deve se conformar com o domínio da impiedade.[56]

O presidente Bernardes, embora não tenha realizado estas aspirações, colaborou para que o ambiente político se tornasse receptivo a elas, abrindo o caminho para as grandes mudanças que seriam introduzidas na década seguinte. Tenha-se também presente que um dos seus braços direitos foi Jackson de Figueiredo, católico convicto, leitor de São Tomás e discípulo das ideias de Santo Inácio de Loyola. Jackson se tornaria um dos mentores do grupo presidencial.[57]

A história da vida do neopresidente explica a benevolência que sempre manteve para com a instituição eclesiástica: natural da pacata Viçosa, paróquia da diocese de Mariana, ele provinha de "tradicional família mineira", sendo dotado de um caráter que refletia o que as Gerais possuíam de mais rígido. Segundo o parecer irônico de João Lima, Artur Bernardes "nasceu mais para doutrinar e para mostrar aos que erram o caminho do bem. Mais, portanto, para a Igreja do que para a vida civil ou para homem de Estado, embora na política aquelas qualidades messiânicas exerçam grande fascínio entre os

---
[54] Brígido Tinoco, *A vida de Nilo Peçanha*, p. 250-251.
[55] Fábio Koifman et alii, *Presidentes do Brasil*, p. 245.
[56] Francisco de Campos Barreto, *Pastorais e conferências*, tomo I, Tipografia Casa Mascote, Campinas 1923, p. 48-49.
[57] Jorge Amado, *O cavaleiro da esperança*, p. 99-100.

que o ouvem. Na carreira eclesiástica teria mais fácil e brilhante acesso. [...] Bem educado, fino, sabendo tratar, sentir-se-ia, entretanto, perturbado, diante de uma provocação sentimental fora dos moldes da boa moral doméstica. A virtude sobrepondo-se aos sentidos..."[58]

João Neves da Fontoura deixou uma opinião mais positiva sobre Artur Bernardes, coincidente, entretanto, com o parecer acima, nos aspectos essenciais: "Artur Bernardes, caráter puro, tipo de administrador já revelado [...] era um católico praticante, exemplar chefe de família e conservador obstinado".[59]

Foi no educandário do Caraça – matriculado que fora no final de 1887, e onde permaneceu por dois anos – que Bernardes moldou seu caráter austero e sua afinidade de pensamento com os postulados da Igreja. Por isso, atendendo à sugestão de Félix Pacheco, ministro do exterior, fixou no protocolo brasileiro o lugar dos Cardeais entre os príncipes de sangue, sucessores eventuais dos soberanos, num reconhecimento tácito da soberania do Pontífice Romano.[60] Também conseguiu que o próprio Dom Leme fosse celebrar missa na capela do Palácio do Catete. Convencia porque seu comportamento religioso era coerente: após concluir o mandato presidencial, continuou católico praticante e, ao se recolher à vida privada, conservou o papel de modelar pai e marido mineiro, daqueles em cujo lar se observa uma atmosfera harmoniosa de bem estar, de severidade e de família, que dá ao ambiente um cunho elevado, na conservação das tradições, na virtude elegante, que se reflete em nobre compreensão social. Pouco saía à rua, a não ser necessariamente pela irrenunciável prática de ir à missa todos os domingos.[61]

De outra feita, deve-se salientar que Artur Bernardes governou num período particularmente turbulento, também porque o sistema oligárquico de governo do qual ele era um típico representante ia suscitando sempre mais aversão. Aliás, já antes da sua posse a situação se tornara incandescente. Epitácio Pessoa convocara o exército para conter manifestações no Recife, mas o marechal Hermes da Fonseca, que era também presidente do Clube Militar, fora contra e seu descontentamento se tornou conhecido. Epitácio não titubeou e, no dia 3 de Julho de 1922, mandou prender o marechal e fechar o clube que presidia. A oficialidade, já ressentida desde o episódio das "cartas falsas" citado em precedência, reagiu com indignação, e o filho Hermes, Euclides Hermes da Fonseca, conclamou seus comandados a resistir. Tratava-se de defender a "honra" do exército bem como de exigir uma reforma das práticas eleitorais vigentes.[62]

Foi convocada então uma sublevação geral dos quartéis cariocas que deveria eclodir na madrugada de 5 seguinte. Nesse pressuposto, precisamente à 1h20 daquele dia, como combinado, o tenente Antônio de Siqueira Campos (1898-

---

[58] JOÃO LIMA, *Como vivem os homens que governam o Brasil*, Tipografia Batista de Souza, Rio de Janeiro [s.d.], p. 15, 31.
[59] JOÃO NEVES FONTOURA, *Borges de Medeiros e seu tempo*, p. 236, 348.
[60] CLÉLIA ALVES FIGUEIREDO FERNANDES, *Jackson de Figueiredo, uma trajetória apaixonada*, p. 403, 432.
[61] JOÃO LIMA, *Como vivem os homens que governam o Brasil*, p. 39.
[62] JOHN WATSON FOSTER DULLES, *Anarquistas e comunistas no Brasil*, Editora Nova Fronteira, Rio de Janeiro 1977, p. 149.

1930) disparou um dos canhões. Era o sinal; mas recebeu como resposta total silêncio. Diante disso, ele ordenou o bombardeamento do quartel-general, da Ilha das Cobras, do depósito naval e do túnel novo. Os legalistas reagiram e durante todo o dia 5 o forte de Copacabana sofreu pesado bombardeio vindo da Ilha de Santa Cruz. Euclides Hermes foi ao encontro do ministro da Guerra, João Pandiá Calógeras, no Palácio do Catete, para um diálogo, mas terminou preso. Os rebeldes tiveram de escolher: renderem-se ou serem massacrados.[63]

A essa altura, Antônio de Siqueira Campos assumira o comando dos insurgentes e, após reunir-se com outros oficiais, decidiu dispensar os 302 soldados que estavam ali. Em seguida, era já o dia 6, os 28 restantes saíram pela Avenida Atlântica em direção ao Leme. Parte deles se dispersou e dezessete (ou onze como sustentam alguns) seguiram em frente, dando continuidade à destemida ou suicida decisão de enfrentar os pelotões legalistas que avançavam. No trajeto, um civil gaúcho, Otávio Correia, uniu-se ao grupo em marcha. Apenas dois escapariam, apesar de gravemente feridos: o supracitado Siqueira Campos e Eduardo Gomes.[64]

Foi sintomático. A posse do novo presidente aconteceu em 15 de novembro de 1922 e, passados dois anos, outros episódios armados se verificariam em Sergipe, Amazonas e São Paulo. Todos seriam debelados, coisa que em São Paulo se deu com particular truculência. A sedição paulista eclodiu dia 5 de julho de 1924, aniversário do levante carioca, sob a liderança do general reformado Isidoro Dias Lopes (1865-1949), auxiliado por Miguel Costa e Joaquim Távora. Os revoltosos conseguiram a adesão da força pública do Estado e, com uma ação fulminante, após três dias de luta, dominaram pontos estratégicos da capital, que praticamente ficou em suas mãos. O custo social disso, porém, foi terrível: a cidade logo se encontrou cercada pelos legalistas, vias centrais transformaram-se em trincheiras, negócios foram saqueados, e bairros populosos, como o Brás, a Mooca, o Belenzinho e o Cambuci, viram-se sob intenso bombardeio, forçando cerca de 200 mil paulistanos a sairem da área urbana. O próprio governador Carlos de Campos teve de abandonar o palácio de Campos Elísios.[65]

A luta em São Paulo durou 23 dias, e nesse período, diversas construções religiosas seriam danificadas. Uma delas foi a matriz Nossa Senhora da Glória do Cambuci que, devido à sua localização estratégica sobre uma colina, cujo espaço de visão cobria inclusive o centro da cidade, acabou ocupada pelos rebeldes. No confronto que se seguiu entre estes e os legalistas, o gracioso templo sofreu estragos na torre e no altar, além de ter as paredes cobertas por perfurações de disparos. Por sua vez, os arredores da Igreja da Penha foram tomados pelas tropas do governo lideradas pelo general Eduardo Artur Sócrates, que ali instalaram peças de artilharia para bombardear posições inimigas. Contemporaneamente, campanários eram utilizados para observar a parte contrária, aumentando o clima de apreensão. Sequer o Liceu Sagrado Coração de Jesus dos salesianos foi poupado, pois estando próximo do palácio do governo estadual, terminou atingido por um tiro de canhão durante a contenda.

A arquidiocese de São Paulo, então governada por Dom Duarte Leopoldo Silva, não assumiu uma posição política no episódio, mas o Arcebispo pro-

---

[63] GABRIEL MANZANO FILHO ET ALII, *100 anos de república*, p. 16, 19.
[64] Cf. JORGE AMADO, *O cavaleiro da esperança*, 28ª ed., Editora Record, Rio de Janeiro 1982, p. 89-93.
[65] GABRIEL MANZANO FILHO ET ALII, *100 anos de república*, vol. III, p. 27.

curou dar assistência possível a feridos e retirantes, visitando os bairros martelados pelas bombas, favorecendo o transporte de pessoas para o outro lado das linhas militares e cedendo igrejas, escolas e casas paroquiais para acolher flagelados. No balanço geral, o parecer não contestado de Altino Arantes, proferido em nome dos católicos arquidiocesanos, justamente no 25º aniversário de sagração episcopal do prelado em questão, faz supor que o mesmo preferia o lado do presidente Artur Bernardes. Isto porque, segundo Arantes, "urgia restabelecer a legalidade iniquamente subvertida" e Dom Duarte não compreendia a religião "divorciada do patriotismo". O Arcebispo também enaltecia e aconselhava a todos os brasileiros "a obrigação de apoiar e prestigiar os poderes constituídos, dispensando aos seus representantes o acatamento e a obediência que lhes são devidos".[66]

Fosse como fosse, o general Isidoro e seus cerca de 3.500 combatentes seriam forçados a abandonar a capital em 27 de julho de 1924. Para tanto pesou seja o fato deles não terem conseguido atrair o operariado e a classe média, que a maciça ofensiva de 14.000 homens das forças federais. Na retirada tentariam penetrar no Mato Grosso, mas acabaram barrados pelos legalistas, e isso os levou a se refugiarem no Paraná. Do outro lado da divisa, ficou a cidade de São Paulo, imersa num cenário de destruição, onde os mortos eram 503 e os feridos, 4.864.[67]

Em Foz do Iguaçu, aos 12 de abril de 1925, a eles se uniria um contingente rebelde gaúcho liderado pelo capitão Luiz Carlos Prestes, e o movimento armado dos "tenentes" tomou novo rumo. O General Isidoro, após entendimentos, tanto pela idade avançada, quanto pela esperança de conseguir uma rede externa de auxílio, partiu para a Argentina, onde ficaria até 1930. Luiz Carlos Prestes, defensor da continuidade da luta, junto dos demais líderes, reorganizou então o corpo revolucionário. A "coluna" resultante, liderada por Miguel Costa, agrupou seus 1.500 homens em duas divisões: uma sulista, sob o comando de Prestes, e outra paulista, chefiada por Juarez Távora. Eles realizariam em seguida uma marcha de 25.000 km Brasil afora, atravessando os estados do Paraná, Mato Grosso, Goiás, Minas Gerais, Bahia, Maranhão, Piauí, Ceará, Rio Grande do Norte, Paraíba e Pernambuco, tendo se envolvido nas mais variadas formas de enfrentamento. Contudo, seu objetivo de manter a chama revolucionária contra o governo de Artur Bernardes, não obteve o êxito esperado.[68]

Anita Leocádia Prestes, filha do supracitado capitão gaúcho, explicando a participação do pai na Coluna, afirma que ele assim agiu por ser um "patriota" e um "idealista" que, "desde muito jovem, revelou indignação com as injustiças sociais" do povo no país, "mostrando-se preocupado com a busca de soluções efetivas para a situação deplorável em que se encontrava a população brasileira".[69]

---

[66] Altino Arantes, *Bonum opus*, p. 42, 57.
[67] Cf. Hernâni Donato, *Dicionário das batalhas brasileiras*, Instituto Brasileiro de Difusão da Cultura, São Paulo 1987, p. 174-175; Gabriel Manzano Filho et alii, *100 anos de república*, vol. III, p. 27.
[68] Luiz Roberto Lopez, *História do Brasil contemporâneo*, 3ª ed., Editora Mercado Aberto, Porto Alegre 1987, p. 54; Domingos Meireles, *As noites das grandes fogueiras*, 3ª ed., Editora Record, Rio de Janeiro 1996, p. 364-367.
[69] Anita Leocádia Prestes, *Luís Carlos Prestes e a Aliança Nacional Libertadora*, Editora Vozes, Petrópolis 1998, p. 10.

Diverso é o ponto de vista de Leandro Narloch, para quem, "pelo contrário", a ação da coluna criou pânico, pois, "saques, estupros, assassinatos e outras atrocidades deixavam a população aterrorizada". O autor reproduz o parecer do Pe. José Maria Amorim, de Goiás, cujo conteúdo reforça quanto afirma: "A passagem da coluna revolucionária através de nossos sertões e por nossa cidade tem sido um lamentável desastre que ficará por alguns anos irreparável. Em poucos dias, nosso povo, na maioria pobre, viu-se reduzido à quase completa miséria".[70]

Discussões à parte, fica a certeza que nada disso alterou a têmpera do presidente Bernardes, que governou o país sob estado de sítio até o final de seu mandato. Inflexível, na mensagem anual que pronunciou aos 3 de maio de 1925, ele fez questão de confirmar a decisão de não ceder:

> Ainda hoje alguns militares sediciosos traem a pátria, roubam-lhe as armas, rebelam-se contra a autoridade; provocam o pânico em uma das maiores, cultas e populosas cidades do Brasil; tomam a soldo mercenários estrangeiros para assassinar os próprios irmãos; assassinam, roubam, incendeiam; atentam à honra e ao pudor das famílias; jogam dinamite contra oficiais superiores, crianças, mulheres inocentes e funcionários públicos, sem que a nossa legislação idealista permita medidas bastante severas e eficazes para punir tal monstruosidade e impedir que se reproduzam.[71]

Exatamente para mudar a legislação em vigor, a 3 de julho de 1925, a presidência apresentou à câmara dos deputados um anteprojeto de reforma da constituição de 1891, em que se propunha reforçar os poderes do executivo. Foram elaboradas 76 propostas, reduzidas depois para 5, as quais se tornaram objeto de debate a partir de 4 de setembro seguinte. Em meio a toda essa movimentação, os católicos, tendo como primeiro firmatário o deputado paranaense Plínio Marques, haviam apresentado duas emendas ao texto constitucional – as assim chamadas "emendas religiosas" –, propondo quanto segue:

> – Primeira emenda: modificava o parágrafo 6° do Artigo 72 afirmando que *"conquanto leigo, o ensino com caráter obrigatório ministrado nas escolas não exclui das mesmas o ensino religioso facultativo"*.
> – Segunda emenda: alterava o disposto no parágrafo 7° no mesmo Artigo 72, acrescentando que, *"conquanto reconheça que a Igreja Católica é a religião do povo brasileiro, em sua quase totalidade, nenhum culto ou Igreja gozará de subvenção oficial, nem terá relações de dependência ou aliança com o Governo da União, ou dos Estados"*.[72]

Estas emendas empolgaram vários segmentos católicos, ao ponto da assembleia legislativa de Sergipe, com o apoio e firma do "vice-presidente" daquele Estado, Francisco Porto, ter aprovado, aos 28 de setembro de 1925, uma moção de apoio:

> A Assembleia Legislativa do Estado de Sergipe, convicta que a instrução religiosa facultativa não colide com a laicidade do ensino, princípio essencial da escola neutra, e

---

[70] LEANDRO NARLOCH, *Guia politicamente incorreto da história do Brasil,* 2ª ed., Leya, São Paulo 2011, p. 297-298.
[71] ASV, Reforma da constituição. "Emendas religiosas", em: *Nunciatura Apostólica no Brasil,* caixa 187, fasc. 1058, fl. 157.
[72] JORGE NAGLE, *Educação e sociedade na primeira república,* Editora Pedagógica e Universitária, São Paulo 1974, p. 60-61.

bem assim a secularidade legal das instituições nacionais, não impede reconhecer o fato de ser o culto católico a religião da maioria do povo brasileiro, e que, portanto, não importa em agravo à liberdade de consciência, isso seja declarado no texto da Carta Constitucional da República, emite um voto de simpatia às emendas apresentadas ao projeto de revisão constitucional pelo deputado paranaense, Dr. Plínio Marques.[73]

Contra, previsivelmente, ficaram protestantes e espíritas; mas a pior oposição foi aquela de certos políticos, no que se destacaram os gaúchos Borges de Medeiros (então "presidente" do Rio Grande do Sul), Flores da Cunha e Lindolfo Collor. Sobre este último, Mons. Egídio Lari daria o seguinte depoimento:

> O Senhor Lindolfo Collor, redator do jornal O País, positivista em religião, deputado federal pelo Estado do Rio Grande do Sul e membro da comissão de diplomacia da Câmara dos Deputados, é pessoa de confiança do atual Ministro das Relações Exteriores. [...] O senhor Collor, em geral, se mostra hostil ao Catolicismo nas suas manifestações públicas e foi um adversário encarniçado da introdução na reforma da constituição das célebres "emendas religiosas".[74]

A militância de tais políticos fez a proposta perder ímpeto e, apesar de que as citadas emendas tenham obtido a maioria dos votos, estes não atingiram os dois terços necessários para sua aprovação.[75] Aquela que propunha a introdução do ensino religioso facultativo nas escolas públicas deixou de ser aprovada por apenas 11 votos.[76]

No final, em que pese a oposição ferrenha de deputados, como Antônio Moniz e Barbosa Lima, que tudo fizeram para impedir as outras mudanças, a proposta presidencial triunfou, conferindo ao chefe de Estado maiores poderes, ao tempo em que diminuíram aqueles das unidades da Federação, do congresso nacional e do judiciário.[77]

No que diz respeito à Igreja, ao menos uma vitória ela obteve: quase por unanimidade, em votação realizada no dia 17 de outubro de 1925, foi assegurada a constitucionalidade da representação diplomática perante a Santa Sé, cujas relações, aliás, nunca haviam sido interrompidas. Com o acréscimo, o novo texto, do Artigo 72 §7, ficou assim: "Nenhum culto ou Igreja gozará de subvenção oficial, nem terá relações de dependência ou aliança com o governo da união ou dos estados. A representação diplomática do Brasil junto à Santa Sé não implica violação deste princípio". Tratou-se de uma conquista, se se recorda que todo ano um grupo de deputados, na votação do balanço, impugnava a constitucionalidade da embaixada junto à Santa Sé. Daquele momento em diante isso não foi mais possível [78]

---

[73] AA.EE.SS., "Reforma da constituição", pos. 496, fasc. 7, fl. 19.
[74] ASV, "Varia", em: *Nunciatura Apostólica no Brasil*, caixa 187, fasc. 1062, fl. 100.
[75] AA.EE.SS., "Riforma della Costituzione", pos. 496, fasc. 7, fl. 10.
[76] OSMAR FÁVERO (Org.), *A educação nas constituintes brasileiras*, Autores Associados, Campinas 1996, p. 83.
[77] AA.EE.SS., "Reforma da constituição", em: *Brasil*, pos. 496, fasc. 7, fl. 24.
[78] ASV, "Reforma da constituição. Emendas religiosas", em: *Nunciatura Apostólica no Brasil*, caixa 187, fasc. 1058, fl. 140.

5.3 – A Igreja no último quatriênio da República Velha

O derradeiro presidente da República Velha foi Washington Luís (1869-1957), fluminense de Macaé, mas representante de São Paulo, que teve como vice o mineiro de Sabará, Fernando de Mello Viana (1878-1954). Sobre ambos, o relatório elaborado pela Nunciatura Apostólica, aos 25 de outubro de 1926, não foi exatamente generoso, ainda que o vice tenha sido visto com bons olhos. Dizia o documento:

> No dia 15 do próximo mês de novembro tomarão posse o novo Presidente da República, Senhor Washington Luís Pereira de Souza, e o novo Vice-Presidente, Senhor Mello Viana. [...] Washington Luís é de inteligência medíocre, pouco culto e nutre veneração pela tradição: aquilo que resolve deve ser feito. É obstinado também nos erros.
> – Política: em política é sempre circundado por homens medíocres. É intransigente nas suas resoluções políticas: quer que prevaleça sempre a sua opinião.
> – Justiça: Profundamente honesto em relação ao dinheiro público. [...] Tem o culto da autoridade, direi quase até o exagero.
> – Religião: Possui uma grande ignorância religiosa. É maçom, ainda que não muito graduado. [...] Considera, porém, que o clero seja uma força poderosa e utilizável para a grandeza do Brasil. Está de boa vontade com o clero, quando é colocado pelo clero no auge e em evidência e manifesta publicamente sua satisfação. [...] A sua senhora é católica e de uma antiga família de São Paulo.
> [...] O Senhor Fernando de Melo Viana, novo vice-presidente, é bem conhecido a Vossa Eminência. O Arcebispo de Belo Horizonte informou a Santa Sé sobre a vida e a atividade deste homem político, que é um católico exemplar.[79]

Importa, porém, que, mesmo não reconhecendo nenhuma religião, como dizia o citado relatório, o Estado brasileiro era inspirado por um senso de "respeito e benevolência" para com a Igreja. Eram inclusive indicadas cinco situações em que isso se evidenciava: nas boas relações diplomáticas com a Santa Sé, na isenção do clero do serviço militar, na participação das autoridades civis nas festas da Igreja, nas contribuições individuais que faziam para as obras eclesiásticas e na manutenção de relações amigáveis com os membros do clero. Restava, contudo, uma pendência que só seria resolvida no período seguinte: "O novo presidente [Washington Luís] pensa que não existe nada para se mudar. [...] As emendas religiosas não serão repropostas neste quatriênio."[80]

Isso não exclui que o ministério organizado pelo novo presidente, apresentado em 19 de novembro de 1926, tenha agradado, por bem explicadas razões apresentadas pelo encarregado pontifício no Brasil, Egídio Lari:

> Os novos ministros são todos católicos, mais ou menos praticantes. O novo ministro das Relações Exteriores, dizem que, catolicamente, seja o melhor de todos. O senhor Otávio Mangabeira nasceu em 27 de agosto de 1886, na Bahia, mais

---
[79] ASV, "Relações com o governo brasileiro", em: *Nunciatura Apostólica no Brasil*, caixa 190, fasc. 1087, fl. 6-7, 15.
[80] ASV, "Relações com o governo brasileiro", em: *Nunciatura Apostólica no Brasil*, caixa 190, fasc. 1087, fl. 7, 13.

precisamente, em Salvador. [...] Mostra equilíbrio e inteligência calma. [...] Ele foi o mentor da célebre emenda à constituição brasileira a respeito da Representação Diplomática do Brasil junto à Santa Sé, emenda que depois o Senhor Bernardes fez sua.[81]

Além disso, já havia alguns fortes indícios de que a situação vigente se alteraria, pois o Estado de Sergipe não só criara uma capelania no batalhão da polícia estadual como autorizara a permissão do ensino religioso na rede pública.[82] Algo parecido aconteceu em Minas Gerais, onde, aos 14 de outubro de 1927, o secretário do interior, Francisco Campos, ao reformar o ensino primário do Estado, no Artigo 580 do novo regulamento, aprovado pelo Decreto n. 7.970, assinado pelo "presidente" Antônio Carlos Ribeiro de Andrada, autorizou o ensino religioso facultativo nas escolas públicas mineiras. Ato contínuo, o congresso mineiro aprovou a Lei n. 1.092, de 12 de outubro de 1929, estabelecendo quando segue: "Art. 1º Nos estabelecimentos de ensino mantidos pelo Estado, é permitida a instrução religiosa, dentro do horário escolar, por espaço de tempo nunca maior que cinquenta minutos por dia, e não mais de três vezes por semana".[83]

O presidente Washington Luís, por sua vez, ainda que não tenha levado a cabo alterações religiosas na legislação do país, até o fim do seu governo manteve grande deferência em relação aos assuntos eclesiásticos. Por isso, no discurso de abertura da terça sessão da décima terça legislatura, proferido no senado, ele fez questão de se pronunciar a respeito do Tratado de Latrão há pouco firmado em Roma:

> A auspiciosa notícia do restabelecimento de relações entre a Santa Sé e o governo italiano, em virtude do ato firmado no Vaticano a 11 de fevereiro último, divulgou-se rapidamente, provocando por toda parte, manifestações de sincero júbilo. Associou-se a essas manifestações o governo brasileiro, por meio de telegrama, dirigido ao Papa Pio XI, o que Sua Santidade agradeceu em termos muito cordiais.[84]

Uma das últimas manifestações de benevolência do governo de Washington Luís para com a Igreja aconteceu durante o falecimento do Cardeal Arcoverde. O purpurado expirou depois de contrair uma gripe que evoluiu até se transformar numa broncopneumonia, à qual seu organismo, na idade avançada de 80 anos, não pôde mais resistir.[85] Sua morte aconteceu às 18h30 do dia 18 de abril de 1930, sexta-feira da Paixão, e Dom Leme logo comunicou o fato às autoridades. Pois bem, o presidente da República, acompanhado de sua esposa e de vários membros de sua casa militar, naquela mesma tarde foi ao palácio arquiepiscopal visitar o corpo e apresentar suas condolências. Além disso, concedeu ao prelado falecido um fu-

---

[81] AA.EE.SS., "Novo presidente da república", em: *Brasil*, pos. 483-484, fasc. 3, fl. 15-16.
[82] AA.EE.SS., "Novo presidente da república", em: *Brasil*, pos. 496, fasc. 7, fl. 19.
[83] Carmo Gama, "O catecismo nas escolas mineiras", em: *Vozes de Petrópolis*, n. 3, Editora Vozes, Petrópolis 1930, p. 114-115.
[84] Washington Luís Pereira de Souza, "Mensagem apresentada ao congresso na abertura da terça sessão da décima terça legislatura pelo presidente da república", em: *Jornal do Comércio* (4-5-1929), Rio de Janeiro, p. 5.
[85] A. I., "Morte do nosso Cardeal D. Joaquim Arcoverde de Albuquerque Cavalcanti", em: *Vozes de Petrópolis*, n. 8, Editora Vozes, Petrópolis 1930, p. 5.

neral de Estado, com honras semelhantes ao de um vice-presidente da República. Evidenciando de vez o grau de informal amizade que reinava entre autoridades civis e eclesiásticas ao final da República Velha, os funerais do Cardeal Arcoverde, celebrados na catedral, assim como sua sepultura, contaram com a participação do representante do presidente e de todos os ministros de Estado, além do inteiro corpo diplomático e das principais autoridades da República.[86]

Vale ainda destacar que, no dia 24 seguinte, os 23 bispos que haviam assistido às exéquias do Cardeal foram visitar o presidente, para lhe manifestarem seu reconhecimento. Coube ao Arcebispo de São Paulo, Dom Leopoldo Duarte e Silva, falar em nome do grupo, ao que Washington Luiz respondeu com um discurso improvisado, onde salientou: "... Nada deve agradecer o episcopado, [...] O governo da República cumpriu o seu dever..."[87]

Enquanto episcopado e presidência trocavam gentilezas, a situação do país longe estava de se livrar das insídias políticas, não obstante a cessação das rebeliões e a desarticulação da Coluna que, bastante desfalcada, optou por encerrar a saga armada em 1927. Sobre esta última, deve-se salientar que seus líderes e demais membros tomaram destinos diversos: Miguel Costa, junto de certo número de companheiros, foi para Paso de los Libres, na Argentina, e, mais tarde, se associaria a Getúlio Vargas na revolução de 1930; Siqueira Campos preferiu ir para o Paraguai, chegando lá com 65 colegas de campanha em 23 de março de 1927, enquanto a maioria dos combatentes, 620 homens, já havia se refugiado na Bolívia desde o dia 3 de fevereiro precedente. Ao lado deles estava Luís Carlos Prestes, que passou a viver em La Guaíba, no oeste daquele país.[88]

Antes que 1927 chegasse ao fim, no mês de dezembro, Prestes foi procurado em seu exílio por Astrogildo Pereira (1890-1965), então secretário geral do PCB, tendo os dois se encontrado em Puerto Suarez, cidade bastante próxima da fronteira com o Brasil. Astrogildo estava munido de farta literatura de esquerda e apresentou ao líder guerreiro as teses de Marx e afins, visando conquistá-lo para a causa que defendia, e assim formar uma aliança entre os comunistas nacionais e os segmentos aderentes à coluna e seu comandante.[89] O colóquio durou dois dias, mas o militar não se decidiu, apesar de ter conservado os livros recebidos e passado os primeiros meses de 1928 a lê-los e a se instruir sobre o assunto. No final do semestre ele transferiu-se para a Argentina, e lá adotou de vez a doutrina marxista como sua. Ao mesmo tempo, tornou-se amigo de Rodolfo Ghioldi (1897-1985), dirigente do partido comunista argentino, e também de Augusto Guralsky, que usava o codinome Kleiner e agia como agente da Terceira Internacional. A ação de Prestes, como se verá adiante, a partir daí entrou em uma nova fase.[90]

---

[86] AA.EE.SS., "Morte do Cardeal Arcoverde", em: *Brasil*, pos. 505-506, fasc. 17, fl. 25-28.
[87] AA.EE.SS., "Morte do Cardeal Arcoverde", em: *Brasil*, pos. 505-506, fasc. 17, fl. 38.
[88] FERNANDO MORAIS, *Olga*, 13ª ed., Editora Alfa-ômega, São Paulo 1987, p. 7.
[89] JOSÉ AUGUSTO DRUMMOND, *O movimento tenentista: intervenção militar e conflito hierárquico* (1922-1935), Edições Graal, Rio de Janeiro 1986, p. 164, 167, 179; GABRIEL MANZANO FILHO ET ALII, *100 anos de república*, vol. IV (1931-1940), p. 40, 43, 45.
[90] FERNANDO MORAIS, *Olga*, p. 11-13.

5.4 – Os desafios eclesiais não superados

A reforma, seguida da consequente reorganização da Igreja no Brasil, representou um sincero, e sob muitos aspectos bem-sucedido, empenho em prol da afirmação da identidade católica e da elevação do nível intelectual e moral da hierarquia eclesiástica e de todo o povo fiel no país. Os fatos comprovam os resultados positivos dessa opção: o clero da República Velha, além de moralmente elevado, possuía muitos membros de destacada cultura humanística, entre os quais dois bispos – Dom Silvério Gomes Pimenta, Arcebispo de Mariana, e Dom Aquino Corrêa, bispo de Cuiabá –, que acabaram eleitos membros da Academia Brasileira de Letras. Na posse de Dom Aquino, a exemplo da de Dom Silvério, além do Núncio Apostólico e bispos, compareceram inclusive quase todos os ministros de Estado.[91]

Não havia como negá-lo: a hierarquia eclesiástica consolidara as marcas exteriores de seu prestígio, e personagens políticos, incluindo-se ex-anticlericais do calibre de Rui Barbosa, sentiam-se no dever de fazer pública confissão de fé em suas campanhas eleitorais. Restava em aberto, porém, um desagradável particular: a erudição pessoal de tantos clérigos não se traduziu em formas sociais correspondentes. Atestam-no a quase total ausência da Igreja na educação universitária do país nos tempos da República Velha; ao que se deve acrescentar outro agravante: uma das poucas escolas católicas de formação superior no país, a Faculdade de Filosofia, Ciência e Letras de São Paulo, que começara a funcionar aos 7 de julho de 1908, num prédio anexo ao seminário diocesano, acabou sendo fechada em 1914.[92]

5.4.1 – As incongruências em campo pastoral

À deficiência estrutural, deve-se por força acrescentar outro limite, a de natureza pastoral. Ou seja, um clero intelectualizado e cada vez mais urbano, mesmo não negligenciando a cura d'almas, por força das circunstâncias e da própria formação recebida, sentia-se naturalmente mais próximo das pessoas dotadas de certa instrução, que eram justamente aquelas que dispunham de melhores recursos para tanto. Às classes abastadas isso agradava, também porque, numa época em que bom gosto e refinamento eram necessariamente europeus, a europeização da Igreja parecia encarnar sob medida o ideal da cultura padrão. Daí que, por mercê da hierarquia eclesiástica, a doutrina e a disciplina se tornaram rigidamente romanas; enquanto que o modelo escolástico confessional, o devocionário e a arte sacra sofriam visível influência francesa; sobrando ainda espaço para muitos outros influxos na arquitetura e na piedade, cuja proveniência se estendia da Irlanda ("Legião de Maria", a partir de 1921) à Polônia (devoção a Santo Estanislau, sobretudo em Curitiba). Dois outros fatores também pesaram nesta opção: a maciça imigração de europeus e a falta de uma compleição madura do clero nacional, o qual, impedido que fora de desenvolver uma tradição própria sob a precedente opressão regalista, tomava de empréstimo, ou estimulava, quase todas as manifestações da

---

[91] Arlindo Drumond Costa, *A nobreza espiritual de Dom Aquino Corrêa*, Livraria Teixeira, São Paulo 1962, p. 98-99.
[92] Maximiano de Carvalho Silva, *Monsenhor Maximiano da Silva Leite*, p. 13-14.

Igreja do Velho Mundo. A escassa estima pelo passado explica a facilidade com que numerosas construções religiosas coloniais acabaram sendo sumariamente descaracterizadas, ou mesmo destruídas. A igreja matriz de Nossa Senhora da Boa Viagem, por exemplo, erguida no ano de 1765, em Curral del Rei, fora poupada pela comissão construtora quando esta autorizou a destruição do citado vilarejo para ali erguer a nova capital de Minas Gerais, que viria a ser inaugurada em 1897. O clero, ao contrário, em 1911, sob pretexto das torres estarem ameaçadas de ruína, não hesitou em ordenar a derrubada da velha construção para, num terreno ao lado, edificar outra em estilo gótico lombardo[93].

Na cidade de São Paulo, SP, aconteceu algo parecido, pois também algumas de suas igrejas coloniais terminaram abatidas e substituídas por templos novos, neogóticos ou neorromânicos. A matriz de Santa Ifigênia foi uma delas. Construída no século XVIII, acabou sendo impiedosamente destruída em 1905, para que no terreno que ocupara se erguesse outra, cuja arquitetura combinava elementos dos estilos supracitados. Igual destino teve a igreja da Consolação, que foi igualmente arrasada, para dar espaço a uma nova, neorromânica, projetada pelo alemão Maximilian Emil Hehl (1861-1916), professor da Escola Politécnica.[94] A própria Sé local seria destruída em 1912, e no seu lugar começaria a ser edificada outra, neogótica, também esta projetada pelo supracitado Hehl. Neste caso, porém, uma pintura retratando a conversão de São Paulo, composta por José Ferraz de Almeida Júnior em 1888, que se encontrava na abóbada central foi salva, sendo doada por monsenhor Francisco Rodrigues ao Museu do Estado de São Paulo. O Núncio Giuseppe Aversa, ao ser informado, escreveu ao abade do Mosteiro de São Bento local (também demolido e substituído por um novo, de inspiração românica) para saber como uma obra considerada valiosa fora doada tão facilmente. A resposta que lhe deu o abade Kruse resumia com perfeição a falta de apreço que certos europeus nutriam em relação à arte nativa:

> É certo que [a doação] foi feita sem licença alguma. Contudo, parece-me que este incidente não deve ser tomado mui tragicamente; pois, como obra de arte não vale nada. O único valor que tem é o da associação de ideias que a ele se ligam, e porque foi pintado por um brasileiro no século passado; e como para nossa imprensa, todo brasileiro *é exímio* (o grifo é do autor), compreende-se que os jornais falaram em grande obra de arte etc.[95]

Como era de se prever, tal europeização gerou numerosas incongruências. Recorda-se, por exemplo, de que no pós-Vaticano I a Igreja do Velho Mundo jogou toda a sua força contra as novas ameaças à fé, representadas em correntes de pensamento como comunismo, socialismo e secularismo. No Brasil, esses grupos eram apenas grupos, mas as recomendações da Santa Sé a respeito seriam acatadas sem levar em conta as diferenças objetivas. Igual aconteceria ante

---

[93] Abílio Barreto, *Belo Horizonte, memória histórica e descritiva – história média* (1893-1898), Edições Livraria Rex, Belo Horizonte 1936, p. 726.
[94] Cf. Paula Porta (Org.), *História da cidade de São Paulo*, p. 226.
[95] ASV, Carta do Abade Miguel Kruse ao Núncio Aversa (16-7-1912), em: *Nunciatura Apostólica no Brasil*, fasc. 734, caixa 146, doc. 1, fl. 1.

certas correntes teológicas heterodoxas que pululavam na Alemanha, na Inglaterra, na França e na Itália, ainda que fossem quase completamente ignoradas pelos brasileiros. Na época, as ideias defendidas por Hermann Schell, Jospeh Schnitzer, George Tyrrell, Friedrich von Hügel, Alfred Loisy, Albert Houtin, Lucien Laberthonniere, Paul Sabatier, Salvatore Minocchi, Antonio Fogazzaro, Romolo Murri, entre outros, provocavam reações indignadas, como aquela de monsenhor Pio Cenci, arquivista do Arquivo Secreto Vaticano. O monsenhor não tinha dúvidas: Os "modernistas" impugnavam os próprios fundamentos da fé, por reduzirem os dogmas a simples símbolos morais; a religião a um mero sentimentalismo, despida de fato de qualquer base sobrenatural e objetiva; a hierarquia da Igreja ao produto de uma evolução humana devido à necessidade de um governo na comunidade cristã; e também por rebaixarem a inspiração bíblica ao nível da inspiração poética.[96] O resultado final é conhecido: O Papa Pio X, por meio do decreto *Lamentabili sane exitu* (3 de julho de 1907), da encíclica *Pascendi Dominici Gregis* (8 de setembro de 1907), de numerosos decretos da Pontifícia Comissão Bíblica e frequentes condenações da congregação do índex, fulminou o *modernismo* (filosófico e teológico). No Brasil, nenhum nome foi incluído no rol dos acusados e um dos poucos suspeitos de adesão a tal movimento foi o Pe. Júlio Maria, que resultou completamente inocente;[97] mas isso não impediu que nos lugares mais improváveis, como na longínqua diocese de Teresina, PI, Dom Joaquim d'Almeida (1868-1947) tratasse o assunto como se fosse uma luta do bem contra o mal:

> Poderíamos dividir a humanidade em dois partidos: um do bem e outro do mal. O primeiro dirigido por Jesus, cujo Representante fiel é o Santo Padre, o Chefe Supremo da Igreja Católica; o segundo, dirigido pelas paixões, pelos vícios e apetites, cujo chefe é Lúcifer, pai da mentira, sedutor sagaz e mais sábio que os homens. [...] O furor dos inimigos de Jesus não é de hoje, data de seu nascimento e não se extinguiu. [...] Aqueles *sábios* (os grifos são do autor) transmitiram seu tesouro ridículo aos maus dos futuros séculos, e ei-los vivendo ainda hoje, entre os povos, na pessoa dos ímpios, dos incrédulos, dos malfeitores e escandalizadores da humanidade. [...] De quando em quando surge um sistema, uma escola; quer se chame materialismo, quer positivismo, quer racionalismo, ou idealismo, ou sensualismo, ou *modernismo*, tudo isto se reduz à negação do sobrenatural, à extirpação das verdades e preceitos divinos. [...] É o modernismo que, em uma palavra, resume em si a insubordinação às autoridades e às leis, condenação e expulsão das virtudes, morte ao Deus vivo, perseguição à Igreja e aos seus ensinamentos, extinção ao nome de Jesus Cristo, guerra ao seu Evangelho e a seus ministros. [...] Coloquemo-nos ao lado do supremo Chefe da Igreja Universal, atendamos à sua voz, prestemos-lhe nosso preito de homenagem e obediência, vamos ao encontro dos erros citados e condenados em sua Encíclica de 8 de setembro de 1907, em o "decreto Lamentabili sane", e a vitória será nossa, porque será de Deus e de sua Igreja a quem defendemos à frente do grande exército dos cristãos.[98]

---

[96] PIO CENCI, *Il Cardinale Raffaele Merry del Val*, Tipografia Carlo Acame, Torino 1933, p. 799-800.
[97] Cf. FERNANDO GUIMARÃES, *Homem, igreja e sociedade no pensamento de Júlio Maria*, p. 34, 37.
[98] JOAQUIM ANTÔNIO D'ALMEIDA, *Carta Pastoral anunciando o jubileu sacerdotal do S.S. Padre Pio X e apresentando ao clero e fiéis de sua diocese a Encíclica "Pascendi Dominici" sobre o "modernismo" e o Motu Proprio "Praestantia Scripturae Sacrae"*, Tipografia do Apostolado, Teresina 1908, p. 3, 5-6, 8, 14-15.

A confinante diocese de São Luiz do Maranhão adotou idêntica postura, e, no dia 9 de fevereiro de 1908, o clero também lançou um manifesto atacando o *modernismo*.[99]

5.4.2 – A renovada ação dos cultos protestantes já estabelecidos

Enquanto setores do clero tomavam como próprio um problema que na verdade era europeu, questões genuinamente brasileiras como o sincretismo religioso, o crescimento do espiritismo kardecista na classe média, a falta de um (grande) laicato organizado e a própria dependência econômica deixaram de receber a devida atenção. Este talvez tenha sido o maior equívoco pastoral da Igreja da *belle époque*, se se tem presente que seu mais aguerrido opositor religioso – o protestantismo –, justo naquele momento, levava a cabo novas investidas. E agora desembarcaria também um derivado seu, de alto potencial proliferador: o pentecostalismo.

No que tange às denominações dissidentes chegadas durante o século XIX – anglicanos (1816) e seu ramo "episcopaliano" (1899), ao lado dos luteranos (1824), congregacionais (1855), presbiterianos (1859), metodistas (1876) e batistas (1881) – o regime laico republicano viria a favorecê-las ainda mais. Isso aconteceu não por ajuda direta ou mesmo intencional, mas sim pelas novas circunstâncias em prol da difusão que ele criou. Os batistas, por exemplo, em 1889, somavam apenas 312 fiéis, agrupados em 4 congregações; mas, num regime de total liberdade, seu pertinaz e anticatólico proselitismo propiciou-lhes um crescimento vistoso. Igual não aconteceu aos "episcopalianos", ainda que, depois do seu estabelecimento no Rio Grande do Sul, em 1898, eles tenham realizado novas fundações no Rio de Janeiro, em 1908, e em São Paulo e Santa Catarina no ano de 1920.[100]

O recrudescimento do fluxo migratório após 1890 se tornou um fator a mais para que os protestantes crescessem em número, principalmente aqueles de fé luterana. Como consequência, também a organização interna destes últimos evoluiu. Por isso, além do pioneiro "sínodo riograndense" instituído no ano de 1886, aos 9 de outubro de 1905, seria criado o "sínodo evangélico luterano de Santa Catarina". Sucessivamente, em 28 de junho de 1912, no Rio de Janeiro, foi igualmente estabelecido o "sínodo evangélico do Brasil central", abrangendo as comunidades esparsas por São Paulo, Rio de Janeiro, Espírito Santo e Minas Gerais. Só que, nesse meio tempo, membros do sínodo de Missouri, Estados Unidos, fundado em 1847, também haviam entrado em ação no país. A iniciativa partira do pastor Johann Friedrich Brutschin (1844-1919), então residente em Novo Hamburgo, RS, que, tendo adoecido, escreveu para o Missouri, pedindo um substituto. A solicitação foi acatada e, em 21 de março de 1900, chegou o primeiro pastor proveniente de lá. Ele se chamava Christian James Broders (1867-1932), era natural de New Orleans, Louisiana, mas não se sentiu à vontade com os hábitos do povo do lugar. Realizou então uma sondagem e, ao ir a

---
[99] Cf. ASV, Manifesto do clero de São Luiz do Maranhão ao Núncio Alessandro Bavona (9-2-1908), em: *Nunciatura Apostólica no Brasil*, fasc. 635, caixa 128, doc. 61, fl. 52.
[100] ANTÔNIO GOUVÊA MENDONÇA; PRÓCORO VELASQUES FILHO, *Introdução ao protestantismo no Brasil*, Edições Loyola, São Paulo 1990, p. 43, 45.

Pelotas, informaram-lhe que a 38 km dali, na comunidade de São Pedro, atual Morro Redondo, havia pessoas do seu credo desprovidas de pastor. Broders acabou fixando residência por lá e, em 1º de julho seguinte, com um grupo inicial de 17 famílias, deu origem a outro ramo luterano que expurgou os elementos calvinistas infiltrados, além de se manter independente dos demais ministros luteranos então ligados à Igreja Evangélica Unida da Alemanha.[101]

Havia ainda grupos luteranos independentes e, no tocante aos quatro sínodos instituídos, os três primeiros adotaram uma convicta postura filo-germânica, firmes na salvaguarda do legado étnico-cultural da Alemanha, o que de per si supunha o uso único da língua de origem. Os seguidores do sínodo de Missouri, neste particular, eram mais flexíveis, declarando que seu propósito era "conquistar almas a Cristo", independente do idioma. Certo é que todos eles, após eclodir a Segunda Guerra Mundial, em 1939, seriam forçados a celebrar em português por decisão do governo de Getúlio Vargas. Outra certeza é que a diferença entre as facções não seria superada, o que levaria à afirmação de duas confissões distintas, chamadas respectivamente de Igreja Evangélica de Confissão Luterana no Brasil (IECLB), majoritária e ligada aos grupos tradicionais, e Igreja Evangélica Luterana do Brasil (IELB), derivada da iniciativa do sínodo de Missouri. No pós-guerra, também o forte apelo à germanidade dos luteranos seria revisto, o que, ao lado de uma reorientação geral do culto, acabou por priorizar a autonomia local.[102]

A fragmentação, contudo, continuou a ser uma característica de parte do protestantismo no Brasil, tal como o fora na Europa e nos Estados Unidos, ainda que paralelamente tenha ocorrido um gradual processo de "nacionalização". Em se tratando dos congregacionais, estes continuaram a ser numericamente pouco expressivos; ao contrário dos presbiterianos, que realizaram importante estruturação, o que incluiu a fundação de um seminário em Nova Friburgo, RJ, aos 15 de novembro de 1891, com quatro alunos. Em 1895, dito seminário seria transferido para São Paulo, de onde, chegado o ano de 1907, deslocaram-no para Campinas.[103]

As tensões, entretanto, não eram ausentes. O modelo escolar confessional levado a cabo em São Paulo gerava discussão, e ao mesmo tempo alguns pastores nativos desejavam contornar a hegemonia dos estadunidenses nos concílios. A maçonaria se tornou outro motivo de desentendimento, porque, no alvorecer da República, alguns membros das "grandes lojas" patrocinavam iniciativas protestantes. Foi o que fizeram personagens, como Bernardino José de Campos, Francisco Rangel Pestana, Manoel Ferraz de Campos Sales e Prudente José de Morais Barros, que juntos doaram a vultosa quantia de 52$000 réis para a implantação e consolidação das escolas presbiterianas de São Paulo.[104]

Nem todos os ministros presbiterianos viam com bons olhos essa relação, e as dissensões existentes atingiram o clímax durante o sínodo realizado justamente em São Paulo entre 28 de julho e 6 de agosto de 1903. Ali,

---

[101] Cf. Jesús Hortal, *E haverá um só rebanho*, Edições Loyola, São Paulo 1989, p. 104.
[102] Cândido Procópio Ferreira de Camargo (Org.), *Católicos, protestantes, espíritas*, Editora Vozes, Petrópolis 1973, p. 106-108, 143.
[103] Alderi Souza Matos, *Os pioneiros presbiterianos no Brasil (1859-1900)*, Editora Cultura Cristã, São Paulo 2004, p. 191-192.
[104] Cf. Antônio Máspoli de Araújo Gomes, *Religião, educação e progresso*, p. 126, 129, 146, 148-150.

um grupo liderado por Eduardo Carlos Pereira (1856-1923) se manifestou veementemente antimaçônico e, na falta de um acordo, ele e seus companheiros, na noite de 31 de julho, optaram pela ruptura. Daí, 7 pastores e 11 presbíteros abandonaram o sínodo em andamento para não mais retornarem. Outros quatro presbíteros se uniram a eles em seguida e, no dia 1º de agosto daquele ano, o círculo divergente constituiu uma nova comunidade eclesial, de caráter nacional e sem vínculos com suas similares estrangeiras. O ramo recém-criado se autodenominou "Igreja Presbiteriana Independente" e, mesmo contando apenas com ministros e recursos nacionais, cresceu. Assim, em 1907, os "independentes" já estavam na posse de 56 igrejas que congregavam 4.224 fiéis. Em 1914, fundariam também em São Paulo um seminário teológico.[105] Entretanto, no ano de 1942, eles próprios sofreriam uma cisão, dado que uma crise interna não superada levou à formação da "Igreja Presbiteriana Conservadora", que surgiu com a pretensão de corrigir presumíveis desvios praticados.[106]

Os batistas, anteriormente citados, tampouco ficaram imunes a fracionamentos. Em 1896, ocorreu uma primeira segmentação na Bahia, e sucessivamente se formaram por lá três organizações: a Convenção Batista Baiana, a Associação Batista da Bahia e a Missão Independente. Por outro lado, a denominação conseguiu dar um importante passo ao fundar a Casa Editora Batista no Rio de Janeiro em 1900. E não só: em 1º de abril de 1902, por iniciativa de Salomão Luís Ginsburg (1867-1927), um judeu polonês convertido, foi criado no Recife, PE, o Seminário Teológico Batista do Norte, cujos alunos eram seis e os professores três. Em seguida, no ano de 1907, com a organização da Convenção Batista Brasileira, também o governo passou oficialmente para as mãos dos nacionais. A isso seguiu, no ano seguinte, outra importante novidade, que foi a instituição do Seminário Teológico Batista do Sul, que abriu suas portas em 15 de março do ano seguinte, com 36 alunos. A instituição inicialmente funcionou como um departamento do Colégio Batista do Rio de Janeiro.[107]

Certas situações incômodas, contudo, ocorreram. Um dos epicentros dos problemas foi o nordeste, devido às não concordantes opiniões que se formaram entre pastores nativos (depois chamados de "radicais") e estrangeiros ("construtivos"). Ao final do mês de outubro de 1922, brasileiros locais apresentaram um memorial, manifestando desejo de terem maior parte nas decisões relativas às prioridades e aos recursos financeiros provenientes dos Estados Unidos. Não foram atendidos; e pastores como Adrião Onésimo Bernardo e Antônio Neves de Mesquita levaram um apelo explícito à Convenção Brasileira em 1925. Entretanto, dita Convenção, na sua 14ª sessão, preferiu estabelecer que o dinheiro proveniente dos Estados Unidos fosse aplicado e administrado pela junta estadunidense por meio de seus agentes, os missionários, enquanto os fundos auferidos no Brasil seriam administrados pela convenção e outras entidades brasileiras, sempre obviamente, por intermédio de seus agentes. Sentindo-se desatendidos, os "radicais" formaram uma fac-

---
[105] CÂNDIDO PROCÓPIO FERREIRA DE CAMARGO (Org.), *Católicos, protestantes, espíritas*, p. 113.
[106] JESÚS HORTAL, *E haverá um só rebanho*, p. 110.
[107] LESLIE RUMBLE, *Os batistas*, Editora Vozes, Petrópolis 1959, p. 43-44; ANTÔNIO NEVES DE MESQUITA, *História dos batistas do Brasil de 1907 até 1935*, Casa Publicadora Batista, Rio de Janeiro 1940, p. 29.

ção separada da convenção e da junta. Somente em 1936 e 1957 as bases de cooperação entre a igreja brasileira e a Junta de Richmond voltariam a ser discutidas.[108]

História um pouco diversa teve o metodismo. Ainda no final século XIX, ao seu interno se destacou um pregador brasileiro, João da Costa Corrêa, nascido em Jaguarão, RS, que se mudara para o Uruguai, onde aderiu à supracitada denominação. Feito em seguida colportor da Sociedade Bíblica Americana, ele tornar-se-ia igualmente ministro de culto da IME, na sede de Montevidéu. Dali foi enviado para propagar seu credo em solo gaúcho, tendo organizado em Porto Alegre, aos 27 de setembro de 1885, uma congregação com um grupo inicial de seis membros. Sucessivamente, no dia 19 de novembro daquele mesmo ano, com a ajuda da professora Carmen Chacon, instituiu também o Colégio Evangélico Misto (rebatizado como Colégio Americano em 1900). No ano de 1899, a fundação do Rio Grande do Sul foi transferida para a IMES, na condição de distrito da Conferência Anual Brasileira e como segunda região eclesiástica do país.[109]

Nas décadas de 1910-1920, comunidades metodistas surgiriam também em Uruguaiana, Alegrete, Santa Maria, Cachoeira do Sul, Passo Fundo, Cruz Alta, Caxias do Sul, Itaqui e São Borja. Além disso, fundações outras ocorreram em estados, como Minas Gerais, mas o metodismo teve um crescimento mais lento que o dos presbiterianos e batistas. A razão foi que, ao contrário daqueles, os propagadores que tinha geralmente atuavam no cenário urbano, devendo divulgar sua mensagem num ambiente em que os fiéis eram mais bem assistidos pela Igreja Católica. Mesmo assim, a denominação instituiu alguns colégios de certo prestígio. Por isso, além do Colégio Piracicabano, fundado no Estado de São Paulo em 1881, no ano de 1890, seria estabelecido em Juiz de Fora, MG, o Colégio Granbery, bem como outros mais, a exemplo do Instituto Metodista de Ensino em São Bernardo do Campo, SP, o Benett no Rio de Janeiro, RJ, o Isabel Hendrix de Belo Horizonte, MG, e o Instituto Porto--Alegrense na capital gaúcha.[110]

Novas conferências anuais metodistas surgiriam, em 1910 e 1919, e assim elas se tornaram três: norte, sul e centro. Já então o paulista Guaracy Silveira (que viria a ser o primeiro protestante confesso a se tornar deputado no Brasil) lutava em prol do sustento próprio, mas somente em 1930 a IMES cedeu a autonomia desejada, concordando com a instituição da Igreja Metodista do Brasil. Isso se consolidou no dia 2 de setembro daquele ano, mas, curiosamente, o bispo que viria a presidir a nova jurisdição seria o estadunidense John Willian Tarboux (1858-1940). Em 1934, um brasileiro assumiria tal ministério. Seu nome: César Dacorso Filho (1891-1966).[111]

---

[108] Cf. Duncan Alexander Reily, *História documental do protestantismo no Brasil* 3ª ed., ASSTE, São Paulo 2003, p. 180-188.
[109] Duncan Alexander Reily, *História documental do protestantismo no Brasil*, p. 112-113.
[110] Jesús Hortal, *E haverá um só rebanho*, p. 111.
[111] Duncan Alexander Reily, *História documental do protestantismo no Brasil*, p. 112-113, 190-192, 197.

5.4.3 – O despontar do pentecostalismo

Certos seguidores ou estudiosos do pentecostalismo apontam como antecedentes históricos dessa vertente do Cristianismo moderno algumas manifestações da Igreja antiga e também dos períodos sucessivos. Com segurança, porém, pode-se dizer que foi no âmbito do metodismo estadunidense, na segunda metade do século XIX, que o fenômeno aflorou. Isto porque, ao interno da citada comunidade eclesial, tomou forma o "movimento de santidade" (*holiness movement*) desejoso de dar continuidade ao reavivamento da fé, tal como fora proposto por John Wesley (1703-1791). Os participantes eram do parecer de que a natureza carnal do homem pode ser reabilitada por meio da fé e do poder do Espírito Santo, o que acabou propiciando a formação de uma nova orientação cristã. Como ressalta João Décio Passos, o fato se afirmou "a partir das experiências básicas de atualização do evento Pentecostes: o batismo no Espírito Santo e a manifestação de seus dons, de modo particular o dom das línguas [estranhas ou glossolalia] e o dom das curas".[112] A estes também devem ser associados outros aludidos dons, como os da "profecia" e da "interpretação".[113]

Sobre o mencionado "batismo no Espírito Santo", os que admitem a sua prática procuram defini-lo como sendo uma realidade diversa e adicional da obra regeneradora e santificadora da Terceira Pessoa da Santíssima Trindade. Este outorgaria ao crente "ousadia e poder celestial para realizar grandes obras em nome de Cristo, concedendo-lhe eficácia no testemunho e na pregação", ao lado de predicados mais.[114]

Charles Fox Parham (1873-1929), jovem pastor metodista, submeteu-se à citada experiência, tornando-se em seguida um ministro independente. Nesta nova fase ele fundou então na cidade de Topeka, Kansas, em 1898, o Lar de Curas Betel e, dois anos mais tarde, o Colégio Bíblico Betel. Este último era frequentado por cerca de trinta alunos e um dos ensinamentos centrais ali ministrados era justamente o mencionado "batismo no Espírito Santo". Agnes Ozman Laberce (1870-1937) é apontada como sendo a primeira pessoa do grupo a receber um dos dons derivantes de tal batismo, aquele das "línguas estranhas". Isso teria ocorrido no dia 1º de janeiro de 1901, depois que Fox Parham lhe impôs as mãos sobre a cabeça, enquanto ela orava.[115]

A novidade começou a ficar conhecida e, passados quatro anos, o líder religioso acima citado se mudou para o Texas e também lá estabeleceu uma escola bíblica em Houston, com o objetivo de formar pregadores, mas sua figura permaneceu envolta em controvérsias. Afinal, sabe-se que Parham mantinha uma atitude de reserva para com os afrodescendentes, admirava a Ku-Klux-Klan e chegou inclusive a ser preso na cidade de San Antonio, no Texas, em 1907, acusado de sodomia.[116]

---

[112] João Décio Passos, *Pentecostais. Origens e começo*, Paulinas, São Paulo 2005, p. 138.
[113] Vito Mancuso et alii, *Dicionário teológico enciclopédico*, Edições Loyola, São Paulo 2003, p. 586.
[114] Isael De Araújo, *Dicionário do movimento pentecostal*, Casa Publicadora das Assembleias de Deus, Rio de Janeiro 2014, p. 119.
[115] Luís de Castro Campos Jr., *Pentecostalismo. Sentidos da palavra divina*, Editora Ática, São Paulo 1995, p. 22.
[116] Alfredo dos Santos Oliva; Antônio Paulo Benatte (Orgs.), *Cem anos de pentecostes*, Fonte Editorial, São Paulo 2010, p. 16.

Mesmo assim, a escola de Houston que fundou foi determinante na história do pentecostalismo, sobretudo a causa de um dos seus alunos: William Joseph Seymour (1870-1922). Negro, nascido na Louisiana, William Seymour tinha ido viver, em 1895, na cidade de Indianápolis, transferindo-se dez anos depois para Houston. Sua participação na escola de Parham não foi exatamente fácil, pois teve de se sentar numa cadeira colocada no corredor ao lado da sala, ouvindo as lições através de uma fissura da porta. Porém, como ressalta Florêncio Galindo, "Seymour, embora desprezado pelo próprio Parham, aprendeu com ele a doutrina do batismo no Espírito".[117]

Mais que aprender, ele passou a divulgá-la. De Houston William Seymour se transferiu para Los Angeles, onde foi convidado a pregar num templo tipo *holiness*, então dirigido por uma negra chamada Nelly Terry. Tomando a palavra, ele interpretou os Atos dos Apóstolos 2,4, no sentido de que Deus tinha mais uma bênção, além da justificação e da santificação, que outra coisa não era que o citado "batismo no Espírito Santo". Nelly ficou chocada ao ouvir aquilo e o botou para fora da sua congregação. Seymour, porém, não desistiu e, como habitualmente acontece nos Estados Unidos, depois de ter promovido reuniões em outras partes da cidade, fundou sua própria confissão religiosa, com o nome de "Missão da Fé Apostólica", cuja sede foi estabelecida na Azusa Street, 312. Lá, no dia 6 de abril de 1906, durante uma reunião de oração, um menino de oito anos de idade teria "falado em línguas", o mesmo aconteceu com outros presentes. O fenômeno é considerado o início formal do pentecostalismo,[118] mas há controvérsias se as pessoas ali reunidas constituíram deveras a primeira comunidade eclesial do gênero. Quanto a isso, Gedeon Freire de Alencar cita exemplos de fundações anteriores, como a chamada "Igreja do Nazareno", iniciada em 1899.[119]

5.4.3.1 – Luigi Francescon e a "Congregação Cristã no Brasil"

Os protestantes históricos não deram maior crédito ao nascente pentecostalismo, mas dito movimento, caracterizado pela emoção e superando barreiras raciais, cresceu. Dentre seus seguidores, figurou William Howard Durham (1873-1912), pastor de uma igreja batista de Chicago, Illinois. Também ele passou pelo "avivamento" da Rua Azusa de Los Angeles, onde, segundo quanto se afirma, no dia 2 de março de 1907, recebeu o "batismo no Espírito Santo" e falou em "línguas estranhas". Ao regressar para Chicago pouco depois, William Durham fundou a "Missão da Avenida Norte"; mas divergia de William Seymour sobre a doutrina das bênçãos. Ou seja, enquanto que, para o líder da Rua Azusa, o citado "batismo no Espírito Santo" era uma "terceira bênção", após a justificação e a santificação, Durham sustentava que a justificação era já o início da santificação, razão pela qual entendia o "batismo no Espírito Santo" como "segunda bênção".[120]

---

[117] Florêncio Galindo, *O fenômeno das seitas fundamentalistas*, Editora Vozes, Petrópolis 1995, p. 194.
[118] Antônio Gouvêa Mendonça; Prócoro Velasques Filho, *Introdução ao protestantismo no Brasil*, p. 47; Duncan Alexander Reily, *História documental do protestantismo no Brasil*, p. 365.
[119] Gedeon Freire Alencar, *Matriz pentecostal brasileira*, Editora Novos Diálogos, Rio de Janeiro 2013, p. 58.
[120] Antônio Gouvêa Mendonça; Prócoro Velasques Filho, *Introdução ao protestantismo no Brasil*, p. 47.

O certo é que Durham fez prosélitos, incluindo os futuros introdutores do pentecostalismo no Brasil. Foi o caso do italiano e ex-valdense, Luigi Francescon (1866-1964), mosaísta nascido em Cavasso Nuovo, província de Údine, que desembarcara nos Estados Unidos em 3 de março de 1890. Um ano após sua chegada, dito imigrante conheceu em Chicago Michelle Nardi (1850-1914), com o qual, mais certo número de famílias, deu início à *First Italian Presbyterian Church* (Primeira Igreja Presbiteriana Italiana), que escolheu como pastor Filippo Grill (1874-1939). Na citada comunidade eclesial, Luigi Francescon viria a se tornar "diácono" e depois, "ancião", mas não tardou a desenvolver ideias religiosas distintas. Daí, em 7 de setembro de 1903, fez-se batizar por imersão no lago Michigan pelas mãos de um pastor independente de nome Giuseppe Beretta (1853-1923), desligando-se dos presbiterianos naquele mesmo ano. Em seguida Francescon e seus seguidores passaram a se reunir em residências particulares até se fixarem na W. Grand Avenue, 1139. A nova associação viria a ser chamada de *Assemblea Cristiana* (Assembleia Cristã), sofrendo posteriormente uma notável mudança ao adotar a orientação pentecostal. Isso aconteceu depois que, na presença de William Durham, aos 25 de agosto de 1907, Luigi Francescon recebeu o "batismo no Espírito Santo" e acabou levando seus "irmãos" junto. Isto posto, ele e Pietro Ottolini (1870-1962) não apenas se tornaram os líderes do grupo em questão, como tudo fariam para difundir o pentecostalismo entre seus compatriotas.[121]

Movido, portanto, pelo que entendia ser uma "santa revelação", aos 4 de setembro de 1909, Luigi Francescon, junto de Giacomo Lombardi (1862-1934) e Lucia Menna (1875-1961), empreendeu a primeira das onze viagens "missionárias" que faria ao continente sul-americano. Sua destinação foi a Argentina onde, depois de passar alguns dias em Buenos Aires, de lá se deslocou para a vizinha San Caetano, localidade em que residiam parentes de Lucia. Em janeiro de 1910 Francescon abriu ali uma comunidade pentecostal chamada de *Asamblea Cristiana*, existente até os nossos dias, mas que jamais alcançou a pujança que viria a ter a congênere brasileira que ele estava por iniciar.[122]

A partida de Luigi Francescon e de Giacomo Lombardi para São Paulo aconteceu em 8 de março de 1910,[123] e, dois dias após chegarem, depararam-se no Jardim da Luz com outro italiano chamado Vincenzo Pievani que, apesar de ser incrédulo, os ouviu. Este terceiro personagem morava em Santo Antônio da Platina, PR, e retornou para lá pouco depois. No dia 18 de abril seguinte, Francescon ficou só porque Giacomo Lombardi regressou para Buenos Aires, e ele decidiu ir até Santo Antônio da Platina. Ao pôr os pés ali em 20 de abril, Pievani e sua esposa acolheram-no na casa deles, deixando-se em seguida persuadir por sua argumentação. Assim, após alguns dias, se fizeram rebatizar junto de mais nove pessoas. Concluída esta primeira experiência, no dia 20 de junho sucessivo o "missionário" partiu.[124]

---

[121] Cf. Isael De Araújo, *Dicionário do movimento pentecostal*, p. 29, 321; Luiz Antônio Giraldi, *História da Bíblia no Brasil*, 2ª ed., Sociedade Bíblica do Brasil, São Paulo 2013, p. 75-76.
[122] Alberto Antoniazzi et alii, *Nem anjos nem demônios*, Editora Vozes, Petrópolis 1994, p. 101.
[123] Pedro Wagner, *¡Cuidado! Ahi vienen los pentecostales*, Editorial Vida, Miami 1973, p. 22.
[124] Duncan Alexander Reily, *História documental do protestantismo no Brasil*, p. 368.

De volta à cidade de São Paulo, Luigi Francescon entrou em contato com a comunidade italiana de presbiterianos do bairro do Brás e um dia foi convidado a pregar, coisa que fez em sua língua mãe. Quando, porém, se referiu ao "falar em línguas estranhas", o ambiente ficou tenso e os "anciãos" ordenaram que ele saísse. A atitude que tomou em seguida foi bem característica: formou um grupo religioso próprio, incialmente composto por vinte pessoas, no mesmo Brás. Em setembro seguinte, dito fundador partiria para o Panamá e de lá regressaria para os Estados Unidos. Ele ainda veio ao Brasil outras vezes, a última em 1948, até porque, o grupo que fundara se manteve, fazendo-se chamar de "Congregação Cristã no Brasil".[125] A referida denominação se organizaria internamente constituindo assembleias anuais, com reuniões de três dias dos membros do corpo ministerial, o qual foi subdividido em "anciãos", "cooperadores" e diáconos.[126]

Dotada no início de forte compleição italiana, esta nova comunidade eclesial se expandiu pelo interior paulista, seguindo as pegadas dos imigrantes. Acontece que a assimilação cultural dos *fratelli d'Italia* não tardou, e cedo os congregados sentiram a necessidade de aderir à língua portuguesa dominante. Foi aí que em 1935 os "anciãos" disseram ter tido uma "revelação" a respeito e a adaptação se consumou.[127]

5.4.3.2 – A "Assembleia de Deus"

Quase simultaneamente, dois pregadores batistas suecos, provenientes de Chicago, EUA, Daniel Gustav Högberg, mais conhecido por Daniel Berg (1885-1963), e Gunnar Adolf Vingren (1879-1933) também haviam escolhido o Brasil como lugar de sua pregação. Depois de emigrarem para os Estados Unidos, eles vieram a se conhecer em Chicago, no mês de novembro de 1909, e naquela mesma cidade receberam o "batismo no Espírito Santo". Sob influência de William Durham, sucessivamente Gunnar Vingren diria que optou junto de Berg pelo Brasil após presenciar o "dom da profecia" de um irmão de fé:

> Em uma daquelas reuniões durante esse período de oração, notamos que um dos irmãos foi arrebatado em espírito de maneira especial, como um arrebatamento profético. [...] Outro irmão, Adolfo Ulldin [em sua residência situada em South Bend, Indiana], recebeu do Espírito Santo palavras maravilhosas, e vários mistérios sobre o meu futuro lhe foram revelados. Entre outras coisas, o Espírito Santo falou através desse meu irmão que eu deveria ir para o *Pará*. [...] No dia seguinte eu disse ao irmão Adolfo: "Vamos a uma biblioteca aqui na cidade para saber se existe algum lugar na terra chamado Pará". Esta pesquisa nos fez saber que no norte do Brasil havia um lugar com esse nome.[128]

---

[125] Cf. FRANCISCO CARTAXO ROLIM, "Igrejas pentecostais" em: *REB*, vol. 42, fasc. 165, Editora Vozes, Petrópolis 1982, p. 29-31; PEDRO WAGNER, *¡Cuidado! Ahi vienen los pentecostales*, p. 22-23.
[126] ISAEL DE ARAÚJO, *Dicionário do movimento pentecostal*, p. 339.
[127] ALBERTO ANTONIAZZI ET ALII, *Nem anjos nem demônios*, p. 102.
[128] GUNNAR VINGREN, *Diário do pioneiro Gunnar Vingren*, 8ª ed., Casa Publicadora das Assembleias de Deus, Rio de Janeiro 2005, p. 27.

Há, contudo, outros particulares a serem considerarados nessa história, se se tem presente que, desde 1897, já residia um pastor batista sueco no Brasil chamado Erik Alfred Nilsson (1862-1939), que inclusive fundara comunidades de seu credo na Amazônia. Portanto, como já foi observado, "o nome Pará e a situação da região já eram conhecidos da comunidade batista dos EUA, devido aos relatos que Nilsson para lá enviava".[129]

Seja como for, os dois suecos partiram na terceira classe do navio *Clement* aos 5 de novembro de 1910, desembarcando em Belém do Pará no dia 19 do mesmo mês. Pernoitarem num hotel, encontrando no quarto em que se alojaram um jornal contendo o nome de Justus Nelson, pastor metodista proveniente dos Estados Unidos, que Vingren conhecia. No dia seguinte, eles foram até a sua casa e dito pastor os encaminhou até a comunidade batista da cidade, situada à Rua João Balby, 406. Chegando lá foram acolhidos de forma gentil, mas acabaram acomodados num porão escaldante, cheio de mosquitos e ainda devendo pagar dois dólares diários. A propósito, certos particulares dessa experiência são discordantes: Gunnar Vingren afirma que em tal cubículo havia duas camas, enquanto que Daniel Berg diz que a cama era uma só para os dois. O dado certo é que o dinheiro de ambos acabou, e Berg por certo tempo foi trabalhar como fundidor na Companhia *Port of Pará*, recebendo 12.000 réis de salário. Esta cifra, além de ser suficiente para mantê-los, consentia ainda de pagar um professor de português para Vingren, que a noite repassava para o colega o que havia aprendido. Os batistas locais esperavam que, depois do aprendizado da língua, ambos se tornassem seus pastores, entretanto, o que aos dois realmente interessava – e se esforçavam para tanto – era implantar práticas típicas do pentecostalismo, como a glossolalia e a "cura divina".[130]

A primeira a falar em "línguas estranhas" teria sido Celina Martins Albuquerque (1876-1966), coisa que se diz ter acontecido à 1h da madrugada de 2 de junho de 1911, sexta-feira, durante um encontro de oração em sua casa. No dia seguinte, também a irmã dela, Maria de Jesus Nazareth Araújo, sofreria igual transe, mas a iniciativa não foi bem-vista por todos os batistas. Resultado: aos 13 de junho de 1911, Raimundo Nobre, diácono que substituía naquele momento o pastor ausente, convidou os ministros suecos a se retirarem, coisa que estes fizeram, sendo seguidos por 18 iniciados. Sem dissolver-se, no dia 18 daquele mesmo mês, domingo, o grupo se reuniu à Rua Siqueira Mendes, 67, no bairro Cidade Velha, onde habitava um comandante de navios da Amazônia, chamado Henrique de Albuquerque (que não era outro senão o marido da supracitada Celina), e decidiu criar uma nova entidade religiosa. Esta recebeu o nome de "Missão da Fé Apostólica" e aclamou Gunnar Vingren pastor e Daniel Berg seu auxiliar, ficando este último responsável pela "colportagem", ou seja, venda e distribuição de Bíblias e demais materiais religiosos. Também naquele mesmo dia e lugar se celebrou o primeiro culto.[131]

---

[129] ALFREDO DOS SANTOS OLIVA; ANTÔNIO PAULO BENATTE, *Cem anos de pentecostes*, Fonte Editorial, São Paulo 2010, p. 142.
[130] DANIEL BERG, *Enviado por Deus. Memórias de Daniel Berg*, 8ª ed., Casa Publicadora das Assembleias de Deus, Rio de Janeiro 2000, p. 47-49; GUNNAR VINGREN, *Diário do pioneiro Gunnar Vingren*, p. 31-39.
[131] DANIEL BERG, *Enviado por Deus. Memórias de Daniel Berg*; JOANYR DE OLIVEIRA, *As Assembleias de Deus no Brasil*, p. 51.

Enquanto isso, nos Estados Unidos, a liderança multirracial da Rua Azusa tinha tido sucesso e até pastores brancos do sul iam a Los Angeles para receberem ministrações das lideranças pentecostais negras. O racismo existente no país, entretanto, acabaria se manifestando também ali e, à parte o surgimento de grupos independentes, os brancos começaram a abandonar o círculo. Por isso, chegado o ano de 1914, uma convenção com cerca de trezentas pessoas, quase todas brancas, de 2 a 12 de abril, reuniu-se em Hot Springs, no Estado de Arkansas, e decidiu criar a *Assembly of God* ("Assembleia de Deus").[132] O apelativo logo foi copiado, surgindo similares na Guatemala (1916), no México (1917) e, aos 11 de janeiro de 1918, também no Brasil, uma vez que a citada "Missão da Fé Apostólica" de Belém adotou igual nomenclatura, malgrado evitasse se filiar à sua congênere norte-americana.[133]

Delcio Monteiro de Lima salienta que "o pentecostalismo que Gunnar Vingren e Daniel Berg professavam em Belém do Pará era rigorosamente idêntico ao dos Estados Unidos". Por isso, os dois logo impuseram aos primeiros convertidos os rígidos padrões de fé e conduta vigentes entre os pentecostais daquele país. Daí o integrismo bíblico combinado com rigorismo moral que excluía todo e qualquer prazer "mundano". Ou seja, tratava-se de um modelo religioso que inevitavelmente induzia o crente a submeter-se por completo a tal confissão de fé.[134] Nesse sentido, a fundação brasileira superou em rigor aquela dos Estados Unidos se se tem presente que ao contrário de lá, desde início foi excluída a presença de pastoras. Em 1925, verificou-se, no entanto, uma única exceção no Rio de Janeiro, pois Gunnar Vingren sagrou Emília Costa como diaconisa. O fato não se repetiria e também o protagonismo inicial das brasileiras seria contido. Sobre isso, recorda-se de que Maria Araújo, a segunda a "falar em línguas" em Belém, tinha ido depois viver no Ceará, onde introduzira o pentecostalismo a partir da localidade de Uruburetama; mas, de 1930 em diante, todas as assembleianas sofreriam restrições.[135]

A nascente denominação por cerca de três meses se congregou na casa de Celina, deslocando-se sucessivamente para outros endereços, até se fixar em 1926 na Travessa 14 de Março, num local que então ostentava o n. 759. Esta não instituiu uma regular hierarquia, tendo suas comunidades se organizado em campos eclesiásticos sob a liderança de um pastor-presidente, ajudado por evangelistas, "anciãos" (depois chamados de presbíteros), diáconos e auxiliares de trabalho (cooperadores).[136]

Em meio a estes acontecimentos, o grupo inicial se viu reforçado com a vinda de novos ministros estrangeiros. Dos Estados Unidos, por exemplo, chegou, em 1914, o casal Otto e Adina Peterson Nelson. Esta presença de pentecostais nascidos na Suécia, aliás, tornar-se-ia um dado marcante ali, até porque, desde 1907, o pentecostalismo conseguira fazer seguidores também entre os batistas daquele país. Nisso se destacou Albert Engzell, substituído, em 1911, por Lewi Pethrus (1884-1974),

---

[132] ALBERTO ANTONIAZZI ET ALII, *Nem anjos nem demônios*, p. 74-75.
[133] DUNCAN ALEXANDER REILY, *História documental do Protestantismo no Brasil*, p. 369-374; JOANYR DE OLIVEIRA, *As Assembleias de Deus no Brasil*, Casa Publicadora das Assembleias de Deus no Brasil, Rio de Janeiro 1997, p. 51, 59; JEAN MATHIEU-ROSAY, *Dicionário do Cristianismo*, Ediouro, Rio de Janeiro 1992, p. 247; GEDEON FREIRE DE ALENCAR, *Matriz pentecostal brasileira*, p. 50.
[134] DELCIO MONTEIRO DE LIMA, *Os demônios descem do norte*, 5ª ed., Francisco Alves, Rio de Janeiro 1991, p. 71, 73.
[135] GEDEON FREIRE DE ALENCAR, *Matriz pentecostal brasileira*, p. 116, 119, 125.
[136] ISAEL DE ARAÚJO, *Dicionário do movimento pentecostal*, p. 338, 715.

líder da sétima igreja batista de Estocolmo. No entanto, como acontecera no Brasil, a liturgia e a teologia pentecostal não foram aceitas pela convenção batista sueca que, em 1913, expulsou o citado líder e os demais membros da congregação que o seguiam. A reação de Pethruse e do seu grupo foi previsível: fundaram uma nova confissão religiosa, que se autodenominou *Filadelfiakyrkan* ("Igreja Filadélfia"). Esta logo se interessou pelo Brasil, até porque o citado pregador conhecia pessoalmente Daniel Berg. Por isso, a partir de 1916, a "Missão Sueca" começou a enviar "missionários", sendo Samuel e Lina Nyström os primeiros a desembarcarem em Belém. Outros seguiram o exemplo deles e, nos anos 30, as famílias "missionárias" no Brasil haviam se tornado vinte. Aquela década foi igualmente marcada por mais dois fatos importantes, sendo o primeiro deles a conquista da autonomia. Isso aconteceu ao ser realizada, de 12 a 18 de setembro de 1930, na cidade de Natal, RN, a "convenção geral das Assembleias de Deus no Brasil", quando os suecos abriram mão da liderança em favor dos pastores brasileiros. O segundo fato relevante foi o deslocamento efetivo da sede da denominação para o Rio de Janeiro.[137]

Sempre em relação aos anos trinta, eles foram o período em que o sucesso dos "assembleianos" se consolidou, sobretudo entre a população humilde. E não só: na década seguinte, sua denominação viria a se tornar a confissão pentecostal mais numerosa do país. Ela não só já se espalhara pelo Brasil, contando com numerosos templos animados por pastores nativos,[138] como inclusive havia superado as fronteiras nacionais. Este fato teve início ainda em 1913, quando se enviou o primeiro "missionário" para Portugal, cujo nome era José Plácido da Costa (1869-1955). Tratava-se de um lusitano de origem, que abraçara o pentecostalismo após emigrar para o Brasil.[139]

Os fundadores da Assembleia de Deus tiveram, no entanto, um final melancólico. Daniel Berg, empobrecido, foi morar numa periferia paulistana e, somente em 1961, às vésperas de sua morte, recebeu um reconhecimento público da denominação religiosa que ajudara a fundar. Gunnar Vingren, por sua vez, primeiro viu sua comunidade eclesial tomar rumos que não partilhava e, após a chegada de Samuel Nystron, também a proeminência que tinha saiu obscurecida. Nystron, aliás, foi o presidente da convenção de 1930, ao passo que Vingren, já ofuscado e muito doente, voltou para a Suécia em 1932, morrendo no ano seguinte.[140]

Igualmente digno de nota foi a proliferação de confissões pentecostais na segunda metade do século XX, também graças à chegada de novos grupos dos Estados Unidos. Foi o caso da assim chamada "Igreja do Evangelho Quadrangular", cujo trabalho de proselitismo começou por São João da Boa Vista, SP, em 15 de novembro de 1951. Seu iniciador foi certo Harold Edwin Williams (1913-2002), integrante da *Fousquare Gospel Church*, no que contou com o auxílio do peruano Jesús Hermírio Vasquez Ramos. Ao mesmo tempo, a desagregação das comunidades eclesiais pentecostais anteriormente estabelecidas também se tornou vistosa, e delas viriam a se desligar dezenas e dezenas de outras mais, algumas bem pequenas e outras numericamente significativas.[141]

---

[137] Cf. ALBERTO ANTONIAZZI ET ALII, *Nem anjos nem demônios*, p. 81, 83.
[138] HUMBERTO MEUWSSEN, *Cem anos de presença espiritana em Tefé*, SNT, p. 39.
[139] GEDEON FREIRE DE ALENCAR, *Matriz pentecostal brasileira*, p. 146-147, 150-152.
[140] Cf. CÂNDIDO PROCÓPIO FERREIRA DE CAMARGO, *Católicos, protestantes, espíritas*, p. 115.
[141] DELCIO MONTEIRO DE LIMA, *Os demônios descem do norte*, p. 87.

5.4.4 – O estabelecimento das confissões não pentecostais

Outras denominações estadunidenses, de cunho não pentecostal, começaram igualmente a fazer prosélitos entre os brasileiros. Uma das primeiras a tomar esta iniciativa foi a assim chamada "Igreja Adventista do Sétimo Dia". Caracterizada pela observância do sábado antes que do domingo e por dar insistente ênfase à segunda vinda de Jesus Cristo, em 1893, ela enviou um "missionário" ao Brasil, cujo nome era Albert B. Stauffer. Nos anos seguintes enviaria outros, que realizariam trabalho de propaganda no Rio de Janeiro e em São Paulo. Enfim, aos 23 de março de 1898, na cidade de Gaspar Alto, SC, seria organizada a primeira comunidade, então constituída por 23 membros, que se reuniam em torno da família Belz. Tratou-se de um fato marcante na história de infiltração adventista, que acabaria se estendendo aos demais estados brasileiros.[142]

Exemplos outros se seguiram, como aquele ocorrido no ano de 1920, quando oito tripulantes da marinha mercante nacional, de passagem por Nova York, aderiram à *Sociedade Internacional dos Verdadeiros Inquiridores da Bíblia* (que, em 1931, adotaria o nome de "Testemunhas de Jeová"). Tratava-se de um movimento religioso iniciado por Charles Taze Russell (1852-1916) no século precedente, que também acentuava a volta iminente de Cristo, apesar de que o Deus que adoravam ("Jeová") evocasse concepções veterotestamentárias. Os "jeovistas" ainda não tinham fixado o nome definitivo da confissão a que pertenciam, quando seu primeiro representante – George Young (1886-1939) – chegou ao Rio de Janeiro em 1923, dando início a um intenso trabalho de propaganda. Naquele mesmo ano, aliás, também os "Mórmons", organizados por volta de 1830, instalaram-se no Brasil por iniciativa de Robert Friedrich Heinrich Lippelt. Dito personagem, com sua esposa, Augusta Kulmann Lippelt. Dito personagem, com sua esposa, Augusta Kulmann Lippelt, e três filhos, mudou-se de Hamburgo, Alemanha, para o Brasil, indo morar em Ipomeia, SC, situada entre Videira e Caçador, no distrito do Rio das Antas. Por seu intermédio, Rheinold Stoof, líder da denominação em Buenos Aires, estabeleceu uma missão em Joinville, aos 25 de outubro de 1931.[143]

Claro que a formação teológica de muitos ministros pentecostais era assaz discutível; ainda assim, o contraste entre a proliferação de seus pastores e o minguado crescimento dos regulares, que atuavam nas mesmas áreas em que agiam, era inegável. Quanto a isso, basta recordar que os espiritanos, depois de décadas de presença no norte do país, conseguiram ordenar apenas um sacerdote brasileiro![144]

5.4.5 – Um tempo de embates doutrinários

O proselitismo dos cultos acatólicos de matriz protestante, antes que atenuar, com o advento da República, recrudesceu. Isso se deu, porém, sem que

---

[142] DELCIO MONTEIRO DE LIMA, *Os demônios descem do norte*, 5ª ed., Livraria Francisco Alves Editora, Rio de Janeiro 1991, p. 6.

[143] DELCIO MONTEIRO DE LIMA, *Os demônios descem do norte*, p. 84-86, 115-117.

[144] HUMBERTO MEUWISSEN, *Cem anos de presença espiritana em Tefé*, p. 39.

amenizasse a repulsa que muitos dos seus membros sentiam em relação a diversos valores religiosos nativos. Segundo João Décio Passos, "tal rejeição tornou-se mesmo um elemento constitutivo da identidade 'evangélica' brasileira, assim como lhe enriqueceu o discurso apologético, visceralmente anticatólico". Ele acrescenta que "o pentecostalismo 'clássico' seguiu os passos do denominacionalismo mais tradicional, apenas exacerbando poucos aspectos".[145]

Para ilustrar o fato, basta analisar certos juízos emitidos pelos fundadores da "Assembleia de Deus". Gunnar Vingren, por exemplo, declarou que os padres diziam que a Virgem Maria e os santos deviam ser "adorados" e que a salvação "só se conseguia" adorando os santos![146] Daniel Berg não faria por menos e, ao tentar explicar para uma idosa senhora paraense o que acreditava significar o pronome de tratamento – que ele não dizia ser tal – "Sua Santidade", popularizado, como se sabe, a partir do século VII, formulou um parecer deveras inusitado. Isto porque tal título "protocolar" e não oficial do Romano Pontífice, relacionado a uma forma reverencial relativa à mensagem de fé transmitida no exercício do seu "ministério", para Berg era associado pelos católicos à "pessoa" mesma do Bispo de Roma. Daí, dito pregador pentecostal, passando ao largo do fato de que o mesmo título é utilizado também por líderes religiosos ortodoxos e coptas, não hesitou em dizer que o Papa arrogava uma santidade objetiva para o seu ser, coisa que fazia com o apoio do colégio cardinalício! Eram palavras textuais suas:

> Ora, essa denominação dada [pela Igreja Católica] ao seu chefe é um direito que a Igreja Romana tomou para si mesma. O Papa é escolhido por um *concílio* (o grifo é nosso) de cardeais. Como pode um mortal, com o voto dos cardeais, ser feito "sua santidade"? Não, não é possível a um ser humano, mesmo que suba toda a escala hierárquica da Igreja, tornar-se santo por determinação de quem o elegeu.[147]

Porquanto discutíveis fossem, e eram, "explicações" assim caíam nos ouvidos de pessoas humildes, desprovidas de uma formação doutrinária elementar, as quais não era difícil seduzir. No tocante ao protestantismo histórico, a argumentação que desenvolvia era mais elaborada; porém, certos membros seus adotavam um tom particularmente mordaz ao se referirem à fé católica. Também houve, e isso deve ser salientado, estudiosos que associaram a propaganda religiosa que faziam a um projeto "imperialista" dos norte-americanos. Falta consenso a respeito, mas certamente não deixa de causar mal-estar a famosa declaração do presidente Theodore Roosevelt (1858-1919) em 1904, enquanto percorria a Patagônia argentina: "Será longa e difícil a absorção desses países pelos Estados Unidos, enquanto forem países católicos".[148]

A certeza que se tem é outra: os anos se passavam sem que determinados líderes protestantes moderassem seu discurso. Emblemático, nesse sentido, foi o livro *O problema religioso da América Latina*, do pastor Eduardo Carlos Pereira, publicado em 1920. A obra não supera os lugares comuns de certa literatura dos cultos

---

[145] JOÃO DÉCIO PASSOS (Org.), *Movimentos do espírito. Matrizes, afinidades e territórios pentecostais*, Paulinas, São Paulo 2005, p. 25.
[146] GUNNAR VINGREN, *Diário do pioneiro Gunnar Vingren*, p. 58.
[147] DANIEL BERG, *Enviado por Deus. Memórias de Daniel Berg*, p. 94.
[148] DELCIO MONTEIRO DE LIMA, *Os demônios descem do norte*, p. 50.

dissidentes da época, mas chama atenção pela linguagem utilizada pelo autor que, em alguns trechos, descamba para o grotesco ("*tara epilética de Pio IX...*"). O termo "raça", associado à cultura religiosa, usado como chave interpretativa, tampouco passa despercebido. Nesse segundo aspecto, Eduardo Carlos partia do princípio de que as etnias saxônica e latina modelaram o continente americano, ou mais exatamente, que o individualismo de corte reformado se tornara a nota característica da primeira e o coletivismo de orientação católica constituíra o jeito de ser da segunda. Não lhe faltava o cuidado de salientar que "a aproximação das duas raças traz muitos benefícios", mas a preferência que demonstrava pelos anglo-saxões era evidente. Prova disso é que asseverou que a cultura católica latina provocava "a asfixia do indivíduo", razão pela qual, no seu meio, "alastrou-se a miséria e cresceu o pauperismo". Como, porém, não era possível ignorar a presença do Catolicismo na história e no tecido social latino-americano, Eduardo a certa altura expôs o tema com algum respeito, para nas linhas seguintes desmontar quanto antes afirmara. O artifício era o seguinte: ele dizia que a "Igreja Romana" era parte integrante da cristandade e que professava em seu credo e em suas práticas todos os grandes dogmas e instituições do Cristianismo. Realçava ainda que ela tinha a Bíblia como palavra de Deus, professava as mesmas doutrinas trinitárias e cristológicas, igual acontecendo no tocante à instituição divina da comunidade fiel, à ressureição, ao juízo e ao destino eterno do homem. A isso acrescentava, junto de outros particulares, que o Catolicismo também mantinha a "ideia fundamental da unidade cristã". Mas logo depois ressaltava o que entendia ser negativo ao interno daqueles mesmos fundamentos que citara, enumerando também 23 "erros" doutrinários do Catolicismo que, se este aceitasse como tais, praticamente se transformaria numa quase réplica da denominação que dito autor professava! Curiosamente, ele opinava que o intuito seu e de seus pares era "construtivo". Claro que a "construção" que almejava não se daria por meio do diálogo ou sequer no âmbito de uma modesta tolerância, pois afirmava categórico: "Não há conciliação possível!" Sendo este o critério a observar, chegava ao final do seu elaborado escrevendo com letras maiúsculas: "Fora de Roma, dentro do Cristianismo".[149]

A réplica não tardou, tendo encontrado na figura do jovem sacerdote jesuíta, Pe. Leonel Franca (1893-1948), gaúcho de São Gabriel, ordenado sacerdote em 1923, um dos seus maiores protagonistas. Ainda, aliás, no ano de sua ordenação, coincidentemente, também o mesmo em que Eduardo Carlos morreu, Pe. Franca lançou *A Igreja, a reforma e a civilização*, contestando cada parecer que o citado ministro presbiteriano emitira. O padre criticava a superficialidade de sua argumentação, sobretudo o modo simplista com que este imaginara o dia em que a América Latina poderia entrar numa "idade de ouro", se se tornasse protestante. Além disso, Pe. Franca ressaltava as particularidades históricas do Brasil em que, não o Catolicismo, mas sim regimes anticatólicos haviam dado o tom da política nacional:

> Há no Brasil um problema religioso. Mas não é o que pensa o Sr. Carlos Pereira. Não se trata de alternativa de escolha entre o Catolicismo e o protestantismo. Nosso problema cifra-se na intensificação da vida católica no país. O império, inspirado numa polí-

---

[149] EDUARDO CARLOS PEREIRA, *O problema religioso da América Latina*, p. 120-121, 288, 302-308, 323, 337.

tica liberal de vistas acanhadas, encadeou a atividade expansiva da Igreja. A república, iludida pelos falsos reflexos de uma liberdade de consciência mal entendida, eliminou a influência religiosa da vida oficial do governo. [...] Infundamos nas nossas leis o espírito vivificador do Cristianismo. O direito de um povo deve espelhar sua religião.[150]

A polêmica ensejaria outras obras apologéticas de uma e de outra parte, nas quais a serenidade certamente não foi a nota dominante. Para confirmá--lo, basta recordar que o pastor presbiteriano Álvaro Reis chegou ao ponto de ridicularizar até mesmo a cor da imagem de Nossa Senhora Aparecida.[151]

O episcopado teve de admitir a gravidade do ataque em curso, e Dom Leme, com sua conhecida clarividência, foi um dos primeiros a lançar o alerta: "Nossas trincheiras estão sendo invadidas pelo inimigo. Espiritismo, protestantismo, livre--pensamento, ódios sectários, anarquismo, o respeito humano, a descrença, enfim, e o indiferentismo religioso penetram em nossos arraiais. Mas... os soldados são poucos, os soldados jazem por terra, sonolentos, feridos de tédio, cheios de torpor..."[152]

Como anteriormente se viu, também membros do laicato erudito se uniram ao clero na defesa da própria fé, o que fez da República Velha um período particularmente rico de polêmicas religiosas. Na época, tendo presente que a maioria dos difusores dos cultos reformados provinha dos Estados Unidos, alguns setores da apologética católica, ainda que minoritários, caíram em verdadeiro "antiamericanismo". O resultado foi que certas mazelas sociais do grande país do norte passaram a ser impiedosamente exploradas, numa verdadeira operação de "desconstrução". Eduardo Prado, sem excluir a hispanidade da sua crítica, foi um dos que adotou esta postura, manifestando-a em 1893, com palavras candentes:

> A civilização norte-americana pode deslumbrar as naturezas inferiores que não passam da concepção materialista da vida. A civilização não se mede pelo aperfeiçoamento material, mas sim pela elevação moral. O verdadeiro termômetro da civilização de um povo é o respeito que ele tem pela vida humana e pela liberdade. Ora, os americanos têm pouco respeito pela vida humana. Não respeitam a vida de outrem nem a própria. [...] Os tribunais regulares matam juridicamente com frequência, os assassinatos criminosos são vulgaríssimos, e os linchamentos crescem em número todos os dias. Tudo isto são formas acentuadas de desprezo pela vida humana. [...] O espírito americano é um espírito de violência.[153]

Com ele faria coro Soares d'Azevedo que, em 1922, fez publicar no Rio de Janeiro a obra *Brado de Alarme*, proclamando convicto:

> O cimento armado não é civilização. Nem arremedo. [...] Existem hoje 12 milhões de negros nos Estados Unidos, todos segregados da sociedade, todos considerados como cancro de difícil extirpação. [...] Isto, frise-se bem, num país trabalhado desde a sua origem pelo protestantismo. [...] Como têm agido no caso os colonizadores latinos? É certo que exploraram o trabalho da raça proscrita, mas fizeram-no

---

[150] LEONEL FRANCA, *A Igreja, a reforma e a civilização*, 7ª ed., Livraria Agir Editora, São Paulo 1957, p. 8-9, 461-462.
[151] ANTÔNIO GOUVÊA MENDONÇA, *O celeste porvir*, p. 59-88, 91.
[152] LAURITA PESSOA RAJA GABAGLIA, *O Cardeal Leme*, p. 106.
[153] EDUARDO PRADO, *A Ilusão americana*, Livraria e Oficinas Magalhães, São Paulo 1917, p. 37, 47, 236-239.

mais brandamente, formando por um fim um dos enxertos mais afetivos e mais nobres da América. Foi esta mescla que eliminou o conflito entre nós, o que não se dá ao norte, ao protestante norte. [...] O México, as Filipinas, Cuba e Panamá e outros países da América Central podem dar um triste testemunho de quais sejam as intenções daquele povo. E nós também seremos vítimas da sua desmarcada ambição se não nos levantarmos contra essas suas sorrateiras incursões, que denunciamos. [...] Clamamos bem alto: Brasileiros e Católicos, alerta para o trabalho dos norte-americanos entre nós, para trás os inimigos da nossa pátria e da nossa religião.[154]

Estava aberto o caminho para a idealização de um Brasil católico e socialmente harmonioso, que supostamente se contrapunha à intolerante maioria protestante dos Estados Unidos. Por este mister, louvava-se igualmente o papel histórico do Catolicismo como construtor da identidade nacional e parte integrante da sua "alma". Até mesmo um literato do porte de Olavo Bilac ("o príncipe dos poetas brasileiros"), ainda que não se alinhando à militância católica, defendeu o princípio de que o sentimento religioso fundamentava o senso cívico. O conde Afonso Celso o superaria, pois, além de integrar a lista dos leigos "apologistas", viria a apontar o Cristianismo de matriz católica como sendo o elemento assegurador da unidade nacional.[155] "A pátria brasileira sem a fé católica é um absurdo histórico", proclamaria enfim Álvaro Bomilcar, apoiado pela revista *Gil Blas*, fundada em fevereiro de 1919 e dirigida por Alcibíades Delamare Nogueira da Gama.[156]

Delamare, caso então raro no Catolicismo brasileiro, vislumbraria no nascente fascismo italiano o modelo político que parecia compatível com sua proposta. Isto porque a defesa da cultura patriótica e o respeito pela religião, então alardeados pelo *fascio*, causaram-lhe grande admiração:

> Mussolini está redimindo a Itália de todos os erros do passado. O formidável chefe do *fascio*, ao assumir a direção do Estado, declarou no Senado que pretendia reconstruir e reerguer a "italianidade", restaurando os seus fundamentos com a argamassa do civismo e da religião. O herói do nacionalismo na península imortal acaba de dirigir-se ao parlamento, comunicando que vai reformar o ensino religioso nas escolas públicas, base única sobre a qual pretende reerguer, e reerguerá por certo, o monumento da "latinidade".[157]

Outra voz isolada que se alinhou com tal pensamento foi Dom José Pereira Alves (1885-1947), bispo de Natal. Ele observaria satisfeito que "o ministro da educação, do governo Mussolini, afirmou com desassombro que todo o sistema de educação popular repousa no princípio de educação religiosa e, para a Itália, país católico, na educação católica".[158]

Faltou, contudo, aos católicos uma articulação pastoral à altura do desafio ou um projeto orgânico de resistência. O que se via eram ações isoladas,

---

[154] SOARES DE AZEVEDO, *Brado de alarme*, p. 57, 198-203, 218.
[155] PEDRO AMÉRICO MAIA, *Crônica dos jesuítas do Brasil centro-leste*, p. 126.
[156] LÚCIA LIPPI OLIVEIRA, *A questão nacional na primeira república*, Editora Brasiliense, São Paulo 1990, p. 150-156.
[157] ALCIBÍADES DELAMARE, *As duas bandeiras – Catolicismo e brasilidade*, Anuário do Brasil, Rio de Janeiro 1924, p. 112-113.
[158] JOSÉ PEREIRA ALVES, *A paróquia – Carta Pastoral*, Editora Vozes, Petrópolis 1923, p. 46.

como a Liga de São Pedro, fundada em São Paulo, SP, que, além de contestar publicamente os protestantes, recolhiam todas as escrituras reformadas que encontravam, para queimá-las na noite de São Pedro.[159] Somente a partir de 1930, com a posse de Dom Leme como bispo titular do Rio, é que o "serviço de corpo" ganharia certa organização e consistência.

---

[159] MAXIMIANO DE CARVALHO SILVA, *Monsenhor Maximiano de Carvalho e Silva*, p. 168.

6
A IGREJA NA "ERA VARGAS"

A "política dos governadores", também conhecida como "política do café com leite", depois de instituída no mandato do Presidente Campos Sales, propiciou que os dois mais importantes estados do Brasil – São Paulo e Minas Gerais – se revezassem na presidência até o final dos anos 1920. Dito sistema funcionava do seguinte modo: o presidente apoiava os pretendentes aos governos das unidades da Federação (membros das poderosas oligarquias locais) e, em troca, num período em que o voto sequer era secreto, estes empregavam todos os meios para que o candidato oficial à presidência fosse eleito, coisa que, a bem da verdade, acontecia sempre. Outro eficiente mecanismo instituído para a manutenção de tal "pacto" foi a "Comissão Verificadora dos Poderes". Esta, a pretexto de analisar a legitimidade da eleição dos deputados e senadores, descartava sem mais aquela dos desafetos da situação, independentemente do número de votos que houvessem recebido. Resultado: o governo tinha uma oposição inexpressiva em âmbito federal que estadual. Mesmo assim, a conjuntura do país era instável e para dar o toque final à crise, a quebra da bolsa de Nova York, em 24 de outubro de 1929 (a "quinta-feira negra"), provocou o colapso dos preços do café e desestabilizou a inteira economia do país. O quadro era desolador, como descreveria mais tarde Alzira Vargas:

> Começava o ano de 1930. Desde a segunda década do século, o Brasil vivia em agitação. As pequenas tréguas entre uma rebelião e outra só serviam para dar origem a novos movimentos. Prisões, exílios, conspirações, revoltas, Coluna Prestes, combates e mortes eram o resultado de vários protestos isolados contra o desrespeito à vontade popular em busca de um traço de união, de um ponto em comum. A crise do café precipitou os acontecimentos e se transformou no elemento catalisador que iria aglutinar todas essas quantidades díspares.
> [...] A política do café com leite, havia anos, dominava o Brasil, dando pouca ou nenhuma oportunidade aos outros Estados da Federação. Artur Bernardes, mineiro, fora substituído por Washington Luís, paulista. Era novamente a vez de Minas, [mas] não o entendeu assim o Presidente da República. Teimou em dar ao país nova dose de café, escolhendo para seu substituto o Dr. Júlio Prestes, Presidente do Estado de São Paulo. Os mineiros não gostaram.[1]

Realmente, o desgosto nas Gerais foi grande e o mineiro preterido, Antônio Carlos Ribeiro de Andrada (1870-1946), indignado, logo tratou de articular uma candidatura de oposição, encontrando-a no Rio Grande do Sul, a qual também con-

---
[1] ALZIRA VARGAS DO AMARAL PEIXOTO, *Getúlio Vargas, meu pai*, 2ª ed., Editora Globo, Rio de Janeiro 1960, p. 46.

seguiu o apoio da Paraíba. Surgiu daí a "Aliança Liberal", que lançou, no dia 20 de setembro de 1929, o gaúcho Getúlio Dorneles Vargas (1882-1954) como candidato à presidência, tendo o paraibano João Pessoa Cavalcanti de Albuquerque (1878-1930) como vice. A disputa continuou com os 17 demais estados apoiando Washington Luís e o candidato oficial. O mais importante deles, São Paulo, estava, porém, dividido, porque o Partido Democrático (PD) preferiu aliar-se a Getúlio Vargas. Nesse meio tempo, a "Aliança Liberal" recebeu o apoio de intelectuais, como José Américo de Almeida e Lindolfo Collor, de membros das camadas médias urbanas e ainda da corrente "tenentista" (Cordeiro de Farias, Eduardo Gomes, Siqueira Campos, João Alberto Lins de Barros, Juarez Távora, Miguel Costa e Juracy Magalhães). Não houve consenso dos católicos ante a campanha, mas certo é que a plataforma de governo apresentada pelo candidato da situação, Júlio Prestes, não era das mais animadoras, porque, na prática, propunha a manutenção do *status quo*. No quesito "religião e liberdade de consciência", ele assim se pronunciava:

> Em relação à religião e liberdade de consciência, a constituição republicana é ainda hoje, pela precisão das suas disposições, um dos códices políticos mais perfeitos do mundo civilizado.
> Por tradição de família, por educação e por índole, sou católico e pertenço em matéria de crença à religião da grande maioria dos brasileiros. Isto, porém, não me inibe de respeitar as outras religiões e de crer que nestes assuntos devemos manter intactas as disposições da nossa constituição.[2]

Por isso, a hierarquia continuou a manter certa equidistância. Foi uma decisão sábia, porque os vícios políticos antigos se repetiriam, dando a vitória ao candidato oficial. O pleito foi realizado em 1º de março de 1930 e, de um total de 1.890.527 eleitores, Júlio Prestes venceu com 1.091.709 votos contra cerca 737.000 dados a Getúlio, ainda que este último houvesse recebido a quase totalidade dos sufrágios no Rio Grande do Sul. No dia 22 de maio seguinte, com 152 votos favoráveis e 15 contrários, o congresso nacional reconheceu seja a vitória de Prestes que a do seu vice, o baiano Vital Henrique Batista Soares.[3]

Ainda desta vez, a maioria do episcopado preferiu não se pronunciar, exceção feita ao bispo de Campinas, Dom Francisco de Campos Barreto (1877-1941) que, falando ao jornal *Correio Paulistano*, acentuou que só tinha motivos para congratular-se com o neoeleito Júlio Prestes, que se declarara católico e entoara um hino de louvor ao Catolicismo. Acrescentava que não compreendia por que alguns católicos combatiam um candidato que, em sua opinião, reconhecia os serviços prestados pela Igreja e o seu papel de protetora da sociedade e da família brasileira.[4]

6.1 – O clero e a Revolução de 1930

Apesar do otimismo do prelado de Campinas, nada ainda estava decidido, pois a Aliança Liberal recusou-se a aceitar a validade das eleições, alegando que a vitória de Júlio Prestes decorria de uma fraude. Acirrando ainda mais os âni-

---
[2] AA.EE.SS., "Eleição do novo presidente", em: *Brasil*, pos. 503, fasc. 12, fl. 30.
[3] AA.EE.SS., Carta do Núncio Apostólico ao Cardeal Eugênio Pacelli, em: *Brasil*, pos. 503, fasc. 12, fl. 42.
[4] AA.EE.SS., "O Sr. Júlio Prestes e a Igreja", em: *Brasil*, pos. 503, fasc. 12, fl. 36.

mos, para a reabertura do congresso prevista para 3 de maio, a bancada governista preparou a retaliação, rejeitando os deputados aliados de João Pessoa, que não tiveram seus mandatos reconhecidos e foram substituídos por rivais regionais, enquanto que 14 dos 37 deputados mineiros do PRM perderam igualmente suas cadeiras em favor da concentração conservadora. A partir daí, iniciou-se a conspiração, com base no Rio Grande do Sul e em Minas Gerais. O estopim da rebelião foi o assassinato de João Pessoa por mão de João Dantas, em Recife, no dia 26 de junho de 1930. Ao que tudo indica, o crime foi cometido por motivos passionais, sem conotação política, mas excitou os brios revolucionários. Assim, no Rio Grande do Sul, às 17h25 do dia 3 de outubro de 1930, Getúlio Vargas lançou o manifesto "O Rio Grande de pé pelo Brasil", exortando as tropas do sul a se unirem ao levante. Como afirmou um relatório da Nunciatura, "pode-se dizer que, desde o dia 22 deste mês de outubro, todos os estados do Brasil, exceção feita ao Distrito Federal e aos estados de Rio de Janeiro, São Paulo, Pará, Amazonas, Mato Grosso e Goiás, estavam na mão dos revolucionários".[5]

De fato, nesse meio tempo, oito governos estaduais no nordeste haviam sido depostos pelos tenentes, ao passo que do Rio Grande do Sul, por ferrovia, os rebeldes gaúchos decidiram partir rumo ao Rio de Janeiro, então capital federal. O Arcebispo de Porto Alegre, Dom João Batista Becker (1870-1946), logo comunicou que os padres, que quisessem acompanhar as tropas rebeldes como capelães, mandassem quanto antes seus nomes à cúria arquidiocesana, pois, como dizia, ele havia combinado isso com o presidente do Estado. Dom João criou também uma repartição curial especialmente para receber os objetos de culto e doação, bem como donativos para auxiliar a missão dos capelães militares junto aos soldados. O apelo teve ótima aceitação e, uma hora depois de um encontro do Arcebispo com Getúlio Vargas, seguia com o corpo de saúde o primeiro capelão militar, Pe. Vicente Scherer (1903-1996), que não era outro senão o secretário do Arcebispo metropolitano. No domingo seguinte, dia 12 de outubro de 1930, por volta das sete horas da manhã, mais sete padres capelães militares partiram de trem para Ponta Grossa, PR, com o mesmo objetivo. O Arcebispo nomeou como diretor da primeira turma o Pe. Antônio Zattera, cabendo-lhe a tarefa de distribuir os sacerdotes pelos diversos corpos em operação dos estados de São Paulo, Paraná e Santa Catarina. A propósito, em Santa Catarina se juntaram mais quatro capelães militares apresentados por Mons. Luiz Scortegna, governador daquele bispado. No total, os padres da capelania militar que deram assistência as tropas rebeldes foram 52, sendo 43 seculares e 9 religiosos (4 capuchinhos, 2 jesuítas e 3 franciscanos).[6]

Entretanto, um contingente legalista de 6.800 homens do exército federal estava esperando as tropas rebeldes em São Paulo, próximo à divisa com o Paraná. Previa-se uma grande batalha em Itararé entre as tropas fiéis ao governo, comandadas pelo coronel Paes de Andrade, e os revoltosos, liderados pelo General Miguel Costa, mas outros episódios impediram o combate. O motivo foi que, depois da ocupação de capitais estratégicas, como Porto Alegre e Belo Horizonte e de diversas cidades do nordeste, e diante do deslocamento das forças revolucionárias gaúchas em direção a São Paulo, o presidente Washing-

---
[5] AA.EE.SS., "Movimento revolucionário" (1930), em: *Brasil*, pos. 507, fasc. 18, fl. 28.
[6] AA.EE.SS., "Movimento revolucionário", em: *Brasil*, pos. 507, fasc. 19, fl. 13, 21-22.

ton Luís recebeu um ultimato de um grupo de oficiais-generais, liderados por Augusto Tasso Fragoso, exigindo que renunciasse. Diante de sua negativa, os militares o depuseram no dia 24 de outubro. O agora ex-presidente foi conduzido prisioneiro à fortaleza de Copacabana e o Cardeal Leme, para protegê-lo da ira do povo, teve de acompanhá-lo até aquele local.[7]

Consumada a deposição, foi imediatamente constituída uma junta provisória de governo, composta pelos generais Tasso Fragoso, João de Deus Mena Barreto, mais o almirante Isaías de Noronha. Ao mesmo tempo, jornais que apoiavam o presidente deposto foram empastelados. Júlio Prestes, Washington Luís e vários outros "grandes nomes" do regime decaído terminariam exilados. Pouco depois de ter assumido, a referida junta telegrafou seja a Getúlio Vargas que ao "presidente" de Minas, Olegário Maciel. Apesar de falar de paz, a junta não explicitava quais eram seus reais objetivos, e Maciel, junto de Oswaldo Aranha, respondeu cobrando dela uma posição:

> Minas ainda ignora os objetivos do movimento do Rio que depôs o Presidente da República. O que visa o povo de Minas em perfeito acordo com os estados do norte e do sul é a reivindicação da soberania nacional usurpada pelo governo deposto, a fim de reorganizar, ajustar e dar prestígio ao Brasil, confiando com esse intuito a direção da Nação ao representante da vontade do povo brasileiro, o Senhor Getúlio Vargas, Presidente sem dúvida eleito e privado de seu direito. Se a digna Junta Militar há estes mesmos altos objetivos, estou certo de que as forças revolucionárias nacionais de comum acordo cessarão a luta, ficando assim assegurada a confraternização da família brasileira.[8]

A junta se dobrou e, às 3 da tarde do dia 3 de novembro de 1930, o chefe dela, general Tasso Fragoso, no Palácio do Catete, passou o poder a Getúlio Vargas, o qual declarou que "assumia provisoriamente como delegado da revolução, em nome do exército, da marinha e do povo brasileiro". No inteiro episódio, saiu muito prestigiada a figura de Dom Leme, que nos mês de julho precedente fora elevado a Cardeal pelo Papa Pio XI. Como titular da arquidiocese do Rio de Janeiro, ele tudo fez para que Washington Luiz compreendesse a situação em que se encontrava, além de dar proteção a muitas famílias que o apoiaram e que ficaram mal vistas pelos vencedores revolucionários. A nunciatura também atuou neste particular. Foi o caso do deputado Francisco Pessoa Queiroz, sobrinho do ex-presidente Epitácio Pessoa. Ele fora um dos maiores defensores do governo de Washington Luiz e também apoiara o levante de Princesa, PB, contra João Pessoa. Francisco Pessoa se tornou um dos políticos mais mal vistos pelos revolucionários, mas o Núncio conseguiu que o ministro das relações exteriores lhe permitisse ir para a Europa com sua família. Obtida a licença, o deputado partiu no dia 11 de novembro de 1930.[9] O próprio Dom Leme relataria depois que os políticos que abandonaram o país não eram mais de 40; mas se tratava de pessoas que haviam ocupado importantes postos na passada administração. Além do ex-presidente Washington Luiz, também tiveram de deixar o Brasil Fernando de Mello Via-

---
[7] AA.EE.SS., "Movimento revolucionário" (1930), em: *Brasil*, pos. 507, fasc. 18, fl. 29.
[8] AA.EE.SS., "Movimento revolucionário" (1930), em: *Brasil*, pos. 507, fasc. 18, fl. 30.
[9] AA.EE.SS., "Movimento revolucionário" (1930), em: *Brasil*, pos. 507, fasc. 18, fl. 31, 35, 42.

na (1878-1954), vice-presidente da República, Antônio Azeredo (1861-1936), presidente do senado, Sebastião do Rego Barros (1879-1946), presidente da câmara dos deputados, Otávio Mangabeira (1886-1960), ex-ministro das relações exteriores, e outros mais.[10]

6.1.1 – O governo provisório e a questão do interventor do Maranhão

Após ser alçado ao cargo de "presidente provisório", Getúlio Vargas assumiu amplos poderes. Isso se concretizou por meio do Decreto n. 19.398, de 11 de novembro de 1930, que impôs uma "Lei Orgânica", feita para restar em vigor até a promulgação de uma nova constituição. Além de Getúlio, firmava a nova lei Osvaldo Aranha, José Maria Witacker, Paulo de Morais Barros, Afrânio de Melo Franco, José Fernandes Leite de Castro e José Isaías de Noronha. Os dispositivos ali contidos eram draconianos, a saber: 1. Que em virtude da mencionada lei o governo provisório exercitaria sem limite e em toda plenitude as atribuições do poder executivo e legislativo; 2. Que o congresso nacional e as assembleias legislativas dos estados e municípios seriam dissolvidos; 3. Que o poder judiciário estaria em função, mas com as modificações que o governo provisório acreditasse que devesse introduzir; que continuaria em vigor a Constituição Federal e aquelas de cada Estado do Brasil, todas, porém, sujeitas às modificações que viriam a ser nelas feitas; 5. Que ficavam suspensas as garantias individuais; 6. Que era mantida a autonomia financiaria em diversos estados. [...] 8. Que o governo provisório nomearia em todos os estados – exceção feita àqueles já organizados – um interventor.[11]

Daí que os governadores dos estados foram depostos e substituídos por interventores nomeados (a maioria dos quais tenentes), exceto Minas Gerais. Foi aí que surgiu o primeiro problema, pois para o Maranhão foi nomeado o jovem e controvertido sacerdote Astolfo de Barros Serra. Getúlio Vargas, no entanto, cortesmente comunicou a decisão ao Arcebispo de São Luiz, Dom Octaviano Pereira de Albuquerque (1866-1949), nestes termos:

> Comunico a V. Ex.ª de ter nomeado Interventor Federal no Maranhão o sacerdote Astolfo Serra, com a prévia segurança de que tal nomeação será aceita por V. Ex.ª, por tratar-se de um sacerdote que pela sua investidura eclesiástica está perfeitamente indicado para realizar neste Estado uma obra meritória de justiça e moralidade administrativa,
> Saudações respeitosas,
> Getúlio Vargas.[12]

Também o sacerdote Serra escreveu ao bispo para informá-lo, inclusive para recordar a sua origem "gaúcha" que o irmanava com o presidente Vargas:

---

[10] AA.EE.SS., "Movimento revolucionário" (1930), em: *Brasil*, pos. 507, fasc. 18, fl. 72.
[11] AA.EE.SS., "Movimento revolucionário" (1930), em: *Brasil*, pos. 507, fasc. 18, fl. 37.
[12] AA.EE.SS., "Interventor do Maranhão", em: *Brasil*, pos. 510a-511, fasc. 33, fl. 33.

Certo do patriotismo de V. Ex.ª, amigo do Maranhão, aceitei antes de consultá-lo para o posto de interventor daqui, especialmente confiando no Presidente da República que V. Ex.ª, gaúcho, não teria tido por mal este ato necessário para resolver a situação do Maranhão. Espero, esquecendo o passado de poder trabalhar na melhor harmonia com o Arcebispo.
Padre Serra. [13]

A esta altura o Arcebispo achou por bem contemporizar e respondeu a Getúlio Vargas formalizando seu consentimento: "Informado do vosso ato de nomeação do meu sacerdote Serra para interventor no Maranhão, como Arcebispo e 'gaúcho', constantemente respeitador da autoridade constituída, conto com a vossa perene proteção para a minha amada arquidiocese". Também ao Padre Serra ele escreveu afirmando: "Não obstante as dificuldades do posto, consinto diante das promessas que como sacerdote me fazes de trabalhar na melhor harmonia com o Arcebispo".[14]

Padre Astolfo permaneceu no cargo apenas de 9 de janeiro a 18 de agosto de 1931, mas o que inicialmente parecera uma solução consensual logo demonstrou seus limites. A razão foi que o Padre Serra, ainda que à noite fosse dormir no seminário arquidiocesano, então dirigido pelos Lazaristas, tinha uma conduta moral vista com reservas. O bispo logo desejou que ele abandonasse o cargo que ocupava, mas dito padre era um dos protegidos do capitão Juarez Távora e de outros influentes militares do nordeste. A situação tornou-se insustentável até porque, a certo ponto, ele passou a coabitar com uma senhora com quem inclusive teve um filho, o que forçou o bispo, que o acusava de "cínico prevaricador da moral sacerdotal", a suspendê-lo *ex informata conscientia*".[15] As autoridades governamentais não contestaram a decisão.

6.1.2 – As relações entre o governo provisório e a hierarquia eclesiástica

O governo provisório de Vargas durou de 1930 a 1934 e já o primeiro ministério que ele formou foi visto pela Igreja com certa simpatia, porque dentre seus membros figuravam personagens como Afrânio de Mello Franco (1870-1943), titular da pasta das relações exteriores, que se declarava "grande católico"; Francisco Luiz da Silva Campos (1891-1968), que instituíra o ensino religioso em Minas Gerais quando lá atuara; e Juarez do Nascimento Távora (1898-1975), que se dizia fervoroso católico e que inclusive era sobrinho do bispo de Caratinga, MG, Dom Carloto Fernandes da Silva Távora (1863-1933). Juarez Távora, contudo, não aceitou o ministério que lhe fora confiado, mas isso não quer dizer que perdeu influência, considerando que assumiu a direção do exército no norte do Brasil.[16]

O clero não foi molestado pelos novos donos do poder, ainda que o bispo de Campinas, Dom Francisco de Campos Barreto, citado em precedência,

---

[13] AA.EE.SS., "Interventor do Maranhão", em: *Brasil*, pos. 510a-511, fasc. 33, fl. 33b.
[14] AA.EE.SS., "Interventor do Maranhão", em: *Brasil*, pos. 510a-511, fasc. 33, fl. 33b.
[15] AA.EE.SS., "Interventor do Maranhão", em: *Brasil*, pos. 510a-511, fasc. 33, fl. 37-41.
[16] AA.EE.SS., "Movimento revolucionário" (1930), em: *Brasil*, pos. 507, fasc. 18, fl. 35, 40.

tenha sofrido constrangimentos. Ele, que apoiara abertamente Júlio Prestes, no mesmo dia em que os revolucionários triunfaram, teve de se ver com um numeroso grupo de populares, constituído de 400 a 700 pessoas, que depois de ter percorrido as principais ruas da cidade aclamando os revolucionários vencedores, tomou de assalto o palácio episcopal, destruindo todos os móveis que ali encontraram, sem poupar o altar e os objetos da capela. Dom Francisco retirou-se temporariamente em São Paulo, onde, no dia 27 de outubro de 1930, desabafaria: "Eis-me aqui em São Paulo, a conselho de alguns amigos meus. [...] Visto que um grupo de assaltantes daquela cidade arruinaram o palácio e queriam dar cabo também de mim".[17]

Tratou-se, contudo, de um caso isolado, até porque não foram poucos os prelados diocesanos que viram com bons olhos o advento de Getúlio Vargas. Em Porto Alegre, o boletim arquidiocesano *Unitas* publicou instruções dadas pela autoridade eclesiástica ao clero local, exortando-o a aconselhar o povo a observar as ordens do governo revolucionário estadual bem como de dar assistência religiosa aos feridos. Em Minas, o jornal *O Cruzeiro* narrou como o Arcebispo de Mariana, Dom Helvécio Gomes de Oliveira (1876-1960), esforçara-se para conseguir que o regimento de São João Del Rei, fiel ao passado governo, não resistisse às tropas revolucionárias, procedimento este que mereceu elogios do comandante das mencionadas tropas. No tocante à Bahia, o jornal *Nova Era* publicou o discurso proferido numa missa campal pelo Arcebispo Primaz, Dom Augusto Álvaro da Silva, que se referiu ao regime decaído como um governo de "tiranos". A aprovação mais sentida, todavia, foi aquela de São Paulo, em que, segundo o jornal *Santa Terezinha*, os bispos da arquidiocese foram coletivamente visitar o governo revolucionário triunfante. Houve ainda o caso do telegrama que o clero de Pernambuco dirigiu a Juarez Távora, congratulando-se com ele pela vitória obtida. Outros jornais destacaram também o caso do cônego Freire (transformado como vários outros padres em oficial do exército revolucionário) e o sacerdote Arruda, cuja ação junto ao movimento insurrecional fora relevante. Tudo isso chegou inclusive a causar preocupações ao Núncio Apostólico, Mons. Benedetto Aloisi Masella, que, numa carta ao Cardeal Eugenio Pacelli (futuro Papa Pio XII), datada de 31 de dezembro de 1930, ponderava: "Vossa Eminência, depois de tomar conhecimento de quanto se narra nos jornais, julgará se os bispos e padres supracitados tenham ou não procedido com a devida tranquilidade e prudência".[18]

Uma razão principal levava o clero brasileiro a ver de modo otimista a mudança política ocorrida: a oportunidade de superar os entraves da constituição de 1891. Isso ficou patente no discurso de Dom João Becker, proferido no dia 1º de novembro de 1930:

> O grandioso triunfo da revolução despertou um júbilo indizível no meio da população rio-grandense. [...] Pois bem! A este Brasil católico e cristão foi imposta uma constituição imperfeita, sem rei e sem Deus, segundo as ideias de uma escola de poucos adeptos e contra as tradições religiosas de muitos séculos. [...] Nesta nova fase da vida nacional, é preciso que governantes e governados levantem seu olhar e seu co-

---

[17] AA.EE.SS., "Movimento revolucionário" (1930), em: *Brasil*, pos. 507, fasc. 19, fl. 3, 5.
[18] AA.EE.SS., "Movimento revolucionário" (1930), em: *Brasil*, pos. 507, fasc. 19, fl. 12-13.

ração a Cristo Nosso Senhor, Rei supremo e legislador máximo do céu e da terra, a quem devem prestar obediência os indivíduos e as coletividades, os estados e os parlamentares, os partidos políticos e as instituições públicas. [...] A Igreja não pretende, de forma alguma, o domínio político. Mas, no desempenho de sua missão divina, reclama que Cristo seja reconhecido na vida dos povos, que seus mandamentos e suas doutrinas sejam observados na sociedade, bem como nas instituições e nos costumes políticos para a glória de Deus e bem dos homens. [...] Sem prejuízo das leis básicas que regem as democracias e sem ofender os direitos das minorias religiosas, a nova constituição da república brasileira deverá tomar na devida consideração os desejos e liberdade de consciência da maioria da nação. Pois, os católicos não pleitearão privilégios, mas defenderão direitos em benefício da pátria comum.[19]

Certo é que o novo regime já assumiu em boas relações com a Igreja, tanto assim que o supracitado Dom João Becker, naquele mesmo 1º de novembro, expediu um telegrama a Getúlio Vargas, declarando: "*Aceite, V. Ex.ª, minhas calorosas congratulações e cumprimentos pelo fulgurante triunfo. Meus votos se realizaram. O Regenerador da República surgiu do meio do nosso heroico povo gaúcho. Partiu do alto de nossas coxilhas verdejantes. Chegou ao Rio sob as bênçãos da Igreja e aplausos delirantes da nação. Parabéns!*" O presidente provisório não se fez de rogado e, no dia 5 seguinte, respondeu manifestando "sinceros agradecimentos" pelas congratulações recebidas, que, segundo ele, refletiam "no seu entusiasmo, a nobre atitude do clero rio-grandense".[20]

Um novo pacto estava nascendo e o próprio Núncio Apostólico, um dia depois de Getúlio ter assumido, escreveu ao secretário de Estado da Santa Sé, Cardeal Eugênio Pacelli, para sugerir-lhe – o que seria aceito – legitimar a nova situação política brasileira: "Convém", ponderava, "reconhecer o governo, ainda que ditatorial. A inteira nação obedece à sua autoridade e várias pessoas sérias fazem parte do ministério. Hoje, o Cardeal Leme visitou o presidente que o acolheu bem".[21]

Nada a admirar, portanto, que, em 1931, mesmo lamentando a "carência de lei constitucional", Dom Francisco de Aquino Corrêa (1885-1956), bispo de Cuiabá, MT, tenha feito uma confiante consideração:

Não podemos deixar de agradecer a Deus, que, num desses rasgos de Sua reconhecida benevolência para com o Brasil, colocou na direção suprema dos nossos destinos, nessa fase crítica da nacionalidade, concidadãos que têm sabido governar o País, com poderes mais discretos do que discricionários, procurando acalmar os ânimos e reorganizar os negócios públicos, inspirar, enfim, confiança na próxima reconstituição de uma nova República, mais consentânea com as verdadeiras aspirações nacionais do povo.[22]

Ele tinha razão, pois o próprio mencionado secretário de Estado da Sé, Cardeal Pacelli, viria ao Brasil em 1934. Getúlio Vargas, obviamente, concedeu-lhe

---

[19] AA.EE.SS., "Movimento revolucionário" (1930), em: *Brasil*, pos. 507, fasc. 19, fl. 16-19.
[20] AA.EE.SS., "Movimento revolucionário" (1930), em: *Brasil*, pos. 507, fasc. 19, fl. 25.
[21] AA.EE.SS., "Movimento revolucionário" (1930), em: *Brasil*, pos. 507, fasc. 18, fl. 17.
[22] FRANCISCO DE AQUINO CORRÊA, *Deus e pátria. Carta Pastoral sobre a atual situação política do Brasil*, Escolas Profissionais Salesianas, Cuiabá 1931, p. 8-9.

uma recepção honrosa e, no dia 20 de outubro daquele ano, afirmou em um discurso, em sua presença, que a Igreja Católica era parte integrante da tradição do povo brasileiro, como portadora de "uma ação imprescindível para a construção do Brasil" e de "garantia para a estabilidade da estrutura social".[23]

6.2 – Um período de mudanças promissoras e de apreensões

O alvorecer dos anos 30, além de um novo governo, presenciou também o melhoramento do nível intelectual e moral do clero, coisa que já se iniciara na segunda metade do século XIX e que amadurecera ao longo da República Velha. Dentro dessa conjuntura, também tomou corpo a proposta de superar a formação do clero secular no Pontifício Colégio Latino-americano, por meio do estabelecimento de um colégio nacional em Roma. Isso foi proclamado durante a celebração do jubileu sacerdotal do Papa Pio XI:

> Ordenado presbítero a 20 de dezembro de 1879, Sua Santidade, o Papa Pio XI, gloriosamente reinante, celebrará, este ano, as suas bodas de ouro sacerdotais. [...] Daí a concessão para todo ano de 1929 de um "jubileu universal" extraordinário. [...] E que dizermos do Seminário Brasileiro que Sua Santidade ordenou que fosse construído em Roma, para que, junto da Sé de São Pedro, no centro da maior cultura eclesiástica do mundo, na cidade cabeça e coração da cristandade, se preparem os futuros apóstolos do nosso clero?
> Ao coração magnânimo do Papa se afigurou que a importância e a soma das possibilidades espirituais do Brasil já não correspondia, em Roma, a um seminário destinado para toda a América do Sul, muito embora o Colégio Pio Latino-americano, viveiro de abnegados servidores da Igreja e da pátria.
> Ao lado dos seminários das grandes potências católicas, em Roma devia florescer também o do Brasil. E dentro em breve o teremos, graças à iniciativa e à generosidade de Pio XI, porque é de todos sabido que, entre os benfeitores individuais e coletivos do projetado seminário, o primeiro, em ordem de tempo e valor da doação, é o Santo Padre. [...] Quando, a 31 de maio próximo, a primeira pedra do Seminário Brasileiro for levada à augusta presença do Santo Padre, para lhe receber a bênção do ritual, nós poderíamos gravar nela a seguinte inscrição: "Pio XI, duplamente fundador".[24]

Na verdade, a bênção mencionada acabou acontecendo aos 25 de outubro de 1929, depois que Pio XI escolhera o local da construção, sendo o andamento da edificação colocado sob os cuidados dos jesuítas. A planta da mesma, de três andares, em forma de H maiúsculo, medindo mais ou menos 100 metros de frente e 76 de fundos, foi realizada pelo arquiteto Giuseppe Momo (1875-1940) e pela empresa construtora Sílvio Monti. A cerimônia de lançamento da pedra abençoada pelo Papa aconteceu às 16h do dia 27 de outubro de 1929, domingo, sendo o oficiante o Cardeal Gaetano Bisleti (1856-1937), então prefeito da sagrada congregação dos seminários e das universidades de estudos.[25]

---

[23] Carlos Roberto Jamil Cury, *Ideologia e educação brasileira*, Cortez & Moraes Ltda., São Paulo 1978, p. 123.
[24] Sebastião Leme da Silveira Cintra, *O jubileu sacerdotal do Santo Padre Pio XI. Carta circular do Sr. Arcebispo coadjutor*, Tipografia do Patronato da Lagoa, Rio de Janeiro 1929, p. 3, 9.
[25] Vicente M. Zioni, "O Pontifício Colégio Pio Brasileiro de Roma. Subsídios para a sua história", em: *Revista Eclesiástica Brasileira*, vol. 2, fasc. 1, Editora Vozes, Petrópolis 1942, p. 82-86.

Aos 3 de abril de 1934, a obra seria inaugurada,[26] e, como diria décadas mais tarde Antônio Alves de Melo, naquela casa viriam a passar "levas de padres e seminaristas vindos do Brasil e de outros países da América Latina para aprofundar seus estudos em Roma".[27]

Paralelamente, porém, a Igreja teve alguns sobressaltos. Um deles foi a questão do divórcio. Em 1930, o governo instituiu várias comissões para a reforma do *Código Civil*, de autoria de Clóvis Beviláqua (1859-1944), instituído pela Lei n. 3.071, de 1º de janeiro de 1916, o que trouxe de novo o problema à tona. Para dizer a verdade, desde 1909, já vinham despontando propostas nesse sentido, o que ganhara mais veemência em 1929. Dom Leme não perdeu tempo e logo enviou o Pe. Leonel Franca para colocar-se em contato com Artur Bernardes para obstar à tal iniciativa. Pe. Franca chegou a compor um livro de 200 páginas, intitulado *O divórcio*, entrando em polêmica com o escritor Paulo Menotti del Picchia (1892-1988), autor de *Pelo divórcio*. Certo é que, também desta vez, a proposta divorcista não passou.[28]

6.2.1 – As estratégias eclesiásticas num período de grandes eventos pios

A aproximação entre Igreja e Estado, que paulatinamente ia ganhando visibilidade nos anos 20, chegaria às vias de fato no início da década seguinte. Uma das estratégias colocada em ato pela Igreja foi aquela de preparar o máximo de concentrações populares para pressionar o governo em vista das reivindicações católicas. Um primeiro acontecimento de vital importância aconteceu, em 16 de julho de 1930, quando o Papa Pio XI, atendendo pedido do episcopado brasileiro, por meio de um *Motu Proprio*, declarou Nossa Senhora da Conceição Aparecida padroeira do Brasil. O fato propiciou a realização da primeira grande concentração católica no período do governo provisório, por ocasião da ida da imagem da Virgem ao Rio de Janeiro. Ela chegou num vagão de luxo da estrada de ferro Central do Brasil, sendo acolhida triunfalmente pela cidade. Foi um acontecimento apoteótico em que a pequena estátua, envolvida em nuvens de incenso, atravessou ruas e avenidas, entre cânticos sacros, em meio a estandartes, opas e mitras, além de um séquito de prelados e irmandades. Um dos pontos altos do evento foi a evolução aérea levada a cabo pelos aviões militares de caça e bombardeio, que realizaram evoluções sobre o cortejo.[29] Oportunamente, Dom Leme não se esqueceu de reclamar o fim do laicismo republicano.[30] Era o dia 31 de maio de 1931 e, na mesma ocasião, o Brasil inteiro foi à Virgem Aparecida confiado. À solene cerimônia compareceram o presidente Getúlio Vargas, seu ministério e o corpo diplomático.[31]

---

[26] Cf. *Revista Eclesiástica Brasileira*, vol. 44, fasc. 174, Editora Vozes, Petrópolis 1984, p. 433.
[27] ANTÔNIO ALVES DE MELO, *Evangelização no Brasil, dimensões teológicas e desafios pastorais*, Editrice Pontificia Università Gregoriana, Roma 1996, p. 5.
[28] Cf. LUIZ GONZAGA DA SILVEIRA D'ELBOUX, *O Padre Leonel Franca*, Livraria Agir Editora, Rio de Janeiro 1958, p. 187-189, 193.
[29] MANOEL VÍTOR, *História da devoção à padroeira do Brasil Nossa Senhora Aparecida*, Editora Salesiana Dom Bosco, São Paulo 1985, p. 39-40.
[30] EDUARDO GÓES DE CASTRO, *Os "Quebra-santos": anticlericalismo e repressão pelo DEOPS/SP*, Editora Humanitas, São Paulo 2007, p. 20.
[31] EDUARDO GÓES DE CASTRO, *Os "Quebra-santos": anticlericalismo e repressão pelo DEOPS/SP*, p. 20-21.

Não terminaria ali, pois um monumento estava para se tornar símbolo desta nova fase: o Cristo Redentor do Rio de Janeiro. Foi um missionário lazarista, Pe. Pedro Maria Boss, o primeiro religioso a idealizar a construção de uma escultura de tal invocação no alto do Monte Corcovado, uma montanha alta, de 710 metros, no Rio. Ainda nos tempos do Império, por volta de 1850, ao adentrar pela primeira vez na baía de Guanabara, contemplando a imponência das montanhas que a circundavam, Pe. Boss exclamou ao ver o monte anteriormente mencionado: "Que belo pedestal para uma estátua de Nosso Senhor!"[32]

Faltava, contudo, alguém para levar a cabo a empreitada e as circunstâncias adequadas para tanto. Isso aconteceria bem mais tarde, depois que, no ano de 1921, Dom Sebastião Leme se tornou coadjutor do Cardeal Arcoverde. Ele organizou grande coleta de donativos no meio do povo para custear o projeto,[33] ao tempo em que se instituía uma comissão para viabilizar o andamento das obras. Vários profissionais participaram da iniciativa, o que gera discussão a respeito de sua paternidade artística. Sabe-se, porém, que o esboço que saiu vencedor em 1921 teve como autor o engenheiro carioca Heitor da Silva Costa (1873-1947), apesar de que este tenha sofrido modificações, como aquela feita por Carlos Oswald (1882-1971). Outra importante participação foi a do escultor francês Maximilien Paul Landowski (1875-1961) que, além de preparar maquetes a respeito, também ficou responsável pela construção da cabeça e das mãos do mesmo monumento religioso. Os trabalhos se prolongaram por cinco anos até que, em 12 de outubro de 1931, foi inaugurada enfim a monumental estátua, aguardada com ânsia pela população desde 1926. Ao grande evento inaugural participaram várias personalidades, entre as quais o presidente Getúlio Vargas, sem falar da multidão de curiosos que esperou o fim da solenidade oficial para admirar de perto e com liberdade a grandiosa obra.[34]

A inauguração do Cristo Redentor foi também mais uma oportunidade para a Igreja demonstrar sua própria força junto às massas, o que motivou Dom João Becker, Arcebispo de Porto Alegre, a ponderar:

> Aquele maravilhoso monumento que a nacionalidade ergueu no acantilado píncaro do corcovado não tem a significação baixa que se lhe procura emprestar, como símbolo da grandeza material do nosso Brasil, de seus rios extraordinários, de suas matas, de sua evolução extraordinária.
> Não! O Cristo do Corcovado é mais do que isso, é a alma católica brasileira no coração do Brasil, indicando aos povos as suas tradições da nossa gente, numa advertência que encerra a melhor lição que se poderia dar aos estadistas desta segunda república. [...] Os governantes transitórios do país, nada mais são que mandatários do povo, deles tendo saldo. Por isso, nada devem praticar que seja contrário aos interesses deste mesmo povo.[35]

---

[32] AA.EE.SS., O grande monumento nacional do Cristo Redentor no alto do Corcovado, em: *Brasil*, pos. 503, fasc. 12, fl. 6.
[33] AA.EE.SS., O grande monumento nacional do Cristo Redentor no alto do Corcovado, em: *Brasil*, pos. 503, fasc. 12, fl. 6.
[34] GABRIEL MANZANO FILHO ET ALII, *100 anos de república (1889-1989)*, vol. IV, Nova Cultural, São Paulo 1989, p. 7.
[35] AA.EE.SS., "A Ação Católica em face da situação política nacional", em: *Brasil*, pos. 503, fasc. 14, fl. 4.

Deve-se ter presente que à festa mencionada compareceram também cerca de 42 bispos e 12 arcebispos que, oportunamente, durante uma semana, participaram de uma reunião conjunta no palácio arquiepiscopal São Joaquim, muito justamente chamada de "congresso do Cristo Redentor". O evento propiciou murmurações na imprensa, como aquela de que a Igreja estaria disposta a intervir diretamente na política, promovendo uma campanha nacional, inspirada diretamente pelo Cardeal Leme. Foi dito também que o episcopado pretendia dirigir um manifesto à nação, assinado por todos os bispos e arcebispos, além de muitas figuras de relevo social não pertencentes ao clero. A câmara eclesiástica se encontrou então na contingência de ter que divulgar uma nota, comunicando qual era sua postura. O texto dizia o seguinte:

> Carecem de fundamento as referências feitas por alguns jornais sobre uma reunião de bispos e um manifesto de sua Eminência Cardeal-Arcebispo ou do episcopado. Era natural que, achando-se presentes nesta cidade, se tratasse de assuntos relativos à disciplina eclesiástica e à vida espiritual das dioceses. Entre os assuntos de disciplina, ainda uma vez urgidos, ficou assentado que não se envolva o clero em questões ou lutas de partidos, quaisquer que sejam. Isto, porém, não quer dizer que, continuando acima e fora dos partidos políticos, lhe sejam indiferentes as justas aspirações da consciência católica. A esse respeito, o congresso de Cristo Redentor, recentemente realizado, em sessão solene e pública, aprovou uma moção ao governo, no qual, como é notório, não está incluída a união da Igreja com o Estado. O episcopado, portanto, fez questão absoluta de que o clero continuasse na sua missão exclusivamente pastoral, alheio a todas as questões de política partidária, que não impliquem assuntos de religião ou moral.
> Dentro destes princípios e sem nenhuma ideia de organização partidária, é claro que não darão os católicos apoio eleitoral aos partidos ou candidatos contrários à liberdade ou às aspirações religiosas. Fazendo assim uma seleção oportuna, conforme o exijam as circunstâncias, nenhum tema de qualquer iniciativa de luta religiosa da parte dos católicos, que somente desejam a paz, a ordem, a disciplina e a tranquilidade da família brasileira.[36]

Os bispos, contudo, apresentaram uma solicitação geral com alguns pedidos de caráter legislativo:

> 1° – Execução integral do decreto de 30 de abril [de 1930], que facultou o ensino religioso nas escolas públicas e sua aplicação tanto aos colégios civis como aos militares;
> 2° – Revogação do Decreto n. 20.391 de 10 de setembro, que impôs a perda dos direitos políticos dos brasileiros que pedirem isenção do serviço militar por motivo de crença religiosa;
> 3° – Exclusão do item já incluído no anteprojeto de lei eleitoral, que nega o direito de voto aos religiosos;
> 4° – Supressão do dispositivo da atual lei de sindicalização em que se proíbe a existência dos sindicatos profissionais de caráter religioso.
> 5° – Que não se inclua na legislação nacional a lei do divórcio ou qualquer dispositivo contra a estabilidade da família brasileira.[37]

---

[36] AA.EE.SS., "Católicos e política", em: *Brasil*, pos. 503, fasc. 13, fl. 25-26.
[37] AA.EE.SS., Nova constituição, em: *Brasil*, pos. 508, fasc. 27, fl. 15.

Tal solicitação se fizera necessária, porque o governo, por meio de um anteprojeto de lei eleitoral, determinara, no seu Artigo 11, que não podiam inscrever-se como eleitores, para as eleições federais ou para estados e municípios, "os religiosos de ordens monásticas, companhias, congregações ou comunidades de qualquer denominação sujeitas ao voto de obediência, regra ou estatuto que importe a renúncia da liberdade individual".[38] Da comissão responsável por tal decisão fazia parte o grão-mestre maçom Otávio Kelly (1878-1948), mas, como não podia deixar de ser, o assunto provocou grande celeuma. O ministro da justiça, Dr. Joaquim Maurício Cardoso (1888-1938), pensava, todavia, que seria melhor deixar o caso ser resolvido pela futura constituinte. Esta possibilidade foi aproveitada pelo grão-mestre Kelly, que assim conseguia ver mantido o agravo às ordens religiosas. As reclamações, contudo, fizeram Getúlio Vargas emendar o texto da lei que assim, ao ser publicada no dia 24 de fevereiro de 1932, não continha mais o controvertido dispositivo.[39]

6.2.2 – A reintrodução do ensino religioso nas escolas públicas e as investidas laicistas dos "escolanovistas"

No alvorecer da "Era Vargas", a Igreja já havia conseguido obter notável desenvolvimento em campo escolar, tanto assim que, em 1931, mais de ¾ das 700 escolas secundárias do Brasil eram católicas.[40] Outras importantes conquistas aconteceriam nos anos seguintes, mas tampouco faltaram as insídias laicistas. Em relação ao laicismo, tudo começou em novembro de 1930, quando o governo provisório de Getúlio Vargas criou o ministério de educação e saúde pública, cujo primeiro titular foi Francisco Campos. O novo ministro, à parte suas convicções pessoais, logo procurou articular bases de sustentação para o regime getulista e, sem ignorar a força de penetração popular da Igreja, escreveu a Getúlio, recomendando que fosse aprovado um decreto reintroduzindo o ensino religioso na rede pública escolar do país. Como ele dizia, isso viria a determinar "a mobilização de toda a Igreja Católica ao lado do governo, empenhando as forças católicas de modo manifesto e declarado, toda a sua valiosa e incomparável influência no sentido de apoiar o governo, pondo ao serviço deste um movimento de caráter absolutamente nacional".[41]

Getúlio Vargas era um homem de espírito arguto e não se opôs às iniciativas defendidas pelo seu ministro. Assim, no primeiro semestre de 1931, ele baixou um conjunto de sete decretos que ficaram conhecidos como "Reforma Francisco Campos".[42] O quinto dos referidos decretos – o de n. 19.941,

---

[38] AA.EE.SS., Nova constituição, em: *Brasil*, pos. 508, fasc. 27, fl. 17.
[39] AA.EE.SS., Nova constituição, em: *Brasil*, pos. 508, fasc. 27, fl. 26-27.
[40] MARIA STEPHANOU; MARIA HELENA CÂMARA BARROS (Orgs.), *Histórias e memórias da educação no Brasil*, p. 81.
[41] MARIA CLÉLIA MARCONDE DE MORAES, *Reformas de ensino, modernização administrada*, Núcleo de Publicações – NUP, Florianópolis 2009, p. 232-233.
[42] Eram os seguintes: a) Decreto n. 19.850, de 11 de abril de 1931, criando o Conselho Nacional de Educação; b) Decreto n. 19.851, de 11 de abril de 1931, dispondo sobre a organização do ensino superior no Brasil e adotando o regime universitário; c) Decreto n. 19.852, de 11 de abril de 1931, dispondo sobre a organização da Universidade do Rio de Janeiro; d) Decreto n. 19.890, de 18 de abril de 1931, dispondo sobre a organização do ensino secundário; e) Decreto 19.941, de 30 de abril de 1931, restabelecendo o ensino religioso nas escolas públicas; f) Decreto n. 20.158, de 30 de junho de 1931, organizando o ensino comercial, regulamentando a profissão de contador e dando outras providências; g) Decreto n. 21.241, de 14 de abril de 1932, consolidando as disposições sobre a organização do ensino secundário (DEMERVAL SAVIANI, *Histórias das ideias pedagógicas no Brasil*, p. 195-196).

datado de 30 de abril de 1931 – reintroduziu o ensino religioso nas escolas públicas nos níveis primário, secundário e normal. Francisco Campos, ainda que não fosse um católico praticante, era considerado uma pessoa séria e "homem da ordem" e agradou ao clero por ter instituído tal inovação ainda antes de ser convocada uma constituinte.[43] O ministro justificou a medida argumentando que "o Brasil nasceu católico; sob a influência do Catolicismo se formou a nossa nacionalidade, católica é ainda na sua quase totalidade a nação brasileira".[44]

O decreto em questão era composto de 11 artigos, estabelecendo quanto segue:

> O Chefe do Governo Provisório da República dos Estados Unidos do Brasil decreta:
> Art. 1° Fica facultado, nos estabelecimentos de instrução primária, secundária e normal, o ensino da religião.
> Art. 2° Da assistência às aulas de religião haverá dispensa para os alunos cujos pais ou tutores, no ato da matrícula, a requererem.
> Art. 3° Para que o ensino religioso seja ministrado nos estabelecimentos oficiais de ensino é necessário que um grupo de, pelo menos, vinte alunos se proponha a recebê-lo.
> Art. 4° A organização dos programas do ensino religioso e a escolha dos livros de texto ficam a cargo dos ministros do respectivo culto, cujas comunicações, a este respeito, serão transmitidas às autoridades escolares interessadas.
> Art. 5° A inspeção e vigilância do ensino religioso pertencem ao Estado, no que respeita à disciplina escolar, e às autoridades religiosas, no que se refere à doutrina e à moral dos professores.
> Art. 6° Os professores de instrução religiosa serão designados pelas autoridades do culto a que se referir o ensino ministrado.
> Art. 7° Os horários escolares deverão ser organizados de modo que permitam os alunos o cumprimento exato de seus deveres religiosos.
> Art. 8° A instrução religiosa deverá ser ministrada de maneira a não prejudicar o horário das aulas das demais matérias do curso.
> Art. 9° Não é permitido aos professores de outras disciplinas impugnar os ensinamentos religiosos ou, de qualquer outro modo, ofender os direitos de consciência dos alunos que lhes são confiados.
> Art. 10° Qualquer dúvida que possa surgir a respeito da interpretação deste decreto deverá ser resolvida de comum acordo entre as autoridades civis e religiosas, a fim de dar à consciência da família todas as garantias de autenticidade e segurança do ensino religioso ministrado nas escolas oficiais.
> Art. 11° O Governo poderá, por simples aviso do Ministério da Educação e Saúde Pública, suspender o ensino religioso nos estabelecimentos oficiais de instrução quando assim o exigirem os interesses da ordem pública e a disciplina escolar.[45]

Dom João Becker, bispo de Porto Alegre, não deixou de louvar a iniciativa, proclamando:

---

[43] AA.EE.SS., "Católicos e política", em: *Brasil*, pos. 503, fasc. 15, fl. 44.
[44] AA.EE.SS., "Reforma dos estudos secundários. Ensinamento religioso", em: *Brasil*, pos. 510a-511, fasc. 33, fl. 7.
[45] AA.EE.SS., "Reforma dos estudos secundários. Ensinamento religioso", em: *Brasil*, pos. 510a-511, fasc. 33, fl. 7.

O decreto de 30 de abril de 1931 expõe com clareza os motivos que lhe servem de fundamento. A escola tem por fim essencial instruir e educar a juventude. Sem religião é impossível ministrar ao homem uma educação completa. A escola não deve desconhecer a natureza do homem nem os seus destinos temporais eternos.[46]

Dom Leme, da sua parte, expediu um telegrama ao ministro para lhe participar que "a população católica do Brasil" se congratulava com ele, porque "reconhecendo e respeitando os direitos inalienáveis da família vem integrar o Estado na concepção moderna da liberdade de consciência nas escolas e restaurar a confiança na finalidade moral do ensino público".[47]

A inovação, contudo, enfrentou alguns problemas locais. Em São Paulo, no dia 24 de dezembro de 1931, com o Decreto n. 5.305, o novo interventor, coronel Manoel Rabello (1873-1945), revogou o Decreto Estadual n. 5.152, de 7 de agosto precedente, com o qual o seu predecessor, Laudo Ferreira de Camargo (1881-1963), havia regulado o ensino religioso nas escolas paulistas. O Arcebispo de São Paulo no mesmo dia protestou energicamente e, no dia 26, telegrafou a Getúlio Vargas lamentando-se da decisão. Fez mais: em 31 seguinte, junto dos 12 bispos sufragâneos que então compunham a província eclesiástica de São Paulo, escreveu uma veemente carta ao chefe do governo provisório, para reclamar:

> O Arcebispo e seus doze sufragâneos da Província Eclesiástica de São Paulo, representando cerca de cinco milhões de católicos, cônscios do espírito patriótico e justiceiro de V. Ex.ª, muito respeitosamente requerem justiça e equidade contra um manifesto esbulho dos seus direitos. Esperando que V. Ex.ª haja por bem mandar anular o ato ilegal e autoritário do Sr. Interventor Federal em São Paulo, ordenando que haja plena execução, em São Paulo como nos demais estados, o decreto federal que faculta o ensino religioso nos estabelecimentos oficiais da República, pedem vênia para apresentar a V. Ex.ª os seus sentimentos de respeitosa e profunda consideração.[48]

A questão de São Paulo seria resolvida pelo próprio tempo, uma vez que Manoel Rabello deixou o cargo aos 7 de março de 1932, sendo substituído por Pedro Manuel de Toledo (1860-1935) que, apesar de ser maçom, não insistiu naquela negativa. Também no Distrito Federal a aplicação do decreto enfrentou problemas, que só seriam resolvidos em 1935, após ter sido debelada a "Intentona Comunista". Isto porque o chefe da polícia carioca, Filinto Strubing Müller (1900-1973), impôs que todos os suspeitos de ideias extremistas fossem demitidos. Assim, o secretário da educação e cultura, Anísio Spínola Teixeira (1900-1971), acusado de ser um sectário ideológico, alheio aos interesses da nação, no dia 1º dezembro de 1935, acabou sendo afastado do cargo.[49] A mudança foi vista com certa simpatia

---

[46] João Becker, *O laicismo e o Estado moderno*, Centro da Boa Imprensa do Rio Grande do Sul, Porto Alegre 1931, p. 98.
[47] AA.EE.SS., "Reforma dos estudos secundários. Ensinamento religioso", em: *Brasil*, pos. 510a-511, fasc. 33, fl. 12-14, 16.
[48] AA.EE.SS., "Reforma dos estudos secundários. Ensinamento religioso", em: *Brasil*, pos. 510a-511, fasc. 33, fl. 23-24, 26.
[49] Fernando Morais, *Olga*, 13ª ed., Editora Alfa-Omega, São Paulo 1987, p. 106; Maria Lúcia Garcia Palhares Schaeffer, *Anísio Teixeira, formação e primeiras realizações*, Universidade de São Paulo, São Paulo 1988, p. 84.

pela Igreja, uma vez que o mencionado Anísio Teixeira havia criado todo tipo de dificuldade contra o ensino religioso.⁵⁰ Seu substituto foi o anteriormente mencionado Francisco Campos, o que gerou regozijo no ambiente católico:

> O Dr. Francisco Campos, como secretário da educação do Distrito Federal, acaba de dar nova regulamentação ao ensino religioso nas escolas municipais.
> Diremos nova, porque ao tempo do celebérrimo Sr. Anísio Teixeira, esse senhor, na sua política de criar toda sorte de entraves à execução da lei do ensino religioso, fez uma regulamentação que equivalia a uma proibição.
> Afinal a lei será executada com as medidas decretadas pelo Dr. Francisco Campos.⁵¹

Por isso, aos 26 de março de 1936, o Núncio Apostólico podia escrever ao secretário de Estado da Santa Sé, Cardeal Eugênio Pacelli, declarando:

> Nas escolas do Distrito Federal [...] o ensino catequético se dá aos alunos cujos genitores o solicitam. [...] No corrente ano os alunos nas escolas primárias são 111.000 e, desses, 83.000 solicitaram o ensino religioso católico e, os alunos da escola secundária são 1.300 e, desses, 1050 pediram para estudar a doutrina cristã.⁵²

A notícia alvissareira só pôde ser dada, no entanto, porque a Igreja já contornara os assaltos dos "escolanovistas", dos quais o supracitado Anísio Teixeira era um dos cabeças. Aconteceu assim: em outubro de 1924, por iniciativa de 13 intelectuais cariocas, mediante convocação de Heitor Lyra da Silva, foi fundada a Associação Brasileira de Educação (ABE), aberta a todos os interessados da causa educativa. Era esta a situação quando, como anteriormente se viu, Getúlio Vargas assumiu como presidente provisório e logo tratou de regular o ensino no país. No final de 1931, mais exatamente de 13 a 20 de dezembro, foi realizada a IV conferência nacional de educação. Prestigiando o evento, compareceram Getúlio e o ministro da educação e saúde, Francisco Campos, que, na abertura dos trabalhos, exortaram os educadores presentes a definirem as bases da política educacional que deveria guiar as ações do governo em todo o país. Disso resultou, em 1932, o "Manifesto dos Pioneiros da Educação Nova", elaborado por Fernando Azevedo (1894-1974) e firmado por 26 signatários.⁵³ O documento era dirigido ao povo e ao governo, sendo de clara orientação laicista, do tipo daquela que havia sido proposta pela constituição de 1891.⁵⁴ Isso se tornava evidente quando afirmava que "era dever do Estado promover uma educação pública, laica e gratuita, sem qualquer influência religiosa".⁵⁵

---

⁵⁰ Cf. AA.EE.SS., Movimento revolucionário, em: *Brasil*, pos. 507, fasc. 20, fl. 15b.
⁵¹ AA.EE.SS., Movimento revolucionário, em: *Brasil*, pos. 507, fasc. 20, fl. 40.
⁵² AA.EE.SS., Carta ao Cardeal Eugênio Pacelli (26-03-1936), em: *Brasil*, pos. 496, fasc. 7, fl. 38.
⁵³ Demerval Saviani transcreve por ordem de assinatura os nomes dos referidos firmatários, que eram os seguintes: Júlio Afrânio Peixoto, Antônio de Sampaio Dória, Anísio Spínola Teixeira, Manoel Bergstrom Lourenço Filho, Edgar Roquette-Pinto, José Getúlio da Frota Pessoa, Júlio César Ferreira de Mesquita Filho, Mário Casassanta, Carlos Miguel Delgado de Carvalho, Antônio Ferreira de Almeida Júnior, J. P. Fontenelle, Carlos Roldão Lopes de Barros, Noemy Marques da Silveira Rudolfer, Hermes Lima, Attílio Vivacqua, Francisco Venâncio Filho, Paulo Maranhão, Cecília Benevides de Carvalho Meireles, Edgar Süssekind de Mendonça, Armanda Álvaro Alberto, Sezefredo Garcia de Rezende, Carlos Alberto Nóbrega da Cunha, Paschoal Lemme e Raul Rodrigues Gomes (DEMERVAL SAVIANI, *História das ideias pedagógicas no Brasil*, p. 235-241).
⁵⁴ Cf. LAÉRCIO DIAS DE MOURA, *A educação católica no Brasil*, Edições Loyola, São Paulo 2000, p. 121.
⁵⁵ Cf. CARLOS EDUARDO BARROS LEITE, *A evolução das ciências contábeis no Brasil*, Editora FGV, Rio de Janeiro 2005, p. 64-65.

A reação católica, com o Centro Dom Vital à frente, foi imediata e os educadores alinhados com a Igreja se retiraram da ABE e fundaram, em 1933, a Confederação Católica Brasileira de Educação, que realizaria, entre 20 e 27 de setembro do ano seguinte, seu primeiro congresso. Esta atitude não raro é interpretada por certos estudiosos como "conservadora", porque, no seu entender, tratava-se de uma questão "de poder", em que os que se opunham à proposta "escolanovista" assim agiram para manter o "monopólio católico" na educação. Maria Luísa Santos Ribeiro, por exemplo, afirma que os católicos dedicados ao ensino representaram, naquele momento histórico, "os interesses dominantes" que produziam "injustiças sociais". E mais, voluntariamente ou não, teriam, em certa medida, reforçado "a tendência política de natureza fascista", que se propagou em alguns centros brasileiros desde os anos 20...[56]

Também Otaíza de Oliveira Romanelli sustenta que, "subjacentes aos objetivos explícitos dessa luta, estavam, na verdade, objetivos implícitos, que substanciavam o verdadeiro sentido do movimento". E, qual seria este "verdadeiro" sentido? A autora mesma responde: "A reafirmação dos princípios e valores da educação confessional significa, em realidade, a determinação de certos grupos, que até então vinham monopolizando o ensino, de impedir, a todo custo, a perda desse monopólio que a ação do Estado naturalmente haveria de acarretar".[57]

Análises assim omitem um particular que faz a diferença: os educadores católicos não se opuseram à escola pública gratuita, aberta a todos e adequada à diversidade regional do país. O que rejeitaram foi sobretudo a proposta que dita escola se tornasse por força a expressão de um único anticonfessionalismo oficial. E, era esta a ameaça que se ocultava sob o eufemismo da educação "neutra", que na prática se traduziria na irreligião do Estado, bem a gosto de determinados grupos intelectualizados, indiferentes à sensibilidade da maioria. Isso, aliás, possivelmente tem a ver com outro particular raramente mencionado: uma parcela dos signatários do manifesto de 1932 era agnóstica e ou anticlerical. O casal Edgar Süssekind de Mendonça (1896-1958) e Armanda Álvaro Alberto (1892-1974), por exemplo, tinha inclusive se filiado à "Liga Anticlerical" do Rio de Janeiro. Igualmente digna de nota foi a situação de Anísio Teixeira, que abandonara o Catolicismo durante sua experiência acadêmica na *Columbia University* de Nova York, período em que conheceu e aderiu às teses do filósofo e pedagogo John Dewey (1859-1952).[58] Tratava-se de um fato que, como se viu, refletiu nas atitudes de Teixeira quando ele ocupou

---

[56] Maria Luísa Santos Ribeiro, *História da educação brasileira*, 17ª ed., Editora Autores Associados, Campinas 2001, p. 113-114.
[57] Otaiza de Oliveira Romanelli, *História da educação no Brasil*, p. 130.
[58] Alceu Amoroso Lima reproduz o parecer de James H. O'Hara, que adotou uma atitude crítica em relação ao pensamento do pensador em questão: "Não podemos aceitar a concepção moral de Dewey porque: 1) Não fornece princípios objetivos e ideais fixos que derivam de sua concepção total da vida, em outras palavras, não possui uma ciência normativa das ações humanas. 2) Rejeita toda consideração do sobrenatural, do transcendente, do universal e do fixo na vida. 3) Sua acentuação desordenada sobre a ação destrói um ideal de progresso porque desdenha os princípios fundamentais das coisas. 4) Erra quando faz atribuir à ética uma origem puramente social e no correr de suas explicações parece fazer da utilidade e da satisfação individual os critérios básicos da ação humana. 5) Não reconhece suficientemente a necessidade do self-control, do domínio sobre si mesmo, na vida humana. 6) Não reconhece uma hierarquia de valores entre os vários bens (Tristão de Athayde, *Debates pedagógicos*, p. 13).

a secretaria da educação e cultura do Distrito Federal. Luís Viana Filho, ao narrar as circunstâncias de tal apostasia, disse: "Para muitos dos seus amigos e companheiros, entre os quais Hermes Lima (também ele assinante do supracitado manifesto de 1932), Nestor Duarte e Jaime Ayres, todos agnósticos e liberais, era uma ventura vê-lo libertando-se das peias ultramontanas".[59]

Outros dois nomes, cuja associação ao decantado manifesto não poderia passar despercebida aos olhos de um católico atento dos anos 30, foram Júlio de Mesquita Filho (1892-1969) e Edgard Roquette Pinto (1884-1954). O primeiro era maçom da loja "União Paulista II", seguindo nisso o exemplo de seu pai, Júlio de Mesquita, que fora membro da loja "Amizade";[60] enquanto que Roquette Pinto se tornou autor de certas afirmações no mínimo ambíguas. Exemplo disso foi o "credo" que ele viria a compor em 1935: "Creio que a ciência, a arte e a indústria hão de transformar a terra no paraíso, que os nossos avós colocavam... no outro mundo".[61]

E, que dizer do comportamento assumido por Cecília Meireles? Em 15 de março de 1931, ela publicou no *Diário de Notícias* do Rio de Janeiro um artigo intitulado *O exemplo do México*, em que salientava o valor do modelo educacional daquele país, no qual predominava "um estado de isenção".[62]

Ora, a iniciativa mencionada pela autora foi parte integrante da política de Plutarco Elias Calles (1877-1945), célebre pelas severas medidas anticatólicas que adotou. Durante seu mandato, que se estendeu de 1924 a 1928, em 31 de julho de 1926, ele fez regulamentar pelo congresso nacional mexicano o Artigo 130 da já marcadamente anticlerical *Constituição de Querétaro* de 1917, alteração esta que passou para a história como *Ley Calles*. Por meio de tal inovação jurídica, dentre outras coisas, ficaram proibidas vestes religiosas em público, ordenou-se o fechamento das escolas confessionais, mais a expulsão de todos os clérigos estrangeiros e se limitou o número dos padres nativos a um só para cada seis mil habitantes. Além disso, as instituições religiosas perderam o direito de propriedade e os sacerdotes se viram obrigados a se registrarem junto às autoridades municipais, as quais eram autorizadas a conceder (ou não) as licenças para que pudessem exercitar seu ministério. Nenhum lugar de culto podia ser aberto sem expressa autorização do governo e os encarregados da administração das igrejas deviam ser mexicanos de nascimento.[63] Pois bem, estas medidas não mereceram de Cecília nenhuma objeção. Melhor dizendo, sequer eram mencionados, mesmo quando o nome "Calles" era referido. Muito pelo contrário, ela terminava o citado artigo louvando "o grande exemplo do México, inesquecível e admirável".[64]

Cecília Meireles fez ainda publicar vários outros artigos na imprensa criticando o ensino religioso, de modo particular o decreto que o instituía – facultativamente, recorde-se! – nas escolas públicas. Quanto a isso, ela dizia que

---

[59] Luís Viana Filho, *A polêmica da educação*, p. 32.
[60] José Castellani; William Almeida de Carvalho, *História do Grande Oriente do Brasil*, Madras Editora Ltda., São Paulo 2009, p. 203.
[61] Roberto Ruzi de Rosa Matheus, *Edgard Roquette Pinto. Aspectos marcantes de sua vida e obra*, Ministério da Educação e Cultura, Brasília 1984, p. 30.
[62] Cecília Meireles, *Crônicas da educação*, vol. 2, Editora Nova Fronteira, Rio de Janeiro 2001, p. 73-75.
[63] Josef Mtezler et alii, *Storia della Chiesa*, vol. XXIV, Edizioni Paoline, Milano 1990, p. 498.
[64] Cecília Meireles, *Crônicas da educação*, vol. 2, p. 75.

dito decreto ia se tornar uma porta aberta para "tristes ocorrências", podendo mesmo levar a "guerras religiosas"! Num crescendo, no dia 3 de janeiro de 1932, Cecília chamaria o Catolicismo de "seita católica".[65]

Ficou o dito pelo não dito: opiniões pessoais não iriam mudar, e não mudaram, o curso da história. Daí que o movimento "escolanovista" acabou derrotado pelo pacto do governo com a Igreja, pelo desfecho da constituinte e também, como se viu, pelo afastamento de Anísio Teixeira (um dos seus mais apaixonados defensores) da vida pública.[66]

A título de curiosidade, deve-se relevar que, seja em âmbito católico que entre os educadores laicos, nos anos que se seguiram aconteceu uma evolução que amenizou a polêmica. Como recorda Antônio Carlos Villaça, Alceu Amoroso Lima adotaria uma metodologia baseada na liberdade, coisa que se evidenciou em 1944, na obra que publicou, intitulada *Humanismo pedagógico*. Os pioneiros, da parte sua, caminharam na direção do resgate dos valores espirituais. Daí que certos precursores da Escola Nova, sobretudo Lourenço Filho, viriam insistir na formação espiritual da personalidade. Houve mesmo o caso de Everado Backheuser, muito ligado à revolução pedagógica, que se converteria ao Catolicismo. Outra certeza é que todos perceberam e passaram a valorizar o sentido democrático da educação.[67]

6.3 – A Igreja e a política nacional até o advento do "Estado Novo"

Estabelecido o governo provisório, a atuação do clero nas querelas partidárias voltou de novo a ser sentida, causando inquietações em muitos bispos a exemplo de Dom Leopoldo Duarte e Silva (1867-1938), titular de São Paulo, que denunciou: "A ingerência do clero na política, principalmente no interior do país é um dos grandes males que, amortecido com a queda da Monarquia, ressuscitou de modo espantoso com a revolução de outubro".[68]

Previa-se ainda a promulgação de uma nova carta magna para o Brasil, motivo pelo qual, os Arcebispos, ao se reunirem no Rio de Janeiro sob a presidência de Dom Sebastião Leme em março de 1931, estabeleceram algumas metas comuns, a saber:

1. Que o episcopado brasileiro não dirigirá uma pastoral coletiva aos fiéis.
2. Que cada um dos bispos deva agir no melhor modo possível junto às pessoas, que ora estão no governo, como igualmente junto aos homens, que atualmente têm maior influência no Brasil, para conseguir à Igreja os seus direitos.
3. E que dos católicos será dirigida uma mensagem ao Sr. Presidente provisório da República para pedir.
a) Que a promulgação da nova constituição seja feita no nome de Deus.
b) Que na mencionada constituição seja declarado que a maioria do povo brasileiro é católica.
c) Que nas escolas seja dado o ensino religioso.
d) Que ao matrimônio religioso sejam reconhecidos os efeitos civis.

---

[65] Cecília Meireles, *Crônicas da educação*, vol. 3, p. 15, 79.
[66] Demerval Saviani, *História das ideias pedagógicas no Brasil*, p. 256, 270.
[67] Antônio Carlos Villaça, *O desafio da liberdade*, p. 98-99.
[68] AA.EE.SS., Nova constituição, em: *Brasil*, pos. 508, fasc. 26, fl. 14.

e) Que sejam suprimidas todas as medidas de exceção contra os religiosos.
f) Que nas escolas, hospitais, tribunais seja colocada a imagem do crucifixo.
g) Que os clérigos e seminaristas sejam isentados do serviço militar.
h) A cristianização do trabalho e que seja respeitado o repouso dominical.
i) E que sejam suprimidos da legislação todos os termos legais suscetíveis de interpretação anticatólica.[69]

Para atingir tal objetivo, durante a mesma reunião, Dom Leme apresentou a proposta de se estabelecer também no Brasil uma Liga Eleitoral Católica, leiga, à qual a inscrição fosse aberta a todos aqueles que aceitassem o programa que adotaria, trabalhando em prol dos ideais católicos na vida pública do país. Ao invés de fundar um partido, preferiu colegialmente adotar a tática da arregimentação eleitoral fora das siglas. Ato contínuo, Dom Leme enviou o esboço de estatutos da nova organização a cada bispo, explicando que ela seria organizada em quatro juntas. Vale dizer: a "junta nacional", situada na capital do país, dirigida por cinco membros; a "junta estadual", com sede na capital de cada Estado e composta igualmente de cinco membros; a "junta regional" [entenda-se diocesana], com sede na cidade em que residisse o bispo, e a "junta local", com sede em cada paróquia. Competia ao Cardeal Leme escolher os integrantes da junta nacional, e aos demais hierarcas algo análogo em âmbito de Estado e de dioceses. Para secretário-geral da junta nacional, o primeiro escolhido foi Alceu Amoroso Lima, considerado "muito inteligente e de grande atividade". Importante acrescentar que Amoroso Lima, na direção nacional da LEC, recebia a colaboração de Dona Cecília Rangel Xavier Pedrosa. A organização, além do mencionado Lima, teve como cofundadores João Pandiá Calógeras, Jônatas Serrano, Cândido Mendes de Almeida, Aníbal Porto e Dona Estela Faro.[70]

6.3.1 – A Igreja de São Paulo e a Revolução "Constitucionalista" de 1932

Entrementes, Getúlio Vargas exercia a presidência com medidas discricionárias, o que provocava desagrado, sobretudo em São Paulo, unidade mais rica da Federação. A insatisfação aumentou quando, para o governo local, ao invés de indicar como interventor um filho da terra, tipo Francisco Morato (1868-1948), expoente do Partido Democrático (que inclusive apoiara a Aliança Liberal), o chefe do executivo preferiu nomear o "tenente" pernambucano João Alberto Lins de Barros (1897-1955). Os paulistas se sentiram ultrajados, e João Alberto, pressionado pelas circunstâncias, acabou se demitindo aos 25 de julho de 1931. No período sucessivo, a situação prosseguiu intranquila, pois, o substituto cogitado, Plínio Barreto (1882-1958), nascido em Campinas, desistiu antes mesmo de sua escolha se consumar. O interventor seguinte, Laudo Ferreira de Camargo (1881-1963), magistrado natural de Amparo, tomou posse em 26 de junho de 1931, mas, também ele, aos 13 de novembro daquele mesmo ano, deixou o cargo. Seu lugar seria ocupado pelo general positivista Manuel Rabelo Mendes (1873-1945), fluminense de Barra Mansa, comandante da segunda região militar, coisa que serviu apenas

---
[69] AA.EE.SS., Nova constituição, em: *Brasil*, pos. 508, fasc. 26, fl. 51.
[70] AA.EE.SS., Nova constituição, em: *Brasil*, pos. 513b, fasc. 42, fl. 21b, 36b, 37.

para inflamar os já exaltados brios de muitos cidadãos de São Paulo. O general se afastou em 7 de março de 1932 e, ainda naquela data, assumiu a interventoria, sempre por iniciativa do presidente da República, o diplomata aposentado Pedro Manuel de Toledo (1860-1935). O neointerventor era civil e paulistano, mas chegou tarde, pois, em 17 de fevereiro precedente, as agremiações políticas do estado – Partido Republicano Paulista (PRP) e Partido Democrático (PD) – haviam superado suas diferenças e formado a "Frente Única Paulista", francamente oposta ao governo federal. Pouco depois se formaria o Estado-Maior Revolucionário. Interessante é que, no clima de agitação que então se vivia, não faltou quem se servisse de apelos religiosos para dar legitimidade ao sentimento revolucionário que ia ganhando corpo. Foi o que se viu em 11 de junho de 1932, quando chegou à capital o general Bertholdo Klinger, para se associar às tropas em vias de insurgir-se. Disse-lhe então Ibrahim Nobre (1888-1970): "*Nosso movimento é o do Brasil Católico, disciplinado e forte, contra a anarquia em que queriam que vivêssemos. Uma luta de Jesus contra Lenine*".[71]

A revolução, dita "constitucionalista", chegou às vias de fato na noite de 9 de julho, quando tropas rebeldes paulistas ocuparam todos os pontos estratégicos da capital estadual. Na madrugada do dia seguinte, o quartel de Quitaúna acabou cedendo e abriu os portões.[72] A Igreja não deixou de ser envolvida e, no dia 14 daquele mesmo mês, um "manifesto ao povo brasileiro", assinado pelo Arcebispo Dom Duarte Leopoldo, pelo vigário-geral de São Paulo, Mons. Gastão Liberal Pinto (1884-1945), ao lado de personalidades mais como José Maria Whitaker e o escritor Guilherme de Almeida, procurou justificar a insurreição em ato:

> Sem ligações com os partidos políticos, simples cidadãos em situação de observar os fatos com serenidade, vimos trazer ao povo brasileiro o nosso depoimento leal sobre os acontecimentos em São Paulo. São Paulo não pegou em armas para combater os seus queridos irmãos de outros estados, nem para praticar a loucura de separar-se do Brasil, mas unicamente para apressar a volta do país ao regímen constitucional.
> Não foram os partidos políticos que deflagraram o movimento armado que, logo de princípio, arrastou a totalidade das guarnições federais aqui aquarteladas, foi o povo inteiro, sem distinção de classe ou partidos, a gente de São Paulo e a gente que, vinda de outras terras, se acha ligada a São Paulo por vínculos de toda ordem, em uma unanimidade que jamais se viu, talvez em parte alguma do Brasil. O entusiasmo que luta provocou nas massas populares, o ardor com que os moços e velhos disputam, na capital e no interior, a precedência na marcha para a linha de combate, o número espantoso de voluntários, que todos os lugares se apresentam para o serviço militar e civil, o estado geral do espírito público, tudo, em suma [...] denota que a vontade de triunfar é, no povo paulista, inabalável, e ele está resolvido a todos os sacrifícios para repor o Brasil na sua integridade territorial sob o regímen da lei. Enganam-se os que supõem que a atitude de São Paulo esconde propósitos separatistas e é obra do partidarismo político. Podemos afiançar que é essencialmente nacionalista e sem o mais leve colorido partidário. Iludem-se também os que acreditam que é insignificante e efêmero o levante de São Paulo. Podemos garantir que é formidável, que envolve a população inteira e que só cessará com a vitória. Acredite o povo brasileiro que São Paulo não luta por

---

[71] LEÔNCIO BASBAUM, *História sincera da república*, vol. 3, p. 43-45.
[72] GABRIEL MANZANO FILHO ET ALII, *100 anos de república*, vol. IV, p. 10-13,

interesses próprios, mas pelo interesse de todo o Brasil. Foi pela grandeza da pátria em comum, num regime de liberdade jurídica, que ele saiu em campo.[73]

O próprio interventor, Pedro de Toledo, aderiu à causa revolucionária, cujo comando militar foi oferecido por Isidoro Dias Lopes a Bertholdo Klinger, que contaria com a colaboração de Euclides Figueiredo, tornado comandante das tropas paulistas no Vale do Paraíba, principal *front*. Os paulistas estavam cientes de que os efetivos federais eram superiores, mas preferiam acreditar numa eventual ajuda ou predisposição neutral das forças armadas de Minas Gerais, Rio Grande do Sul e Mato Grosso. Enganaram-se, pois somente Mato Grosso manteve-se leal à promessa, inclusive porque o contingente de lá estava sob o comando de Bertoldo Klinger. Com o Rio Grande do Sul e Minas Gerais sucedeu exatamente o contrário: ambos se posicionaram contra os insurgidos e os "constitucionalistas" se encontraram circundados por 100.000 soldados legalistas. No dia 9 de agosto de 1932, foi lançada a campanha do "ouro para o bem de São Paulo", com o objetivo de financiar o governo "constitucionalista", à qual a população acorreu solícita, o mesmo fazendo um setor do clero. Alguns exemplos:

> Dom Duarte Leopoldo Silva, à frente do clero paulista, colabora ardentemente com a causa constitucionalista, tanto orientando serviços hospitalares, como tomando providências oportunas para aumentar a eficiência da "campanha do ouro".
> Dom Carlos Duarte Costa, bispo de Botucatu, está criando sob seu patrocínio um batalhão patriótico. Os sacerdotes de sua diocese se esforçam para aumentar a coleta de ouro e arregimentar o maior número possível de homens válidos que restarão a receber a instrução militar e como reservas do referido batalhão.
> Dom Alfredo José Gonçalves, bispo de Ribeirão Preto, mandou circulares a todas as paróquias determinando que prestem toda assistência à causa constitucionalista e que incrementem a "campanha do ouro". "Prestem por todos os meios dignos, à causa da lei, o vosso concurso decidido e patriótico".
> Mons. Antônio Ramalho, vicário-geral da diocese de Jaboticabal, falou ao povo brasileiro, por rádio, ao clero nacional e principalmente aos católicos, pedindo que apoiem a causa da constitucionalização da pátria, dominada por uma avalanche de maus brasileiros.
> Dom Francisco Barreto, bispo de Campinas, entregou aos diretores da "campanha do ouro" uma placa deste metal que pesava 450 gramas, a qual lhe tinha sido oferecida pelos sacerdotes de sua diocese numa homenagem, tempos atrás; e além disso, também a rica cruz que ornava seu peito, símbolo de sua alta investidura eclesiástica. Recomendou, numa entusiástica circular aos seus sacerdotes, que nomeassem comissários para recolher ouro para "a causa do Brasil integrado na lei".[74]

O envolvimento do clero na citada "campanha do ouro" foi realmente grande, se se considera que, em São Paulo, Mons. Gastão Liberal se tornou um dos seus líderes, fazendo da cúria mesma um dos lugares em que as pessoas vinham doar suas joias, sobretudo alianças, recebendo em troca o dístico "dei ouro para o bem de São Paulo". Não se tratou de um exemplo isolado, e a própria presidência da comissão executiva da campanha men-

---
[73] AA.EE.SS., Nova constituição, em: *Brasil*, pos. 513b-515, fasc. 43, fl. 41.
[74] AA.EE.SS., "Clero e política", em: *Brasil*, pos. 516-518, fasc. 45, fl. 2-3.

cionada foi confiada a monsenhor João Batista de Carvalho, presbítero da diocese de Santos.[75]

Quando os soldados partiram para o *front*, a arquidiocese de São Paulo também organizou um serviço de assistência religiosa em que clérigos atuavam nas mais diversas localidades.[76] Entretanto, não obstante a colaboração de membros da hierarquia eclesiástica e da população em geral, a disparidade de forças em campo era enorme e os "constitucionalistas", combatendo em três frentes, foram abandonando terreno e perdendo posições. Afinal, viram-se forçados a capitular em 2 de outubro de 1932, na cidade de Cruzeiro, SP. Causou apreensão no meio eclesiástico a possibilidade que a participação de certos padres e bispos na contenda pudesse trazer consequências dolorosas para a Igreja. O temor se justificava, inclusive porque foi feita pressão sobre o governo para que tomasse providências contra o Arcebispo de São Paulo e contra o bispo de Botucatu, porém, Getúlio Vargas preferiu não fazer caso.[77] Houve, contudo, exceções: monsenhor Carvalho, supracitado, foi preso em Santos e dali enviado para São Paulo. Não durou muito, porém, uma vez que acabaria sendo solto graças à intercessão de Dom Leme.[78]

6.3.2 – A movimentação do clero ante a eventualidade de uma constituinte

O Estado de São Paulo caiu nas mãos de mais um interventor, o gaúcho Valdomiro Castilho de Lima (1873-1938), mas, por outro lado, Vargas convocou, para 3 de maio de 1933, uma eleição para dar ao Brasil nova carta magna.[79] Isso estimulou também a militância católica e Dom Leme, falando ao redator de *O Globo*, foi categórico: "No momento histórico em que se decidem os destinos da pátria, cidadãos como os que melhor o sejam, os católicos, não podiam ficar de braços cruzados. Não formarão é certo partido político, mas cerrarão fileiras em torno dos princípios religiosos, morais e sociais da Igreja católica".[80]

Daí que, em 1933, em vista das eleições para a próxima assembleia constituinte, retomando – e ampliando – o que já fora proposto pelos bispos no Rio de Janeiro em 1931, elaborou-se uma lista de reivindicações católicas a serem incluídas na pauta dos debates constitucionais, a saber:

---

[75] JOÃO BATISTA DE CARVALHO, *O clero solidário com o povo em 32*, Instituto Histórico e Geográfico de São Paulo, São Paulo 1957, p. 63.
[76] Os sacerdotes foram assim distribuídos durante o conflito: à frente de São José do Barreiro ficaram Padre Antônio Pinto de Andrade, redentorista de Aparecida, e frei Niceto, franciscano de Guaratinguetá; à frente de Areias atuaram Padre João José de Azevedo, vigário de Pindamonhangaba, e Pedro Plínio de Freitas, vigário de Pinheiros; em Areias, propriamente dita, prestou assistência Padre Antônio de Azevedo, vigário da paróquia; para Cachoeira foi monsenhor José Soares de Machado, também vigário da paróquia local; e, em Lorena, autou seu vigário, Pe. José Artur de Moura, mais os salesianos ali residentes (JOÃO BATISTA DE CARVALHO, *O clero solidário com o povo em 32*, p. 18).
[77] AA.EE.SS., "Clero e política", em: *Brasil*, pos. 516-518, fasc. 45, fl. 7, 26.
[78] JOÃO BATISTA DE CARVALHO, *O clero solidário com o povo em 32*, p. 83, 108.
[79] Cf. GABRIEL MANZANO FILHO ET ALII, *100 anos de república*, vol. IV, p. 16, 21.
[80] AA.EE.SS., "Nova constituição", em: *Brasil*, pos. 513b, fasc. 42, fl. 22.

1. Que a nova constituição fosse publicada em nome de Deus.
2. Que se reconhecesse explicitamente na constituição nacional que a maioria do povo brasileiro era católica.
3. Que mantivesse a embaixada brasileira junto à Santa Sé.
4. Que se reconhecesse o ensino religioso nas escolas oficiais.
5. Que se reconhecesse os efeitos civis ao matrimonio religioso.
6. Que se conservasse nas leis nacionais a indissolubilidade do vínculo conjugal.
7. Que se autorizasse a assistência religiosa às forças armadas.
8. Que se suprimissem todas as medidas de exceção contra a religião.
9. Que se autorizasse oficialmente a colocação das imagens de Cristo nos tribunais, nas escolas e nos hospitais.
10. Que fossem isentos do serviço militar os ministros de culto.
11. Que o Estado facilitasse, promovesse e protegesse a evangelização dos índios.
12. Que em toda a legislação do trabalho se respeitassem os direitos da consciência cristã.
13. Liberdade de associação profissional e repouso dominical.
14. Que se suprimissem todos os termos legais suscetíveis de interpretação anticatólica.[81]

Já existiam as condições para tanto, se se tem presente que em Minas Gerais, então o maior colégio eleitoral estadual do Brasil, o Partido Progressista, ao qual se filiara o ex-governador Antônio Carlos Ribeiro de Andrada (1870-1946), vários ministros e diversas pessoas importantes, como Gustavo Campanema, Bias Fortes e Negrão de Lima, aprovou um novo programa político em que temas como matrimônio, divórcio, ensino religioso e outros mais estavam em sintonia com a plataforma católica. Alguns exemplos:

– Artigo 50: Defender o instituto família como base da organização social brasileira ampliando-se o direito da mulher; estabelecendo-se sanção eficiente contra a incúria dos genitores no cumprimento dos próprios deveres em relação aos filhos.
– Artigo 51: Reconhecer para os efeitos civis a validade do matrimônio religioso, celebrado pelo sacerdote da religião tradicional, com culto estabelecido no país, quando sejam respeitadas as disposições legais e seja o ato registrado em registro de paz por determinação do juiz competente, mediante pedido de qualquer pessoa interessada.
– Artigo 52: Impugnar o instituto do divórcio do vínculo.
– Artigo 62: Combater todas as formas de imoralidade existente na sociedade.
– Artigo 64: Manter a liberdade de ensino religioso que deve ser facilitado nos estabelecimentos públicos de educação.
– Artigo 65: Facilitar a assistência religiosa nas forças armadas.[82]

Portanto, pode-se dizer que a LEC não fazia exigências exorbitantes para a sensibilidade da maioria, o que também explica o apoio declarado que recebeu de certos políticos para as suas reivindicações. Foi o caso do governador da Bahia, Juracy Magalhães (1905-2001), ao qual os bispos locais, em reunião, decidiram participar-lhe sua consideração, resposta essa que foi inclusive publicada na imprensa. Dizia o seguinte:

Tendo chegado ao nosso conhecimento que o grande partido em organização, sob a alta e prudente orientação de V. Ex.ª, propõe-se a defender os mesmos postula-

---

[81] AA.EE.SS., "Liga Eleitoral Católica", em *Brasil*, pos. 513b, fasc. 42, fl. 29.
[82] AA.EE.SS., "Nova constituição", em: *Brasil*, pos. 508, fasc. 27, fl. 31.

> dos cristãos da Liga Eleitoral Católica relativos à formação da família em relação à indissolubilidade matrimonial seja quanto a garantir os efeitos civis ao matrimônio religioso, como igualmente o ensino religioso facultativo e a assistência religiosa facultativa às classes armadas, nós subscritos, bispos da Província Eclesiástica de São Salvador da Bahia, felicitamos com entusiasmo V. Ex.ª, aplaudindo esta atitude eminentemente patriótica e cívica, fazendo votos a Deus que estes ideais se convertam em realidade pela grandeza da pátria e felicidade do povo brasileiro.[83]

Em Minas Gerais, a arregimentação não foi menor, como bem o demonstra uma circular reservada, datada de 30 de novembro de 1932, expedida por Dom Helvécio Gomes de Oliveira SDB (1876-1960), Arcebispo de Mariana, aos vigários, curas e demais cooperadores no governo da arquidiocese, comunicando o desenvolvimento em curso e as estratégias da LEC. Dizia o seguinte:

> Neste momento de indisfarçável gravidade histórica é que da capital federal, de cujos céus emergem, iluminados, os braços do Cristo Redentor, nos chegam ardentes convites e estímulos incessantes para uma coligação de energias capaz, ela só, de sacudir o torpor invadente e espantar, de uma só vez, todos os receios tímidos, dos sem coragem e sem fé.
> Refiro-me, caros cooperadores, à LIGA ELEITORAL CATÓLICA, em hora divina fundada no Rio, pelos videntes brasileiros: Drs. Pandiá Calógeras, Alceu Amoroso Lima, Jonathas Serrano, Cândido Mendes de Almeida, Aníbal Porto e Dona Estela Faro. [...] No Rio de Janeiro, com sede à Praça 15 de novembro 101, tendo como secretário-geral o Dr. Amoroso Lima. Por ela já foi designada a Junta Estadual; idem, a Junta Regional, com sede na cidade de Ouro Preto, abrangendo a nossa arquidiocese de Mariana, tendo como presidente Dr. Fausto Alves Brito e como secretário o Dr. Cláudio Alaor Bernhaus de Lima.
> Compete agora a cada freguesia promover urgentemente a criação das juntas locais, enviando a esta cúria, no prazo máximo de seis dias após o recebimento desta circular, uma lista de cinco ou mais nomes de homens e senhoras, católicos ilustrados, sinceros e de prestígio que, uma vez convidados pela Junta Regional ou diocesana, atuarão nesta paróquia imediatamente e sem perda de tempo, a propaganda da LEC pela imprensa local, em boletins, conferências, nas igrejas, salões etc., como vai fazendo já em algumas paróquias maiores.[84]

A movimentação da LEC teve ressonância até entre membros do alto escalão do governo, a exemplo de Oswaldo Aranha, então ministro da Fazenda, que escreveu a Alceu Amoroso Lima, para comunicar:

> Tenho o prazer de participar-lhe, a fim de que o leve ao conhecimento do Eminentíssimo Cardeal Leme, a decisão geral dos partidos filiados à União Nacional Cívica, de considerar *questão fechada* (o grifo é do autor) as reivindicações mínimas dos católicos brasileiros. A reunião do Norte definiu, com alto senso de exata compreensão das nossas necessidades, a sua íntegra adesão nesta matéria ao anteprojeto constitucional.[85]

---

[83] AA.EE.SS., "Liga Eleitoral Católica", em: *Brasil*, pos. 513b, fasc. 42, fl. 29b-30.
[84] AA.EE.SS., "Liga Eleitoral Católica", em: *Brasil*, pos. 513b, fasc. 42, fl. 36-37.
[85] AA.EE.SS., "Liga Eleitoral Católica", em: *Brasil*, pos. 513b-515, fasc. 43, fl. 5.

Também Juarez Távora, então elevado a major e ministro de Estado, escreveu igualmente a Amoroso Lima, declarando:

> Como presidente que fui da convenção dos partidos realizada em Recife de 15 a 18 do corrente, posso assegurar-lhe que foram discutidas e consideradas questões fechadas para todos os partidos:
> a) A indissolubilidade do vínculo matrimonial.
> b) A plena independência dos poderes temporal e espiritual.
> c) O ensino religioso facultativo nas escolas públicas.
> d) A assistência religiosa facultativa nos estabelecimentos militares, penitenciários e hospitalares etc.[86]

Pode-se dizer que as relações entre o clero e a classe política haviam atingido um alto grau de comunhão de interesses. Dentre os exemplos disso merece ser citado um que aconteceu em Minas Gerais. Aos 30 de agosto de 1933, faleceu Dom Joaquim Silvério de Souza, bispo de Diamantina. Diante do evento lutuoso, o governo de Minas lhe concedeu honras de chefe de Estado e até custeou as despesas do funeral.[87]

Outro caso digno de nota ocorreu em Porto Alegre, RS, em que, na cripta da nova catedral que se estava construindo, foi colocado o retrato do interventor José Antônio Flores da Cunha (1880-1959), "como prova de agradecimento" pelos serviços que vinha prestando ao Catolicismo e às obras da nova Sé, cuja pedra fundamental fora lançada aos 7 de agosto de 1921. As palavras proferidas por Dom João Becker naquela ocasião foram candentes:

> Nestes tempos angustiosos de dúvidas e de caráteres vacilantes, V. Ex.ª assumiu a atitude franca dum estadista resoluto e esclarecido. Não se deixou influenciar pelos falsos escrúpulos constitucionais nem por fúteis preconceitos laicistas, pois, V. Ex.ª reconhece que a religião católica é um fato de imensa relevância social em virtude dos princípios que exigem a doutrina que ela ensina.[88]

Como resposta, o general Flores da Cunha disse: "Senhor Arcebispo, tenho motivos para receber com grande emoção a homenagem que V. Ex.ª e a ilustre comissão de obras da catedral se dignaram prestar-me no dia de hoje, que é o dia da maioria do povo brasileiro e do povo rio-grandense, que são católicos".[89]

O destaque do episcopado brasileiro, porém, era Dom Leme, Cardeal-Arcebispo do Rio de Janeiro, que até mesmo certos governantes estrangeiros prestigiavam. Foi o que fez, por exemplo, o presidente argentino, Agustín Pedro Justo (1876-1943), na visita oficial ao Brasil de 7 a 14 de outubro de 1933. Ele veio com a esposa, Ana Encarnación Bernal Harris (1878-1942), e com o ministro das relações exteriores, Carlos Saavedra Lamas (1878-1959), ao lado de outros personagens do exército e da política de seu país, e, assim que desembarcou no Rio, fez questão de receber Dom Leme. Além

---

[86] AA.EE.SS., "Liga Eleitoral Católica", em: *Brasil*, pos. 513b-515, fasc. 43, fl. 5-6.
[87] AA.EE.SS., "Situação da Igreja no Brasil. Católicos e política", em: *Brasil*, pos. 503, fasc. 15, fl. 3.
[88] AA.EE.SS., "Situação da Igreja no Brasil. Católicos e política", em: *Brasil*, pos. 503, fasc. 15, fl. 18.
[89] AA.EE.SS., "Situação da Igreja no Brasil. Católicos e política", em: *Brasil*, pos. 503, fasc. 15, fl. 18.

disso, também participou da celebração da missa na capela cardinalícia e de um solene *Te Deum* celebrado na igreja da Candelária.[90]

6.3.3 – As inovações da carta magna de 1934

Enquanto isso, aos 3 de maio de 1933, fora realizada a eleição para os 214 deputados que deveriam elaborar uma nova constituição para o país. Em todo o Brasil havia 1.284.863 eleitores aptos a votar, o que, desta vez, incluía o voto feminino, aprovado que fora, juntamente com a instituição do "Dia das Mães", no ano precedente. A afluência às urnas foi deveras grande, mas nem todas as freiras usufruíram de tal direito. Um dos motivos foi que em muitos municípios se exigiu que elas se fizessem fotografar com a cabeça descoberta, ou seja, sem véu, prescrição à qual muitas religiosas não quiseram se conformar. Ao mesmo tempo, a União Eleitoral Católica, como previsto, fez-se acima dos partidos, exceção feita ao Estado do Ceará, onde a LEC não apresentou candidatos próprios. Para a hierarquia eclesiástica o resultado do pleito foi visto como um verdadeiro triunfo, e Dom Leme, numa nota confidencial, não só se alegrou com o fato, como elaborou estratégias para mantê-lo:

> Louvores sejam dados ao Coração Eucarístico de Jesus, pelas bênçãos com que se dignou coroar os trabalhos de arregimentação eleitoral católica. Tanto quanto se pode confiar nos compromissos políticos, parece que estão vitoriosos os nossos postulados mínimos. Organização suprapartidária, visando, apenas, influir nos programas dos partidos e dos candidatos, a LEC conseguiu o seu objetivo, uma vez que, à exceção do Partido Libertador do Rio Grande do Sul, todos os outros grandes partidos e quase todos os candidatos do Brasil aceitaram os nossos postulados. Qualquer que seja, pois, o resultado das urnas, temos maioria.
> Apesar dessa convicção e de todas as precauções, já tomadas, é possível que alguns tentem fugir ao compromisso alegando: "não voto contra e basta"; "não é matéria constitucional"; "os católicos aqui e ali não foram leais" etc. Único meio que temos de obrigá-los ao cumprimento da palavra é o temor das próximas eleições, federais e estaduais. Daí o dever indiscutível de mantermos e desenvolvermos a nossa organização eleitoral. E como não há tempo a perder, é preciso reiniciar e intensificar os trabalhos: 1) Continuar o alistamento dos novos eleitores; 2) Inscrição na LEC dos eleitores filiados ou não nos diferentes partidos, já alistados até agora ou que se alistarem para o futuro; 3) Alimentar a propaganda do "dever eleitoral"; 4) Doutrinar o povo acerca da racionalidade dos nossos postulados; 5) Manter contato com os chefes dos partidos e com os deputados, individualmente, para prevenir falsas alegações, a que me referi, há pouco.
> Nós não valemos só pelos eleitores que a LEC alistar, e, sim, pelos eleitores em que possamos influir. É necessário, pois, que, ao esforço por alistar eleitores, juntemos o de formar a consciência do eleitorado em geral, por meio de forte campanha doutrinária, falada e escrita. Seria aconselhável que, em cada paróquia, se organize um trabalho intenso para inscrever na Liga (com o compromisso de aceitarem a sua orientação na defesa da Igreja) os eleitores que por si, ou por outras organizações, que não a liga, estejam ou venham a ser alistados.[91]

---

[90] AA.EE.SS., "Situação da Igreja no Brasil. Católicos e política", em: *Brasil*, pos. 503, fasc. 15, fl. 7-8, 10.
[91] AA.EE.SS., "Nova constituição", em: *Brasil*, pos. 508, fasc. 27, fl. 45.

Chegado o dia 10 de novembro, sob a presidência do ministro Hermenegildo Rodrigues de Barros (1866-1955), presidente do tribunal superior eleitoral, reunida no plenário do Palácio Tiradentes, a mesa diretora deu início ao recebimento dos diplomas dos 254 deputados constituintes eleitos. Dois dias mais tarde, o deputado Antônio Carlos Ribeiro de Andrada foi escolhido para dirigir os trabalhos constituintes, ao que se seguiu, no dia 15 de novembro de 1933, a abertura solene dos debates. Entre os eleitos havia militantes católicos conhecidos, como Luiz Cavalcanti Sucupira, Heitor Annes Dias, Plínio Corrêa de Oliveira e Carlos de Morais de Andrade.[92] Daí que, depois que foram votados todos os capítulos e se passou à votação das emendas, o deputado baiano Antônio Garcia de Medeiros Neto (1887-1948) pediu preferência para aquela que ordenava a inclusão do nome de Deus no preâmbulo, até porque a mesma contava com 170 assinantes. Houve algumas vozes contrárias, como as do carioca José Mattoso de Sampaio Correia e do paraibano José Pereira Lyra, mas ao ser colocada em votação, no dia 8 de maio de 1934, a proposta saiu vencedora com 157 votos favoráveis e 57 contrários. O mencionado preâmbulo dizia textualmente:

> Nós, os representantes do povo brasileiro, pondo a nossa confiança em Deus, reunidos em Assembleia Constituinte, para organizar um regime democrático, que assegure a unidade nacional, a liberdade, a justiça e o bem-estar social e econômico da Nação, decretamos e promulgamos a seguinte constituição da República dos Estados Unidos do Brasil.[93]

A questão do matrimônio foi outro objeto de debates. O deputado mato-grossense, João Villas Boas, propôs que na nova constituição ficasse estabelecido que o supremo tribunal de justiça teria poderes para "homologar sentenças estendidas para todos os efeitos, inclusive para aqueles que decretassem o divórcio". O líder da maioria, Medeiros Neto, mais Nereu de Oliveira Ramos tomaram posição contra tal iniciativa, que ao ser votada, no dia 19 de maio de 1934, recebeu apenas 28 sufrágios, enquanto que 178 votaram contrariamente. A questão se resolveu no dia 27 do mesmo mês, quando, depois de derrotar com uma maioria de 148 votos contra 46 a iniciativa que propunha de suprimir o termo "indissolúvel" do texto constitucional, aprovou-se o Artigo 144 estabelecendo que a família, constituída pelo casamento indissolúvel, estava sob a proteção do Estado. Além disso, o Artigo 146, mesmo afirmando que o matrimônio era civil, estabeleceu que a cerimônia religiosa, celebrada perante o ministro de qualquer confissão, cujo rito não contrariasse a ordem pública, produziria igualmente os mesmos efeitos.[94] Essa inovação faria depois Dom Antônio de Almeida Lustosa SDB (1886-1974), Arcebispo de Belém do Pará, exaltar a "magnífica e utilíssima conquista católica de 1934".[95]

---

[92] GABRIEL MANZANO FILHO, *100 anos de república*, vol. IV, p. 28.
[93] AA.EE.SS., "Nova constituição", em: *Brasil*, pos. 508, fasc. 28, fl. 22.
[94] AA.EE.SS., "Nova constituição", em: *Brasil*, pos. 508, fasc. 28, fl. 20, 25, 31; *Constituição da República dos Estados Unidos do Brasil promulgada em 16 de julho de 1934*, Edição de Ângelo Dellatre, [s.l.: s.d.], p. 32, 33.
[95] ANTÔNIO DE ALMEIDA LUSTOSA, *Carta Pastoral de Dom Antônio de Almeida Lustosa, Arcebispo do Pará sobre o artigo 146 da constituição federal*, [s.n.], Belém 1937, p. 3.

A votação destes textos favoráveis ao Catolicismo mais a iminência que outros tantos viessem a sê-lo provocaram reações indignadas na imprensa anticlerical, a exemplo do jornal paulista *A Lanterna*, dirigido por Edgard Leuenroth, que, na edição de 17 de maio daquele ano, publicou na primeira página:

> Os agentes do Vaticano vencerão em toda a linha na Constituinte. Serão incorporados à constituição todas as odiosas pretensões da clerocracia, com o fim de esfrangalhar os últimos resquícios das conquistas liberais. Estão manobrando nas sacristias os elementos reacionários que aqui agem sob as ordens do governo papalino. A postos anticlericais, homens de consciência livre do Brasil! Cerremos fileiras para a luta decidida em qualquer terreno, para onde nos queiram arrastar as hordas clericais.[96]

Nada disso impediu que outras almejadas aspirações católicas se tornassem fato: no dia 21 de maio, foi definitivamente abolida a disposição que impedia o voto dos religiosos, ao que se seguiu a permissão de assistência religiosa, quando solicitada, nas expedições militares, nos hospitais, nas penitenciárias ou em outros estabelecimentos oficiais. A ressalva foi aquela de que, nas expedições militares, a assistência religiosa ficasse restrita a sacerdotes brasileiros natos (Artigo 113,6). Houve apenas uma derrota católica nas votações em curso: aquela relativa à obediência das associações confessionais [leigas] às autoridades da instituição religiosa respectiva. O texto em questão – Artigo 113,5 – recebeu 100 votos contrários e 98 a favor. O mesmo não se deu, entretanto, no quesito que dizia respeito aos cemitérios das confrarias. Se a constituição de 1891 definira que os "campos santos" seriam laicos, agora se fez um importante acréscimo: "As associações religiosas poderão manter cemitérios particulares", ainda que sujeitos à fiscalização das autoridades competentes e ficando proibidos de recusarem a sepultura onde não houvesse cemitérios laicos (Artigo 113,7). Outras conquistas católicas aconteceram: por 113 votos contra 83 foi consentida a pluralidade dos sindicatos, o que de per si daria espaço à fundação de sindicatos católicos (Artigo 120).

Debates particularmente acirrados aconteceram quando se tratou de definir o assunto religioso. Os argumentos dos contrários, como bem analisou Carlos Roberto Jamil Cury, foram os seguintes:

- O ensino religioso é tarefa do lar e do tempo. A força da religião não deve valer-se do apoio do ensino público.
- A nação é republicana e democrática. O ensino religioso fere o princípio da igualdade perante a lei.
- Em nome da liberdade de todos, a maioria católica não pode impor sua religiosidade às minorias não crentes ou de crenças diferentes.
- A Igreja Católica não fica diminuída com a laicidade.
- Se o Estado é leigo, o ensino também deve sê-lo. O ensino religioso nas escolas públicas é um "retrocesso histórico" e faculta alianças com a Igreja Católica que, sendo dominada por um governante estrangeiro, acaba por se intrometer na soberania nacional e põe o povo contra o governo.
- O clero na sua maioria não é brasileiro.
- O ensino religioso, mesmo facultativo, só existirá no papel. Na prática tornar-se-á obrigatório, já que só incentivará a religião dominante.

---

[96] *A Lanterna*, São Paulo (17-5-1934), p. 1.

- É a perda de uma conquista republicana e perturba a eficiência do ensino científico, por defender concepções antiprogressistas.
- O projeto católico é capcioso, porque por etapas sucessivas e mais abrangentes quer chegar ao poder oficial direto...
- A tese da "maioria católica" é falaciosa, pois não é *qualitativamente* demonstrável. Os próprios bispos reconhecem que, em grande parte do país (especialmente no interior), o Catolicismo é confundido com "fetichismo".
- escola não é lugar para angariar prosélitos.

Os católicos não fizeram por menos e também eles elaboraram uma série de argumentos a favor das emendas pró-ensino religioso, a saber:

- A religião impede a animalização do homem.
- A inclusão das mesmas na constituição é exigência da "voz do Brasil cristão", maioria da nação.
- O laicismo é "planta exótica" no Brasil e não tem raízes históricas nem nacionais.
- O Ensino Religioso encontra-se na legislação dos países adiantados.
- Em nome da liberdade de todos, a minoria não católica não pode impor sua irreligiosidade à maioria que é católica.
- Deus unifica os brasileiros e é garantia de paz social. A melhor unidade contra a luta religiosa é a própria religião, em especial a religião católica.
- Os católicos não querem união oficial entre a Igreja Católica e o Estado, mas querem que a lei expresse a realidade da "união viva" entre a Igreja Católica e a nação. Pedem, pois, "cooperação recíproca" entre o Estado e todas as igrejas.
- O ensino religioso e a obediência ao Papa em questões morais (e não políticas) têm como objetivo a paz social justa e a salvação das almas. E a alma não tem fronteiras.
- A missão civilizadora da Igreja busca a salvação eterna da humanidade, por isso, falar-se em "luta religiosa" a partir do ensino religioso facultativo é incidir em imaginações fantasiosas.
- O ensino religioso é o grande anteparo para o comunismo.
- A criança não é propriedade do Estado, mas ela se liga ao "pátrio poder". Sendo a escola o complemento do mesmo, o Estado deve subsidiar esta complementação.
- O Estado, se não pode ministrar ensino religioso, não deve impedi-lo.
- O ensino religioso só no lar e no templo formaria "homens duais".
- A escola não é antítese da família nem da nação.
- Se houver abuso no ensino religioso facultativo, o *abusus non impedit usum et sublata causa, tollitur efectus*.[97]

Nesse embate, venceram os católicos, uma vez que, depois de receber 139 votos favoráveis contra 58 opostos à inovação, o Artigo 153 definiu o ensino religioso nestes termos: "O ensinamento religioso será de frequência facultativa e ministrado de acordo com os princípios da confissão religiosa do aluno, manifestada pelos genitores ou responsáveis, constituindo matéria de horário nas escolas primárias, secundárias, profissionais e normais". Outra vitória foi que o Artigo 163 § 3 isentou os eclesiásticos do serviço militar.[98]

---

[97] CARLOS ROBERTO JAMIL CURY, *Ideologia e educação brasileira*, p. 116-118.
[98] AA.EE.SS., "Nova constituição", em: *Brasil*, pos. 508, fasc. 28, fl. 34-37, *Idem*, pos. 508, fasc. 29, fl. 9.

A nova constituição foi promulgada na tarde do dia 16 de julho de 1934, depois que, por iniciativa do deputado Maurício Cardoso, ao texto fora acrescentado o Artigo 176, que dizia: "É mantida a representação diplomática junto à Santa Sé". Após a promulgação do novo texto constitucional, assim se pronunciou o Núncio Apostólico: "É inegável que, se comparada a atual constituição com a precedente [de 1891], deve reconhecer-se que a Igreja ganhou muito [...] e isso deve ser atribuído ao Eminentíssimo Cardeal Leme, ao Arcebispo de Porto Alegre e aos outros bispos".[99]

No dia 17, numa votação indireta, os congressistas elegeram o novo presidente constitucional, cujo mandato deveria se estender até 3 de maio de 1938. A disputa ficou entre dois gaúchos, da qual saiu vencedor Getúlio Dornelles Vargas, que recebeu 175 votos, contra 59 dados ao deputado Antônio Augusto Borges de Medeiros (1863-1961).[100]

6.3.4 – A Igreja e o "perigo comunista"

Após o sucesso da Revolução Russa de 1917, muitos anarquistas brasileiros optaram pelas ideias de Karl Marx e Vladimir Ilitch Lenin (1870-1924). Daí que, de 25 a 27 de março de 1922, realizou-se em Niterói, RJ, o primeiro congresso comunista do Brasil, do qual participaram 9 delegados – todos egressos do anarco-sindicalismo –, representando 73 militantes esparsos pelo país, que decidiu aglutinar os grupos comunistas nacionais numa única sigla: o Partido Comunista do Brasil – o PCB (que, mais tarde, passaria a se chamar Partido Comunista Brasileiro). Em junho daquele mesmo ano, o presidente Epitácio Pessoa colocou o PCB na clandestinidade, mas os filiados não se desarticularam e até desejaram integrar sua sigla à Internacional Comunista, ou *Komintern*, organização fundada por Lenin em março de 1919, com o objetivo de reunir os partidos comunistas dos mais diversos países. O fato acabou gerando a primeira crise interna da agremiação, porque, em novembro de 1919, um dos membros da comissão enviada ao quarto congresso internacional comunista em Moscou, Antônio Bernardo Canellas (1898-1936), defendeu posições "heterodoxas". Segundo ele, o socialismo brasileiro era neutro em moral e o PCB poderia acolher maçons, católicos e protestantes. O comitê executivo da Internacional Comunista não concordou e deixou de admitir a nascente sigla brasileira nas suas fileiras, sob a alegação de que esta não era ainda um verdadeiro partido comunista. No seu entender, o PCB conservava "restos de ideologia burguesa, sustentados pela presença de elementos da maçonaria e influenciados por preconceitos anarquistas". Isso também explicaria "a estrutura centralizada do partido e a confusão reinante sobre a teoria e a prática dos comunistas".[101]

Quando regressou ao Brasil, Canellas foi criticado pela executiva do partido e em seguida expulso.[102] A situação, contudo, normalizou-se após viagens a Moscou de Rodolfo Coutinho, em 1923, e de Astrogildo Pereira, no ano

---

[99] AA.EE.SS., "Nova constituição", em: *Brasil*, pos. 508, fasc. 28, fl. 34-37, *Idem*, pos. 508, fasc. 29, fl. 5.
[100] AA.EE.SS., "Nova constituição", em: *Brasil*, pos. 508, fasc. 29, fl. 11.
[101] Michael Zaidan Filho, *O PCB e a Internacional Comunista*, Editora Revista dos Tribunais Ltda., São Paulo 1988, p. 23.
[102] Gabriel Manzano Filho et alii, *100 anos de república*, vol. III, p. 18, 25.

seguinte, o que possibilitaria ao PCB ser enfim reconhecido como seção brasileira da I.C.[103] Isso ocorreu durante o quinto congresso realizado em Moscou, de 17 de junho a 8 de julho de 1924.[104]

Pouco depois, sempre em Moscou, entre 1925 e 1926, também foi criado o "secretariado nacional para a América Latina". Entrementes, as peripécias envolvendo o PCB no Brasil se sucediam. Em 1º de janeiro de 1927, ele foi legalizado, tendo organizado o "Bloco Operário" e conseguido eleger Azevedo Lima como deputado federal pelo Rio de Janeiro. Porém, no dia 12 de agosto do mesmo ano, a agremiação comunista foi de novo colocada na ilegalidade. A medida, contida no Decreto n. 5.221, penalizava igualmente manifestações de empregados contra patrões, cerceava a liberdade de imprensa e consentia a intervenção em sindicatos. Aníbal de Toledo foi seu autor, o qual contou com a aprovação do presidente Washington Luís. Não por acaso, a inovação ficou conhecida como "Lei Celerada".[105] O fato foi comunicado pelo encarregado pontifício no Brasil ao Cardeal Pietro Gasparri, no dia 1º de setembro de 1927, da seguinte forma:

> Como noutros países, também no Brasil as ideias comunistas e anarquistas estão ganhando terreno e fazendo um grande mal. Muito oportunamente, portanto, no Brasil, no dia 12 de agosto passado, foram emanadas a respeito disposições. [...] Que creio oportuno aqui transcrever o seguinte artigo: "O governo poderá ordenar o fechamento, por tempo indeterminado, de associações, centros e sociedades que incitam a prática dos delitos previstos naquela lei e de outros contrários à moralidade e segurança pública, e seja que o façam no estrangeiro que no país, proibir a eles a propaganda, proibindo [também] a distribuição de escritos e suspendendo os organismos de publicidade que isso proponha, sem prejuízo do respectivo processo criminal".
> Dito decreto, que no senado foi aprovado quase com a totalidade dos votos (somente três contrários), deu lugar a numerosos protestos, especialmente porque, tendo sido redigido em termos demasiado genéricos, poderá ser causa de abuso da parte das autoridades; porém, foi acolhido pela maioria da nação.[106]

Certo é que a militância comunista prosseguia ativa e isso seria denunciado na *Carta Pastoral Coletiva* dos prelados da província eclesiástica da Bahia em 1931:

> Não há duvida de que o Brasil atravessa hoje a hora talvez mais grave de sua história. [...] E já começam a aparecer sinais inequívocos de que a onda rubra da Rússia soviética caminha a passos agigantados para o Brasil, trazendo-lhe o cortejo de horrores sociais que todos hoje conhecemos e que é bom experimentarmos nas lições formidáveis de outros países, para acudir à ruína do nosso.[107]

Também fora da Bahia o clero foi se dando conta de que a infiltração comunista, ainda que restrita, era um fato, como denunciou Dom Francisco de Aquino Corrêa em Cuiabá, MT:

---

[103] Heitor Furtado Lima, *Caminhos percorridos*, Editora Brasiliense, São Paulo 1982, p. 100.
[104] Leila Maria Gonçalves Leite, *Aliança Nacional Libertadora*, Mercado Aberto, Porto Alegre 1985, p. 27.
[105] Gabriel Manzano Filho et alii, *100 anos de república*, vol. III, p. 43.
[106] AA.EE.SS., "Decreto sobre comunistas e anarquistas", em: *Brasil*, pos. 503, fasc. 11, fl. 10.
[107] Augusto Álvaro da Silva et alii, *Carta Pastoral dos Prelados da Província Eclesiástica da Bahia*, Tipografia Nova Era, Bahia 1931, p. 3-4.

> Bem sabemos que está muito longe de nós essa Rússia infeliz, onde tremula na praça forte do Kremlin o pavilhão vermelho e sinistro do bolchevismo. Mas, por outro lado, quem não conhece a disseminação mundial desse partido, que, por meio da Terceira Internacional [...] invade as nações, tendo já, mesmo entre nós, deitado esse rebento que é a "Confederação Geral do Trabalho do Brasil"?[108]

O temor tinha fundamento, inclusive porque as hostes vermelhas agora contavam com a decidida participação de Luiz Carlos Prestes. Em 1929, graças às suas façanhas anteriores, ele se tornara tão conhecido, que o PCB até planejou lançá-lo como candidato para a presidência do Brasil, coisa que acabou não acontecendo. Diga-se ainda que a agremiação comunista passou em seguida por algumas significativas mudanças, o que incluiu a destituição de Astrogildo Pereira do cargo de secretário-geral e o veto à filiação mesma de Prestes em sua sigla.[109]

As atitudes do PCB em nada alteraram as convicções marxistas do aguerrido gaúcho. Ele, aliás, recusou o convite de seus antigos companheiros "tenentes" para apoiar a Aliança Liberal, negativa que repetiu pessoalmente a Getúlio Vargas numa viagem clandestina que fez a Porto Alegre. Depois que o situacionista Júlio Prestes venceu o pleito de 1º de março de 1930, e começaram as articulações da revolução que iria derrubá-lo, Prestes foi contatado outra vez para assumir a chefia do movimento, mas de novo recusou. Além disso, ele lançou em Buenos Aires seu próprio manifesto revolucionário no dia 29 de maio de 1930, declarando que a conspiração em curso nada mais pretendia que passar o poder das mãos de certas oligarquias para outras. No seu entender, a Aliança Liberal tinha um programa "anódino" e o que se devia fazer era uma "revolução agrária e anti-imperialista", por meio da "insurreição nacional de todos os trabalhadores", para a constituição de um governo "baseado nos conselhos de trabalhadores da cidade e do campo, soldados e marinheiros".[110]

Esta sua atitude provocou uma irremediável ruptura com as demais lideranças "tenentistas". Em 1931, já morando no Uruguai, para onde tivera de se transferir no ano precedente à causa das intempéries políticas da Argentina, Prestes aceitou um convite que lhe fez a União Soviética e deixou Montevidéu, no dia 1º de outubro de 1931, a bordo do navio *Eubée*, levando consigo a mãe, Maria Leocádia Felizardo Prestes (1874-1943) e as quatro irmãs. Em território russo foi trabalhar como engenheiro da *Tzentralnij Soiuztroy* e dedicar-se aos estudos do marxismo-leninismo. Em 8 de junho de 1934, passou a ser membro do *Komintern* e, enfim, no mês de agosto seguinte, também do PCB. Anteriormente, como se viu, seu nome fora vetado pelo partido, mas, após longo período de insistentes solicitações da parte dele e, depois, por resolução da I.C, a filiação aconteceu. Decisivo, no caso, foi o telegrama enviado pelo secretário do *Komintern*, Dmitri Manuilski (1883-1959), ordenando que assim fosse feito. O adiamento acontecera por causa do temor que sentia a direção do PCB em relação ao "prestismo", por considerar o ex-comandante da coluna um "caudilho pequeno burguês".[111]

---

[108] Francisco de Aquino Corrêa, *Deus e pátria. Carta Pastoral sobre a atual situação política do Brasil*, p. 20.
[109] Fernando Morais, *Olga*, p. 13.
[110] Anita Leocádia Prestes, *Luís Carlos Prestes e a Aliança Nacional Libertadora*, p. 35.
[111] Fernando Morais, *Olga*, p. 46-49; Anita Leocádia Prestes, *Luís Carlos Prestes e a Aliança Nacional Libertadora*, p. 11, 36, 38, 47.

Pouco depois, Prestes recebeu a incumbência de regressar clandestinamente ao Brasil, com o objetivo de dirigir uma conspiração revolucionária. Assim, em 29 de dezembro daquele ano, junto de Olga Benário (1908-1942),[112] designada pelo *Komintern* para acompanhá-lo, prontamente partiu. Em 8 de março de 1935, estando já em Paris, ele e Olga receberam passaportes forjados que lhes conferiam as falsas identidades de Antônio e Maria Vilar. Isso posto, o casal foi para os Estados Unidos. De Miami iniciaram, por via aérea, a viagem para o Brasil, passando por Santiago do Chile e Buenos Aires. Nesta última, em 15 de abril, tomaram o hidroavião *Santos Dumont* e aterrissaram em Florianópolis, de onde foram de carro até São Paulo e de lá para o Rio de Janeiro.[113]

Contemporaneamente, como diz Leandro Narloch, na operação que se montou, o casal vinha "acompanhado por uma equipe internacional de conspiradores", que eram "grandes terroristas e revolucionários experientes". No total, 22 estrangeiros estavam envolvidos,[114] mas, sem que soubessem, um deles fazia jogo duplo: o alemão Franz Paul Gruber (codinome de Johann Heinrich Amadeus de Graaf). Por isso, assim que chegou ao Brasil, Gruber procurou imediatamente o Itamarati para explicar as razões da sua vinda. Dali o enviaram para o chefe da polícia do Rio, Filinto Müller, que assim ficou ao corrente da trama revolucionária.[115]

Também ignorante deste fato, o "secretariado latino-americano" sediado em Montevidéu, em 1934 e 1935, voltava suas atenções para os países do continente, no pressuposto de que "a revolução triunfará primeiro nos países que representam o elo mais fraco da cadeia capitalista".[116] O apoio mais forte, no entanto, continuou a ser aquele da União Soviética, que investiu pesado na operação supracitada, tendo desembolsado 60 mil dólares em 1935, verdadeira fortuna para a época.[117]

O ambiente do Brasil, nesse ínterim, tornara-se propício à propagação de ideias extremistas, dado o agravamento das condições de vida urbana e rural, ainda sob efeito da crise de 1929, e a crescente tendência autoritária de Getúlio Vargas. Uma das associações de cunho político contestador surgidas na época foi a "Aliança Nacional Libertadora" (ANL), que, no dia 30 de março de 1935, num comício realizado no teatro João Caetano do Rio de Janeiro, teve seu lançamento oficial. Luís Carlos Prestes não estava presente, mas, mesmo assim, por proposta do jovem Carlos Lacerda (1914-1977), foi

---

[112] Olga Benário era uma judia alemã natural de Munique que, durante a mencionada viagem para o Brasil, sob o nome falso de Maria Bergner Vilar, tornou-se amante de Luís Carlos Prestes. Junto dele também acabaria sendo presa em 4 de março de 1936, no bairro do Méier, subúrbio do Rio de Janeiro. Grávida de sete meses, foi deportada para a Alemanha a bordo do cargueiro *La Coruña*. Chegando à sua terra natal, levaram-na para Barnimstraße, prisão feminina da Gestapo, onde viria nascer sua filha, Anita Leocádia Prestes, a qual, aos 14 meses de idade, seria resgatada pela avó paterna. Quanto a Olga, primeiro, em 1938, ela foi transferida para o campo de concentração de Lichtenburg e, no ano seguinte, para aquele de Ravensbrück, localizado a 80 km ao norte de Berlim. Ali, no dia 23 de abril de 1942, assassinaram-na junto de outras 199 prisioneiras. Deve-se acrescentar que Olga foi deportada junto de outra militante comunista de origem alemã, chamada Elise Saborovsky Ewert (1907-1940), conhecida como "Sabo". Também ela seria internada no campo de concentração de Lichtemburg e depois para o de Ravensbrück. Neste último, submetida a trabalho escravo, escassa alimentação e maus tratos, além de ter contraído tuberculose, viria expirar em 9 de fevereiro de 1940 (n.d.r).

[113] FERNANDO MORAIS, *Olga*, p. 56-65.

[114] LEANDRO NARLOCH, *Guia politicamente incorreto da história do Brasil*, p. 299, 302.

[115] LEÔNCIO BASBAUM, *História sincera da república*, vol. 3, p. 95.

[116] POLÍCIA CIVIL DO DISTRITO FEDERAL, *A Insurreição de 27 de novembro. Relatório do Delegado Eurico Bellens Porto*, Imprensa Nacional, Rio de Janeiro 1936, p. 5.

[117] LEANDRO NARLOCH, *Guia politicamente incorreto da história do Brasil*, p. 302.

aclamado seu presidente de honra. O delegado Eurico Bellens Porto deu para o fato a seguinte interpretação:

> Surgiu a Aliança com o manifesto ao povo brasileiro e assinado por uma "comissão provisória de organização" composta dos Srs. Hercolino Cascardo, Carlos Amorety Osório, Roberto Sisson, Benjamim Soares Cabello, Francisco Mangabeira e Manoel Venâncio Campos da Paz.
> Apresentou-se como uma frente ampla de reivindicações populares e de combate ao imperialismo e ao latifúndio e contra as leis chamadas de opressão às liberdades democráticas.
> De verdade, porém, o programa por que ela se batia era o mesmo imposto pelo Partido Comunista às suas sessões nos países "semicoloniais" como condição necessária à vitória do proletariado e ao advento do socialismo.
> O próprio Luís Carlos Prestes, membro do "Comitê Executivo da 3ª Internacional", aclamado presidente de honra da associação, em 30 de março, no comício realizado no Teatro João Caetano, escreveu, referindo-se a Aliança, aos companheiros do Secretariado Nacional do Partido Comunista, o seguinte: "Tomemos pelo único caminho que nos poderá realmente levar ao poder soviético e ao socialismo".[118]

Na verdade, no início, a ANL não tinha ainda uma identidade claramente comunista, mas tal tendência iria predominar após a chegada de Prestes da Rússia. Ainda que ele não se apresentasse em público, logo assumiu o comando da entidade no Rio de Janeiro e assim o PCB ingressou finalmente na organização implantando de vez uma nova orientação. Simultaneamente, como observa Fernando Morais, o PCB também se infiltrava nos quartéis, favorecido pela anistia de 1934, que permitira que jovens oficiais participantes das rebeliões anteriores voltassem à ativa, vários deles militantes comunistas. A direção do partido acabou admitindo ter mais penetração nas casernas que nas fábricas e investiu nisso.[119]

Daí para frente, também por influência direta da Internacional Comunista, passou-se a advogar a formação no Brasil de um "Governo Popular Nacional Revolucionário" (GNPR). No oitavo congresso da Internacional Comunista, realizado em Moscou naquele mesmo ano de 1935, o delegado Von Mine, que era também um dos membros do conselho executivo do *Komintern* e encarregado das atividades inerentes à América Latina, assim se pronunciou:

> No Brasil já existe uma ampla e bem organizada associação denominada "Aliança Nacional Libertadora", da qual fazem parte um grande número de oficiais e soldados do exército e da marinha brasileira. Esta Aliança foi criada sob a orientação secreta, mas direta do Partido Comunista Brasileiro, segundo as intenções confidenciais recebidas da Legação Soviética em Montevidéu. Esta Aliança segue cegamente as ordens do nosso camarada Prestes, que foi aclamado já em numerosos comícios como chefe supremo e presidente de honra.[120]

Ao mesmo tempo, porém, o governo Vargas se precaveu, instituindo a "Lei de Segurança Nacional" (a "Lei Monstro"), de autoria de Vicente Rao

---

[118] POLÍCIA CIVIL DO DISTRITO FEDERAL, *A insurreição de 27 de novembro. Relatório do Delegado Eurico Bellens Porto*, p. 6-7.
[119] FERNANDO MORAIS, *Olga*, p. 83.
[120] AA.EE.SS., "Movimento Revolucionário", em: *Brasil*, pos. 507, fasc. 24, fl. 36-37.

(1892-1978). Ela foi sancionada em 4 de janeiro de 1935 e suprimiu diversos itens democráticos estabelecidos na constituição de 1934. Vargas também contava com a colaboração da polícia do Distrito Federal, sob o comando do temível capitão Filinto Müller, que intensificava o controle aos comunistas, "aliancistas" e antifascistas. O ambiente político ia ficando cada vez mais tenso e, no dia 5 de junho de 1935, Luís Carlos Prestes lançou um duríssimo manifesto comemorativo à data dos levantes tenentistas de 1922 e 1924. Ao ser lido na tribuna da câmara pelo deputado Otávio da Silveira (1895-1966), representante do Paraná, este terminava proclamando: "Abaixo o fascismo! Abaixo o governo odioso de Vargas! Por um governo popular, nacional e revolucionário! Todo o poder à Aliança Nacional Libertadora!"[121]

Os dirigentes da ANL e do próprio PCB, contudo, não se davam conta dos limites do movimento "aliancista", que longe estava de ser suficientemente arraigado e forte ao ponto de poder resistir à reação que estava para ser desencadeada. Isso começou a ganhar consistência no dia 11 de julho seguinte, quando Getúlio Vargas, por meio do Decreto n. 229, ordenou o fechamento da ANL.[122]

A medida governista evidenciou de vez que os "aliancistas" contavam com uma base de sustentação muito menor de quanto supunham. Tanto assim que o apelo a uma greve geral como reação, não obstante os reiterados apelos feitos pelos núcleos de sua entidade pelo país afora, resultou num total fiasco. Depois, tornada ilegal, a ANL perdeu o contato com a massa popular, o que, aliado à repressão desencadeada pelo governo, fez com que muitos de seus ativistas e admiradores se afastassem dela. Os remanescentes, na clandestinidade, aderiram de vez às teses do igualmente clandestino PCB e, após o decreto de 11 de julho, abraçaram o projeto de uma insurreição armada para derrubar o governo Vargas e estabelecer o supracitado "Governo Popular Nacional Revolucionário" (GPNR) com Prestes à frente.

Foi aí que o dedo do infiltrado Paul Gruber desferiu um golpe certeiro contra tal projeto. Ele, mesmo admitindo não conhecer a fórmula do telegrama secreto que desencadearia o levante, já havia informado que este deveria eclodir em fevereiro ou março de 1936, e não foi preciso mais para que o governo brasileiro o sabotasse. Por isso, em Natal, RN, Aloísio Moura, dizendo-se comunista, fez amizade com João Lopes de Souza (codinome "Santa"), membro do comitê regional do PC local e, depois de conquistar a sua confiança, conseguiu dele a confirmação da chave de tal mensagem. Resultado: um falso telegrama foi forjado lá mesmo em Natal, como se fosse expedido do Rio de Janeiro, ordenando a antecipação do levante. Mesmo sem estarem preparados, os comunistas locais obedeceram à falsa ordem, a qual, ainda que causasse surpresa no Recife, também lá ocasionaria outra sublevação,[123] coisa que seria assim descrita:

> Na noite de 23 a 24 [de novembro] passado, eclodiu em Pernambuco, em Olinda, em Recife e no 21° batalhão de caçadores do Rio Grande do Norte (Natal), contemporaneamente, um movimento comunista, que se acreditou apoiado por políticos dos quais esperavam vantagens.

---

[121] Fernando Morais, *Olga*, p. 85-86.
[122] Polícia Civil do Distrito Federal, *A insurreição de 27 de novembro. Relatório do Delegado Eurico Bellens Porto*, p. 7, 28.
[123] Leôncio Basbaum, *História sincera da república*, vol. 3, p. 96.

No Pernambuco, os revoltosos, depois de terem colocado em perigo as duas cidades vizinhas de Olinda e Recife, entrincheiraram-se na Vila Militar de Socorro, de onde foram desalojados e perseguidos. A luta, sustentada por 22 horas pelas forças fiéis ao governo em Recife, fez temer por algum tempo a respeito da vitória e a extensão do movimento subversivo. Agora os rebeldes estão em fuga e em debandada. [...] De Natal, finalmente, no dia 27 corrente, teve-se notícias tranquilizadoras do Governador do Estado, o qual, depois de se ter refugiado a bordo de uma canhoneira mexicana, pôde reassumir o governo. [....] Os rebeldes tinham conseguido constituir um governo comunista que dominou por dois dias, violando os bancos e levando embora o dinheiro pela quantidade de cinco mil contos.[124]

Em que pese os excessos verificados em Natal, RN, o clero e os religiosos não sofreram constrangimentos, como admitiria o próprio bispo diocesano, Dom Marcolino Esmeraldo de Souza Dantas (1888-1967):

Foi uma coisa horrível, dolorosa surpresa, dura lição para todos. Duro aquele tempo, cuja impressão de medo não é ainda passada, três dias e quatro noites. Depois disso os bandidos fugiram, sem ter tido tempo de realizar o seu tenebroso programa. Graças a Deus! A notícia sobre a Escola Doméstica é falsa e as [vexações das] irmãs de Santa Ana é falsa. A escola estava já fechada, porque já eram começadas as férias naquela ocasião. E, as irmãs não sofreram nada, senão o medo que todos sofremos, com mais ou menos coragem, com calma e nervosismo. Fora daqui as notícias foram por vezes exageradas. A Igreja e seus sacerdotes, graças a Deus, nada sofreram, além do que eu disse. A proteção divina se manifestou claramente em tudo. Esta é a verdade.[125]

Sufocados os levantes nordestinos, foi a vez do Rio de Janeiro, onde a sublevação comunista começou após a meia-noite de 26 para 27 de novembro, resultando num igual malogro: somente o 3º Regimento de Infantaria (3º RI), localizado na Praia Vermelha, sob o comando de Agildo da Gama Barata Ribeiro, e a Escola de Aviação Militar do Campo dos Afonsos, chefiada, dentre outros, pelos capitães Agliberto Vieira de Azevedo e Sócrates Gonçalves da Silva, rebelaram-se. No Campo dos Afonsos, em pouco tempo os insurgentes foram dominados pela tempestiva ação de Eduardo Gomes, ao passo que o 3º RI ficou sob cerrado ataque das forças comandadas pelo general Góis Monteiro, que não hesitou em ordenar a destruição da entrada da edificação por meio de obuses. O quartel pegou fogo, muitos caíram feridos e, como a construção tinha o mar pela retaguarda, ficou impossível qualquer retirada, o que obrigou os rebeldes a se renderem. Morreram nesse episódio sangrento 28 pessoas.[126]

O levante comunista do Rio provocou apreensões na Nunciatura Apostólica, cujo prédio se encontrava defronte ao 3º Regimento de Infantaria. Não houve danos ou feridos na representação diplomática da Santa Sé, mas o episódio deixou vários mortos e feridos nas redondezas. O Pe. Leovigildo Franca, pároco do Sagrado Coração, correu para dar assistência aos caídos durante a luta. Contemporaneamente, foram também feitas numerosas

---

[124] AA.EE.SS., "Movimento revolucionário", em: *Brasil*, pos. 507, fasc. 20, fl. 6.
[125] AA.EE.SS., "Movimento revolucionário", em: *Brasil*, pos. 507, fasc. 20, fl. 38.
[126] GABRIEL MANZANDO FILHO ET ALII, *100 anos de república*, vol. IV, p. 35.

prisões. O Núncio, após ser debelado o movimento insurgente, exclamou: "Graças a Deus acabou e esperamos que se coloque remédio ao mal". E acrescentava: "Sua Eminência, o senhor Cardeal [Leme], disse-me outro dia que a eclosão da revolução foi um bem porque fez abrir os olhos do governo e também do país, que se uniu ao governo e sentiu horror pela revolução comunista". Outro diplomata da Santa Sé, Mons. Francesco Lunardi, no dia 3 de dezembro de 1935, foi até o Palácio do Itamarati congratular-se com José Carlos de Macedo Soares (1883-1968), ministro das relações exteriores e, em nome do Cardeal Eugenio Pacelli, manifestar ao governo brasileiro as mais vivas felicitações por ter evitado "o perigo comunista", mais os votos "para que a sábia e eficaz ação do governo" conseguisse afastá-lo "em definitivo".[127]

Apesar do grande número de prisões, a estrutura organizacional do PCB, mesmo combalida, conseguiu se manter e o partido continuou atuando às escondidas. O governo brasileiro, entretanto, não baixou a guarda e o chefe da polícia secreta, Filinto Müller, deu início à repressão aos comunistas e aliancistas. Uma nota conjunta do ministério da justiça e da chefatura da política do Rio de Janeiro deu conta de que subira a 638 o número de pessoas detidas, dentre elas 212 militares e 426 civis. As mulheres presas eram 10. Naquele momento aguardavam em cárcere o pronunciamento da justiça, dentre outros, Luís Carlos Prestes, chefe do comunismo no Brasil; e quatro membros da Terceira Internacional, que eram Rodolfo Ghioldi, argentino, secretário do partido comunista do seu país, Harry Berger (falso nome do alemão Arthur Ernest Ewert, preso e identificado com sua mulher, Elise Saborowski Ewert), Victor Allen Barron, estadunidense, que se suicidou jogando-se – ou foi jogado, como afirma Jorge Amado – do quarto andar do prédio da polícia central aos 6 de março de 1936, mais o belga Leon-Jules Valée.[128]

A repressão prosseguiu implacável, sem poupar políticos conhecidos. No Rio de Janeiro, por exemplo, foram presos o senador Abel de Abreu Chermont e os deputados Otávio da Silveira, Domingos Vellasco, Abguar Bastos e João Mangabeira.[129] Outras medidas se seguiram, como descreveu o Núncio numa carta ao Cardeal Pacelli datada de 13 de abril de 1936:

> O governo demitiu e continua a demitir vários professores universitários bem como diversos empregados dos ministérios e da prefeitura desta cidade [do Rio de Janeiro] por terem "exercitado atividades subversivas nas instituições políticas e sociais". [....] Foi expulso do Brasil o jornalista francês Renaud Jouvenel e sua esposa, por ter feito nesta nação propaganda de ideias comunistas. [...] No dia 3 de abril de 1936, foi preso também o prefeito do Rio, Pedro Ernesto Batista e, como a constituição do Distrito Federal estabelecia que, quando o prefeito ficasse impedido de exercer suas funções, assumiria o cargo o presidente da câmara, assumiu seu lugar o cônego Olímpio de Melo, considerado uma pessoa tranquila, moderada e diligente no exercício de seus deveres. [...] Dia 11 do corrente mês, mais de 30 oficiais do exército brasiliano perderam seus postos por ter participado do movimento revolu-

---

[127] AA.EE.SS., "Movimento revolucionário", em: *Brasil*, pos. 507, fasc. 20, fl. 6b-7, 12.
[128] AA.EE.SS., "Movimento revolucionário", em: *Brasil*, pos. 507, fasc. 21, fl. 29; *Idem*, pos. 507, fasc. 22, fl. 27-28; Jorge Amado, *O cavaleiro da esperança*, p. 261.
[129] AA.EE.SS., "Movimento revolucionário", em: *Brasil*, pos. 507, fasc. 21, fl. 40.

cionário de novembro passado e por não ter cumprido o próprio dever fazendo a devida resistência àquele movimento.[130]

Interessante recordar que, no discurso que proferiu durante as comemorações da Independência em 7 de setembro de 1936, o presidente Getúlio Vargas não se esqueceu de atacar a "campanha mantida por extremistas com a única finalidade de aniquilar a pátria, a família e a religião..."[131]

De outra feita, após a detenção dos líderes da assim chamada "Intentona", no dia 27 de novembro de 1935, a polícia deu uma batida numa casa da Rua Barão da Torre, em Ipanema, onde Prestes mantinha seus arquivos, e todos os documentos que lá se encontravam foram apreendidos. O líder comunista tinha ordenado a Paul Gruber – sem saber que era um infiltrado – instalar um mecanismo para que, se o local fosse invadido, incendiasse. Gruber, porém, tinha mostrado à polícia como desligar o alarme,[132] razão pela qual não somente dita documentação ficou conhecida como começou a ganhar destaque na imprensa. Soube-se assim que os comunistas pretendiam fundar núcleos de revolucionários pelo país afora, contando até mesmo com a participação do que chamavam de "pequeno clero". No caso do nordeste, em relação aos "padrecos", a tática seria a seguinte: "*Executaremos uma linha cuidadosa. Atacaremos os padres não como tais, mas como políticos e exploradores, de acordo com seu papel individual especial. Será preciso diferenciar, porque uma série de pequenos padres locais se manifesta pela A.N.L. e muitos têm forte influência sobre a população religiosa e atrasada*". Também acreditavam ser possível provocar divisões internas na hierarquia eclesiástica ou mais exatamente entre o "clero pobre" e o "clero rico", apresentando este último como explorador daquele e do povo. No tocante à correspondência internacional, Otávio Brandão escreveu: "*O Papa quer mobilizar o 'clero rico' do Brasil contra todos os princípios e correntes democráticas e progressistas e em particular contra o comunismo. O Papa quer ressuscitar as lutas religiosas tentando dividir os brasileiros em crentes e descrentes*", quando, segundo ele, a verdadeira questão era ser inimigo do "imperialismo". Depois de enumerar e criticar os "fartos haveres" do "clero rico" do Brasil, Brandão acrescentava: "*Pelo contrário, há no Brasil uma camada de padres paupérrimos, que conservam uma tradição popular-nacional, democrática e mesmo revolucionária*".[133]

Quanto aos demais comunistas capturados, ao serem julgados pelo tribunal de segurança nacional, no dia 7 de maio de 1937, os 35 acusados que eram apontados como cabeças do movimento revolucionário receberam pesadas penas. Foi o caso de Luís Carlos Prestes, condenado a 16 anos e 8 meses de prisão; de Agildo Barata, condenado a 10 anos e do ex-prefeito do Rio, Pedro Ernesto Batista, cuja condenação foi de 3 anos e 4 meses.[134]

---

[130] AA.EE.SS., "Movimento revolucionário", em: *Brasil*, pos. 507, fasc. 22, fl. 3, 5, 8.
[131] AA.EE.SS., "Movimento revolucionário", em: *Brasil*, pos. 507, fasc. 22, fl. 38b.
[132] LEÔNCIO BASBAUM, *História sincera da república*, vol. 3, p. 95.
[133] AA.EE.SS., "Movimento revolucionário", em: *Brasil*, pos. 507, fasc. 22, fl. 18.
[134] A.I., "Pedro Ernesto Batista condenado a três anos e quatro meses", em: *Diário Carioca*, Rio de Janeiro, 8-5-1937, p. 1.

O inteiro episódio causou grandes apreensões no clero. Dentre tantas manifestações de desconforto merece ser citada a *Pastoral contra o comunismo*, lançada pela província eclesiástica da Bahia aos 28 de outubro de 1937. O documento foi assinado por Dom Augusto Álvaro da Silva, Arcebispo Primaz, mais Dom Juvêncio de Brito, ordinário de Caetité; bem como por Dom Eduardo José Herberhold, de Ilhéus; Dom Rodolfo das Mercês de Oliveira Pena, de Barra; e Dom Hugo Bressane de Araújo, de Bonfim, declarando quanto segue:

> Ressoou ainda há pouco, dum extremo a outro do nosso amado Brasil, a voz autorizada de seus governantes a prevenir-nos contra os planos subversivos e ameaçadores do comunismo, como inimigo da ordem social e da pátria.
> [...] Se não fosse a gravidade e iminência do perigo, bem nos podíamos escusar com a Pastoral Coletiva do episcopado brasileiro há poucas semanas publicada com a luminosa carta encíclica *Divini Redemptoris*, que neste mesmo ano nos legou o nosso Santo Padre o Papa Pio XI. [...] Desta encíclica aprendestes como a doutrina do comunismo, não admitindo mais que a existência da matéria com suas forças cegas, não deixa lugar para a ideia de Deus, nem reconhece diferença entre espírito e matéria, entre alma e corpo e, portanto, contra toda a esperança de outra vida melhor. Não admite a Redenção, por conseguinte, nem a Igreja, nem Jesus Cristo Redentor e glorificador. Despojando o homem da liberdade, princípio da responsabilidade e da moralidade de seus atos, tira à pessoa humana toda a dignidade e o freio moral contra os instintos cegos da natureza. Nas relações dos homens entre si, sustenta o princípio da igualdade absoluta, que repele toda autoridade, ainda mesmo a dos pais sobre os filhos. E porque o direito de propriedade sobre os bens da natureza ou dos meios de produção levaria ao domínio do homem sobre outro, nega também o direito de propriedade. Por isso mesmo a natureza da propriedade particular, como fonte primordial e de toda a escravidão econômica.
> Para essa doutrina a família não tem vínculo estável que a estabilize. É uma instituição puramente artificial. Para o comunismo não há laço que prenda a mulher à família, ao lar doméstico, à assistência da prole. Nem aos pais se concede o direito de educação dos filhos. Querem que seja direito exclusivo da coletividade.
> Que seria a sociedade humana baseada nesses fundamentos materialistas? Uma coletividade sem outra hierarquia senão a do sistema econômico. Sua única, produzir por meio do sistema coletivo; seu fim, o gozo dos bens terrenos num paraíso, em cada um daria conforme a sua capacidade e receberia segundo a sua necessidade. Contudo, à coletividade assistiria o direito ilimitado de obrigar os indivíduos ao trabalho coletivo, sem nenhuma consideração com seu bem estar pessoal, ainda contra sua vontade e violentamente.
> [...] Não admira, pois, que Sua Santidade declare solenemente nesta encíclica que "o comunismo é intrinsecamente perverso e não se pode admitir em campo nenhuma colaboração com ele da parte de quem quer que deseje salvar a civilização cristã".[135]

Em que pese os esforços do clero e das autoridades governativas, o comunismo não foi eliminado. Isso seria admitido, aos 15 de abril de 1940, pelo representante pontifício no Brasil, numa carta expedida ao novo secretário de Estado da Santa Sé, Cardeal Luigi Maglione (1877-1944), na qual declarava:

> Venho cumprir o dever de participar a Vossa Eminência que os comunistas no Brasil continuam a organizar-se e persistem nos seus pérfidos propósitos.

---

[135] AA.EE.SS., "Movimento revolucionário", em: *Brasil*, pos. 507, fasc. 24, fl. 63-64.

> Nestes últimos dias, [...] a polícia procedeu à prisão de vários comunistas e entre outros prendeu o próprio secretário do partido, encontrando em seu poder uma elevada soma de dinheiro. Diz-se que tal dinheiro provém dos Estados Unidos. Dito secretário não quis responder às perguntas que lhe fez os agentes da polícia e se limitou a dizer que no Brasil o comunismo continua a ganhar terreno.[136]

De fato, os militantes comunistas não cessaram sua atividade. Prova disso foi que, após a queda de Vargas, com o PCB novamente legalizado em novembro de 1945, ao serem realizadas eleições em 2 de dezembro seguinte, o partido apresentou inclusive um candidato próprio à presidência da República. Seu nome era Yedo Fiúza (1894-1975) que, mesmo não sendo eleito, recebeu 569.818 votos, correspondentes a 9,83% dos sufrágios nacionais. Além disso, o PCB elegeu também 14 deputados federais e 1 senador (Luís Carlos Prestes) que atuaram na constituinte que viria a promulgar a constituição de 1946. Logo, porém, o contesto da "guerra fria" se impôs e, aos 7 de maio de 1947, o PCB teria o registro cancelado. Seus membros eleitos continuaram atuando no congresso, mas todos eles teriam os mandatos cassados em 10 de janeiro de 1948.[137]

6.3.5 – A "Ação Integralista Brasileira": origem e expansão

Os anos 30 foram a década em que a Europa se viu tomada pelas ditaduras de direita, no que se destacaram o fascismo italiano, o nazismo alemão, o franquismo espanhol e o salazarismo português. O fato repercutiu no Brasil, tendo como um dos seus maiores protagonistas o paulista de São Bento do Sapucaí, Plínio Salgado (1895-1975), que lançou a "Ação Integralista Brasileira" por meio de um manifesto datado de 7 de outubro de 1932. No dia 23 de abril do ano seguinte, à frente de quarenta pessoas, Plínio Salgado realizou a primeira marcha integralista em São Paulo, a qual, a despeito do minguado número de manifestantes iniciais, logo ganhou adesões até se constituir um movimento de projeção nacional.

A ideologia que a nova organização política professava, inspirada no fascismo italiano, defendia um governo forte, mas tinha certas peculiaridades: admitia negros nos seus quadros e possuía uma inspiração religiosa muito mais acentuada que no *fascio*. Basta recordar que o citado manifesto de 1932 se abria, afirmando que "Deus dirige o destino dos povos" e, Plínio Salgado, a seu modo, era deveras um católico convicto e praticante. Ele assumia isso sem constrangimento e, numa carta que escreveu ao Pe. Scarzello em 1936, afirmou sem rodeios: "*Não tenho vocação religiosa, amo porém ao Cristo tão profundamente que quis ser seu soldado. Para servi-lo fiz-me o batalhador profano, o guerreiro, o orador, o agitador para, logo que possa, ser o estadista, o construtor, o patriarca equilibrado, cristão, como o Brasil precisa*".[138]

Sob outros aspectos, no entanto, a Ação Integralista imitava sua congênere europeia. Como salienta a obra *100 anos de República*, os integrantes se

---
[136] AA.EE.SS., "Movimento revolucionário", em: *Brasil*, pos. 507, fasc. 25, fl. 9.
[137] DEMERVAL SAVIANI, *História das ideias pedagógicas no Brasil*, p. 280-281.
[138] AUGUSTA GARCIA ROCHA DOREA, *Plínio Salgado, um apóstolo brasileiro em terras de Portugal e Espanha*, Editora GRD, São Paulo 1999, p. 5, 11.

caracterizavam por acentuado gosto por "uniformes, emblemas, solenidades, rituais", cuja pompa se destinava a "subjugar o homem pelo respeito". Também adotavam a "saudação com braço levantado e mão espalmada" e o cumprimento por meio do vocábulo *Anauê*, palavra supostamente de origem tupi, que os militantes "camisas-verdes" induziam a crer que significasse "você é meu irmão". Certo é que, antes que 1933 acabasse, o integralismo já contava com mais de 300 mil adeptos país afora.[139] Plínio Salgado se manteve como líder da organização e ao seu lado, no primeiro escalão, havia algumas personalidades de projeção nacional, como o paulista Miguel Reale (1910-2006), Olbiano Gomes de Melo e o cearense Gustavo Barroso (1888-1959).[140]

Sucessivamente, em 1934, realizou-se o primeiro congresso integralista em Vitória, ES, que definiu as diretrizes da agremiação, criou a milícia partidária e consolidou a liderança inconteste de Plínio Salgado. No ano seguinte, o segundo congresso integralista, levado a cabo em Petrópolis, RJ, transformou a AIB em partido político. Seus estatutos, como se pode parcialmente ver num trecho extraído do jornal *A Razão*, publicado em Pouso Alegre, MG, no dia 16 de abril de 1936, sintetizavam os princípios que propagava em público:

> TÍTULO I
> *Capítulo Único*
> Denominação – Sede – Fins
> Art. 1 – A Ação Integralista Brasileira é uma associação civil, com sede na cidade de São Paulo, e é um partido político com sede no lugar onde se encontrar o seu Chefe Supremo e setores de atividade em todo o território do Brasil, constituindo os mesmos setores núcleos e subnúcleos a ela filiados, localizados os primeiros nas capitais dos Estados e, os segundos, nos municípios e distritos das várias circunscrições federais.
> Art. 2 – A Ação Integralista Brasileira tem as seguintes finalidades:
> a) Funcionar como um partido político, de acordo com o registro já feito no Supremo Tribunal Eleitoral.
> b) Funcionar como centro de estudos e de educação moral, física e cívica.
> Art. 3 – Como partido político a A.I.B objetiva a reforma do Estado, por meio da formação de uma nova cultura filosófica e jurídica, de sorte que o povo brasileiro, livremente dentro das normas da constituição de junho de 1934 e das leis em vigor, possa assegurar, de maneira definitiva, evitando lutas entre províncias, entre classes, entre raças, entre grupos de qualquer natureza, e principalmente evitando rebeliões armadas:
> a) O culto de Deus, da Pátria e da Família;
> b) A Unidade Nacional;
> c) Princípio da Ordem e da autoridade;
> d) O prestígio do Brasil no exterior;
> e) A Justiça Social, garantindo-se aos trabalhadores a remuneração correspondente às suas necessidades e à contribuição que cada qual deve dar à economia nacional.
> f) A paz entre as famílias brasileiras e entre as forças vivas da Nação, mediante o sistema orgânico e cristão das corporações.[141]

---

[139] GABRIEL MANZANO FILHO ET ALII, *100 anos de república (1889-1989)*, vol. IV, p. 17, 20.
[140] NELSON PILETTI; WALTER PRAXEDES, *Dom Hélder Câmara o profeta da paz*, Editora Contexto, São Paulo 2008, p. 75.
[141] AÇÃO INTEGRALISTA BRASILEIRA, "Estatutos da Ação Integralista Brasileira", em: *A Razão*, Pouso Alegre, 16-4-1936, p. 1-2.

Assim que a referida Aliança Integralista Brasileira surgiu, criou expectativas e ensejou posições ambíguas no clero, como bem o demonstram um relatório da Nunciatura Apostólica elaborado a respeito:

> Começou agora um grande movimento que se chama "Ação Integralista". Não foi oficialmente organizado por católicos, mas são católicos fervorosos seus fundamentos e chefes. Também no seu programa permanecem socialmente católicos e combatem de modo particular a maçonaria e o comunismo. Organizada em forma de milícia, com camisas-verdes, comícios, ataques e contra-ataques aos comunistas, é uma grande força que está impressionando, porque é organizada e difundida em todo o Brasil! Organizam demonstrações e marchas que reúnem extraordinárias massas de povo. É um bem, não se pode negar. Infelizmente, porém, manifesta ostensivamente a ambição de chegar ao governo para inaugurar um novo regime de extrema direita. Daqui a precaução, prudência e discrição com que devam proceder os bispos, o clero e as associações católicas, coisa que infelizmente não se verifica em todas as dioceses. Em algumas, com efeito, aos seus membros se dão facilitações eclesiásticas que fazem erroneamente supor que o integralismo seja obra da Igreja.[142]

Não houve consenso entre os bispos em relação a dita organização política, ainda que alguns prelados diocesanos tenham-na apoiado de forma decidida. Alguns exemplos:

1. Dom Francisco Campos Barreto, Campinas, SP: *"No momento gravíssimo que atravessamos, o integralismo é uma força viva em defesa dos fundamentos morais da pátria brasileira".*
2. Dom Octaviano Pereira de Albuquerque, Campos, RJ: *"Plínio Salgado, patriota sem jaça, que, almejando a máxima felicidade nacional em todos os seus departamentos administrativos, levanta do extremo norte ao sul o lábaro augusto da sagrada trilogia – Deus, Pátria e Família – única que, bem e sinceramente praticada, salvará a terra de Santa Cruz, espiritual e temporalmente".*
3. Dom José Pereira Alves, Niterói, RJ: *"Assim como o governo da República permite a livre pregação do integralismo, a Igreja também recebe em seu seio, como filhos bem-vindos, os camisas-verdes que se recolhem em seu recesso para implorar as bênçãos do Senhor, para a obra grandiosa que estão realizando".*
4. Dom Inocêncio Engelke, Campanha, MG: *"Deus, Pátria e Família, nobre divisa do integralismo, como de todo homem que raciocina cristãmente. Família formada nos grandes ideais cristãos, fundada sobre o santo temor de Deus e compenetrada do santo dever para com Deus, eis o novo porvir de uma Pátria grandiosa, sempre unida, próspera e feliz".*
5. Dom Joaquim Domingues de Oliveira, Florianópolis, SC: *"Quanto nos permitiu um exame atento sobre o assunto, é nossa convicção nada haver no integralismo que colida pelo menos com a doutrina da Igreja Católica".*
6. Dom Manoel da Silva Gomes, Fortaleza, CE: *"O integralismo merece toda a simpatia do clero"*
7. Dom Carlos Carmelo de Vasconcelos Mota, São Luís, MA: *"Os católicos têm ampla liberdade de abraçar o integralismo. Não vejo incompatibilidade entre a doutrina integralista e a moral católica".*[143]

---

[142] AA.EE.SS., "Ação Católica", em: *Brasil*, pos. 513a, fasc. 39, fl. 19.
[143] AA.EE.SS., "Integralismo", em: *Brasil*, pos. 529-531, fasc. 50, fl. 18.

Nem todos os prelados diocesanos, obviamente, pensavam assim. Em São Carlos, interior de São Paulo, Dom Gastão Liberal Pinto, bispo coadjutor, afirmava ter chegado à conclusão de "que a filosofia integralista está em antagonismo com a doutrina e o sentir católico". Por esta razão considerava seu dever "desaconselhá-la à juventude de São Carlos". Com ele fazia coro Dom João Becker, Arcebispo de Porto Alegre, que numa carta pastoral declarou-se francamente discorde do integralismo.[144]

Apesar de dividirem as opiniões, não faltaram líderes integralistas ansiosos de cooptar membros do clero e do laicato católico. Disso deu provas o cearense Gustavo Barroso na obra de sua autoria, intitulada *Integralismo e Catolicismo*, em que, depois de afirmar que o integralismo era um "movimento cristão", ainda que não religioso, explicava que a finalidade do movimento era "Deus, Pátria e Família". Nesse pressuposto, colocava a seguinte pergunta: "Como encara o integralismo a colaboração dos católicos?" A resposta engenhosa, era a seguinte:

> Como preciosa colaboração. O Catolicismo é a religião da grande maioria, ou melhor, da quase totalidade dos brasileiros. Isto exprime tudo. Demais, a Religião Católica é aquela que, no meu modo pessoal de ver, mais interesse e responsabilidade por isso mesmo tem na defesa das tradições de nossa civilização, tão ameaçadas hoje pela decadência do liberalismo e pela pregação comunista. Ela deve, pois, olhar para o Integralismo como um grande defensor dos princípios sociais que foram a base cristã.[145]

O próprio Plínio Salgado tentou granjear o apoio da LEC. A tentativa foi feita por meio de Alcibíades Delamare, grande amigo de Gustavo Barroso, que procurou Alceu Amoroso Lima para lhe pedir, em nome de Plínio, que fosse dada à Ação Integralista Brasileira uma recomendação especial por parte da LEC. Recebeu resposta negativa, mas, sem desistir, Delamare perguntou a Alceu se ele aceitava encontrar o líder integralista para tratar o assunto. A proposta foi aceita e o encontro aconteceu num apartamento da Esplanada do Castelo, quando ali compareceram Alceu, Pe. Franca, Plínio e Alcibíades Delamare. Não se chegou a nenhum acordo, pois Alceu e Pe. Franca repetiram que a LEC não devia recomendar nenhum partido, ainda que Plínio insistisse que a AIB não era um partido, mas um movimento, uma ação.[146]

A negativa firme de Alceu Amoroso Lima contrasta com sua atitude inicial que, como presidente da Ação Católica, mesmo sem jamais ter se filiado ao integralismo, chegara a aconselhar alguns fiéis a fazê-lo. Só que mais tarde se arrependeria, vindo a se tornar um crítico de tal organização direitista.[147]

Ainda assim, houve padres que aderiram ao ideário integralista, a exemplo do jovem sacerdote Hélder Pessoa Câmara (1909-1999). Convidado a engrossar as fileiras do movimento, após pedir e receber autorização ao Arcebispo de Fortaleza, Dom Manoel da Silva Gomes (1874-1950), ele se filiou de vez,

---

[144] AA.EE.SS., "Integralismo", em: *Brasil*, pos. 529-531, fasc. 50, fl. 2, 18.
[145] Antônio dos Santos Cabral, *Pastoral de Dom Antônio dos Santos Cabral Arcebispo metropolitano de Belo Horizonte*, SNT, p. 9.
[146] Antônio Carlos Villaça, *O desafio da liberdade*, p. 113-114.
[147] Luiz Alberto Gomez de Souza, *A JUC: os estudantes católicos e a política*, Editora Vozes, Petrópolis 1984, p. 60.

tornando-se, como afirmam Nelson Piletti e Walter Praxedes, "um sacerdote camisa-verde da província do Ceará". Entretanto, em 1936, ele deixou o Ceará e se transferiu para o Rio de Janeiro, onde, na primeira reunião de trabalho com o vigário-geral da Arquidiocese, monsenhor Rosalvo Costa Rego, ouviu uma exigência taxativa do Cardeal Leme: o engajamento político dos padres não era ali tolerado e sua militância na Ação Integralista Brasileira devia ser encerrada, ao que o Padre Hélder acedeu. A medida foi acertada, pois, como se verá adiante, a derrocada da AIB aconteceria em 1938, nos tempos do "Estado Novo".[148]

6.4 – O clero e o laicato em tempos de renovação

O episcopado nacional, em expansão, ao longo dos anos 30 e até meados da década seguinte, ainda que não dispusesse de um número de padres à altura das necessidades pastorais do país, continuou a promover grandes eventos para arregimentar a massa católica. Destacaram-se, nesse sentido, os congressos eucarísticos nacionais. O primeiro deles aconteceu em Salvador, Bahia, no ano de 1933, ao qual se seguiu outro em Belo Horizonte, MG, três anos mais tarde. Em relação a este último, o Arcebispo local, Dom Antônio dos Santos Cabral, comentaria jubiloso:

> Belo Horizonte, a despeito dos sacrifícios que tal empresa lhe acarretaria, preparava-se, conscienciosamente, para corresponder ao apelo da Pátria Católica. Não vos relembraremos, por supérfluo, o que então se verificou. É viva a recordação daquelas memoráveis jornadas de Fé, que constituiram motivo de desvanecido e perene reconhecimento ao Deus Eucarístico, que as inspirou e permitiu que fosse escrita a página mais fúlgida de nossa vida religiosa e patriótica.[149]

O terceiro congresso eucarístico nacional da Era Vargas seria celebrado no Recife em 1939, ano em que eclodiu a Segunda Guerra Mundial. O Brasil não participou de imediato do conflito, mas vivia-se um clima de tensão. Isso não impediu que o quarto congresso viesse a ser organizado em São Paulo no ano de 1942. Um pouco antes da reunião acontecer, o Arcebispo e bispos da província eclesiástica da Bahia se reuniram e, na pastoral coletiva que preparam naquela ocasião, não se esqueceram de mencionar o fato:

> Aproveitando a circunstância auspiciosa de nos termos reunido, quando a Bahia soleniza, com o melhor de sua fé e também com sentimento de brasilidade, a sua adesão ao IV Congresso Eucarístico Nacional, renovamos ao Senhor a súplica de que se conserve "coração uno e alma una", aos pés do Divino Tabernáculo, sempre e sempre, notadamente nesta hora agônica de discórdias, separações e morte, todos os filhos da grande Pátria[150]

Outro evento que marcou o "espírito de corpo" do episcopado foi a realização do concílio plenário de 1939. Pio XII o autorizou em 22 de março daquele

---

[148] Nelson Piletti; Walter Praxedes, *Dom Hélder o profeta da paz*, p. 75-76, 103.
[149] Gustavo Barroso, *Integralismo e Catolicismo*, 2ª ed., Empresa Editora ABC Ltda., Rio de Janeiro 1937, p. 31, 112-113.
[150] Augusto Álvaro da Silva et alii, *Carta pastoral coletiva dos Exmos. e Revmos. Srs. Arcebispo metropolitano e bispos da Província Eclesiástica da Bahia*, [s.n.], Bahia 1942, p. 23.

ano e, na metade do mês de julho seguinte, este se reuniu no Rio de Janeiro. A sua preparação imediata foi dirigida pelo Cardeal Leme e contou com a colaboração maciça dos bispos brasileiros. Da reunião propriamente dita participaram 98 prelados. O documento se serviu das linhas mestras da *Pastoral Coletiva* de 1915 e os decretos que aprovou foram enviados a Roma para receberem aprovação definitiva, coisa que aconteceu em março de 1940. As atas do evento foram publicadas em 7 de setembro daquele mesmo ano. O texto final tinha recebido poucas modificações em Roma e seu conteúdo passou a constar de 489 decretos distribuídos em 3 livros. O primeiro deles continha apenas normas gerais resumidas em 6 decretos; o segundo, tudo o que tocava mais de perto as pessoas eclesiásticas, isto é, os clérigos, religiosos e também leigos (7 a 160); o terceiro, discorria sobre os sacramentos e sacramentais (161 a 315), sobre os lugares e tempos sagrados (316 a 371), sobre o culto divino (372 a 412), mais o magistério eclesiástico (413 a 472), bens e benefícios eclesiásticos (473 a 482), e, finalmente, sobre as fundações pias e coletas (483 a 489).[151]

6.4.1 – Os padres polemistas: Leonel Franca e Agnelo Rossi

Os anos 30 foram ainda o período de grandes clérigos eruditos e "apologistas". Pe. Leonel Franca, citado em precedência, foi um deles, o qual viria a se tornar o primeiro reitor da Universidade Católica do Rio de Janeiro de 1941 a 1948. Ninguém mais que ele se envolveu em acesas querelas com autores protestantes. O teor da obra que ele lançara em 1923 – *A Igreja, a reforma e a civilização* – não fora esquecido e, no ano de 1931, Ernesto Luiz de Oliveira (1875-1938) fez publicar *Roma, a Igreja e o Anticristo* replicando-a. Em linhas gerais, o objetivo da obra em questão era aquele de "provar" que a Igreja Católica se identificava com a grande prostituta descrita nos capítulos 17 e 18 do Apocalipse, e que o Papa em pessoa era o Anticristo. Também Lisânias Cerqueira Leite, outro pastor, hostilizaria o pensamento do Pe. Franca em dois volumes intitulados *Protestantismo e Romanismo*, editados em 1936 e 1938, no que era seguido por Otoniel Mota. Este último, sob o pseudônimo de Frederico Hessen, desde 1933, elaborara sucessivos opúsculos de tom nada ameno. Longe de se intimidar, o padre contestaria cada um dos seus opositores de forma decidida. Por isso, contra Ernesto Luís, para quem o Brasil não se desenvolvera por ser católico, Pe. Leonel Franca apontava causas históricas e geográficas que dito pastor omitira e, ante os números que aquele apresentava a respeito dos benefícios técnicos verificados no norte, replicava com outros dados:

> Por que não contou os suicídios? São poucos os países que levam a palma ao coeficiente norte-americano. Por que não enumerou os divórcios? São 200.000 cada ano. Nenhum povo da cristandade pode competir com a república estrelada no número de lares desmantelados pela infidelidade conjugal, pela deserção de um dos cônjuges, pelas injúrias e sevícias graves. Por que não estudou a delinquência geral e, sobretudo, a criminalidade infantil? Também aqui as cifras avultam em pro-

---
[151] CÂNDIDO SANTINI, "O Concílio Plenário Brasileiro", em: *Revista Eclesiástica Brasileira*, vol. 1, Editora Vozes, Petrópolis 1941, p. 16-17.

porções edificantes. Para estudar a influência do fator religioso não teria sido este um domínio mais favorável que o das banheiras e dos ventiladores?[152]

Também os demais opositores seriam "alvejados" pelo Pe. Leonel Franca, que, em 1937, examinou seus escritos num outro livro que compôs, intitulado *O Protestantismo no Brasil*. Na conclusão de tal obra, entretanto, ele reconheceria que a desgastante polêmica chegara a um resultado "doloroso e triste".[153]

De qualquer modo, a ação de Pe. Franca não se limitou às polêmicas, pois ele teve também notável influência no meio intelectual e político do seu tempo. Dentre outras coisas, ele foi amigo e conselheiro de Gustavo Capanema, então ministro da educação e cultura do governo de Getúlio Vargas, e, por meio das ligações que tinha com congressistas católicos, influiu notavelmente nas constituições de 1934 e 1946. Contemporaneamente deu assistência espiritual e intelectual a conhecidos membros do centro Dom Vital, como a Jackson de Figueiredo, Alceu Amoroso Lima, Heráclito Sobral Pinto, Jônathas Serrano, Hamilton Nogueira e outros mais. Além disso, deixou uma produção intelectual verdadeiramente grandiosa, constante de 14 livros e numerosos artigos em revista e jornais, além de ter sido um conferencista de renome, tratando de argumentos sobretudo filosóficos e teológicos.[154]

Outro nome digno de nota foi o do Pe. Agnelo Rossi (1913-1995), natural de Campinas, SP, futuro Arcebispo e Cardeal de São Paulo e que tinha sido um dos 33 alunos que inauguraram o Pontifício Colégio Pio Brasileiro aos 3 de abril de 1934. Ordenado em Roma, no dia 27 de março de 1937, no ano seguinte, fez publicar o detalhado *Diretório Protestante do Brasil*, que foi prefaciado por Dom Francisco de Campos Barreto (1877-1941), bispo de Campinas, SP, com palavras entusiásticas:

> O seu jovem autor, com tal trabalho dá um grito de alarme patriótico e cheio de amor pelo triunfo de sua Fé, que é também a nossa, patenteando uma séria e perigosa infiltração protestante no Brasil.
> E como o espírito protestante, donde quer que sopre, traz sempre o vírus de uma influência estrangeira a perturbar a harmonia de raça e de religião em nossa terra, o trabalho do Revdo. Pe. Agnelo Rossi surge como verdadeiro toque de despertar para certos elementos mesmo clericais, que não querem ver o estrago que o DÓLAR e a impertinência dos sectários protestantes fazem entre católicos simples e pouco conhecedores de sua religião.[155]

6.4.2 – A vida religiosa: entre continuidade e novidades

No que diz respeito ao clero regular, o período continuou a registrar a chegada de novas congregações bem como o crescimento numérico daquelas já estabelecidas. O que não mudou foi o predomínio de europeus na maioria das ordens e congregações religiosas, sobretudo nas áreas de missão e nas novas frentes. No caso, tratou-se de

---

[152] LEONEL FRANCA, *Catolicismo e protestantismo*, Schmidt Editor, Rio de Janeiro 1933, p. 245, 249.
[153] LEONEL FRANCA, *O protestantismo no Brasil*, 3ª ed., Livraria Agir Editora, Rio de Janeiro 1952, p. 275.
[154] HENRIQUE C. LIMA VAZ, "Leonel Franca e o mundo moderno: uma filosofia cristã da cultura", em: *Leonel Franca, A crise do mundo moderno*, 5ª ed., EDIPUCRS, Porto Alegre 1999, p. 7-8.
[155] AGNELO ROSSI, *Diretório Protestante no Brasil*, Tipografia Paulista, Campinas 1938, p. 3.

dar continuidade a um processo iniciado nas décadas anteriores, motivo pelo qual, em 1934, havia no Brasil 17 prelazias *nullius*, 2 comuns prelazias e 2 prefeituras apostólicas, assim organizadas, segundo um relatório preparado naquele ano:

> I – São dirigidas por religiosos italianos: a) Prelazia de Rio Negro (salesianos); b) Prelazia de Porto Velho (salesianos); c) Prelazia do Alto Acre ou São Peregrino Laziosi (servitas); d) Prelazia do Registro do Araguaia (salesianos); Prelazia de Gurupy (barnabitas); Prefeitura de Alto Solimões (capuchinhos).
> Nota: Atualmente os administradores apostólicos das prelazias do Registro do Araguaia e de Gurupy são franceses, mas os outros missionários são quase todos italianos.
> II – Os religiosos espanhóis presidem o governo das seguintes prelazias: a) Bom Jesus de Gurgeia (mercedários); b) Jataí (agostinianos); c) Lábrea (agostinianos recoletos); d) Marajó (agostinianos recoletos).
> III – Os religiosos franceses regem as prelazias de: a) Conceição do Araguaia (dominicanos); b) Bananal (dominicanos); c) Guajará-mirim (terciários franciscanos de Albi); d) Prefeitura Apostólica de Tefé (congregação do Espírito Santo).
> IV – As prelazias de: a) Santarém (franciscanos); b) Palmas (franciscanos); c) Foz do Iguaçu (Verbo Divino) são governadas por religiosos alemães pertencentes às províncias do Brasil e esses são ajudados no seu ministério por vários religiosos brasileiros que são membros das mesmas ordens e congregações.
> V – A prelazia de Diamantino é regida pelos jesuítas. Estes são seis, isto é, um francês, um italiano, dois holandeses e dois (irmãos leigos) espanhóis.
> VI – Está se tratando agora de criar uma prelazia em Vacaria a qual será confiada aos capuchinhos da Província de Savoia. [...] Trabalham naquela região (na província estão dez capuchinhos franceses e trinta brasileiros).
> VII – Quando for criada a prelazia de São Mateus (diocese do Espírito Santo), Estado onde vivem muitos italianos, ela [...] será dada aos capuchinhos italianos.[156]

No caso específico dos franciscanos, em 1941, diria exultante frei Adalberto Ortmann: "Estes mesmos Filhos de São Francisco, na exuberância de sua vida sempre viçosa e ativa, continuam, em 114 residências e mais de 1050 religiosos, a mesma missão de seus antepassados, visando o progresso espiritual e temporal do país por suas atividades religiosas e culturais".[157]

6.4.3 – A efervescência do laicato católico

Em âmbito laical, os anos 30 se converteram na "época de ouro" do Centro Dom Vital, que do Rio de Janeiro abrira sucursais em várias outras cidades do Brasil. Em 1933, este contava com novos e pujantes centros de irradiação em Recife, São Paulo, Belo Horizonte, São João del Rei, Juiz de Fora, Itajubá, Aracaju, Fortaleza, Porto Alegre e Bahia. Tão importante era o referido Centro, que ele foi qualificado como *alma mater* da movimentação católica em curso. Sua força inclusive ensejaria, naquele mesmo ano de 1933, com a bênção dos bispos reunidos no congresso eucarístico realizado na Bahia, que se pensasse em algo maior, que se concretizou na fundação "Coligação

---

[156] AA.EE.SS., "Prelazias nullius e Prefeituras Apostólicas", em: *Brasil*, pos. 520-524, fasc. 47, fl. 4, 6.
[157] ADALBERTO ORTMANN, "A Ordem Franciscana em terras de Santa Cruz", em: *Revista Eclesiástica Brasileira*, vol. I, fasc. 3, Editora Vozes, Petrópolis 1941, p. 458.

Católica Brasileira" (CCB). A diretoria da nova entidade era constituída por Alceu Amoroso Lima (presidente), Pe. Leonel Franca (assistente espiritual), Dr. Fábio de Aguiar Goulart (secretário) e Alfredo Ferreira Chaves (tesoureiro). Além do Centro Dom Vital, a CCB congregava também a Ação Universitária Católica (AUC), presidida pelo deputado Luiz Sucupira; a Confederação Nacional de Operários Católicos, presidida por Dr. Heitor da Silva Costa; o Instituto Católico de Estudos Superiores, sob a presidência de Dr. Heráclito Fontoura Sobral Pinto; mais a Confederação de Imprensa Católica, presidida por Dr. Cláudio Gama; e a Associação de Bibliotecas Católicas, cujo presidente era Dr. José Carlos de Melo e Souza[158]

Também em campo educativo, foram realizados dois importantes congressos católicos. O primeiro deles aconteceu no Rio de Janeiro aos 20 de setembro de 1934, sendo promovido pela confederação católica brasileira de educação, anteriormente mencionada, sob o patrocínio do Cardeal Leme e do episcopado brasileiro. O evento foi levado a cabo também sob os auspícios do ministro da educação e saúde pública, Gustavo Capanema Filho, e do interventor do Distrito Federal. O presidente de honra do evento foi o conde Afonso Celso e da comissão organizadora fizeram parte o Pe. Leonel Franca SJ, o professor Everardo Backser, D. Xavier de Matos OSB, Alceu Amoroso Lima, Dr. Pedro Viana da Silva, professora Laura Jacobina Lacombe, profa. Maria Luiza Lage e prof. Altino César. A finalidade do mencionado congresso foi aquela de estudar os problemas educacionais à luz da doutrina católica e firmar as bases da política educacional. O tema geral era "o Catolicismo como base filosófica, como fundamento pedagógico, como solução dos problemas educacionais contemporâneos".[159] Pe. J. Cabral SJ, no jornal *A Cruz*, descreveu o acontecido deste modo:

> Acha-se reunido e em plena atividade o primeiro congresso católico de educação. Essa magna assembleia, composta de representantes dos católicos de todo Brasil, vem tratar de assentar as medidas necessárias à realização prática do ensino religioso, adotado pelo Artigo 171 da nova constituição republicana.
> [...] Queremos, pois, nós católicos brasileiros, efetivar a observância completa desse dispositivo constitucional e pôr fim ao regime de laicismo escolar, regime esse que é uma violação dos direitos sagrados da consciência do nosso povo.
> Não podemos permitir que uma insignificante minoria de anticlericais e de livres pensadores imponha abusivamente ao país um regime escolar em oposição aos sentimentos religiosos da quase totalidade do povo brasileiro. É violação aberta dos princípios democráticos.[160]

Houve ainda um segundo congresso católico de educação realizado em Belo Horizonte, cujos principais argumentos de discussão foram os seguintes: 1) aspecto jurídico da educação religiosa; 2) a psicologia e o ensino do catecismo; 3) a pedagogia e o ensino do catecismo; 4) catecismo e metodologia; 5) catecismo e sociologia; 6) ensinamento religioso e ética; 7) o dogma, a moral e a liturgia no ensino do catecismo; 8) a formação dos catequistas; 9) estatísticas do ensino religioso.[161]

---

[158] AA.EE.SS., "Coligação Católica Brasileira. Ação Católica", em: *Brasil*, pos. 513a, fasc. 39, fl. 2.
[159] AA.EE.SS., "Congressos Católicos de Educação", em: *Brasil*, pos. 521, fasc. 47, fl. 10.
[160] J. CABRAL, "1° Congresso Católico de Educação", em: *A Cruz*, Rio de Janeiro, 23-9-1934, p. 1.
[161] AA.EE.SS., "Congressos Católicos de Educação", em: *Brasil*, pos. 521, fasc. 47, fl. 13.

6.4.3.1 – O "Apostolado da Oração", a "Liga Católica", os "Congregados Marianos" e as "Filhas de Maria"

No laicato católico continuava igualmente a expansão dos movimentos piedosos, no que se distinguia o "Apostolado da Oração". Implantado pelos jesuítas no século precedente, como recorda Pedro Américo Maia, os zelosos propagadores que o compunham tiveram, contudo, de desenvolver sua ação em meio ao "ranço de um Catolicismo alheio aos sacramentos". O mesmo autor salienta que o Apostolado da Oração era uma proposta na linha do Catolicismo praticante,[162] o que, aliás, se tornara uma característica também dos demais movimentos católicos laicais de então. A partir da década de 30, todos eles conheceram no Brasil um enorme florescimento, ainda que o contexto não fosse particularmente favorável. Disso deu testemunho Alceu Amoroso Lima no seu livro *Pela reforma social*, publicado em 1933. Ali, o autor, numa ampla análise da sociedade ocidental, partindo do renascimento, denunciava o que entendia serem desvios do seu tempo:

> A burguesia insensivelmente descristianizada foi educando os seus filhos em um ambiente que já pouco ou nada evocava a verdadeira liberdade cristã, mas já em tudo os preparava para a licenciosidade pagã. Já não era um ideal religioso que orientava em regra essa educação, mesmo no lar. [...] A religião não era proscrita, mas subordinada. E todo excesso piedoso imediatamente repelido. A ameaça de um filho padre ou de uma filha freira era uma verdadeira desgraça para os lares burgueses. A religião boa aos domingos e nos atos solenes da vida passava a ser *carolice* ou *exagero*, desde que espontaneamente excedesse a média reputada *normal* pela burguesia descendente de Rousseau e de Voltaire. [...] Não foi apenas a ausência de Deus das escolas – esse desastroso laicismo educativo – que mutilou em suas fontes mais vivas toda a formação da nossa mocidade, de ontem e de hoje. Foi principalmente a deturpação de Deus nos lares.[163]

Tal indiferentismo encontraria no supracitado Apostolado da Oração um dos seus mais eficazes combatentes. Ele o fez com suas procissões solenes, atos públicos, compromissos com a paróquia e vida sacramental intensa. Como diz Pedro Américo Maia, "numa palavra, profissão de fé em público", sendo a procissão "uma espécie de sacramental brasileiro". Realmente, o Apostolado, de 1931 a 1949, conheceu um crescimento extraordinário, tanto assim que, em 1944, ano do primeiro centenário de sua fundação, já contava com mais de 2 milhões de associados no Brasil.[164]

Outro movimento de destaque foi o das "congregações marianas", cujas raízes remontavam ao ano de 1563, quando o padre jesuíta, Jean Leunis (1532-1584), professor do Colégio Romano, organizou uma associação com os alunos em vista de uma vida cristã exemplar e fervorosa. Outros colégios jesuítas na Europa e nas Américas copiaram o exemplo e o movimento passou a se chamar "congregação mariana". Pe. Leunis era ainda vivo quando a primeira associação do gênero foi fundada no colégio da Bahia em 1583. Entretanto, a expulsão dos

---

[162] PEDRO AMÉRICO MAIA, *Crônica dos jesuítas do Brasil centro-leste*, Edições Loyola, São Paulo 1991, p. 127.
[163] TRISTÃO DE ATHAYDE, *Pela reforma social*, Spínola & Fusco, Cataguazes 1933, p. 167-169.
[164] PEDRO AMÉRICO MAIA, *O Apostolado da Oração no Brasil*, Edições Loyola, São Paulo 1994, p. 47, 49.

jesuítas de Portugal e de seus domínios, em 1759, fez as congregações marianas no Brasil entrarem em decadência, até desaparecerem. A situação se inverteu depois que, em 1814, o Papa Pio VII restabeleceu a Companhia de Jesus e seu sucessor, Leão XII, com a bula *Cum multa*, restituiu à referida ordem o poder de agregar as congregações marianas. No Brasil, a primeira de tais congregações, iniciada após a volta dos jesuítas, traz a data de 31 de maio de 1870 e seu crescimento sucessivo foi extraordinário. No espaço de 30 anos, ou seja, de 1870 a 1900, foram instituídas 26 Congregações; de 1900 a 1918, 106; de 1918 a 1928, 128. E mais: nos dez anos seguintes, apareceriam outras 848 congregações. Nesse percurso, merece destaque a congregação surgida em 1894, na cidade de Porto Alegre, à qual se seguiu outra, instituída em São Paulo, no ano de 1897. O desenvolvimento rápido que se verificava não passou despercebido e, em 1907, os bispos das províncias eclesiásticas do sul do Brasil, na pastoral coletiva que elaboraram naquele ano, decidiram estimular o estabelecimento de CC.MM. em suas respectivas dioceses. A isso se seguiu, em 1927, a fundação em São Paulo da primeira federação mariana abrangendo todo aquele Estado. Chegado o ano de 1935, o Brasil se tornou o líder mundial no número de CC.MM. e em todo o país o movimento continuaria a crescer de forma excepcional. Em 1937, foi fundada no Rio de Janeiro a confederação nacional das CC.MM. do Brasil, ao que se seguiu, aos 21 de janeiro de 1942, uma carta autógrafa do Papa Pio XII ("Com particular complacência") ao Cardeal Dom Sebastião Leme, Arcebispo do Rio de Janeiro, elogiando o trabalho das CC.MM. no país.[165]

As congregações marianas, como estabeleciam sua própria regra, tinham como fim fomentar nos seus membros uma ardentíssima devoção a Nossa Senhora e por meio dessa devoção tornar os congregados pessoas piedosas. Ou seja, que se esforçassem para se santificarem e que dessem a salvar e santificar os outros e defender a Igreja do que entendia ser ataques da impiedade. Assim, o fim principal era aquele de "formar bons cristãos".[166]

Outra importante organização laical era a "Liga Católica Jesus Maria e José", originariamente chamada de "Associação da Sagrada Família", que conseguiu projeção nacional. Ela foi fundada na Bélgica, em 1844, pelo capitão Henrique Belletable (1813-1855), sendo introduzida no Brasil pelos missionários redentoristas holandeses a partir de 1902, quando estabeleceram em Juiz de Fora, MG, a primeira dessas associações. Dali, a "liga" se espalhou Brasil afora e, aos 25 de setembro de 1921, os membros que tinha em Petrópolis, RJ, prestaram uma homenagem ao Papa numa "intenção geral":

> A Liga Católica Jesus, Maria e José da igreja de Santo Afonso, querendo manifestar a sua gratidão a Sua Santidade o Papa Bento XV pela honra distinção de ter lhe dirigido seu retrato e carta autógrafa, faz a romaria a Petrópolis para oferecer ao Sagrado Coração de Jesus na sua igreja uma comunhão geral em intenção do Papa.[167]

---

[165] CONFEDERAÇÃO NACIONAL DAS CONGREGAÇÕES MARIANAS DO BRASIL, *As Congregações Marianas no Brasil*, 2ª ed., Edições Loyola, São Paulo 1995, p. 15-18.
[166] FREDERICO DIDONET, "As Congregações Marianas e a Ação Católica Brasileira", em: *Revista Eclesiástica Brasileira*, vol. 2, fasc. 1, Editora Vozes, Petrópolis 1942, p. 96.
[167] ASV, "Peregrinação da Liga Católica Jesus, Maria e José da igreja de Santo Afonso", em: *Nunciatura Apostólica no Brasil*, caixa 182, fasc. 1033, fl. 232.

Igualmente ativa e muito importante foi a "Pia União das Filhas de Maria", voltada para moças católicas, que adotavam uma distintiva fita azul. De antigas raízes, elas se organizaram sob a proteção da Virgem Imaculada e de Santa Inês, tendo ganhado notável desenvolvimento na Europa a partir de 1866, devido ao Papa Pio IX (1846-1878) ter lhes concedido aprovação por meio de um Breve emanado no dia 16 de fevereiro daquele ano.[168] No Brasil, as Filhas de Maria foram implantadas na segunda metade do século XIX, no que foram apoiadas por certas congregações religiosas como as Irmãs de São José de Chamberry, que procuraram estabelecê-las no seu colégio de Itu e noutras casas formativas da congregação no Brasil. Dita associação laical se propunha a ser, contemporaneamente, condição de aperfeiçoamento moral e religioso e prêmio para as alunas consideradas merecedoras. Daí que, a admissão nos quadros da referida entidade não dependia apenas da simples intenção, mas também de que a candidata demonstrasse um comportamento exemplar e reconhecida fé e devoção que dela fizessem ser merecedora de tal privilégio.[169]

6.4.3.2 – A "Ação Católica" e suas ramificações

A Ação Católica conheceu um longo percurso antes de consolidar-se como movimento da Igreja. Tudo começou na Itália, por iniciativa de dois jovens universitários, Giovanni Acquaderni (1839-1922), natural de Castel San Pietro, na Emília-Romanha, e Mário Fani (1845-1869), nascido em Viterbo, no Lácio. Ambos, após se conhecerem, aos 11 de fevereiro de 1867, fundaram em Bolonha a *Società della Gioventù Cattolica Italiana*, que tinha como princípios básicos a "oração, a ação e o sacrifício". Tais princípios inspiraram um programa que priorizava o respeito pela Santa Sé, o estudo da religião, o testemunho de uma vida cristã, mais o exercício da caridade. Aos 2 de maio de 1868, dita organização foi aprovada pelo Papa Pio IX, por meio do Breve *Dum filii Belial*, tendo participado nos anos que se seguiram da "obra dos congressos" católicos, iniciada em 1874 e levada a cabo depois pela Itália afora. Os "congressos" geraram muitas controvérsias internas, até que, em 1904, o Papa Pio X os dissolveu. Destino diverso teve a associação dos jovens, que, no dia 11 de junho do ano seguinte, por meio da encíclica *O firme propósito* emanada pelo mesmo Pontífice, foi reestruturada, ganhando o nome que a tornaria célebre: Ação Católica. Esta viria a atingir sua expressão universal sob o pontífice sucessivo, Pio XI, que muito justamente ficou conhecido como "o Papa da Ação Católica".[170]

O Romano Pontífice em questão, aos 23 de dezembro de 1922, por meio da encíclica *Ubi arcano Dei consilio*, deu legitimidade a tal organização leiga, no pressuposto de que esta podia servir de defesa para a vida e a verdade cristãs que, no seu entender, estavam ameaçadas por insídias. Ele apresentou ainda a Ação Católica como sendo a "participação dos leigos organizados no apostolado hierárquico da Igreja fora e acima dos partidos, para estabelecer o reino

---

[168] Cf. IGINO TUBALDO, *Una donna coraggiosa tra restaurazione e rinnovamento*, Effata Editrice, Cantalupa (Torino) 2000, nota 8, p. 42.
[169] IVAN APARECIDO MANOEL, *Igreja e educação feminina, 1859-1919: uma face do conservadorismo*, Editora UNESP, São Paulo 1996, p. 94.
[170] NEY DE SOUZA, "Ação Católica: militância leiga no Brasil: méritos e limites", em: *Revista de cultura teológica*, n. 55, Pontifícia Faculdade Nossa Senhora da Assunção, São Paulo 2006, p. 40.

universal de Jesus Cristo". Tal definição inusitada, de "participação", no apostolado dos bispos não deixou de provocar certa estranheza, motivo pelo qual o Papa seguinte – Pio XII – deixou de usá-la, preferindo falar de "colaboração", termo este, aliás, já presente nos textos do seu predecessor. Certo é que a novidade não tardou a desembarcar na América Latina, trazida pelos padres que iam estudar em Roma, que, ao regressarem, procuravam implantar, com o incentivo do Papa, o movimento que aquele considerava "a pupila de seus olhos".[171]

Também Dom Leme se uniu aos apoiantes, merecendo ser citado o livro de sua preferência, *Ação Católica – instruções para organização e funcionamento da confederação no Rio de Janeiro*, que lançou em 1923. Esta obra era, como ele mesmo dizia, um instrumento para viabilizar o propósito de "unir, formar e coordenar para a ação os elementos católicos em geral e de modo particular as associações e despertar, promover, organizar e intensificar o devotamento a todas as obras católicas de piedade e caridade sociais".[172]

Uma das razões do sucesso da Ação Católica provavelmente dependia da sua organização interna, que diferia das demais associações piedosas leigas de então, como Filhas de Maria e Apostolado da Oração. Ou seja, ela adotava uma estrutura e uma metodologia inovadoras, insistindo sobretudo na formação de leigos voltados para a ação em todos os meios de vida: família, trabalho, escola, vida social e política. A AC introduzia os círculos de estudo, pequenos grupos de discussão, e as semanas de estudo em que se aprofundavam os temas da realidade e da fé.[173]

No Brasil, como salienta frei Romeu Dale OP, a novidade foi surgindo aos poucos, em diversas regiões do país, com a formação de núcleos de militantes. Isso se deu, por exemplo, no Recife, em 1932, onde, sob estímulo e animação do Pe. João Batista Portocarrero Costa, teve início o primeiro núcleo da Ação Católica na linha de Pio XI: o núcleo da Juventude Católica Feminina – JFC. No mesmo ano, em 25 de novembro, festa de Santa Catarina de Alexandria, na biblioteca do Palácio São Joaquim, a título de experiência, o Cardeal Leme também fundou o primeiro agrupamento da Ação Católica no Rio de Janeiro, sob o título de Juventude Feminina Católica. Em âmbito nacional, a Ação Católica Brasileira começou a ganhar forma em setembro de 1933, durante o primeiro congresso eucarístico nacional celebrado na Bahia. Ali foi constituída a comissão episcopal encarregada de organizar a Ação Católica no país. Dita comissão compilou as bases gerais do referido movimento, fazendo algumas pequenas variações, impostas pelas circunstâncias especiais do Brasil, as quais foram submetidas à aprovação do Papa. A nunciatura deu um parecer favorável, por considerar que o clero nacional, não ultrapassando 2.300 membros [padres seculares], realmente necessitava da organização do apostolado leigo.[174]

Feitos os devidos trâmites, a Ação Católica teve início, oficialmente, com o *Mandamento* dos bispos do país, datado de 9 de junho de 1935, festa de

---

[171] Luiz Alberto Gomez de Souza, *A JUC: os estudantes católicos e a política*, p. 92.

[172] Pedro Américo Maia, *Crônica dos jesuítas do Brasil centro-leste*, p. 131-133.

[173] Odette de Azevedo Soares et alii, *Uma história de desafios. JOC no Brasil. 1935/1985*, Marques Saraiva Gráficos e Editores Ltda., Rio de Janeiro 2002, p. 31.

[174] AA.EE.SS., "Ação Católica", em: *Brasil*, pos. 513a, fasc. 38, fl. 3.

Pentecostes. Era assinado por 19 Arcebispos, 52 bispos e 12 administradores e prefeitos apostólicos. No dia 28 de outubro seguinte, festa de Cristo Rei, Pio XI enviou uma carta a Dom Leme e aos bispos do Brasil, dando ênfase à importância da Ação Católica para a Igreja no país:

> Queira, pois, Deus fecundar as nobres fadigas que V. Ex.ª e todo o episcopado docilmente auxiliado e seguido pelo clero e pelo laicato católico sustenta para estabelecer em toda parte este potente meio de regeneração cristã, assim que em breve em todas as dioceses se formem estes belos regimentos de valorosos soldados de Cristo, que se movem na defesa dos interesses de Deus e da Igreja e em toda parte levem o *sensus Christi*, penhor e garantia de bem-estar para os indivíduos, para as famílias e para a sociedade.[175]

Nesse meio tempo, os estatutos da nascente entidade, modelados segundo a sua congênere italiana, promulgados com o referido *Mandamento*, estabelecia que o fim último da ACB era aquele de "dilatar e consolidar o reino de Jesus Cristo" e que seu fim próximo era "a formação e o apostolado dos católicos leigos".[176]

Para atingir tais fins, esta contava com organizações fundamentais que eram as seguintes: a) Homens da Ação Católica (HAC), voltada para os maiores de 30 anos e casados de qualquer idade; b) Liga Feminina da Ação Católica (LFAC), para as mulheres de 30 anos para cima ou para as casadas de qualquer idade; c) Juventude Feminina Católica (JFC), para moças de 14 a 30 anos.[177]

Dom Antônio dos Santos Cabral, Arcebispo de Belo Horizonte, descreveria a AC do seguinte modo:

> Características da Ação Católica. — Estando a Ação Católica baseada sobre a hierarquia de direito divino, poderemos enfim, sempre orientados por [Padre Ferdinand] Lelotte SJ, tirar as conclusões seguintes:
> 1° A A.C. será, como a hierarquia, também católica, isto é, não limitada no território de uma Diocese ou de um país, mas abrangendo toda a Cristandade.
> 2° O Papa é o Supremo Chefe da A.C., como o é da hierarquia.
> 3° Por instituição de direito divino, os Bispos, sob a obediência ao Soberano Pontífice, regem as Dioceses, e assim a A.C. será essencialmente diocesana, permanecendo, por meio do Bispo da Diocese, essencialmente universal ou católica como a própria hierarquia. A palavra de Pio XI (discurso de 10 de janeiro de 1934) elucidará esta doutrina: "A A.C. é a ação dos *leigos* sob a autoridade do *Bispo* com a colaboração do clero". [...] Tanto quanto possível, sua organização deverá ser de base paroquial de uma parte e nacional e interdiocesana de outra, o que está claramente expresso nos estatutos da A.C. Brasileira.
> Os assistentes. — Os assistentes eclesiásticos são designados pelos Bispos. São seus representantes ou delegados para exercerem, em seu nome, a vigilância e urgirem a observância das diretrizes traçadas pela hierarquia. O Bispo designa para exercer as funções de *assistente* o sacerdote quer do Clero Diocesano, quer do Clero Regular considerado mais apto ao desempenho desta missão especial.[178]

---

[175] AA.EE.SS., "Ação Católica", em: *Brasil*, pos. 513a, fasc. 40, fl 23-24.
[176] AA.EE.SS., "Ação Católica", em: *Brasil*, pos. 513a, fasc. 39, fl. 29, 30b.
[177] ROMEU DALE, *A Ação Católica Brasileira*, Edições Loyola, São Paulo 1985, p. 9, 14.
[178] ANTÔNIO DOS SANTOS CABRAL, *Ação Católica. Carta Pastoral de Dom Antônio dos Santos Cabral, Arcebispo metropolitano de Belo Horizonte e membro da comissão episcopal da Ação Católica Brasileira*, Editora Vozes, Petrópolis 1943, p. 11.

Deve-se acrescentar que a Juventude Católica (JC) foi organizada pelas iniciais "a", "e", "i", "o" e "u" (conhecida como "Ação Católica Especializada"), a saber:

– JAC: Juventude Agrária Católica, masculina e feminina (JAC e JACF).
– JEC: Juventude Estudantil Católica (JEC e JECF).
– JIC: Juventude Independente Católica, voltada para o "meio burguês".
– JOC: Juventude Operária Católica (JOC e JOCF).
– JUC: Juventude Universitária Católica.[179]

Em relação à JUC, vale recordar que ela se apoiou numa iniciativa precedente, a Ação Universitária Católica (AUC), surgida em 1929. Essa associação teve início graças a um estudante de medicina do Rio, que, depois de fazer um retiro espiritual em Nova Friburgo, perguntou ao Pe. Leonel Franca qual era o modo melhor de trabalhar socialmente pela Igreja. O padre lhe sugeriu agrupar os jovens católicos da própria instituição em que estudava para aí defender os interesses religiosos em vista de um apostolado mais amplo. O presidente do Centro Dom Vital, Alceu Amoroso Lima, apoiou a proposta e fez publicá-la num jornalzinho, sendo esta repassada a vários outros órgãos da imprensa católica do Brasil. Sucessivamente, a viagem de alguns sócios da nascente AUC ao nordeste, São Paulo e Minas Gerais fez com que a iniciativa se difundisse. Daí que, em 1930, esta ganhou estatutos próprios e uma diretoria, presidida por um congregado mariano já formado. O caráter da instituição era apologético, o que a levou a organizar alguns cursos de línguas vivas para afastar os jovens da protestante Associação Cristã de Moços. Na Bahia, a AUC passou a ser dirigida pelo Pe. Camilo Torrend SI, enquanto que em Pernambuco se associou ao Centro Dom Vital dali, tendo como assistente eclesiástico o Pe. Antônio Ciríaco Fernandes. Ainda em meados de 1930, uma comissão de São Paulo, assistida por Mons. Pedrosa, tratou de instituir a AUC nas faculdades locais e logo conseguiu organizar os estudantes católicos paulistanos, que também montaram um pequeno jornal próprio. Sempre em São Paulo, os universitários católicos conseguiram algumas vitórias realmente significativas. Dentre elas se destacou a celebração acontecida – pela primeira vez na história da República – da colação de grau dos bacharelandos de direito em 1930, iniciada com uma cerimônia religiosa no próprio prédio da faculdade de direito do Largo de São Francisco, ocasião em que Mons. Gastão Liberal Pinto, vigário-geral, celebrou a eucaristia e Pe. Leonel Franca proferiu uma alocução. Algo análogo, aliás, já acontecera no Rio e teria continuidade nos anos seguintes.[180]

Em todas estas iniciativas, a Ação Universitária Católica (AUC) se moveu com objetivos precisos:

> Visa a AUC congregar todos os universitários católicos do Brasil, para uma ação conjunta da mocidade das escolas, nova geração que vai caber amanhã a responsabilidade do Brasil novo. Defesa da mocidade contra a infiltração comunista em nossas escolas superiores e preparação intelectual e espiritual das forças vitais do Brasil, para receberem o legado cristão de nossos antepassados – eis o que tem

---
[179] Luiz Alberto Gomez de Souza, *A JUC: os estudantes católicos e a política*, p. 87.
[180] Luiz Gonzaga da Silveira d'Elboux, *O Padre Leonel Franca SJ*, p. 172-173.

procurado fazer a AUC, que vai lançar agora a sua revista "Vida" e está trabalhando com os seus estudantes nas "equipes sociais" pela obra de cultura popular.[181]

Os filiados à AUC eram geralmente estudantes das faculdades de direito, medicina e engenharia. Alguns deles ganhariam notoriedade depois, a exemplo de Américo Jacobina Lacombe, Álvaro Vieira Pinto, Paulo Sá, Rubens Porto e Luís Augusto do Rego Monteiro. A eles em seguida se juntaram os futuros frades dominicanos Sebastião Hasselmann, Romeu Dale, Rosário Joffily e também futuros monges beneditinos como Dom Basílio Penido (José Maria), Dom Inácio Accioly (Renato), Dom Clemente de Gouveia Isnard (José Carlos), depois bispo, Dom Marcos de Araújo Barbosa (Lauro), Dom Lourenço de Almeida Prado (Nélson) e Dom Irineu Penna (Weimar), todos militantes católicos entusiastas.[182]

Em 1937, a AUC se integrou à ACB, transformando-se na Juventude Universitária Católica (JUC).[183]

Assim constituída, a Ação Católica se firmou, a partir de 1935, como uma organização laical, distinta, como se viu, das demais organizações leigas confessionais. A JOC, por exemplo, estabelecida originariamente na Bélgica pelo jovem padre Joseph-Léon Cardijn (1882-1967), insistia na "formação na ação e pela ação", servindo-se de um método destinado a ter fortuna: "ver, julgar e agir". No início da década de 30, a JOC superou os limites belgas, conquistando dimensões internacionais. O sucesso que conseguiu na Europa e noutros continentes, em se tratando de arregimentar jovens trabalhadores, convenceu a Santa Sé da conveniência de implementá-la também em mais países onde a industrialização já se fazia presente. Entretanto, como releva Valmir Francisco Muraro, entre 1935 e 1948, o *jocismo* não foi dinamizado no Brasil, pois a maioria do clero não sentia a necessidade de articular um movimento que tivesse como preocupação exclusiva os operários. Segundo ele, foi a partir de 1948, graças ao clima socioeconômico gerado pela Segunda Guerra Mundial, que os hierarcas perceberam o valor que tinha a JOC para a igreja de então.[184] Acrescente-se que os núcleos de um tipo ou outro foram se desenvolvendo de modo muito desigual, mas é certo que a Ação Católica especializada (operária, estudantil, universitária e agrária) se afirmou cada vez mais, sendo que sua importância supera o período aqui abordado. Foi em 1948 que, pelas razões citadas acima, a comissão episcopal de Ação Católica aprovou oficialmente a JOC como ramo fundamental da ACB.[185]

Entrementes, em 1937, a Ação Católica assumira então tal vitalidade que parecia ter absorvido em si todas as demais associações católicas. Ao seu interno, a JUC e a JUCF se consagravam à formação intelectual de seus membros, ao tempo em que se produziam debates em torno das reformas litúrgicas e das ideias do filósofo francês Jacques Maritain (1882-1973). Setores mais tradicionais discordavam.[186]

---

[181] AA.EE.SS., "Ação Católica Brasileira. Coligação Católica Brasileira", em: *Brasil*, pos. 513a, fasc. 39, fl. 2.
[182] ANTÔNIO CARLOS VILLAÇA, *O desafio da liberdade*, p. 83.
[183] ÁUREO BUSETTO, *A democracia cristã no Brasil: princípios e práticas*, Editora UNESP, São Paulo 2001, p. 49.
[184] VALMIR FRANCISCO MURARO, *Juventude Operária Católica (JOC)*, Brasiliense, São Paulo 1985, p. 17, 25, 44.
[185] ROMEU DALE, *A Ação Católica Brasileira*, p. 13, 15.
[186] LUIZ ALBERTO GOMEZ DE SOUZA, *A JUC: os estudantes católicos e a política*, p. 95-96.

Foi então que, em 1943, Plínio Corrêa de Oliveira (1908-1995), há três anos presidente da junta diocesana da Ação Católica de São Paulo, publicou seu primeiro e detalhado tratado de nome Em defesa da Ação Católica, que causaria muita discussão. O autor expunha o que entendia serem os riscos que a entidade corria, ao tempo em que apresentava propostas sobre como esta deveria ser. O conteúdo geral contrastava com a tendência do "Catolicismo democrático", aberto ao encontro do "terreno comum" com o pensamento laico e liberal, defendido por Alceu Amoroso Lima, responsável pela Ação Católica do Rio de Janeiro. Era também, como opina Pe. Charles Antoine, "a luta contra o igualitarismo entre clérigos e leigos que leva à supressão das diferenças entre governantes e governados e que põe em causa o princípio da autoridade". Ainda segundo Pe. Charles, tal "deplorável tendência ao igualitarismo, desenvolvida por membros da Ação Católica atual, definiu as condições do inevitável embate de ideias errôneas".[187] Plínio Corrêa de Oliveira era incisivo na defesa das suas teses, como se pode verificar abaixo:

> Deve a A.C. ser um movimento de elite, se realmente quiser ser fecundo. Compreende-se que a fascinação dos grandes movimentos de massa possa iludir os dirigentes católicos de alguns países. No Brasil, porém, a mais rápida análise dos fatos mostra que não são as massas que nos fazem falta, mas elites bem formadas, aguerridas e disciplinadas que saibam, no momento dado, imprimir a todo o laicato católico uma orientação segura e realmente conforme às intenções da Autoridade Eclesiástica. Vários países pagaram caro sua ignorância deste princípio e só se têm lembrado de formar elites sob o fogo das perseguições. Não façamos como eles e saibamos prevenir para que amanhã não sejamos forçados a remediar.
> [...] A esta inevitável alternativa, respondemos optando decididamente não pela massa, mas pela elite. Os princípios mais fundamentais de apostolado a isto nos levam.[188]

A situação se "resolveu" de modo insólito: o Arcebispo de São Paulo, Dom José Gaspar de Afonseca Silva (1901-1943), que desejara ver Plínio guiando a Ação Católica paulista, morreu num acidente aéreo acontecido em 27 de agosto de 1943, e o seu sucessor, Dom Carlos Carmelo de Vasconcelos Mota (1890-1982), escutou com benevolência os críticos do tratado citado acima. Resultado: Plínio Corrêa de Oliveira perdeu seu cargo e dois sacerdotes que mais o haviam sustentado também saíram temporariamente de cena. Foram eles Pe. Antônio de Castro Mayer (1904-1991), que de vigário-geral da diocese passou a vice-pároco da paróquia São José de Belém, e Pe. Geraldo Proença Sigaud SVD (1909-1999), que foi enviado para a Espanha.[189] Paralelamente, em 1942, também falecera no Rio Dom Sebastião Leme, sendo seu sucessor, Dom Jayme de Barros Câmara (1894-1971), empossado no ano seguinte. Assim, Alceu de Amoroso Lima, muito ligado ao prelado falecido, mas sem demasiada afinidade com Dom Jayme, deixou igualmente o lugar central na AC que até então ocupara.[190]

---

[187] CHARLES ANTOINE, *O integrismo brasileiro*, Civilização Brasileira, Rio de Janeiro 1980, p. 21.
[188] PLÍNIO CORRÊA DE OLIVEIRA, *Em defesa da Ação Católica*, Editora Ave Maria, São Paulo 1943, p. 159, 164.
[189] Cf. MASSIMO INTROVIGNE, *Una battaglia nella notte*, Sugarco Edizioni, Milano 2008, p. 44-50.
[190] LUIZ ALBERTO GOMEZ DE SOUZA, *A JUC: os estudantes católicos e a política*, p. 96.

6.4.4 – As escolas católicas superiores

A Era Vargas foi também o período em que, finalmente, a Igreja passou a ocupar um posto relevante no ensino superior do país. Em 1934, como se viu, realizou-se no Rio de Janeiro um congresso católico de educação, em que uma das suas comissões estava encarregada de propor a criação de uma universidade católica. Antes que isso acontecesse, o novo "espírito", que dominava o Catolicismo militante de então, levou à criação no Rio, no ano de 1939, a Faculdade de Filosofia de Pedagogia, Ciências e Letras Santa Úrsula.[191]

Sempre no Rio de Janeiro, foi lá que se iniciaria a primeira universidade confessional católica do país. Seu embrião foi o Instituto Católico de Estudos Superiores, fundado em 24 de maio de 1932, por iniciativa de Dom Leme com Alceu Amoroso Lima. A sessão inaugural aconteceu no salão da Escola Nacional de Belas Artes, ocasião em que discursaram Alceu, Pe. Leonel Franca e frei Pedro Secondi OP.[192] No neoinstituto, destacou-se Heráclito de Sobral Pinto, jurista que ingressara no Centro Dom Vital, em 1928, e que dirigiu dito estabelecimento até sua transformação acadêmica sucessiva. Isso começou ao ser viabilizado no dia 15 de março de 1941, por iniciativa de Dom Leme e do Pe. Leonel Franca SJ (1893-1948), quando foram inaugurados solenemente os cursos das "Faculdades Católicas", em que Pe. Franca se tornou o primeiro reitor. Estas, em 1946, se converteriam numa universidade, a qual, por meio do decreto da congregação dos seminários de 20 de janeiro de 1947, veio a receber o título de pontifícia.[193]

Outra grande instituição de ensino superior dos anos 40 foi aquela de Campinas, SP. Ela teve início com a fundação, no dia 7 de janeiro de 1941, da Faculdade de Ciências e Letras local e mais tarde, em 1955, passaria a ser Universidade Católica. Décadas depois, em 1972, tornar-se-ia também pontifícia. No caso da cidade de São Paulo, foi Dom José Gaspar de Afonseca e Silva a idealizar uma fundação semelhante, no ano de 1942, mas tocaria ao sucessor, Dom Carlos Carmelo de Vasconcelos Motta, o mérito de estabelecê-la.

Tudo começou no primeiro semestre de 1945, durante a reunião da província eclesiástica paulista, quando se tomou a decisão de comemorar o bicentenário da fundação do bispado de São Paulo com a instituição de uma universidade. Isto posto, o Arcebispo nomeou uma comissão formada por alguns membros da "Liga de Intelectuais Católicos", que iniciaram estudos para que a pretendida fundação chegasse às vias de fato. Ato contínuo, para consolidar a nascente universidade, a ela agregaram-se seis faculdades, entre as quais duas antigas como a Faculdade de Filosofia, Ciências e Letras de São Bento, fundada em 1908 (fechada em 1917 e reaberta em 1922), e a Faculdade de Filosofia, Ciências e Letras "Sedes Sapientiae", instituída pelas cônegas de Santo Agostinho, que

---

[191] MARIA LÍGIA COELHO PRADO, *América Latina no século XIX: tramas, telas e textos*, Editora da Universidade de São Paulo, São Paulo 1999, p. 113-114.
[192] ANTÔNIO CARLOS VILLAÇA, *O desafio da liberdade*, p. 102.
[193] Cf. ÁUREO BUSETTO, *A democracia cristã no Brasil: princípios e práticas*, p. 53; DEMERVAL SAVIANI, *História das ideias pedagógicas no Brasil*, p. 259; NELSON PILETTI; WALTER PRAXEDES, *Dom Hélder Câmara o profeta da paz*, p. 133; SALMA TANNUS MUCHAIL (Org.), *Um Passado Revisitado: 80 anos do curso de Filosofia da PUC-SP*, EDUC, São Paulo 1992, p. 131.

iniciara suas atividades aos 15 de março de 1922. Ao lado delas havia algumas novas, como a Faculdade Paulista de Direito (autorizada pelo governo federal aos 7 de janeiro de 1946) e a Engenharia Civil. O processo de fundação assim seria descrito pelo Arcebispo de São Paulo:

> Na última reunião dos bispos da província eclesiástica de São Paulo, presidida pelo saudoso Dom José Gaspar de Afonseca e Silva, logo após o inolvidável Congresso Eucarístico Nacional de 1942, o Episcopado paulista pedira oficialmente esta autorização pontifícia.
> E na primeira reunião episcopal da província eclesiástica de São Paulo, realizada a 22 de abril de 1945, por nós presidida, foi unanimemente deliberado que uma das comemorações do bicentenário do bispado de São Paulo, criado que foi em 1745, havia de ser e seria de fato o lançamento básico da fundação universitária. Eis por que, no dia 10 de outubro de 1945, no Tabelionato Veiga, desta capital, lavrou-se a escritura pública da "Fundação São Paulo".
> No Artigo 2° dos respectivos estatutos se lê: "A finalidade da fundação é instituir, manter e dirigir as faculdades e demais institutos, que hão de integrar a futura Universidade Católica de São Paulo, bem como outras organizações de caráter cultural. [...] No mesmo dia 10 de outubro, estava nomeado o primeiro reitor da futura universidade, na pessoa, por todos os títulos digna, de Dom Gastão Liberal Pinto. E nomeado também o corpo docente da Faculdade Paulista de Direito, com seu primeiro diretor, Dr. Alexandre Correia. Não quis a Divina Providência que fosse duradoura a reitoria do Sr. Bispo de São Carlos, pois Dom Gastão falecia inesperadamente aos 24 de outubro, deixando um vácuo imenso no episcopado paulista e no coração de toda a sociedade paulistana, da qual S. Ex.ª foi sempre um dos mais belos ornamentos, quer pelas suas virtudes, quer pela sua irrestrita bondade. Para substituir o reitor magnífico deparou-se-nos a pessoa não menos culta e piedosa do Sr. Dom Paulo de Tarso Campos, bispo diocesano de Campinas, eleito na conferência episcopal de 6 de dezembro último. De S. Ex.ª tudo espera a universidade.
> Pelo Decreto n. 20.335, de 7 do mês corrente, o Senhor Presidente da República, usando da atribuição que lhe confere o Artigo 74, letra a, da constituição e nos termos do Artigo 23 do Decreto-Lei número 421, de 11 de maio de 1938, sancionou o seguinte: Artigo único: "É concedida autorização para funcionamento do curso de bacharelado da Faculdade Paulista de Direito, com sede em São Paulo, capital do Estado de São Paulo". Eis aqui a certidão de nascimento da Faculdade Paulista de Direito e o natalício da Universidade Católica.[194]

Feitos os devidos preparativos, em 10 de outubro de 1945, tomou corpo a "Fundação São Paulo", entidade mantenedora da Universidade Católica de São Paulo, que passou a funcionar no ano seguinte. A fundação oficial aconteceu aos 13 de agosto de 1946, após o que, no dia 22 de agosto do mesmo mês, o Decreto 9.632 a reconheceu como "universidade livre equiparada". Em 22 de janeiro de 1947, o Papa Pio XII lhe concederia o título de "pontifícia". Como seu primeiro grão-chanceler permaneceu o Arcebispo metropolitano, Dom Carlos Carmelo, e, como reitor, o supracitado bispo de Campinas, Dom Paulo de Tarso Campos.[195]

---

[194] CARLOS CARMELO DE VASCONCELOS MOTA, *Pastoral Pró-Universidade Católica*, Editora "Ave Maria", São Paulo 1946, p. 6-7.
[195] Cf. MARISA TODESCAN DIAS DA SILVA BAPTISTA, *Identidade e transformação: o professor na universidade brasileira*, Unimarco Editora, São Paulo 1997, p. 130.

6.5 – A Igreja durante o "Estado Novo"

Segundo a constituição de 1934, um presidente eleito pelo voto direto deveria assumir o poder aos 3 de maio de 1938, restando no cargo até 3 de maio de 1942. Com base nisso, a partir de 1936, começaram ser articuladas as candidaturas. Destacaram-se, nesse particular, o governador de São Paulo, Armando de Salles Oliveira (1887-1945), o romancista autor de *A Bagaceira*, José Américo de Almeida (1887-1980), o líder integralista Plínio Salgado, mais o gaúcho Oswaldo Aranha (1894-1960). Todos eles eram católicos e nenhum preocupava a instituição eclesiástica. Ou melhor, no caso de Armando de Sales, o Arcebispo de São Paulo, Dom Leopoldo Duarte e Silva (1867-1938) lhe dispensava grandes elogios:

> No momento em que Vossa Excelência deixa o governo do Estado, onde deixa um sulco profundo do seu talento e do seu patriotismo, cumpro o grato dever de exprimir-lhe um agradecimento pelas atenções que me dispensou, no manter cordiais relações com as autoridades eclesiásticas. Faço votos pela sua felicidade pessoal, em qualquer lugar que o Brasil e o Estado de São Paulo exijam a sua colaboração.[196]

Também José Américo de Almeida, candidato da situação, era bem-visto, como o demonstra o conteúdo de uma carta enviada pelo Núncio ao Cardeal Eugênio Pacelli aos 29 de maio de 1937:

> A escolha não poderia ser mais feliz. A integridade moral do Senhor José Américo, o conhecimento objetivo dos problemas fundamentais da economia nacional, a sua experiência política e administrativa, o seu vigilante patriotismo e o seu amor às instituições republicanas são os altos objetivos pelos quais o apresentamos ao sufrágio dos brasileiros. [...] O Senhor José Américo de Almeida é católico; tem um irmão e um tio sacerdotes; obteve, já faz três anos, *"l'agrément"* do Santo Padre para ser nomeado embaixador junto à Santa Sé; autorizou, às custas do governo, a iluminação durante a noite da estátua de Cristo Redentor do Corcovado e é pessoa muito íntegra e honesta.[197]

Getúlio Vargas, no entanto, desejava se manter no poder e, no dia 1º de outubro de 1937, alardeou que havia um complô comunista para desestabilizar o país (*Plano Cohen* – segundo um documento forjado pelo "integralista" capitão Olímpio Mourão Filho). Os candidatos não deram maior importância ao boato e continuaram suas campanhas, mas Vargas, em 10 de dezembro daquele mesmo ano, com o apoio do chefe do estado-maior do exército, general Góis Monteiro, e do ministro da guerra, Eurico Gaspar Dutra, ordenou o fechamento do congresso, cancelou as eleições e deu o golpe político que instaurou a ditadura do "Estado Novo".[198]

A Igreja no Brasil não se opôs ao golpe colocado em ato, por nele ver um mal menor ante a alardeada ameaça do comunismo. Quem se deu mal foi a maçona-

---

[196] AA.EE.SS., "Eleição presidencial no Brasil", em: *Brasil*, pos. 525, fasc. 48, fl.8.
[197] AA.EE.SS., "Eleição presidencial no Brasil", em: *Brasil*, pos. 525, fasc. 48, fl. 18b.
[198] NELSON PILETTI; WALTER PRAXEDES, *Dom Hélder Câmara o profeta da paz*, p. 117-118.

ria, porque, a 25 de novembro de 1937, 15 dias após o golpe, aconselhado pelo general Newton Cavalcanti, membro do conselho de segurança nacional, o novo regime decretou o fechamento das lojas maçônicas no país. As lojas do Distrito Federal foram poupadas, mas no Estado de São Paulo tiveram de fechar as portas a "Piratininga" da capital, a "Firmeza" de Itapetininga e "Fé e Perseverança" de Jaboticabal. Isso, porém, não impediu que continuassem a atuar secretamente noutros locais, até que começaram a atingir de novo a normalidade em 1941.[199]

Quando, no entanto, a referida decisão foi anunciada, a Nunciatura enviou uma carta ao Cardeal Eugênio Pacelli, enaltecendo-a: "É para se augurar que tal louvável decisão, devida em grande parte ao 'partido integralista', seja de fato colocada em execução em todo o Brasil e seja rigorosamente mantida".[200]

Além disso, dias antes do golpe, Plínio Salgado recebera de Francisco Campos a incumbência de procurar secretamente o Cardeal Dom Sebastião Leme, em nome do próprio presidente da República, para apresentar-lhe uma cópia da nova constituição (elaborada justamente pelo citado Campos), que em cinco dias seria imposta à nação. Plínio Salgado apoiava o golpe, esperançoso de fazer parte do governo e foi ele quem escolheu Pe. Hélder Câmara para levar a Dom Leme a cópia da mencionada carta magna. Dom Leme leu o documento e fez anotações numa folha à parte e ao terminar pediu ao Pe. Hélder que agradecesse a Plínio o envio da mesma, bem como lhe recomendou que o episódio não se tornasse público, uma vez que, oficialmente, ele não conhecia antecipadamente o teor da nova constituição. Como já se disse, "Dom Leme não queria que a sociedade o considerasse cúmplice do golpe político".[201]

Por outro lado, ainda que nem todas as conquistas de 1934 fossem reconhecidas pela nova carta, ela manteve alguns dos seus pontos religiosos essenciais. Era o que constava, por exemplo, no Artigo 22, em que se proibia embaraçar os cultos. Outros pontos importantes foram:

- Art. 122: § 4 Todos os indivíduos e confissões religiosas podem exercer pública e livremente o seu culto, associando-se para esse fim e adquirindo bens, observadas as disposições de direito comum, as exigências da ordem pública e dos bons costumes. § 5 Os cemitérios terão caráter secular e serão administrados pela autoridade municipal.
- Art. 124: A família, constituída pelo casamento indissolúvel, está sob a proteção oficial do Estado. Às famílias numerosas serão atribuídas compensações na proporção de seus encargos.
- Art. 133: o ensino religioso poderá ser contemplado como matéria do curso ordinário das escolas primárias, normais e secundárias, Não poderá, porém, constituir objeto de obrigação dos mestres ou professores, nem de frequência compulsória por parte dos alunos.[202]

Sempre em relação à nova carta magna, no dia 25 de novembro de 1937, o Núncio Apostólico enviou um comunicado tranquilizador ao Cardeal secretário de Estado, Eugênio Pacelli, esclarecendo a situação:

---

[199] José Castellan; William Almeida de Carvalho, *História do Grande Oriente do Brasil*, p. 211, 214.
[200] AA.EE.SS., "Movimento revolucionário", em: *Brasil*, pos. 507, fasc. 24, fl. 31.
[201] Nelson Piletti; Walter Praxedes, *Dom Hélder Câmara o profeta da paz*, p. 118.
[202] AA.EE.SS., "Golpe de Estado. Nova constituição", em: *Brasil*, pos. 527-529, fasc. 49, fl. 18-19.

Na constituição de 1934, os católicos, como é sabido a Vossa Eminência, entre outras coisas tinham conseguido: a) que a constituição fosse publicada com a invocação do nome de Deus; b) a colaboração do Estado com a Igreja nos negócios de interesse coletivo; c) matrimônio indissolúvel e efeitos civis do matrimônio religioso, realizadas que fossem certas cláusulas; d) possibilidade de haver capelães militares; e) que os eclesiásticos pudessem prestar serviço militar sob forma de assistência religiosa aos soldados; f) ensino religioso nas escolas etc.

A nova constituição há conservado alguns dos referidos postulados católicos, outros invés omitiu. A tal propósito, como se diz num telegrama oficioso, foi declarado "que da parte dos promulgadores da nova Constituição, não houve qualquer intenção de hostilizar a consciência católica. Se os postulados católicos não vêm todos expressamente nela mencionados, isso aconteceu porque não foram considerados matéria constitucional, e serão objeto de legislação posterior ou já se encontram consagrados nas leis atuais que não se oponham à nova constituição. Por exemplo: o matrimônio religioso com efeitos civis".[203]

Os integralistas também apoiaram o golpe, coisa que de novo o Núncio tratou de informar ao Cardeal secretário de Estado, Pacelli, aos 4 de dezembro de 1937:

> O governo publicou ontem um decreto com o qual foram dissolvidos todos os partidos políticos.
> Tal disposição afeta também o partido "integralista", o qual, se quiser agora continuar a sua obra, deverá, conforme se determina no Artigo 4° de tal decreto, mudar de nome e transformar-se numa sociedade civil de cultura ou de beneficência.
> O Senhor Plínio Salgado, chefe dos integralistas, interrogado ontem sobre este assunto por um jornalista, respondeu que a Ação Integralista obedecerá à lei e que, como sociedade cultural, se transformará em conformidade com as instruções que dará o governo.[204]

Na verdade, os integralistas se iludiam acreditando que viriam a se tornar o partido único de sustentação ao governo; mas Francisco Campos, numa entrevista, deixou bem claro que o apoio que deles recebera fora "espontâneo, sem pedido de compensação e sem compromisso".[205] Por isso, Vargas não tardou a revelar que pretendia instaurar um regime ditatorial sem partidos políticos e exigiu o fechamento da AIB. Ou seja, os integralistas se viram afastados do poder.[206] Para complicar, seu ideário foi esvaziado, uma vez que o Estado incorporou alguns pontos do programa político que tinham. E mais: Getúlio Vargas não cumpriu a promessa de conceder o ministério da educação a Plínio Salgado. Isso induziu um setor integralista a propor a derrubada de Getúlio pelas armas, inclusive porque contavam com 2.000 adeptos no exército. Eles estavam intencionados a levar a cabo tal iniciativa em março de 1938, mas o governo conseguiu abortar a iniciativa, após realizar uma operação não muito severa: Plínio Salgado fugiu para São Paulo e poucos dias depois os golpistas começaram a ser soltos. A conspiração, no entanto, ressurgiu em maio seguinte, sendo o golpe marcado para a noite do dia 10 daquele mês, mas foi um novo fracasso e ao amanhecer os rebelados tiveram de se render ou fugir. Alguns integralistas

---

[203] AA.EE.SS., "Golpe de Estado. Nova constituição", em: *Brasil*, pos. 527-529, fasc. 49, fl. 29.
[204] AA.EE.SS., "Situação da Igreja no Brasil. Católicos na política", em: *Brasil*, pos. 503, fasc. 15, fl. 47.
[205] AA.EE.SS., "Golpe de Estado. Nova constituição", em: *Brasil*, pos. 527-529, fasc. 49, fl. 28.
[206] Carla Luciana Silva; Gilberto Grassi (Org.), *Velhos integralistas. A memória de militantes do Sigma*, p. 12-13.

que tinham atacado o Palácio Guanabara, onde se encontravam Getúlio e seus familiares, acabaram sendo sumariamente fuzilados por ordem de Benjamim Vargas.[207] O fato foi comunicado pelo ministro das relações exteriores às representações diplomáticas, de modo bastante sóbrio:

> Elementos integralistas tentaram nesta matina [de 11-3-1938 corrente] um golpe de força contra o Palácio Guanabara e [contra] o Arsenal da Marinha, ao mesmo tempo em que grupos isolados procuraram provocar pânico, outros ocupavam de surpresa, armados de metralhadoras, o corpo de guarda do Palácio Guanabara e tentaram em seguida entrar em suas dependências, o que não conseguiram diante da resistência que a eles foi feita e dirigida pelo próprio Presidente Getúlio Vargas. O Arsenal da Marinha, a princípio ocupado por elementos agitadores, foi retomado na mesma manhã pelo corpo de fuzileiros navais, sendo efetuadas várias prisões. Os grupos subversivos, cúmplices do movimento fracassado, apossaram-se no primeiro momento de várias estações de rádio, comunicando notícias falsas.
> Este movimento integralista que assume o caráter revoltante do atentado pessoal causou geral indignação. A cidade nas primeiras horas da manhã estava em completa ordem. Encontravam-se encarcerados vários elementos eminentes do extinto partido integralista e uma rigorosa investigação foi aberta. Todas as autoridades civis e militares permaneceram nos seus postos desde as primeiras horas da manhã. Reina em todo o país a maior tranquilidade, continuando o Sr. Presidente da República com o apoio e o prestígio de todas as forças organizadas do país.[208]

Em meio a esta pacificação imposta, Plínio Salgado ficou foragido até janeiro de 1939, quando foi capturado e aprisionado na fortaleza da Santa Cruz em Niterói, de onde seria mandado para o exílio em Portugal. Outros "grandes nomes" da AIB acabaram indo igualmente parar na cadeia. Foi o caso do general Pantaleão da Silva Pessoa (1885-1980), que por muitos anos havia sido chefe da casa militar do presidente Getúlio Vargas; de Vicente Rao, que no ano precedente tinha sido ministro da justiça, e do filho do ex-governador gaúcho Flores da Cunha, que num passado ainda recente havia sido um sustentador de Vargas.[209]

Mesmo que sem prisões ou maiores constrangimentos, também a Igreja teve de se adequar à nova situação. Isto porque, Getúlio Vargas, sabedor de que muitos fiéis e vários padres eram simpatizantes do movimento integralista, por meio de Filinto Müller, solicitou a Dom Leme que os católicos se mantivessem afastados da atividade e obedientes às autoridades constituídas. O Cardeal, tendo como garantia que os interesses da Igreja seriam respeitados pelo novo regime, consentiu, tendo instruído os fiéis a não se operarem ao sistema.[210] Ainda assim, Plínio Salgado continuou contando com a simpatia de certos elementos do clero, pois, mais tarde, em 1946, quando ele ainda se achava no exílio, o padre-deputado Ponciano dos Santos se referiria à sua pessoa como "grande ausente".[211]

---

[207] GABRIEL MANZANO FILHO ET ALII, *100 anos de república*, vol. IV, p. 49.
[208] AA.EE.SS., "Integralismo", em: *Brasil*, pos. 529-531, fasc. 50, fl. 26.
[209] AA.EE.SS., "Integralismo", em: *Brasil*, pos. 529-531, fasc. 50, fl. 26b.
[210] NELSON PILETTI; WALTER PRAXEDES, *Dom Hélder Câmara o profeta da paz*, p. 119.
[211] AUGUSTA GARCIA ROCHA DOREA, *Plínio Salgado, um apóstolo brasileiro em terras de Portugal e Espanha*, p. IX.

De qualquer modo, as boas relações entre a Igreja e o sistema político então vigente no Brasil de modo algum ficaram comprometidas. Com uma ressalva, porém: o mundanismo de certos setores do "Estado Novo" era visto pelo clero com grande reserva. Razões havia: os donos do poder realizavam então festas nababescas, e a jogatina corria solta na capital federal e em outras cidades do país. Nesse sentido, marcaram época os cassinos "Atlântico" e "Urca" do Rio de Janeiro, o "Quitandinha" de Petrópolis, o "Icarahy" em Niterói, e o da Pampulha de Belo Horizonte, em que a elite fortalecida pela ditadura getulista se encontrava e se esbaldava. Tal dissipação não podia ser, e não foi, aceita pela hierarquia eclesiástica, motivo pelo qual, os bispos da província eclesiástica de São Paulo, reunidos em 1942, fizeram uma irada denúncia contra o jogo:

> Diariamente, a imprensa e as rádios difusoras apregoam os cassinos, situados uns em aprazíveis ilhas, outros em praias encantadoras, estes em afamadas estações de águas, aqueles em saudáveis montanhas. O mesmo pregão de morte convida para tais lugares os homens de negócio, as famílias abastadas, o povo, enfim, sempre ávidos de sensações, sugerindo aos recém-casados que prefiram os ditos cassinos para aí passarem a sua lua de mel. E porque maiores sejam os atrativos salienta-se a presença e a exibição de artistas, cujo valor e renome só existem na imaginação dos propagandistas e na mediocridade das plateias. [...] E assim vai o jogo amortalhando-nos. [...] Esta é a tristíssima situação. Dissimulá-la seria enganar-nos num assunto de capital importância para a nação. Poucos terão a coragem de denunciar este péssimo estado de coisas, porque a timidez avassalou muitas consciências, acovardou muitas energias e fez tremer as penas que deveriam profligar, na mais benéfica das campanhas, o hediondo mal que tanto nos deforma e avilta.[212]

Apesar da veemência do apelo, somente em 1946, já sob o governo de Eurico Gaspar Dutra, que os cassinos seriam fechados. Isso aconteceu por meio de um decreto baixado no dia 30 de abril daquele ano que estabelecia: "Considerando que a tradição moral, jurídica e religiosa do povo brasileiro é contrária à exploração dos jogos de azar, fica decretado o fechamento dos cassinos em todo o território nacional".[213]

6.5.1 – A capelania militar em tempos de guerra

Os regimes totalitários da Alemanha e da Itália não conquistaram a simpatia do clero do Brasil e, curiosamente, uma das reações mais sentidas partiu justamente de um teuto-descendente, Dom João Batista Becker (1870-1946), bispo de Porto Alegre, que, ao falar dos "mitos do nazismo", usou palavras incisivas:

> Assim o nazismo inventou os seus mitos doutrinários. São construções fantásticas que se consideram como dogmas infalíveis, absolutamente certos, sem que se exijam as necessárias provas para convencer a inteligência. O nazismo impõe a aceitação completa de tais ensinamentos e não permite discussão alguma.

---

[212] José Gaspar d'Afonseca e Silva et alii, *Carta Pastoral dos bispos da Província Eclesiástica de São Paulo*, [s.n.], Brasil 1942, p. 5-6.
[213] Gabriel Manzano Filho et alii, *100 anos de república*, vol. V, p. 32.

> Os principais mitos hitleristas são: o mito da terra, o mito do sangue, o mito da raça e o mito da nação.[214]

Foi então que, no dia 1º de setembro de 1939, a Alemanha nazista invadiu a Polônia, dando origem à Segunda Guerra Mundial. No dia seguinte, o governo do Brasil declarou-se neutro, com a decisão de abster-se "de qualquer ato que, direta ou indiretamente" facilitasse, auxiliasse ou hostilizasse "as forças beligerantes". Na verdade, o sistema brasileiro cortejava seja o nazismo alemão que a democracia estadunidense, mas esta política seria interrompida. A população começou a se manifestar contra o nazifascismo nas ruas e o governo, com cautela, foi assumindo outra posição, como aquela iniciativa de ceder bases no nordeste para os aviões norte-americanos que seguiam para a África. Navios brasileiros passaram a ser torpedeados pelos alemães e foram também identificados núcleos de espionagem e de sabotagem agindo no país. A este ponto o Brasil abandonou a neutralidade e reconheceu o estado de beligerância com os países do Eixo, em 22 de agosto de 1942, fazendo a declaração formal de guerra aos mesmos países no dia 31 seguinte. Também a hierarquia eclesiástica teve de posicionar-se, a exemplo dos prelados da província eclesiástica de São Paulo, que declararam:

> O infortúnio que tanto temíamos chegou-nos à porta. Pacíficos por índole, e formação, vivíamos despreocupados da monstruosa guerra que ao longe devorava os continentes. Quantos não pensaram ser possível no Brasil subtrair-se à carnificina mundial? Em vão porfiou o governo por conservar-nos alheios ao conflito. Mas... agredir bruscamente e de supetão é a máxima selvagem dos que intentam mais bruscamente vencer e subjugar os demais povos infensos à barbárie e refratários à escravidão. Estamos, pois, em guerra, e esta nos impõe inelutáveis deveres.[215]

Na nova situação criada, aos 29 de janeiro de 1943, o presidente brasileiro, Getúlio Vargas, reuniu-se com o presidente dos Estados Unidos, Franklin Delano Roosevelt, em Natal, RN, e ali eles acertaram a participação do Brasil no conflito, por meio do envio de uma força expedicionária. Em 9 de agosto de 1943, a Portaria Ministerial n. 4.744 instituiu oficialmente a "Força Expedicionária Brasileira" (FEB), sob o comando do general João Baptista Mascarenhas de Moraes (1883-1968). O primeiro escalão de brasileiros que partiu para lutar na Itália saiu do porto do Rio de Janeiro às 6h30 de domingo, 2 de julho de 1944, chegando ao porto de Nápoles 14 dias depois (16 de julho de 1944). Seguiu-se uma campanha militar de importantes vitórias, tendo os brasileiros participado da entrada vitoriosa em Turim. Em 2 de maio de 1945, o comando do V Exército deu por encerrada a campanha. O fim da guerra se aproximava.[216]

A contenda também fez o governo reconsiderar a questão da assistência religiosa aos combatentes, uma vez que, três anos após a proclamação da Re-

---

[214] João Becker, *A decadência da civilização. Causas, consequências e remédios*, Tipografia do Centro, Porto Alegre 1940, p. 132.
[215] José Gaspar d'Afonseca e Silva et alii, *Carta Pastoral dos bispos da Província Eclesiástica de São Paulo*, p. 37.
[216] Cf. Gabriel Manzano Filho et alii, *100 anos de república*, vol. IV, p. 53. *Idem, ibidem*, vol. V, p. 11-12, 14-16, 22-25.

pública, pela Lei n. 39-A, Art. 12 de 30 de janeiro de 1892, suprimira o corpo eclesiástico, reformando os capelães que tivessem 25 anos de serviço, com soldo inteiro, e os demais, nos termos da legislação vigente. Com a campanha da FEB na Itália, o Decreto-Lei n. 5.573, de 26 de maio de 1944, restabeleceu tal assistência e também admitiu a possibilidade de capelães de outras denominações. Assim, com a FEB partiram 30 capelães católicos e 2 protestantes. Monsenhor João Pheeney de Camargo e Silva era o capelão-chefe da parte católica e no *front* os capelães celebravam missas e também apoiavam os soldados feridos nos hospitais, além de se juntarem aos integrantes do pelotão de sepultamento, que tinham a arriscada missão de resgatar os corpos dos caídos em combate. Um dos capelães que mais se destacaram na campanha da Itália foi frei Orlando OFM (1913-1945), de batismo Antônio Álvares da Silva, natural de Morada Nova de Minas, que morreu acidentalmente quando se dirigia para o *front*, na véspera do último ataque a Monte Castelo, em 20 de fevereiro de 1945. Outro capelão de destaque foi o primeiro tenente, Pe. Elói de Oliveira. Acrescente-se que o serviço deveria ser extinto após o término do conflito, mas não foi o que aconteceu. Reconhecendo as vantagens que tinha, foi proposta sua continuação também em tempos de paz, estendendo-o às demais forças armadas federais, pelo Decreto-Lei n. 9.505 de 23 de julho de 1946 e regulamentado pelo Decreto-Lei n. 21.495 de 26 de julho de 1946. Mais tarde, com o Decreto *Ad Consulendum*, em 6 de dezembro de 1950, a Santa Sé criaria o vicariato militar do Brasil.[217]

Os horrores da guerra serviram igualmente para criar uma nova consciência no clero nacional, motivo pelo qual, após a rendição da Alemanha, o *Manifesto do Episcopado*, lançado em 20 de maio de 1945, fez uma clara opção pela via democrática, mesmo ressalvando que os hierarcas deviam manter-se fora dos partidos. Dizia o documento:

> Em nossos dias, inclinam-se os povos, com razão irresistível, para as formas democráticas de governo. Pio XII, no documento mais notável que sobre a democracia se publicou nestes últimos tempos, aponta a causa principal deste grande movimento contemporâneo. [...] Por este motivo requerem hoje "um sistema de governo mais compatível com a dignidade e liberdade dos cidadãos". [...] A democracia, porém, não se reduz a simples aparências exteriores ou à aplicação superficial de formas legais de organização política. Sua ação é mais profunda: atinge a educação das consciências e visa "colocar o cidadão em condições cada vez melhores de ter a própria opinião pessoal e de exprimi-la e fazer valer de modo adequado ao bem comum".[218]

6.5.2 – As persistentes pendências

Não faltavam, contudo, questões abertas para a Igreja nos anos 30 e 40, o que incluiu até mesmo arremedos de cismas. O primeiro deles foi conduzido por Salomão Barbosa Ferraz (1880-1969), um personagem controvertido

---

[217] PEDRO TERRA FILHO, "Serviço de assistência religiosa das Forças Armadas do Brasil", em: *Revista Eclesiástica Brasileira*, vol. 43, fasc. 169, Editora Vozes, Petrópolis 1983, p. 133-134.
[218] JAIME DE BARROS CÂMARA ET ALII, *Manifesto do episcopado sobre o momento internacional e nacional*, Editora Ave Maria, São Paulo 1945, p. 7.

que, depois de ser ministro presbiteriano, se tornou sacerdote anglicano em 1917. Em seguida, fundou uma entidade interconfessional chamada "Ordem de Santo André" e, em 1936, no assim chamado "congresso católico livre", foi eleito "bispo". Ele e os seus defendiam a missa em vernáculo e a abolição do celibato para o clero, mas, para estar em harmonia com a sucessão apostólica, obteve que o Arcebispo veterocatólico de Utrecht, na Holanda, Andreas Rinkel (1889-1979), o sagrasse. Foi aqui que o governo brasileiro, numa atitude no mínimo ambígua, resolveu facilitar as coisas para o aspirante bispo, dando-lhe um passaporte diplomático e oferecendo-lhe o apoio da embaixada do Brasil junto ao governo holandês. Tanto assim que Mário de Pimentel Brandão (1889-1956), ministro das relações exteriores, no dia 21 de setembro de 1937, expediu uma carta ao representante do Brasil em Haia, Pedro de Morais Barros, propondo quanto segue:

> Tenho o prazer de apresentar a Vossa Excelência Dom Salomão Ferraz, eleito bispo da Igreja Católica Livre do Brasil e que vai à Holanda a fim de sagrar-se.
> Peço a Vossa Excelência o obséquio de atender o meu recomendado com sua solicitude costumeira, cercando-o de todas as facilidades possíveis no cumprimento do alto desígnio que o leva a esse país.[219]

A prevista viagem para a Holanda acabou não acontecendo, até porque a eclosão da Segunda Guerra Mundial a impediu de vez. Mesmo assim, Salomão Ferraz acabaria sendo ordenado por outro bispo cismático, que será analisado em seguida: Dom Carlos Duarte Costa (1888-1961). Curiosamente, no entanto, Salomão paulatinamente se aproximou do Catolicismo e se converteu, vindo a fazer uma pública e solene profissão de fé católica no dia 8 de dezembro de 1959, ante o Cardeal-Arcebispo de São Paulo, Dom Carlos Carmelo de Vasconcelos Mota.[220]

O mesmo não se deu com o bispo que o sagrou, Dom Carlos Duarte Costa, dono de uma controvertida biografia. Natural do Rio de Janeiro, ele cursou o seminário menor em Roma e as etapas sucessivas em Uberaba, MG. Ordenado padre na mesma cidade, em 1º de abril de 1911, seria depois nomeado segundo bispo de Botucatu aos 4 de julho de 1924. Seu governo episcopal foi marcado pelas problemáticas místicas, políticas e outras mais em que se envolveu. Dentre estas se destacou, como se viu em precedência, a formação de um "batalhão diocesano" para integrar as tropas da Revolução Constitucionalista de 1932. Sobre Dom Duarte Costa, aos 23 de março de 1936, o Núncio Apostólico, numa missiva enviada ao Cardeal Pacelli, ponderaria:

> Com o vapor "Biancamano" partiu anteontem para a Itália Dom Carlos Costa, bispo de Botucatu.
> É um prelado de grande piedade e muito solícito à Santa Sé e de inteligência não grande.
> Ele é o bispo que, durante a revolução de São Paulo do ano 1932, organizou um

---
[219] AA.EE.SS., "Cisma ou nacionalização da Igreja Católica", em: *Brasil*, pos. 529-531, fasc. 50, fl. 40.
[220] A.I., "Cronaca Contemporanea – Santa Sede", em: *La Civiltà Cattolica*, vol. II, quaderno 2636, Società Grafica Romana, Roma 1960, p. 207.

batalhão de jovens armados para defender o Estado de São Paulo contra o governo do Sr. Getúlio Vargas e ele é igualmente o bispo que, nas últimas eleições políticas do ano 1934, seja mesmo com a melhor das intenções, se colocou da parte do Partido Republicano Paulista e contra o Partido Constitucionalista daquele Estado. Vossa Eminência, no seu alto saber, julgará se convirá que o senhor mesmo acene ligeiramente a tais fatos e exorte o prelado que dê sua palavra para agir no futuro com mais prudência nas questões políticas.[221]

A ida a Roma não resolveu o problema, pois Dom Carlos Duarte Costa acabou sendo forçado a renunciar em 1937, tornando-se bispo honorário de Maura (antiga diocese da Mauritânia, no norte da África), enquanto fixava residência no Rio de Janeiro. Nacionalista, em 1942, ele enviou um telegrama a Getúlio Vargas solicitando que fossem expulsos do território pátrio os padres estrangeiros, tidos por ele como inimigos do Brasil.[222] Também repreendeu um suposto direitismo da Ação Católica e prefaciou o livro *Soviet Power* (*O Poder Soviético*) do anglicano Hewlett Johnson (1874-1966). Como consequência, ele foi acusado de ser comunista e acabou preso pela política federal no dia 6 de junho de 1944. Enviado em seguida para residir em Bonfim, MG, lá permaneceu dois meses na qualidade de hóspede, até se ver livre dessa condição, em 4 de setembro daquele mesmo ano. Não se tornou, porém, mais comedido e, ainda em 1944, a Cúria Romana o suspendeu de ordens, excomungando-o no ano sucessivo. A pena canônica foi infligida aos 6 de julho de 1945, data em que Dom Carlos Duarte Costa decidiu instituir a assim chamada Igreja Católica Apostólica Brasileira. Em 18 de agosto seguinte, ele lançou o *Manifesto à nação*, oficializando seu desligamento de Roma. Fundou ainda o efêmero Partido Socialista Cristão que chegou a apresentar candidato à presidência da República.

Dom Carlos Duarte Costa faleceu no Rio de Janeiro aos 26 de março de 1961, depois de ter ordenado bispos e padres, cuja validade Roma recusou-se a reconhecer. De qualquer modo, aos 6 de julho de 1970, durante um concílio realizado pela denominação que fundara, ele foi "canonizado". A ICAB também canonizaria Padre Cícero em 1973. Urbano Zilles opina que "a igreja fundada pelo bispo de Maura degenerou em certo tipo de populismo demagógico, cujos pastores parecem aceitar tudo que lhes dê popularidade: presença dos terreiros de umbanda, curandeirismo etc."[223]

6.6 – O imediato período pós-Getúlio

Entrementes, enquanto a Força Expedicionária Brasileira ainda lutava no *front* italiano, evidenciou-se a incongruência existente de se combater o totalitarismo na Europa e manter uma ditadura no Brasil, o que colocou o regime varguista em cheque. O descontentamento cresceu, as oposições se aglutinaram e aumentou a pressão por mudanças reais. Coagido pelas novas circunstâncias, o governo convocou eleições e, em 18 de abril de 1945, pelo Decreto-Lei n. 7.474, concedeu anistia geral a todos os presos políticos e exilados desde a pro-

---

[221] AA.EE.SS., "Clero e política", em: *Brasil*, pos. 516-518, fasc. 45, fl. 25, 30.
[222] Nelson Piletti; Walter Praxedes, *Dom Hélder Câmara o profeta da paz*, p. 124.
[223] Cf. Urbano Zilles, *Religiões, crenças e crendices*, EDIPUCRS, Porto Alegre 1997, p. 123-124.

mulgação da constituição de 1934 até aquela data.[224] Isso consentiu que políticos, como Washington Luís, que há longos anos viviam fora do país pudessem voltar, enquanto que 565 presos terminaram libertos. Afinal, em 29 de outubro de 1945, Getúlio Vargas terminou deposto, refugiando-se, no dia 31 seguinte, na estância que possúia em São Borja, RS. A presidência, a partir do dia seguinte até 31 de janeiro de 1946, foi ocupada interinamente por José Linhares (1886-1957), cearense de Baturité, presidente do supremo tribunal federal.[225]

Eclesialmente falando, a Ação Católica se converteu então num importante instrumento para a participação dos leigos na nova etapa democrática que se abriu, bem como no exercício pleno da cidadania.[226] Neste particular, como releva Luiz Alberto Gomez de Souza, "de tempos em tempos alguns membros da Ação Católica insistiam sobre uma atitude mais ativa na luta anticomunista e voltava a ideia de um partido católico". Dom Leme, no entanto, deu um não categórico; mas a supracitada queda da ditadura do "Estado Novo", em 1945, provocou a reorganização dos partidos e de toda a vida política no país, fazendo a proposta retomar fôlego. Por isso, Alceu Amoroso Lima, na revista *A Ordem*, apresentou a sugestão de estatutos de um Partido Democrata Cristão, mas não tomou medidas concretas para viabilizá-lo. Portanto, os católicos se encontravam espalhados por diversas siglas, ainda que tenha sido criado um PDC, o qual permaneceu sempre um partido pequeno, tendo como um dos seus dirigentes o padre pernambucano Alfredo Bezerra de Arruda Câmara, mais conhecido como monsenhor Arruda Câmara (1905-1970), notabilizado por sua luta contra o divórcio.[227]

Certo é que, realizadas as eleições para a constituinte federal em 2 de dezembro de 1945, O PDC recebeu 101.626 votos (5.405 no Rio Grande do Norte, 4.150 na Paraíba, 18.059 no Pernambuco, 64.486 em São Paulo e 9.526 no Distrito Federal) conseguindo eleger apenas dois parlamentares que foram o próprio monsenhor Arruda Câmara e o paulista Manuel Vítor de Azevedo. Isso evidenciou as dificuldades da agremiação em firmar-se como opção política nas regiões menos industrializadas e urbanizadas do país.[228]

O período aqui analisado terminou, com a Igreja devendo enfrentar também toda uma série de outros problemas. Um dos maiores, sem dúvida, era a escassez de padres. Em 1937, Pe. Heliodoro Pires apontava que o número de sacerdotes no país era de apenas 4.138, enquanto que o Pe. Pascoal Lacroix, religioso dos missionários do Sagrado Coração de Jesus, em modo alarmista, no livro intitulado *O mais urgente problema do Brasil, o problema sacerdotal e sua solução*, publicado no ano precedente, dentre muitas considerações e análises, pintou um quadro sombrio a respeito das perspectivas do Catolicismo no país. Em dita obra, ele chegou a sustentar – coisa que a história viria a desmentir – que, em 1960, apenas uma décima parte do Estado brasileiro seria católica, porque o número anual de ordenações sacerdotais era inferior ao número de pastores protestantes que cada ano entrava no Brasil.[229]

---

[224] CÂMARA DOS DEPUTADOS, *Anistia. Legislação brasileira (1822-1979)*, Centro de Documentação e Informação, Brasília 1980, p. 100.
[225] GABRIEL MANZANO FILHO ET ALII, *100 anos de república*, vol. V, p. 24, 27, 29-30.
[226] NEY DE SOUZA, "Ação Católica, militância leiga no Brasil: méritos e limites", Revista de Cultura Teológica, n. 55, p. 49.
[227] LUIZ ALBERTO GOMEZ DE SOUZA, *A JUC: os estudantes católicos e a política*, p. 61.
[228] ÁUREO BUSETTO, *A democracia cristã no Brasil: princípios e práticas*, p. 78.
[229] AA.EE.SS., "Situação religiosa no Brasil", em: *Brasil*, pos. 526, fasc. 48, fl. 52-53.

De forma menos negativa, um relatório, datado de 15 de julho de 1937, expedido a Mons. Giuseppe Pizzardo, secretário para os negócios extraordinários da Santa Sé, afirmava:

1) Que no Brasil, país muito extenso com mais de 8.000.000 km² e com uma população não inferior a 45 milhões de habitantes, havia apenas 2.500 sacerdotes seculares (os regulares são pouco mais de 2.000); número insuficiente, especialmente se se considera que a população é muito dispersa e que o número de paróquias é de mais de 2.500.
2) Que os bispos, não tendo sequer o número de sacerdotes necessários para as paróquias, encontram-se muitas vezes na impossibilidade de abrir um seminário pela falta absoluta de padres.
3) Que as vocações em geral sono recrutadas entre rapazes de baixa condição [social], que os bispos devem depois manter com dinheiro próprio ou com aquele que recebem dos fiéis.
4) Que muitas das dioceses do Brasil são pobres: depois, o número dos alunos que cada uma delas pode manter é limitado e inferior às necessidades espirituais do país.
5) Que os seminaristas, pertencentes em geral a famílias de baixa condição, muitas vezes durante as férias, não recebem um bom exemplo dos genitores e, em seguida, frequentemente perdem a vocação.
6) Que nestes últimos oito anos foram construídos bons seminários, como aquele de São Paulo (que custou 4 ou 5 milhões de liras), aquele de Mariana, de Belo Horizonte, de Natal, Porto Alegre, Uruguaiana, Ribeirão Preto, Diamantina, Campanha, Santa Maria, São Carlos e algum outro. – Isso contribuirá muito à boa organização dos seminários e formação do clero.
7) Que se construiu, além disso, o Pontifício Colégio Pio Brasileiro em Roma, gastando só para o edifício 6.500.000 liras; colégio este que servirá para formar sobretudo os professores para os seminários desta nação.
8) Que a Sacra Congregação dos seminários há nestes últimos tempos construído três seminários centrais (Bahia, São Paulo e Porto Alegre) e tornou obrigatório o estudo da filosofia e teologia nos citados seminários ou naqueles provinciais: isso influirá a formar melhor o clero.
9) Atualmente os seminários que têm casa de férias para os alunos são apenas Rio de Janeiro, Diamantina, Mariana e Bahia (ainda em construção nesta última cidade); os outros seminários durantes as férias mandam os alunos para as casas de suas famílias.[230]

Seja como for, tanto a questão do número reduzido de padres quanto o proselitismo protestante e espírita eram deveras graves, deixando em aberto um enorme problema futuro. Por isso, ao avaliar a obra do Padre Lacroix e a conjuntura da Igreja no Brasil, Dom Leme, com a sua conhecida argúcia, deixou considerações ainda hoje dignas de nota:

> Em relação ao livro sobre as vocações [do Pe. Lacroix], no fundo é verdade, mas com muito exagero e interpretações errôneas. Os bispos do Estado de São Paulo estão indignados com dito livro. – Eu não. – O acho apenas exagerado e às vezes errado nas interpretações.
> No que diz respeito ao problema das vocações, deve-se dizer que para o Brasil é vital. Com cerca de 50 milhões de habitantes esparsos sobre um dos maiores países

---

[230] AA.EE.SS., "Situação religiosa no Brasil", em: *Brasil*, pos. 526, fasc. 48, fl. 56.

do mundo, devemos dizer que temos necessidade de sacerdotes mais que qualquer outro país do planeta. Relativamente à população católica, a proporção dos católicos (cerca de 4.000) nos torna inferiores à China.

Qual é a causa? A meu ver não se trata de falta de vocações, mas antes do não aproveitamento destas vocações. As vocações existem, provam-no a eficiência dos nossos seminários. O difícil é cultivá-las, educá-las e preservá-las por falta de bons seminários e dos meios materiais.

Os religiosos que enfrentam o problema com seriedade têm os seus centros de estudo cheios de jovens: é um fato. E se os religiosos têm vocações, como poderiam faltar para o clero?

Onde se encarou o problema das vocações, obteve-se ótimos resultados. Por exemplo, na arquidiocese do Rio, foi fechado o seminário em 1908, porque, dizia-se, faltavam as vocações. Quando, porém, em 1924, se quis abrir o seminário, viu-se que não: o afluxo de alunos foi notável. Resultado: agora, no seminário maior, temos mais alunos que São Paulo.[231]

A propósito, a morte de Dom Leme veio a criar um sério problema de liderança. Ele, no período de sua atuação na arquidiocese do Rio de Janeiro, durado de 1921 a 1942, como auxiliar ou como titular, com o carisma e a habilidade política que tinha, conseguira centralizar e organizar a atuação do episcopado brasileiro, mas, em 17 de outubro de 1942, um enfarte provocou sua morte, sem que se encontrasse um sucessor à altura. Isto porque o bispo sucessivo, que tomou posse no ano seguinte, foi Dom Jaime de Barros Câmara (1894-1971), que não possuía suas mesmas características. A personalidade fechada e o retraimento político do novo prelado privaram o episcopado nacional de uma liderança necessária, o que diminuiu muito a influência política da Igreja no Brasil. E mais: desde 1930, a industrialização do país ganhara consistência, levando a população rural a migrar para as cidades que era justamente o lugar em que mais atuavam os comunistas. Estes, como se viu, nas eleições de 1945, elegeram 14 deputados federais e um senador na figura de Luís Carlos Prestes. Mesmo assim, a tradicional aliança com os poderes públicos garantiu à Igreja uma série de privilégios na constituição democrática de 1946.[232]

Talvez por isso, ainda em 24 de dezembro de 1930, uma circular de Dom Leme, mesmo sublinhando a falta de unanimidade sobre o caso, havia apontado a conveniência de fundar-se uma conferência nacional dos bispos do Brasil:

> Mais delicado e urgente me parece cuidar agora e manter no ambiente católico absoluta e completa unidade de orientação e ação.
> Para obtê-la, vem à mente de alguns senhores bispos a conveniência de uma *conferência nacional* (o grifo é do autor) do episcopado. Porém, considerada a urgência do caso e as naturais dificuldades para uma conferência nacional, a outros pareceu de melhor opinião uma reunião dos bispos de cada província.[233]

Dita conferência tomaria forma somente em 14 de outubro de 1952, tendo Dom Carlos Carmelo de Vasconcelos Mota (1890-1982) como primeiro pre-

---

[231] AA.EE.SS., "Situação religiosa no Brasil", em: *Brasil*, pos. 526, fasc. 48, fl. 58-59.
[232] NELSON PILETTI; WALTER PRAXEDES, *Dom Hélder Câmara o profeta da paz*, p. 137-138.
[233] AA.EE.SS., "Nova constituição", em: *Brasil*, pos. 508, fasc. 26, fl. 33.

sidente e Dom Hélder Câmara, então bispo auxiliar do Rio de Janeiro, como secretário-geral.[234] Tocaria a este último a incumbência de organizar dois grandes eventos convocados pelo Papa Pio XII: o 36º congresso eucarístico internacional e a primeira conferência geral do episcopado latino-americano, ambos no Rio de Janeiro, em 1955.[235]

---

[234] MARIE-JO AZARD, *Hélder Câmara*, Paoline, Torino 2005, p. 31.
[235] FRANCISCO NÍÑO, *La Iglesia en la ciudad. El fenómeno de las grandes ciudades en América Latina como problema teológico y como desafio pastoral*, nota 45, Editrice Pontifícia Università Gregoriana, Roma 1996, p. 150.

FONTES E BIBLIOGRAFIA

1 – FONTES

1.1 – Arquivos

1.1.1 – AAEESS: Affari Ecclesiastici Straordinari – Vaticano

América I (Brasil)
– Fasc. 21 (pos. 279): Comunicação da Superiora-Geral das Irmãs de Notre Dame de Sion a respeito da oferta de abrir uma casa no Rio de Janeiro (14-7-1888).
– Fasc. 23 (pos. 294): Carta do secretário de Propaganda Fide a Mons. Domenico Ferrata, secretário da Sacra Congregação dos Negócios Eclesiásticos Extraordinários (16-7-1889).
– Fasc. 24 (pos. 298): Ofício do internúncio Francesco Spolverini ao Cardeal Mariano Rampolla (03-12-1889).
– Fasc. 27 (pos. 304): Pontos do projeto de nova constituição federal brasileira que se referem à religião.
– Fasc. 54 (pos. 398): Relatório de monsenhor Girolamo M. Gotti sobre o estabelecimento de uma comunidade de carmelitas no convento do Carmo de Pernambuco.

Brasil:
– Fasc. 3 (pos. 483-484): Novo presidente da república.
– Fasc. 6 (pos. 491-496): Cardeal brasileiro. Circular reservada.
– Fasc. 7 (pos. 496): Riforma della Costituzione.
– Fasc. 11 (pos. 503): Situação da Igreja no Brasil.
– Fasc. 12 (pos. 503): Eleição do novo presidente. Situação da Igreja no Brasil.
– Fasc. 13 (pos. 503): Católicos e política.
– Fasc. 14 (pos. 503): A Ação Católica em face da situação política nacional.
– Fasc. 15 (pos. 503): Católicos e política.
– Fasc. 17 (pos. 505-506): Morte do Cardeal Arcoverde. Novo Cardeal, Dom Leme.
– Fasc. 18 (pos. 507): Movimento revolucionário (1930).
– Fasc. 19 (pos. 507): Movimento revolucionário (1930).
– Fasc. 20 (pos. 507): Movimento revolucionário (1930).
– Fasc. 21 (pos. 507): Movimento revolucionário.
– Fasc. 22 (pos. 507): Movimento revolucionário.
– Fasc. 23 (pos. 297): Protesto da maçonaria brasileira. Carta do secretário de Propaganda Fide a Mons. Domenico Ferrata, secretário da Sacra Congregação dos Negócios Eclesiásticos Extraordinários (16-7-1889).
– Fasc. 24 (pos. 507): Movimento revolucionário.
– Fasc. 25 (pos. 507): Movimento revolucionário.
– Fasc. 26 (pos. 508): Nova constituição.
– Fasc. 27 (pos. 508): Nova constituição.
– Fasc. 28 (pos. 508): Nova constituição.
– Fasc. 29 (pos. 508): Nova constituição.
– Fasc. 33 (pos. 510a-511): Interventor do Maranhão, ensino religioso.
– Fasc. 38 (pos. 513a): Ação Católica.
– Fasc. 39 (pos. 513a): Ação Católica.
– Fasc. 40 (pos. 513a): Ação Católica.
– Fasc. 42 (pos. 513b): Liga Eleitoral Católica.
– Fasc. 43 (pos. 513b-515): Liga Eleitoral Católica, Instituto Católico de Estudos Superiores e revolução no Estado de São Paulo.
– Fasc. 45 (pos. 516-518): Clero e política.
– Fasc. 47 (pos. 520-524): Prelazias nullius e Prefeituras Apostólicas. Congressos católicos de educação.

– Fasc. 48 (pos. 525-526): Eleição presidencial no Brasil (1938). Situação religiosa no Brasil.
– Fasc. 49 (pos. 527-529): Golpe de Estado. Nova constituição.
– Fasc. 50 (pos. 529-531): Integralismo.
– Fasc. 54 (pos. 398): Relatório de monsenhor Girolamo M. Gotti sobre o estabelecimento de uma comunidade de carmelitas no convento do Carmo de Pernambuco (1894).
– Fasc. 72 (pos. 469): Presente estado do Pe. Joaquim do Monte Carmelo.
– Fasc. 75 (pos. 476): Sobre o movimento antirreligioso dos bandos de fanáticos no Estado da Bahia.
– Fasc. 101 (pos. 578): Carta de monsenhor Giuseppe Macchi ao Cardeal Rampolla (10-3-1901).
– Fasc. 127 (pos. 658): Proposta de desmembramento da diocese do Amazonas (1905).
– Fasc. 134 (pos. 676): A respeito do desmembramento da diocese de Manaus. Regulamento para os religiosos nas missões brasileiras (1906).

1.1.2 – AGOSM: Arquivo Geral da Ordem dos Servos de Maria – Roma

– Pasta 24: "Ata da primeira sessão para se tratar da criação do Bispado do Acre" (16-4-1910) (colocação provisória). *Idem*, "La festa del Papa nell´Acre".

1.1.3 – ASPF: Arquivo Histórico de Propaganda Fide – Roma

América Meridional:
– Cód. 15: Carta de frei Raffaele ao Cardeal Prefeito de Propaganda Fide (24-11-1889); Carta de frei Luigi de Parma ao Cardeal Pio Simeoni, prefeito da Propaganda Fide (12-7-1890).

Rubrica Nova Série
– Vol. 151: Comunicado de Dom Gerardo van Caloen (21-3-1909).
– Vol. 581: Carta do Núncio Apostólico do Brasil ao prefeito da Sagrada Congregação de Propaganda Fide, Cardeal Domenico Serafini (16-6-1916).
– Vol. 581: Relatório inicial da prefeitura de Rio Negro (1916).
– Vol. 596: Relatório da prefeitura apostólica do Alto Solimões ao Cardeal prefeito de Propaganda Fide (3-7-1914/ 1-11-1915).
– Vol. 671: Instruções da Sagrada Congregação de Propaganda Fide ao Núncio Apostólico no Brasil.

1.1.4 – ASV: Arquivo Secreto do Vaticano

Nunciatura Apostólica no Brasil
– Fasc. 141 (caixa 32): Religiosos (Carmelitas, Franciscanos, Capuchinhos, Beneditinos e Ursulinas).
– Fasc. 329 (caixa 68): Governo imperial e republicano.
– Fasc. 330 (caixa 68): Corpo diplomático – separação do Estado da Igreja, liberdade de culto.
– Fasc. 344 (caixa 71): Correspondência interna de monsenhor Francisco Spolverini; episcopado *in genere*.
– Fasc. 345 (caixa 71): Relações sobre o estado das dioceses; religiosos *in genere*.
– Fasc. 346 (caixa 71): Novo jornal católico, matrimônios mistos, projeto de reforma na Igreja do Brasil.
– Fasc. 353 (caixa 72): Dioceses (Salvador, Goiás, Ceará e outras); religiosos.
– Fasc. 355 (caixa 73): Circular ao episcopado, assuntos diversos.
– Fasc. 377 (caixa 77): Ordem de São Bento. Reforma geral; impressos.
– Fasc. 378 (caixa 77): Ordem de São Bento.
– Fasc. 379 (caixa 78): Ordem Franciscana Menor Observante.
– Fasc. 381 (caixa 78): Religiosos (Dominicanos, Jesuítas, Verbitas e outros).
– Fasc. 384 (caixa 79): Dioceses do Norte (Salvador da Bahia, Olinda, Fortaleza, Paraíba, São Luiz do Maranhão, Belém do Pará, Goiás e Amazonas).

– Fasc. 392 (caixa 80): Congregações e ordens religiosas masculinas (Companhia de Jesus, Carmelitas, Redentoristas e Beneditinos)
– Fasc. 419 (caixa 85): Carmelitas – vinda dos religiosos espanhóis.
– Fasc. 421 (caixa 86): Religiosos.
– Fasc. 422 (caixa 86): Beneditinos.
– Fasc. 424 (caixa 86): Congregações religiosas.
– Fasc. 430 (caixa 87): Naturalização de religiosos estrangeiros e sua incorporação nas províncias.
– Fasc. 431 (caixa 88): Convenções sobre as distintas ordens religiosas e dos seus bens no Brasil.
– Fasc. 433 (caixa 88): Condição jurídica das ordens religiosas e dos seus bens no Brasil.
– Fasc. 437 (caixa 89): Pos. 42 – Diocese de Mariana; Pos. 44 – Pe. Júlio Maria e suas conferências.
– Fasc. 457 (caixa 93): Pos. 73 – Irmandades.
– Fasc. 469 (caixa 95): Elevação da Internunciatura à categoria de Nunciatura.
– Fasc. 474 (caixa 96): Pos. 102 – Primeiro Congresso Católico Brasileiro.
– Fasc. 488 (caixa 99): Pos. 2, 5b – Palácio episcopal de Uberaba.
– Fasc. 502 (caixa 102): Projeto sobre as missões.
– Fasc. 520 (caixa 105): Pos. 14 – Sobre o *Motu Proprio Inter Multiplices*.
– Fasc. 521 (caixa 106): Projeto para uma sede cardinalícia no Brasil.
– Fasc. 531 (caixa 108): Congregações religiosas.
– Fasc. 537 (caixa 109): Carmelitas.
– Fasc. 542 (caixa 110): Questão dos Beneditinos; administração do Abade Ramos.
– Fasc. 599 (caixa 121): Coisas várias.
– Fasc. 625 (caixa 126): Tit. XV – Acerca do clero secular e paroquial.
– Fasc. 627 (caixa 127): Religiosos (Beneditinos).
– Fasc. 633 (caixa 128): Religiosos (carlistas, lazaristas, redentoristas e salesianos).
– Fasc. 634 (caixa 128): Religiosos (diversos).
– Fasc. 635 (caixa 128): Religiosos (diversos).
– Fasc. 653 (caixa 132): Irmandades, imprensa e Legação do Brasil junto à Santa Sé.
– Fasc. 656 (caixa 133): Documentos do Tribunal Arbitral brasileiro-peruano.
– Fasc. 680 (caixa 135): Religiosos.
– Fasc. 690 (caixa 137): Irmandades.
– Fasc. 694 (caixa 138): Seminários: condições religiosas e civis da república.
– Fasc. 701 (caixa 140): Conferências dos bispos do norte e do sul; retorno do crucifixo nos tribunais, escolas e municípios.
– Fasc. 704 (caixa 140): Honorificências pontifícias.
– Fasc. 723 (caixa 144): Diocese de Mariana.
– Fasc. 732 (caixa 146): Diocese do Rio de Janeiro.
– Fasc. 734 (caixa 146): Diocese de São Paulo.
– Fasc. 737 (caixa 147): Prefeituras Apostólicas da Amazônia (Rio Negro, Rio Branco, Alto Solimões, Araguaia e Santarém.
– Fasc. 744 (caixa 148): Prefeitura do Registro do Araguaia.
– Fasc. 772 (caixa 154): Franciscanos – Província da Imaculada Conceição e Província de Santo Antônio.
– Fasc. 774 (caixa 154): Salesianos.
– Fasc. 786 (caixa 156): "Italiafobia" dos bispos brasileiros.
– Fasc. 799 (caixa 159): Morte do Papa Pio X.
– Fasc. 827 (caixa 165): O Brasil na guerra, circulares.
– Fasc. 837 (caixa 165): Prelazias (Amazônia).
– Fasc. 1033 (caixa 182): Religiosos.
– Fasc. 1057 (caixa 186): Honorificências pontifícias.
– Fasc. 1058 (caixa 187): Reforma da constituição. Emendas religiosas.
– Fasc. 1062 (caixa 187): Vária.
– Fasc. 1064 (caixa 188): Sagrada Congregação Consistorial. Seminaristas em Roma.
– Fasc. 1066 (caixa 188): Visita apostólica ao Brasil
– Fasc. 1087 (caixa 190): Relações com o governo brasileiro.

- Fasc. 1094 (caixa 192): Religiosos.
- Fasc. 1095 (caixa 192): Religiosos.
- Fasc. 1098 (caixa 193): Arquidiocese do Rio de Janeiro.
- Fasc. 1155 (caixa 195): Prelazia Acre Purus
- Fasc. 1174 (caixa 197): Semana missionária – setembro 1926.

1.2 – Fontes publicadas

ABRANCHES, DUNSHEEDE, *Atas e atos do governo provisório*, Imprensa Nacional, Rio de Janeiro 1907.

ABREU, JOÃO CAPISTRANO DE ET ALII, *Livro de ouro comemorativo do centenário da Independência do Brasil e da Exposição Internacional do Rio de Janeiro*, Edições do Anuário do Brasil, Rio de Janeiro 1923.

Actas y decretos del Concilio Plenario de la América Latina, Libreria Editrice Vaticana, Ciudad del Vaticano 1999.

ALVES, JOSÉ PEREIRA, *A paróquia – Carta Pastoral*, Editora Vozes, Petrópolis 1923.

AMARAL, ÂNGELO ET ALII, *A década republicana*, vol. II, Companhia Tipográfica do Brasil, Rio de Janeiro 1899.

ARAÚJO, HUGO BRESSANE, *Pastoral – Centenário do Apostolado da Oração, devoção à Santíssima Virgem, centenário de Dom Vital*, Editora Vozes, Petrópolis [1944].

BARBOSA, RUI, "A ditadura de 1893", em: *Obras completas*, vol. XX, tomo II, Ministério da Educação e Saúde, Rio de Janeiro 1949.

BARBOSA, RUI, *Elogios acadêmicos e orações de paraninfo*, Edição da Revista de Língua Portuguesa, Rio de Janeiro 1924.

BARBOSA, RUI, *Mocidade e exílio*, Companhia Editora Nacional, São Paulo 1934.

BARBOSA, RUI, *O Divórcio*, Gráfica Clélio da Câmara, Rio de Janeiro 1957.

BARCELOS, ALFREDO, *Pela República – refutação do manifesto político do Sr. D. João Esberard, Arcebispo do Rio de Janeiro*, H. Lombaerts e Cia, Rio de Janeiro 1894.

BARRETO, FRANCISCO DE CAMPOS, *Carta Pastoral – Relatório da Diocese e impressões da visita pastoral em 1912*, Livraria Americana Pinto & C., Rio Grande 1913.

BARRETO, FRANCISCO DE CAMPOS, *Pastorais e conferências*, tomo I, Tipografia Casa Mascote, Campinas 1923.

BARROS, JOSÉ DE CAMARGO, *Carta Pastoral de Dom José de Camargo Barros, Bispo de São Paulo publicando a encíclica de S.S. Pio X sobre o ensino da doutrina cristã e outros documentos*, Tipografia Andrade & Melo, São Paulo 1905.

BARROS, JOSÉ PEREIRA DA SILVA, *Carta Pastoral do Bispo de São Sebastião do Rio de Janeiro saudando aos seus diocesanos*, Tipografia da Companhia Industrial de São Paulo, São Paulo 1891.

BARROS, JOSÉ PEREIRA DA SILVA, *Carta de despedida do bispo D. José Pereira da Silva Barros ao clero e ao povo do antigo bispado de São Sebastião do Rio de Janeiro*, Oficinas Salesianas, São Paulo 1894.

BARROS, JOSÉ PEREIRA DA SILVA, *Carta ao Exmo. Sr. Deputado Federal Dr. Thomaz Delfino*, Tipografia a vapor Espíndola, Siqueira & Companhia, São Paulo 1895.

BECKER, JOÃO, *O laicismo e o Estado moderno*, Centro da Boa Imprensa do Rio Grande do Sul, Porto Alegre 1931.

BECKER, JOÃO, *A decadência da civilização. Causas, consequências e remédios*, Tipografia do Centro, Porto Alegre 1940.

BERG, DANIEL, *Enviado por Deus. Memórias de Daniel Berg*, 8ª ed., Casa Publicadora das Assembleias de Deus, Rio de Janeiro 2000.

CABRAL, ANTÔNIO DOS SANTOS, *A Igreja e o ensino*, Imprensa Diocesana, Belo Horizonte 1925.

CABRAL, ANTÔNIO DOS SANTOS, *Ação Católica. Carta Pastoral de Dom Antônio dos Santos Cabral, Arcebispo metropolitano de Belo Horizonte e membro da comissão episcopal da Ação Católica Brasileira*, Editora Vozes, Petrópolis 1943.

CABRAL, ANTÔNIO DOS SANTOS, *Pastoral de Dom Antônio dos Santos Cabral, Arcebispo metropolitano de Belo Horizonte*, SNT.

CÂMARA DOS DEPUTADOS, *Anistia. Legislação brasileira (1822-1979)*, Centro de Documentação e Informação, Brasília 1980.

CÂMARA, JAIME DE BARROS ET ALII, *Manifesto do episcopado sobre o momento internacional e nacional*, Editora Ave Maria, São Paulo 1945.
CARNEIRO, JÚLIO CÉSAR DE MORAIS, *O Catolicismo no Brasil (Memória histórica)*, Livraria Agir Editora, Rio de Janeiro 1950.
CAVALCANTI, JOAQUIM ARCOVERDE DE ALBUQUERQUE ET ALII, *Pastoral Coletiva dos Srs. Arcebispos e Bispos das Províncias eclesiásticas de São Sebastião do Rio de Janeiro e Mariana comunicando ao clero e aos fiéis o resultado das conferências dos mesmos no Seminário Arquiepiscopal de Mariana de 2 a 12 de agosto de 1907*, Tipografia Leuzinger, Rio de Janeiro 1907.
CAVALCANTI, JOAQUIM ARCOVERDE DE ALBUQUERQUE ET ALII, *Pastoral Coletiva dos Srs. Arcebispos e Bispos das províncias eclesiásticas de São Sebastião do Rio de Janeiro, Mariana, São Paulo, Cuiabá e Porto Alegre*, Tipografia Leuzinger, Rio de Janeiro 1911.
CAVALCANTI, JOAQUIM ARCOVERDE DE ALBUQUERQUE ET ALII, *Circular Coletiva dos Exmos. e Revmos. Srs. Arcebispos das províncias eclesiásticas meridionais do Brasil*, Tipografia Leuzinger, Rio de Janeiro 1917.
CAVALCANTI, JOAQUIM ARCOVERDE DE ALBUQUERQUE ET ALII, *Carta Pastoral do Episcopado Brasileiro ao clero e aos fiéis de suas dioceses por ocasião do centenário da Independência*, Tipografia Marques Araújo, Rio de Janeiro 1922.
CINTRA, SEBASTIÃO LEME DA SILVEIRA, *Carta Pastoral saudando os diocesanos de Olinda*, Tipografia Vozes, Petrópolis 1916.
CINTRA, SEBASTIÃO LEME DA SILVEIRA, *O jubileu sacerdotal do Santo Padre Pio XI. Carta circular do Sr. Arcebispo coadjutor*, Tipografia do Patronato da Lagoa, Rio de Janeiro 1929.
Constituição de 24 de fevereiro de 1891 e constituições dos estados, tomos I-II, F. Brugiet e Cia Editores, Rio de Janeiro 1911.
Constituição da República dos Estados Unidos do Brasil promulgada em 16 de julho de 1934, Edição de Ângelo Dellatre, [s.l.: s.d.], p. 32, 33.
CORRÊA, FRANCISCO DE AQUINO, *Deus e pátria. Carta Pastoral sobre a atual situação política do Brasil*, Escolas Profissionais Salesianas, Cuiabá 1931.
CORTE DE APELAÇÃO – CÂMARAS REUNIDAS – APELAÇÃO CÍVEL 432, Tipografia da Revista dos Tribunais, Rio de Janeiro 1916.
COSTA, ANTÔNIO DE MACEDO ET ALII, *Reclamação do episcopado brasileiro dirigida ao chefe do governo provisório*, Tipografia Salesiana do Liceu Sagrado Coração, São Paulo 1890.
CUNHA, EUCLIDES DA, *Os sertões*, Editora Paulo de Azevedo, Rio de Janeiro 1968.
Decretos do governo provisório da República dos Estados Unidos do Brasil, 1º fascículo, Imprensa Nacional, Rio de Janeiro 1890.
D'ALMEIDA, JOAQUIM ANTÔNIO, *Carta Pastoral anunciando o jubileu sacerdotal do S.S. Padre Pio X e apresentando ao clero e fiéis de sua diocese a Encíclica "Pascendi Dominici" sobre o "modernismo" e o Motu Proprio "Praestantia Scripturae Sacrae"*, Tipografia do Apostolado, Teresina 1908.
DENZINGER, HEINRICH, *ENCHIRIDION SYMBOLORUM*, Edizioni Dehoniane, Bologna 1995.
DOCUMENTOS PARLAMENTARES – MENSAGENS PRESIDENCIAIS (1891-1910), Tipografia do Progresso, Rio de Janeiro 1912.
D'ORBIGNY, ALCIDE, *Viagem pitoresca através do Brasil*, Itatiaia, Belo Horizonte 1976.
LAET, CARLOS DE, *O frade estrangeiro e outros escritos*, Edição da Academia Brasileira de Letras, Rio de Janeiro 1953.
LASAGNA, LUIGI, *Carta circular do Exmo. e Revmo. Sr. D. Luiz Lasagna*, Oficinas Salesianas, São Paulo 1895.
LASAGNA, LUIGI, *Epistolario*, vol. I-III, Libreria Ateneo Salesiano, Roma 1995.
LEÃO XIII, "Ad universas orbis ecclesias", em: *Acta*, vol. XII, Tipografia Vaticana, Roma 1893.
LEMOS, MIGUEL, *Artigos episódicos publicados durante o ano de 1891*, Apostolado Positivista do Brasil, Rio de Janeiro 1892.
LIVRO DO CENTENÁRIO (1500-1900), Imprensa Nacional, Rio de Janeiro 1900.
LUSTOSA, ANTÔNIO DE ALMEIDA, *Carta Pastoral de Dom Antônio de Almeida Lustosa, Arcebispo do Pará sobre o artigo 146 da constituição federal*, [s.n.], Belém 1937.
MARCIANO, JOÃO EVANGELISTA DO MONTE, *Relatório apresentado pelo Reverendo frei João Evangelista do Monte Marciano ao Arcebispado da Bahia sobre Antônio Conselheiro e seu séquito no arraial de Canudos*, Tipografia do "Correio de Notícias", Bahia 1895.

Marx, Karl, "Per la critica della filosofia del diritto di Hegel", em: *Opere Scelte*, Editori Riuniti, Roma 1966.
Mendes, Raimundo Teixeira, *A comemoração cívica de Benjamim Constant e a liberdade religiosa*, Tipografia do Apostolado Positivista do Brasil, Rio de Janeiro 1892.
Mendes, Raimundo Teixeira, *Em defesa dos selvagens brasileiros*, Apostolado Positivista, Rio de Janeiro 1910.
Morais, Prudente de et alii, *Antigos conventos e seus bens em face da constituição de 24 de fevereiro de 1891 e da lei de 10 de setembro de 1893*, Tipografia Brasil de Carlos Gerke e Cia, São Paulo 1902.
Mota, Carlos Carmelo de Vasconcelos, *Pastoral Pró-Universidade Católica*, Editora "Ave Maria", São Paulo 1946.
Nabuco, Joaquim, *Minha formação*, Instituto do Progresso Editorial, São Paulo 1949.
Nery, João Batista Correia, *Carta Pastoral despedindo-se da diocese do Espírito Santo, seguida de algumas notícias sobre a mesma diocese*, Tipografia da Casa Vapor Azul, Campinas 1901.
Oliveira, Plínio Corrêa de, *Em defesa da Ação Católica*, Editora Ave Maria, São Paulo 1943.
Pimenta, João Antônio, *Carta Pastoral de D. João Antônio Pimenta, bispo de Montes Claros, saudando a seus diocesanos*, Livraria do Globo, Porto Alegre 1911.
Pimenta, Silvério Gomes, *Primeiro sínodo da diocese de Mariana*, Tipografia Episcopal, Mariana 1903.
Polícia Civil do Distrito Federal, *A Insurreição de 27 de novembro. Relatório do Delegado Eurico Bellens Porto*, Imprensa Nacional, Rio de Janeiro 1936.
Ribeyrolles, Charles, *Brasil Pitoresco*, vol. I, Itatiaia, Belo Horizonte 1980.
Rio Branco, Barão do, *Reminiscências do barão do Rio Branco*, José Olympio Editora, Rio de Janeiro 1942.
Sacra Congregazione degli Affari Ecclesiastici Straordinari, *Circa lo smembramento della diocesi delle Amazzoni o Manaus delle Amazzoni e l'erezione di una Prelatura "Nullius"* (13-7-1905), sessione 1059, SNT.
Sales, Manuel Ferraz de Campos, *Atos do governo provisório*, Imprensa Nacional, Rio de Janeiro 1890.
Sales, Manuel Ferraz de Campos, *Casamento Civil – discursos pronunciados no Senado Federal*, Imprensa Nacional, Rio de Janeiro 1891.
Santos, Luiz Antônio dos et alii, *O Episcopado brasileiro ao clero e aos fiéis da Igreja do Brasil*, Tipografia Salesiana do Liceu do Sagrado Coração, São Paulo 1890.
Silva, Augusto Álvaro da et alii, *Carta Pastoral dos Prelados da Província Eclesiástica da Bahia*, Tipografia Nova Era, Bahia 1931.
Silva, Augusto Álvaro da et alii, *Carta pastoral coletiva dos Exmos. e Revmos. Srs. Arcebispo metropolitano e bispos da Província Eclesiástica da Bahia*, [s.n.], Bahia 1942.
Silva, Duarte Leopoldo, *Pastoral de saudação aos diocesanos de Curitiba*, Escolas Profissionais do Liceu Sagrado Coração de Jesus, São Paulo 1921.
Silva, Duarte Leopoldo, "Pastoral aos diocesanos de Curitiba sobre o casamento civil", em: *Pastorais*, Escolas Profissionais do Liceu Sagrado Coração de Jesus, São Paulo 1921.
Silva, José Gaspar d'Afonseca e et alii, *Carta Pastoral dos bispos da Província Eclesiástica de São Paulo*, [s.n.], Brasil 1942.
Tollenare, François Louis, *Notas dominicais*, Secretaria de Educação e Cultura do Pernambuco, Recife 1978.
Tratado de 8 de setembro de 1909 entre os Estados Unidos do Brasil e a República do Peru completando a determinação das fronteiras entre os dois países e estabelecendo princípios gerais sobre o seu comércio e navegação da bacia do Amazonas, Imprensa Nacional, Rio de Janeiro 1910.
Silva, Eduardo Duarte, *Sobre o culto interno e externo e regulamento para as festividades e funções religiosas*, Scuola Tipografica Salesiana, Roma 1899.
STF, *Apelação Cível n. 894*, Tipografia Nunes, Rio de Janeiro 1903.
Viana, Luiz, *Mensagem do Governador da Bahia ao Sr. Presidente da República sobre os antecedentes e ocorrências das expedições contra Antônio Conselheiro e seus sequazes*, Tipografia do "Correio de Notícias", Bahia 1897.
Walsh, Robert, *Notícias do Brasil*, vol. I, Itatiaia, Belo Horizonte 1985.

2 – BIBLIOGRAFIA

2.1 – Obras Gerais

ALBERA, PAOLO, *Monsignore Luigi Lasagna*, Scuola Tipografica Libreria Salesiana, Torino 1900.

ALBERA, PAOLO; GUSMANO, CALOGERO, *Lettere a don Giulio Barberis durante la loro visita alle case d'America (1900-1903)*, Libreria Ateneo Salesiano, Roma 2000.

ALENCAR, GEDEON FREIRE, *Matriz pentecostal brasileira*, Editora Novos Diálogos, Rio de Janeiro 2013.

ALMEIDA, FRANCISCO JOSÉ DE LACERDA, *A Igreja e o Estado – suas relações no direito brasileiro*, Tipografia da Revista dos Tribunais, Rio de Janeiro 1924.

ALMEIDA, JÚLIA VALENTINA LOPES DE, *Oração a Santa Doroteia*, Livraria Francisco Alves, Rio de Janeiro 1923.

ALVARENGA, MANUEL, *O Episcopado brasileiro*, A. Campos Propagandista Católico, São Paulo 1915.

AMADO, GILBERTO, *Minha formação no Recife*, José Olympio, Rio de Janeiro 1955.

AMADO, JORGE, *O cavaleiro da esperança*, 28ª ed., Editora Record, Rio de Janeiro 1982.

ANTOINE, CHARLES, *O integrismo brasileiro*, Civilização Brasileira, Rio de Janeiro 1980.

ARANTES, ALTINO, *Bonum opus*, Tipografia Casa Garraux, São Paulo 1930.

ARAÚJO, ISAEL DE, *Dicionário do movimento pentecostal*, Casa Publicadora das Assembleias de Deus, Rio de Janeiro 2014.

ATHAYDE, TRISTÃO DE, *Debates pedagógicos*, Schmidt Editor, Rio de Janeiro 1931.

ATHAYDE, TRISTÃO DE, *Pela reforma social*, Spínola & Fusco, Cataguazes 1933.

AUBERT, ROGER ET ALII, *Storia della Chiesa*, vol. XXII/2, Edizioni Paoline, Torino 1990.

A. I., *Missioni di Alto-Solimões affidata ai minori cappuccini umbri*, Cooperativa Tipografica Manuzio, Roma 1914.

AZARD, MARIE-JO, *Hélder Câmara*, Paoline, Torino 2005.

AZEREDO, CARLOS MAGALHÃES DE, *O Vaticano e o Brasil*, Edição "O Dia", Rio de Janeiro 1922.

AZEVEDO, LUIZ GONZAGA, *Proscritos*, Tipografia E. DAEM, Bruxelas 1914.

AZEVEDO, SOARES DE, *Brado de alarme*, Tipografia Desembargador Lima Drumond, Rio de Janeiro 1922.

BAGGIO, HUGO DOMINGOS, *Padre Siqueira*, Editora Vozes, Petrópolis 1987.

BAPTISTA, MARISA TODESCAN DIAS DA SILVA, *Identidade e transformação: o professor na universidade brasileira*, Unimarco Editora, São Paulo 1997.

BARBOSA, MANUEL, *A Igreja no Brasil*, Editora e obras gráficas A Noite, Rio de Janeiro 1949.

BARROSO, GUSTAVO, *Integralismo e Catolicismo*, 2ª ed., Empresa Editora ABC Ltda., Rio de Janeiro 1937.

BARQUILLA, JOSÉ BARRALDO E SANTIAGO RODRIGUEZ, *Los dominicos y el Nuevo Mundo – siglos XIX – XX – Actas del V Congreso Internacional Querétaro (4-8 septiembre 1995)*, Editorial San Esteban, Salamanca 1997.

BARRETO, ABÍLIO, *Belo Horizonte, memória histórica e descritiva – história média (1893-1898)*, Edições Livraria Rex, Belo Horizonte 1936.

BASBAUM, LEÔNCIO, *História sincera da república*, vol. I-III, 2ª ed., Edições LB, São Paulo 1962.

BASTIDE, ROGER, *Il Brasile*, Garzanti, Milano 1960.

BELZA, JUAN E., *Luis Lasagna, el obispo missionero*, Instituto Salesiano de Artes Gráficas, Buenos Aires 1969.

BENASSI, VINCENZO ET ALII, *Breve história da Ordem dos Servos de Maria*, Tipografia Città Nuova, Roma 1990.

BESSE, SUSAN KENT, *Modernizando a desigualdade. Reestruturação da ideologia de gênero no Brasil (1914-1940)*, Editora da Universidade de São Paulo, São Paulo 1999.

BONAVIDES, PAULO; ANDRADE, PAES DE, *História constitucional do Brasil*, Paz e Terra, Brasília 1990.

BONGIOANNI, MARCO, *Don Bosco nel mondo*, vol. II, Industrie Grafiche Mariogros, Torino 1968.

BRASIL, GÉRSON, *O Regalismo brasileiro*, Livraria Editora Cátedra, Rio de Janeiro 1978.

BRUNEAU, THOMAS CHARLES, *O Catolicismo brasileiro em época de transição*, Loyola, São Paulo 1974.

BUSETTO, ÁUREO, *A democracia cristã no Brasil: princípios e práticas*, Editora UNESP, São Paulo 2001.
CABRAL, OSVALDO RODRIGUES, *João Maria*, Companhia Editora Nacional, São Paulo 1960.
CAMARGO, CÂNDIDO PROCÓPIO FERREIRA DE (ORG.), *Católicos, protestantes, espíritas*, Editora Vozes, Petrópolis 1973.
CARONE, EDGARD, *A república velha*, 2ª ed., Difusão Europeia do Livro, São Paulo 1974.
CARRETERO, ISMAEL MARTINEZ, *Exclaustración y restauración del Carmen em España (1771-1910)*, Edizioni Carmelitane, Roma 1996.
CARVALHO, ANTÔNIO GONTIJO DE, *Estadistas da república*, vol. I, Empresa Gráfica da Revista dos Tribunais, São Paulo 1940.
CARVALHO, CARLOS DELGADO DE, *História diplomática do Brasil*, Companhia Editora Nacional, São Paulo 1959.
CARVALHO, JOÃO BATISTA DE, *O clero solidário com o povo em 32*, Instituto Histórico e Geográfico de São Paulo, São Paulo 1957.
CASTELLANI, JOSÉ, *Os maçons que fizeram a história do Brasil*, Editora Gazeta Maçônica, São Paulo 1991.
CASTELLANI, JOSÉ; CARVALHO, WILLIAM ALMEIDA DE, *História do Grande Oriente do Brasil*, Madras Editora, São Paulo 2009.
CASTILHO, MARIA AUGUSTA, *Os índios bororo e os salesianos na missão de Tachos*, Editora UCDB, Campo Grande 2000.
CASTRO, EDUARDO GÓES DE, *Os "Quebra-santos": anticlericalismo e repressão pelo DEOPS/SP*, Editora Humanitas, São Paulo 2007.
CASTRO, GENESCO DE, *O estado independente do Acre*, Tipografia São Benedito, Rio de Janeiro 1930.
CENCI, PIO, *Il Cardinale Raffaele Merry del Val*, Tipografia Carlo Acame, Torino 1933.
CHACON, VAMIREH, *História das ideias socialistas no Brasil*, Civilização Brasileira, Rio de Janeiro 1965.
CHACON, VAMIREH, *História dos partidos brasileiros*, Editora Universidade de Brasília, Brasília 1981.
COLBACCHINI, ANTONIO, *I bororo orientali del Mato Grosso*, Società Editrice Internazionale, Torino [s.d.].
CONFEDERAÇÃO NACIONAL DAS CONGREGAÇÕES MARIANAS DO BRASIL, *As Congregações Marianas no Brasil*, 2ª ed., Edições Loyola, São Paulo 1995.
COSTA, ARLINDO DRUMOND, *A nobreza espiritual de Dom Aquino Corrêa*, Livraria Teixeira, São Paulo 1962.
COSTA, FRANCISCO DE MACEDO, *Lutas e vitórias*, Estabelecimento dos Dois Mundos, Bahia 1916.
COSTA, JOÃO DA CRUZ, *O Positivismo na república*, Companhia Editora Nacional, São Paulo 1956.
COSTA, ROVÍLIO; BONI, LUÍS A., *Os capuchinhos do Rio Grande do Sul*, Est Edições, Porto Alegre 1996.
CROPANI, ELIZABETH DE FIORI DI ET ALII, *Nosso Século*, vol. I-II, Abril Cultural, São Paulo 1980.
CURY, CARLOS ROBERTO JAMIL, *Ideologia e educação brasileira*, Cortez & Moraes Ltda., São Paulo 1978.
DALE, ROMEU, *A Ação Católica Brasileira*, Edições Loyola, São Paulo 1985.
DELAMARE, ALCIBÍADES, *As duas bandeiras – Catolicismo e brasilidade*, Anuário do Brasil, Rio de Janeiro 1924.
D'ELBOUX, LUIZ GONZAGA DA SILVEIRA, *O Padre Leonel Franca SJ*, Livraria Agir Editora, Rio de Janeiro 1953.
DELGADO, JOSÉ DE MEDEIROS, *Memórias da graça divina*, Loyola, São Paulo 1978.
DONATO, HERNÂNI, *Dicionário das batalhas brasileiras*, Ibrasa, São Paulo 1987.
DOREA, AUGUSTA GARCIA ROCHA, *Plínio Salgado, um apóstolo brasileiro em terras de Portugal e Espanha*, Editora GRD, São Paulo 1999.
DORNAS FILHO, JOÃO, *Apontamentos para a história da república*, Editora Guaira, Curitiba 1941.
DULLES, JOHN WATSON FOSTER, *Anarquistas e comunistas no Brasil*, Editora Nova Fronteira, Rio de Janeiro 1977.
EDMUNDO, LUIZ, *Recordações do Rio Antigo*, 2ª ed., Gráfica Elite, Rio de Janeiro 1956.

EDMUNDO, LUIZ, *O Rio de Janeiro do meu tempo*, vol. II, 2ª ed., Gráfica Elite, Rio de Janeiro 1957.
ENDRES, JOSÉ LOHR, *Catálogo dos Bispos, Gerais, Provinciais, Abades e mais cargos da Ordem de São Bento do Brasil (1582-1975)*, Editora Beneditina, Salvador 1976.
FAUSTO, BÓRIS ET ALII, *O Brasil republicano*, vol. II, 3ª ed., Difel, São Paulo 1985.
FÁVERO, OSMAR (ORG.), *A educação nas constituintes brasileiras*, Autores Associados, Campinas 1996.
FERNANDES, CLÉLIA ALVES FIGUEIREDO, *Jackson de Figueiredo, uma trajetória apaixonada*, Forense Universitária, Rio de Janeiro 1989.
FERREIRA, FILETO PIRES, *A verdade sobre o caso do Amazonas*, Tipografia do "Jornal do Comércio" de Rodrigues & Companhia, Rio de Janeiro 1900.
FLESCH, BENÍCIA, *Seguindo passo a passo uma caminhada*, vol. I, 2ª ed., Editora Gráfica Metrópole, Porto Alegre [s.d.].
FONTOURA, JOÃO NEVES, *Borges de Medeiros e seu tempo*, Editora Globo, Porto Alegre 1969.
FRANCA, LEONEL, *Catolicismo e protestantismo*, Schmidt Editor, Rio de Janeiro 1933.
FRANCA, LEONEL, *O protestantismo no Brasil*, 3ª ed., Livraria Agir Editora, Rio de Janeiro 1952.
FRANCA, LEONEL, *A Igreja, a reforma e a civilização*, 7ª ed., Livraria Agir Editora, São Paulo 1957.
GABAGLIA, LAURITA PESSOA RAJA, *Epitácio Pessoa*, vol. I-II, Livraria José Olympio Editora, Rio de Janeiro 1951.
GABAGLIA, LAURITA PESSOA RAJA, *O Cardeal Leme*, Livraria José Olympio Editora, Rio de Janeiro 1962.
GALINDO, FLORÊNCIO, *O fenômeno das seitas fundamentalistas*, Editora Vozes, Petrópolis 1995.
GIRALDI, LUIZ ANTÔNIO, HISTÓRIA DA BÍBLIA NO BRASIL, 2ª ED., SOCIEDADE BÍBLICA DO BRASIL, SÃO PAULO 2013.
GOMES, ANTÔNIO MÁSPOLI DE ARAÚJO, *Religião, educação e progresso*, Editora Mackenzie, São Paulo 2000.
GUIMARÃES, FERNANDO, *Homem, Sociedade e Igreja no pensamento de Júlio Maria*, Editora Santuário, Aparecida 2001.
GUISARD FILHO, FÉLIX, *Dom José Pereira da Silva Barros*, Empresa Editora Universal, São Paulo 1945.
HASTENTEUFEL, ZENO, *História dos cursos de teologia no Rio Grande do Sul*, EDIPUCRS, Porto Alegre 1995.
HORTAL, JESÚS, *E haverá um só rebanho*, Edições Loyola, São Paulo 1989.
IGLESIAS, FRANCISCO, *História política do Brasil*, Editorial Mapfre, Madrid 1992.
INTROVIGNE, MASSIMO, *Una battaglia nella notte*, Sugarco Edizioni, Milano 2008.
KOIFMAN, FÁBIO ET ALII, *Presidentes do Brasil*, Editora Rio, Rio de Janeiro 2002.
KRISCHKE, PAULO JOSÉ, *A Igreja e as crises políticas no Brasil*, Vozes, Petrópolis 1979.
LACOMBE, AMÉRICO JACOBINA ET ALII, *Brasil, 1900-1910*, Gráfica Olímpica Editora, Rio de Janeiro 1980.
LEITE, CARLOS EDUARDO BARROS, *A evolução das ciências contábeis no Brasil*, Editora FGV, Rio de Janeiro 2005.
LEITE, LEILA MARIA GONÇALVES, *Aliança Nacional Libertadora*, Mercado Aberto, Porto Alegre 1985.
LEMOS, JERÔNIMO, *Dom Pedro Maria de Lacerda, último bispo do Rio de Janeiro no império (1868-1890)*, Edições Lumen Christi, Rio de Janeiro 1985.
LIMA, DELCIO MONTEIRO DE, *Os demônios descem do norte*, 5ª ed., Francisco Alves, Rio de Janeiro 1991.
LIMA, HEITOR FURTADO, *Caminhos percorridos*, Editora Brasiliense, São Paulo 1982.
LIMA, JOÃO, *Como vivem os homens que governam o Brasil*, Tipografia Batista de Souza, Rio de Janeiro [s.d.].
LOPES, FRANCISCO LEME, *Carlos de Laet*, Livraria Agir Editora, Rio de Janeiro 1958.
LOPES, MARIA ANTONIETA BORGES; BICHUETTE, MÔNICA TEIXEIRA VALE, *Dominicanas: cem anos de missão no Brasil*, Editora Vitória, Curitiba 1986.
LOPEZ, LUIZ ROBERTO, *História do Brasil contemporâneo*, 3ª ed., Editora Mercado Aberto, Porto Alegre 1987.

Lyra, Heitor, *História da queda do império*, Tomo 1, Companhia Editora Nacional, São Paulo 1964.
Luna, Joaquim G. de, *Os monges Beneditinos no Brasil*, Edições Lumen Christi, Rio de Janeiro 1947.
Macchetti, Gesualdo, *Relazione della missione francescana di Manaus*, Tipografia Editrice Romana, Roma 1886.
Macua, José Alvarez, *Efemérides da prelazia de Lábrea*, Editora Santa Rita, Franca [s.d.].
Magalhães Júnior, Raimundo, *Artur Azevedo e sua época*, 2ª ed., Livraria Martins Editora, São Paulo 1955.
Magalhães Júnior, Raimundo, *Deodoro, a espada contra o império*, vol. II, Companhia Editora Nacional, São Paulo 1957.
Magalhães Júnior, Raimundo, *Rui, o homem e o mito*, 3ª ed., Civilização Brasileira, Rio de Janeiro 1979.
Maia, Pedro Américo, *Crônica dos jesuítas do Brasil centro-leste*, Loyola, São Paulo 1991.
Maia, Pedro Américo, *O Apostolado da Oração no Brasil*, Loyola, São Paulo 1994.
Mainwaring, Scott, *Igreja Católica e política no Brasil*, Brasiliense, São Paulo 1989.
Mancuso, Vito et alii, *Dicionário teológico enciclopédico*, Edições Loyola, São Paulo 2003.
Manoel, Ivan Aparecido, *Igreja e educação feminina, 1859-1919: uma face do conservadorismo*, Editora UNESP, São Paulo 1996.
Manzano Filho, Gabriel et alii, *100 anos de república*, vol. I-V, Nova Cultural, São Paulo 1989.
Maran, Sheldon Leslie, *Anarquistas, imigrantes e o movimento operário brasileiro*, Paz e Terra, Rio de Janeiro 1979.
Marcigaglia, Luiz, *Os salesianos no Brasil*, Escolas Profissionais Salesianas, São Paulo 1955.
Martinello, Pedro, *Os Servos de Maria na Missão do Acre e Purus (1920-1975)*, Secretaria Provincial OSM, São Paulo 1986.
Marzano, Luigi, *Coloni e missionari italiani nelle foreste del Brasile*, Tipografia Barbéria, Firenze 1904.
Massa, Pietro, *Missões salesianas no Amazonas*, Oficinas Gráficas A Noite, Rio de Janeiro 1928.
Matheus, Roberto Ruzi de Rosa, *Edgard Roquette Pinto. Aspectos marcantes de sua vida e obra*, Ministério da Educação e Cultura, Brasília 1984.
Mathieu-Rosay, Jean, *Dicionário do Cristianismo*, Ediouro, Rio de Janeiro 1992.
Matos, Alderi Souza, *Os pioneiros presbiterianos no Brasil (1859-1900)*, Editora Cultura Cristã, São Paulo 2004.
Mattos, Odette, *História da Sociedade do Sagrado Coração de Jesus no Brasil*, 2ª ed., Publicações do RSCJ, Curitiba 1996.
Meireles, Cecília, *Crônicas da educação*, vol. 2-3, Editora Nova Fronteira, Rio de Janeiro 2001.
Meireles, Domingos, *As noites das grandes fogueiras*, 3ª ed., Editora Record, Rio de Janeiro 1996.
Melantonio, Osvaldo, *Da necessidade do general Ruy Barbosa*, Editora Soma, São Paulo 1981.
Melo, Antônio Alves de, *Evangelização no Brasil, dimensões teológicas e desafios pastorais*, Editrice Pontificia Università Gregoriana, Roma 1996.
Mendonça, Antônio Gouvêa; Velasques Filho, Prócoro, *Introdução ao protestantismo no Brasil*, Edições Loyola, São Paulo 1990.
Mesquita, Antônio Neves de, *História dos batistas do Brasil de 1907 até 1935*, Casa Publicadora Batista, Rio de Janeiro 1940.
Meuwssen, Humberto, *Cem anos de presença espiritana em Tefé*, SNT.
Mtezler, Josef et alii, *Storia della Chiesa*, vol. XXIV, Edizioni Paoline, Milano 1990.
Monteiro, Douglas Teixeira, *Os errantes do novo século*, Livraria Duas Cidades, São Paulo 1974.
Moraes, Maria Clélia Marconde de, *Reformas de ensino, modernização administrada*, Núcleo de Publicações – NUP, Florianópolis 2009.

MORAIS, FERNANDO, *Olga*, 13ª ed., Editora Alfa-Omega, São Paulo 1987.
MOREL, EDMAR, *Padre Cícero, o santo de Juazeiro*, Civilização Brasileira, Rio de Janeiro 1966.
MORLEY, HELENA, *Minha vida de menina*, 12ª ed., José Olympio, Rio de Janeiro 1973.
MOTTA FILHO, CÂNDIDO, *A vida de Eduardo Prado*, Livraria José Olympio Editora, Rio de Janeiro 1967.
MOURA, LAÉRCIO DIAS DE, *A educação católica no Brasil*, Loyola, São Paulo 2000.
MOURA, ODILÃO, *As ideias católicas no Brasil*, Editora Convívio, São Paulo 1978.
MUCHAIL, SALMA TANNUS (ORG.), *Um Passado Revisitado: 80 anos do curso de Filosofia da PUC-SP*, EDUC, São Paulo 1992.
MURARO, VALMIR FRANCISCO, *Juventude Operária Católica (JOC)*, Brasiliense, São Paulo 1985.
NABUCO, CAROLINA, *A vida de Joaquim Nabuco*, Companhia Editora Nacional, São Paulo 1928.
NAGLE, JORGE, *Educação e sociedade na primeira república*, Editora Pedagógica e Universitária, São Paulo 1974.
NARLOCH, LEANDRO, *Guia politicamente incorreto da história do Brasil*, 2ª Ed., Leya, São Paulo 2011.
NEEDELL, JEFFREY D., *Belle Époque tropical*, Companhia das Letras, São Paulo 1993.
NEMBRO, METÓDIO DA, *I cappuccini nel Brasile*, Centro Studi Cappuccini Lombardi, Milano 1957.
NÍÑO, FRANCISCO, *La Iglesia en la ciudad. El fenómeno de las grandes ciudades en América Latina como problema teológico y como desafío pastoral*, Editrice Pontifícia Università Gregoriana, Roma 1996.
OLIVA, ALFREDO DOS SANTOS; BENATTE, ANTÔNIO PAULO, *Cem anos de pentecostes*, Fonte Editorial, São Paulo 2010.
OLIVEIRA, ALÍPIO ORDIER, *Traços biográficos de Dom Silvério Gomes Pimenta*, Escolas Profissionais Salesianas, São Paulo 1940.
OLIVEIRA, JOANYR DE, *As Assembleias de Deus no Brasil*, Casa Publicadora das Assembleias de Deus no Brasil, Rio de Janeiro 1997.
OLIVEIRA, LÚCIA LIPPI, *A questão nacional na primeira república*, Editora Brasiliense, São Paulo 1990.
OLIVEIRA, MIGUEL DE, *História eclesiástica de Portugal*, 2ª ed., Publicações Europa-América, Mira-Sintra 2001.
PASSOS, JOÃO DÉCIO (ORG.), *Movimentos do espírito. Matrizes, afinidades e territórios pentecostais*, Paulinas, São Paulo 2005.
PEIXOTO, ALZIRA VARGAS DO AMARAL, *Getúlio Vargas, meu pai*, 2ª ed., Editora Globo, Rio de Janeiro 1960.
PENNA, LINCOLN ABREU, *Uma história da república*, Nova Fronteira, Rio de Janeiro 1989.
PEREIRA, CELESTINO DE BARROS, *Traços biográficos de monsenhor Lourenço Maria Giordano*, Escolas Profissionais Salesianas, São Paulo 1979.
PEREIRA, EDUARDO CARLOS, *O problema religioso da América Latina*, 2ª ed., Gráfica Mercúrio, São Paulo 1949.
PILETTI, NELSON; PRAXEDES, WALTER, *Dom Hélder Câmara o profeta da paz*, Editora contesto, São Paulo 2008.
PONTIFICIA COMMISSIO PRO AMERICA LATINA, *Os últimos cem anos da evangelização na América Latina*, Libreria Editrice Vaticana, Città del Vaticano 2000.
PORTA, PAULA (ORG.), *História da cidade de São Paulo*, Paz e Terra, São Paulo 2004.
PRADO, EDUARDO, *A ilusão americana*, Livraria e Oficina Magalhães, São Paulo 1917.
PRADO, MARIA LÍGIA COELHO, *América Latina no século XIX: tramas, telas e textos*, Editora da Universidade de São Paulo, São Paulo 1999.
PRESTES, ANITA LEOCÁDIA, *Luiz Carlos Prestes e a Aliança Nacional Libertadora*, Editora Vozes, Petrópolis 1998.
RABELO, SÍLVIO, *Farias Brito ou uma aventura do espírito*, Livraria José Olympio, Rio de Janeiro 1941.
RANCY, CLEUSA MARIA DAMO, *Raízes do Acre*, Falangola Editora, Rio Branco 1986.
REIS, ARTUR CÉSAR FERREIRA, *A conquista espiritual da Amazônia*, Escolas Profissionais Salesianas, São Paulo 1941.

Reily, Duncan Alexander, *História documental do protestantismo no Brasil*, 3ª ed., ASTE, São Paulo 2003.
Renaud, Marcello et alii, *Semana pedagógica*, Tipografia Brasil, São Paulo 1921.
Ribas, Antônio Joaquim, *Perfil biográfico do Dr. Manoel Ferraz de Campos Sales, ministro da justiça do governo provisório, senador federal pelo Estado de São Paulo*, Tipografia Leuzinger, Rio de Janeiro 1896.
Rodrigues, Leda Boechat, *História do supremo tribunal federal*, vol. II, Civilização Brasileira, Rio de Janeiro [1991].
Romanelli, Otaiza de Oliveira, *História da educação no Brasil (1930/1973)*, Editora Vozes, Petrópolis 1978.
Rossi, Agnelo, *Diretório protestante no Brasil*, Tipografia Paulista, Campinas 1938.
Röwer, Basílio, *A Ordem Franciscana no Brasil*, Vozes, Petrópolis 1942.
Röwer, Basílio, *História da Província Franciscana da Imaculada Conceição do Brasil*, Vozes, Petrópolis 1951.
Rumble, Leslie, *Os batistas*, Editora Vozes, Petrópolis 1959.
Santos, Antônio Alves Ferreira, *A arquidiocese de São Sebastião do Rio de Janeiro*, Tipografia Leuzinger, Rio de Janeiro 1914.
Santos, Manoel Isaú Souza Ponciano, *Luz e sombras*, Salesianas, São Paulo 2000.
Saviani, Demerval, *História das ideias pedagógicas no Brasil*, 3ª ed., Autores associados, Campinas 2011.
Schaeffer, Maria Lúcia Garcia Palhares, *Anísio Teixeira, formação e primeiras realizações*, Universidade de São Paulo, São Paulo 1988.
Scherer, Michael Emílio, *Frei Domingos da Transfiguração Machado*, Edições Lumen Christi, Rio de Janeiro 1980.
Schubert, Guilherme et alii, *A Província Eclesiástica do Rio de Janeiro*, Livraria Agir Editora, Rio de Janeiro 1948.
Serrano, Jonathas, *Farias Brito, o homem e a obra*, Companhia Editora Nacional, São Paulo 1939.
Silva, Antenor de Andrade, *Os salesianos e a educação na Bahia e em Sergipe*, Tipografia Abigraf, Roma 2000.
Silva, Maximiano de Carvalho, *Monsenhor Maximiano da Silva Leite*, Casa Cardona, São Paulo 1952.
Smet, Joaquin, *Los carmelitas*, Biblioteca de Autores Cristianos, Madrid 1995.
Soares, Odette de Azevedo et alii, *Uma história de desafios. JOC no Brasil. 1935/1985*, Marques Saraiva Gráficos e Editores Ltda., Rio de Janeiro 2002.
Sodré, Rui de Azevedo, *Evolução do sentimento religioso de Rui Barbosa*, Gráfica Sangirard, São Paulo 1975.
Souza, Joaquim Silvério de, *Vida de Dom Silvério Gomes Pimenta*, Escolas Profissionais do Liceu Sagrado Coração de Jesus, São Paulo 1927.
Souza, Luiz Alberto Gomez de, *A JUC: os estudantes católicos e a política*, Editora Vozes, Petrópolis 1984.
Stephanou, Maria; Barros, Maria Helena Câmara (Orgs.), *Histórias e memórias da educação no Brasil*, Editora Vozes, Petrópolis 2011.
Teixeira, José Cândido, *A República brasileira*, Imprensa Nacional, Rio de Janeiro 1890.
Tinoco, Brígido, *A vida de Nilo Peçanha*, Livraria José Olympio Editora, Rio de Janeiro 1962.
Tocantins, Leandro, *Estado do Acre. Geografia, história e sociedade*, Philobiblion, Rio de Janeiro 1984.
Trindade, Raimundo, *Arquidiocese de Mariana, subsídios para a sua história*, vol. I, III, Escolas Profissionais Salesianas do Liceu Coração de Jesus, São Paulo 1928.
Tubaldo, Igino, *Una donna coraggiosa tra restaurazione e rinnovamento*, Effata Editrice, Cantalupa (Torino) 2000.
Velho Sobrinho, João Francisco, *Dicionário biobibliográfico brasileiro*, vol. I, Gráfica Irmãos Pongetti, Rio de Janeiro 1937.
Viana Filho, Luís, *Rui & Nabuco*, José Olympio Editora, Rio de Janeiro 1949.
Viana Filho, Luís, *A vida de Ruy Barbosa*, Companhia Editora Nacional, São Paulo 1952.
Viana Filho, Luís, *A polêmica da educação*, Editora Nova Fronteira, Rio de Janeiro 1990.
Villaça, Antônio Carlos, *Místicos, filósofos e poetas*, Imago Editora, Rio de Janeiro 1976.
Villaça, Antônio Carlos, *O desafio da liberdade*, Livraria Agir Editora, São Paulo 1983.
Vítor, Manoel, *História da devoção à Padroeira do Brasil Nossa Senhora Aparecida*, Editora Salesiana Dom Bosco, São Paulo 1985.

WENNINK, HENRIQUE, *Os espiritanos no Brasil,* Promoção da Boa Família Editora, Belo Horizonte 1985.
WERNET, AUGUSTIN, *Os redentoristas no Brasil,* vol. I-II, Editora Santuário, Aparecida 1996.
WILLEKE, VENÂNCIO, *Missões franciscanas no Brasil (1500-1975),* Vozes, Petrópolis 1974.
WIRTH, JOHN DAVIS, *O fiel da balança, Minas Gerais na Federação brasileira (1889-1937),* Paz e Terra, Rio de Janeiro 1982.
ZAGONEL, CARLOS ALBINO ET ALII, *Capuchinhos no Brasil,* Edições Est, Porto Alegre 2001.
ZAIDAN FILHO, MICHAEL, *O PCB e a Internacional Comunista,* Editora Revista dos Tribunais Ltda., São Paulo 1988.
ZICO, JOSÉ TOBIAS, *Caraça: ex-alunos e visitantes,* Editora São Vicente, Belo Horizonte 1979.
ZILLES, URBANO, *Religiões, crenças e crendices,* EDIPUCRS, Porto Alegre 1997.
ZWESTSCH, ROBERTO, *500 anos de invasão, 500 anos de resistência,* Paulinas, São Paulo 1992.

2.2 – Artigos e Similares

AÇÃO INTEGRALISTA BRASILEIRA, "Estatutos da Ação Integralista Brasileira", em: *A Razão,* Pouso Alegre, 16-4-1936.
AGUIAR, BRUNO, "Doutor Afonso Pena", em: *Santa Cruz,* n. 2, Escolas Profissionais Salesianas, São Paulo 1906.
A. I., "A missão salesiana em Mato Grosso", em: *Santa Cruz,* n. 10, Escolas Profissionais Salesianas, São Paulo 1906.
A. I., "José Maria da Silva Paranhos, barão do Rio Branco", em: *Santa Cruz,* n. 6, Escolas Profissionais Salesianas, São Paulo 1912.
A. I., "Missões salesianas de Mato Grosso", em: *Santa Cruz,* fasc. V e X, Escolas Profissionais Salesianas, São Paulo 1918.
A. I., "Religione e civiltà nel Rio Negro Del Brasile", em: *Bolletino Salesiano* (julho de 1921), n. 7, Scuola Tipografica Salesiana, Torino 1921.
A. I., "Morte do nosso Cardeal D. Joaquim Arcoverde de Albuquerque Cavalcanti", em: *Vozes de Petrópolis,* n. 9, Editora Vozes, Petrópolis 1930.
A. I., "Morte do nosso Cardeal D. Joaquim Arcoverde de Albuquerque Cavalcanti", em: *Vozes de Petrópolis,* n. 8, Editora Vozes, Petrópolis 1930.
A. I., "Pedro Ernesto Batista condenado a três anos e quatro meses", em: *Diário Carioca,* Rio de Janeiro, 8-5-1937.
A. I., "Cronaca Contemporanea – Santa Sede", em: *La Civiltà Cattolica,* vol. II, quaderno 2636, Società Grafica Romana, Roma 1960.
ALVES, JOSÉ LUIZ, "Notícia sobre os Núncios, internúncios e delegados apostólicos que desde o ano de 1808 até hoje representaram a Santa Sé no Brasil Reino Unido, no 1º e 2º reinados e na república federal", em: *Revista do Instituto Histórico Geográfico Brasileiro,* tomo LXII, parte 1, Imprensa Nacional, Rio de Janeiro 1900.
BALFOUR ZAPLER ET ALII, *História da música popular brasileira – Lamartine Babo,* Abril Cultural, São Paulo 1976.
BEUWER, BARTOLOMEU, "As ordens religiosas e as leis de mão-morta na república brasileira", em: *REB,* vol. 9, fasc. 1, Vozes, Petrópolis 1949.
CABEÇAES, QUIM, "A moral do cinematógrafo", em: *Vozes de Petrópolis,* Tipografia das Vozes de Petrópolis, Petrópolis 1913.
CABRAL, J., "1º congresso católico de educação", em: *A Cruz,* Rio de Janeiro, 23-9-1934.
COSTA, ALFREDO DE TOLEDO, "Ação feminina", em: *Vozes de Petrópolis,* Tipografia das Vozes de Petrópolis, Petrópolis 1913.
D'AZEVEDO, SOARES, "Concílio Nacional", em: *Vozes de Petrópolis,* n.8, Editora Vozes, Petrópolis 1930, p. 400.
DIDONET, FREDERICO, "As Congregações Marianas e a Ação Católica Brasileira", em: *Revista Eclesiástica Brasileira,* vol. 2, fasc.1, Editora Vozes, Petrópolis 1942.
GAMA, CARMO, "O catecismo nas escolas mineiras", em *Vozes de Petrópolis,* n. 3, Editora Vozes, Petrópolis 1930.
NICOLETTI, GIOVANNI, "Da Porto Velho", em: *Bollettino Salesiano* (outubro 1928), n. 10, Scuola Tipografica Salesiana, Torino 1928.
NÓBREGA, APOLÔNIO, "Dioceses e Bispos do Brasil", em: *Revista do Instituto Histórico e Geográfico Brasileiro,* vol. 222, Departamento de Imprensa Nacional, Rio de Janeiro 1954.
Ortmann, Adalberto, "A Ordem Franciscana em terras de Santa Cruz", em: *Revista Eclesiástica Brasileira,* vol. I, fasc. 3, Editora Vozes, Petrópolis 1941.
PERALTA, MIGUEL ANGEL, "Misión de Labrea (Brasil)", em: *Recollectio,* vol. XV, Institutum Historicum, Augustianorum Recollectorum, vol. XV. Roma 1992.

PIMENTA, SILVÉRIO GOMES ET ALII, "Circular do episcopado – 3º Congresso Católico Mineiro", em: *Santa Cruz*, fasc. 8, Escolas Profissionais Salesianas, São Paulo 1914.
RODRIGUES, AMÉLIA, "Movimento feminino", em: *Santa Cruz*, fasc. II e III, Escolas Profissionais Salesiana, São Paulo 1919.
ROLIM, FRANCISCO CARTAXO, "Igrejas pentecostais" em: *REB*, vol. 42, fasc. 165, Editora Vozes, Petrópolis 1982.
SANTINI, CÂNDIDO, "O Concílio Plenário Brasileiro", em: *Revista Eclesiástica Brasileira*, vol. 1, Editora Vozes, Petrópolis 1941.
SCHMIDT, EUGÊNIO,"Rui Barbosa e o decreto da separação", em: *REB*, vol. 14, fasc. 12, Vozes, Petrópolis 1954.
SERRANO, IGNEZ, "A missão da mulher", em: *Vozes de Petrópolis*, vol. I, Tipografia das Vozes de Petrópolis, Petrópolis 1914.
SILVA, DUARTE LEOPOLDO, "Mandamento", em: *Boletim Eclesiástico da Diocese de Curitiba*, edição de janeiro e fevereiro, [s.n.], Curitiba 1905.
SOUZA, NEY DE, "Ação Católica: militância leiga no Brasil: méritos e limites", em: *Revista de cultura teológica*, n. 55, Pontifícia Faculdade Nossa Senhora da Assunção, São Paulo 2006.
SOUZA, WASHINGTON LUÍS PEREIRA DE, "Mensagem apresentada ao Congresso na abertura da terça sessão da décima terça legislatura pelo presidente da república", em: *Jornal do Comércio* (4-5-1929), Rio de Janeiro.
TAPAJÓS, JÚLIO, "A situação no sul – os fanáticos", em: *Vozes de Petrópolis*, vol. I, Tipografia das Vozes de Petrópolis, Petrópolis 1915.
TAVARES, RUFIRO, "A legação brasileira junto à Santa Sé", em: *Santa Cruz*, Escolas Profissionais Salesianas, São Paulo 1910.
TAVARES, RUFIRO, "O problema operário e a doutrina social católica", em: *Santa Cruz*, fasc. V, Escolas Profissionais Salesianas, São Paulo 1918.
TAVARES, RUFIRO, "O problema da catequese no Brasil – falência do laicismo nessa obra evangélica", em: *Santa Cruz*, fasc. VII, São Paulo, junho 1919.
TAVARES, RUFIRO, "Candidatos à futura presidência da república e o Catolicismo nacional", em: *Santa Cruz*, fasc. 7, Escolas Profissionais Salesianas, São Paulo 1921.
TAVARES, RUFIRO, "Ainda a interview da União sobre os candidatos à futura presidência da república", em: *Santa Cruz*, fasc.7, Escolas Profissionais Salesianas, São Paulo 1921.
TERRA FILHO, PEDRO, "Serviço de assistência religiosa das Forças Armadas do Brasil", em: *Revista Eclesiástica Brasileira*, vol. 43, fasc. 169, Editora Vozes, Petrópolis 1983.
TIACCI, ENNIO ET ALII, "I cappuccini umbri in Amazzonia", em: *Voce Serafica di Assisi*, nn. 3 – 4, Todi 1985.
TRENTO, ANGELO, *Do outro lado do Atlântico: um século de imigração italiana no Brasil*, Livraria Nobel S.A., São Paulo 1989.
VAZ, HENRIQUE C. LIMA, "Leonel Franca e o mundo moderno: uma filosofia cristã da cultura", em: *Leonel Franca, A crise do mundo moderno*, 5ª ed., EDIPUCRS, Porto Alegre 1999.
WAGNER, PEDRO, ¡*Cuidado! Ahi vienen los pentecostales*, Editorial Vida, Miami 1973.
WERNECK, AUGUSTIN, "O Centro de estudantes católicos de São Paulo", em: *Revista Vozes*, tomo III, Tipografia da Escola Gratuita São José, Petrópolis 1909.
ZAPLER, BALFOUR ET ALII, *História da música popular brasileira – Lamartine Babo*, Abril Cultural, São Paulo 1976.
ZIONI, VICENTE M., "O Pontifício Colégio Pio Brasileiro de Roma. Subsídios para a sua história", em: *Revista Eclesiástica Brasileira*, vol. 2, fasc. 1, Editora Vozes, Petrópolis 1942.

ÍNDICE

Siglas e Abreviações | 5

Nota introdutória | 7

Capítulo 1
A Igreja no alvorecer do regime republicano laico | 9

1.1 – A Igreja no período do governo republicano provisório | 11
    1.1.1 – A reação da Internunciatura e do episcopado ante a secularização do Estado | 13
    1.1.2 – A primeira Pastoral Coletiva do episcopado brasileiro | 17
    1.1.3 – As manobras anticlericais durante o governo provisório e as reações dos prelados diocesanos | 19
    1.1.4 – A influência católica nos debates da constituição de 1891 | 21

1.2 – As tentativas posteriores de uma interpretação anticlerical da carta magna e da legislação republicana | 24

Capítulo 2
A acomodação do Estado e da Igreja à nova ordem vigente | 31

2.1 – O início da "renascença católica" | 32

2.2 – A gradual aproximação com o governo republicano | 36
    2.2.1 – As estratégias pastorais do clero e a influência diplomática da Santa Sé | 42

2.3 – Os tácitos acordos missionários | 49
    2.3.1 – A confluência de interesses entre os salesianos e os governos do Mato Grosso | 52
    2.3.2 – A colaboração recíproca no norte do país | 57
    2.3.3 – O Território do Acre: os problemas religiosos da conquista a noroeste | 67

2.4 – A "institucionalização" da boa convivência | 72
    2.4.1 – Os entendimentos ao tempo da "gripe espanhola" | 75
    2.4.2 – O estreitamento das relações | 76

2.5 – O reverso da medalha: a rebelião das massas não assimiladas à reforma eclesial | 77

Capítulo 3
A reorganização eclesial na República Velha | 85

3.1 – O novo clero do Brasil republicano | 90
    3.1.1 – As pastorais coletivas | 98
    3.1.2 – A expansão dos seminários | 100
    3.1.3 – Quatro clérigos que fizeram história: Padre Landell de Moura, Cardeal Arcoverde, Dom Leme e Padre Júlio Maria | 105
    3.1.4 – Padre Cícero: a punição do "santo de Juazeiro" | 111

3.2 – O papel dos religiosos na conjuntura da jovem República | 113
    3.2.1 – A restauração das ordens antigas | 115
    3.2.2 – A multiplicação explosiva de novas congregações e suas opções "étnicas" | 121

Capítulo 4
A realidade sociocultural emergente e os novos caminhos do apostolado | 127

4.1 – A influência das casas de ensino católicas | 129

4.2 – A força do laicato feminino | 134

4.3 – Os desafios do mundo operário e as primeiras iniciativas religiosas para a promoção dos trabalhadores | 138

4.4 – A renovação litúrgica | 143

4.5 – O disciplinamento das irmandades e dos centros de romaria | 145

4.6 – As associações caritativas e devocionais | 148

4.7 – A "inteligência católica" e a religiosidade militante | 150
    4.7.1 – Os triunfos da apologética | 152

Capítulo 5
A articulação em prol do reconhecimento oficial | 157

5.1 – A harmonia na cúpula e a força das bases | 160
    5.1.1 – A relevância dos "grandes convertidos" | 161
    5.1.2 – O papel dos novos convertidos e a fundação
        do "Centro Dom Vital" | 168

5.2 – Artur Bernardes: o prenúncio da reconciliação final | 171

5.3 – A Igreja no último quatriênio da República Velha | 178

5.4 – Os desafios eclesiais não superados | 181
    5.4.1 – As incongruências em campo pastoral | 181
    5.4.2 – A renovada ação dos cultos protestantes
        já estabelecidos | 184
    5.4.3 – O despontar do pentecostalismo | 188
        5.4.3.1 – Luigi Francescon e a
            "Congregação Cristã no Brasil" | 189
        5.4.3.2 – A "Assembleia de Deus" | 191
    5.4.4 – O estabelecimento das confissões não pentecostais | 195
    5.4.5 – Um tempo de embates doutrinários | 195

Capítulo 6
A Igreja na "Era Vargas" | 201

6.1 – O clero e a Revolução de 1930 | 202
    6.1.1 – O governo provisório e a questão do
        interventor do Maranhão | 205
    6.1.2 – As relações entre o governo provisório e
        a hierarquia eclesiástica | 206

6.2 – Um período de mudanças promissoras e de apreensões | 209
    6.2.1 – As estratégias eclesiásticas num período
        de grandes eventos pios | 210

6.2.2 – A reintrodução do ensino religioso nas escolas públicas e as investidas laicistas dos "escolanovistas" | 213

6.3 – A Igreja e a política nacional até o advento do "Estado Novo" | 219

    6.3.1 – A Igreja de São Paulo e a Revolução "Constitucionalista" de 1932 | 220

    6.3.2 – A movimentação do clero ante a eventualidade de uma constituinte | 223

    6.3.3 – As inovações da carta magna de 1934 | 227

    6.3.4 – A Igreja e o "perigo comunista" | 231

    6.3.5 – A "Ação Integralista Brasileira": origem e expansão | 241

6.4 – O clero e o laicato em tempos de renovação | 245

    6.4.1 – Os padres polemistas: Leonel Franca e Agnelo Rossi | 246

    6.4.2 – A vida religiosa: entre continuidade e novidades | 247

    6.4.3 – A efervescência do laicato católico | 248

        6.4.3.1 – O "Apostolado da Oração", a "Liga Católica", os "Congregados Marianos" e as "Filhas de Maria" | 250

        6.4.3.2 – A "Ação Católica" e suas ramificações | 252

    6.4.4 – As escolas católicas superiores | 258

6.5 – A Igreja durante o "Estado Novo" | 260

    6.5.1 – A capelania militar em tempos de guerra | 264

    6.5.2 – As persistentes pendências | 266

6.6 – O imediato período pós-Getúlio | 268

Fontes e bibliografia | 273